한국사회 정의 바로세우기

한국사회 정의 바로세우기

초판 1쇄 인쇄 2015년 10월 25일
초판 1쇄 발행 2015년 11월 1일
_

지은이 김일수 · 김종엽 · 김진수 · 김형기 · 문병호 · 양명수 · 이은선 · 이한구 · 주형일 · 홍승용 · 홍준기 · 홍찬숙
펴낸이 이방원
기획위원 원당희
편 집 김민균 · 이윤석 · 김명희 · 안효희 · 강윤경 · 윤원진
디자인 박선옥 · 손경화
마케팅 최성수
_

펴낸곳 세창미디어
출판신고 2013년 1월 4일 제312-2013-000002호
주소 03735 서울특별시 서대문구 경기대로 88 냉천빌딩 4층
전화 02-723-8660 | 팩스 02-720-4579
이메일 sc1992@empal.com | 홈페이지 http://www.sechangpub.co.kr
_

ISBN 978-89-5586-402-1 03300

이 도서의 국립중앙도서관 출판시도서목록(CIP)은 서지정보유통지원시스템 홈페이지(http://seoji.nl.go.kr)와
국가자료공동목록시스템(http://www.nl.go.kr/kolisnet)에서 이용하실 수 있습니다. (CIP제어번호: CIP2015028754)

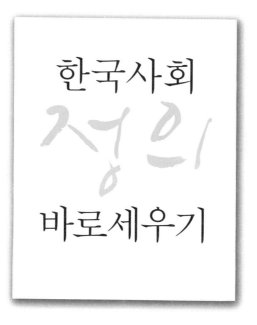

한국사회 정의 바로세우기

김일수 · 김종엽 · 김진수 · 김형기 · 문병호 · 양명수
이은선 · 이한구 · 주형일 · 홍승용 · 홍준기 · 홍찬숙

세창미디어 MEDIA

정의로운 사회를 위해서

우리 사회가 '정의'에 목말라 있는 것만은 확실해 보인다. 국가에 대한 맹세문에 "자유롭고 정의로운 대한민국을 위하여 충성을 다할 것을 맹세한다"는 구절이 포함되어 있고, 마이클 샌델의 『정의란 무엇인가』가 백만 부 넘게 팔렸다는 소식도 있다. 샌델의 책은 일반인들이 읽기에 쉬운 책이 아니다. 아마도 상당수 사람은 목차와 서론 정도를 읽는 것으로 만족하지 않았나 추측된다. 어쨌든 정의가 현재 우리 사회의 주된 관심사인 것만은 의심의 여지가 없는 것으로 생각된다.

정의는 물론 어제오늘의 문제가 아니다. 서양에서는 그리스 시대에 이미 플라톤이 그의 『국가론』에서 '정의란 무엇인가'를 묻기 시작했고, 동양에서도 일찍이 유학이 4주덕 '仁, 義, 禮, 智'의 하나로 다루기 시작한 이후부터, 정의는 철학의 가장 중심적인 물음 중의 하나였으며 대다수의 인문, 사회학이 공통으로 관심을 갖는 주제였다. 그런 만큼 '정의'의 문제는 복잡하고 다루기 어려운 여러 물음을 내포하고 있다.

정의의 문제를 제대로 다루기 위해서는 첫째, 정의가 무엇인지 그 원리를 이해해야 한다. 정의의 의미는 시대에 따라 부분적으로 달랐으며, 다루는 분야에 따라서도 다양하다.

둘째, 정의가 여러 분야에서 어떻게 적용되는가를 논의해야 한다. 예컨대 경제적 정의, 법률적 정의나 교육적 정의는 정의의 기본원리를 어떤 식으로 다루는가 하는 문제다.

셋째, 정의의 실현방법에 대한 논의가 있을 수 있다. 아무리 정의를 강조하더라도 그것을 구체화할 실현방법이 없다면, 그런 논의는 탁상공론에 불과할 것이다.

넷째, 정의의 한계는 어디까지인지도 논구해야 한다. 정의가 좋다고 해서 우리 사회가 당면한 여러 문제가 정의의 이념 하나로 모두 해결될 것이라고 생각한다면 그것은 착각일 수도 있다.

이 책은 정의의 이런 여러 문제를 포괄적이면서도 심도 있게 다루고 있다. 이 책이 우리 사회가 당면한 정의의 문제 해결에 작은 도움이라도 되기를 희망한다.

2015년 10월
이한구

차례

김
일
수

법질서에서 정의

– 왜 정의여야 하는가?

들어가는 글

마이클 샌델 교수의 정의론이 한국사회에서 선풍적인 인기를 끌었던 게 바로 얼마 전 일이다. 한국의 많은 독자층이 언제부터 그토록 정의에 목말라했는지 새삼스럽게 생각이 가서 머무르게 하는 대목이다. 한 사회에서 인간의 삶은 왜 정의를 필요로 하고, 왜 정의가 아니면 안 되는가?

법이 아직 융성하지 못했던 시대의 삶에서 인간은 오랫동안 요람에서 무덤까지 평등한 인격으로 취급받지 못했다. 고대 그리스의 철학자 아리스토텔레스(Aristoteles)는 아테네 시민이 야만인보다 더 많은 권리를 가지고, 야만인이 노예보다 더 많은 권리를 갖는 것은 각각 타고난 이성의 차이 때문이라고 보았다. 아테네 시민, 야만, 노예, 여성, 어린아이 등등의 분류에 따라 그는 분명히 인간은 동등한 존재가 아니라고 보았던 것이다.

이 같은 인식이 현대사회에서라고 본질적으로 달라진 것일까? 19세기와 20세기를 거치면서 노예제도의 폐지, 근로조건의 개선, 감옥개량, 가난한 자들에 대한 구제, 사형폐지운동, 소수자를 위한 인권운동들이 활발히 전개되어 온 것이 사실이지만, 아직도 지구촌 곳곳에서 인종갈등과 소수자에 대한 차별이 종식된 것은 아니다. 심지어 인권선진국이라 할 수 있는 서방선진국에서도 이 같은 차별의 그림자는 현시대에 이르러서도 여전히 남아 있다. 우리가 여전히 정의를 필요로 하고 정의에 목말라하는 이유가 여기에 있다.

오늘날 학문과 사회영역에서 정의라는 전문 용어는 여전히 다양한 의미로 쓰인다.

첫째, 주관적 정의이다. 이것은 서양의 고대철학에서부터 등장했던 정의 개념으로서 이성의 올바른 사용을 통해 실현해야 할 윤리적인 기본덕목의 하나였다.[1] 주관적 정의는 세 가지 덕행요구를 담고 있다. 즉, ① 올바르게 살아라(honeste vivere), ② 남에게 해를 끼치지 말라(altrerum non laedere), ③ 각자에게 그의 것을 주라는 것이다(suum cuique tribuere). 이 같은 내용은 사회철학과 윤리학에서 요구하는 황금률의 다른 표현이기도 하다.

이 덕목의 일종인 정의는 윤리학에서 이기주의의 대칭물로 쓰이기도 한다. 니콜라이 하르트만(N. Hartmann)에 의하면 이기주의자는 생존수단에 관하여 "모든 것은 나를 위해 존재한다. 비록 타인을 위해 존재하는 어떤 것조차도"라는 입장을 취한다는 것이다. 이에 반해 정의는 모든 것이 나만을 위해 있지 않고, 나와 남에게 동등하게 주어져 있다는 입장을 취한다. 덕목으로서의 정의는 이기주의에 대항하여, "남이 나에게 하기를 바라지 않는 것은 너도 남에게 하지 말라"는 것이다.[2] 프리드리히 파울젠(F. Paulsen)은 덕목으로서의 정의를 "타인의 생명과 이익에 장애를 주는 불법을 피하고, 타인의 그와 같은 불법에 대해서도 가능한 한 맞서는 행위양태"로 규정하기도 한다.[3]

둘째, 객관적 정의이다. 이 정의개념은 개인 상호 간의 관계에서뿐만 아니라 사회 전체와의 관련 속에서 실현되어야 할 인간관계의 질서를 말한다. 즉, 인간관계의 어떤 질서가 사회 전체의 관점에서도 옳다고 승인될 수 있는가를 문제 삼는 정의개념이다. 객관적 정의는 가장 넓은 의미로는 사회의 질서체계 전체를 포괄한다. 그러나 이로부터 다양한 질서영역이 분화되어 나오기도 한다. 이를테면 혼인과 부부간의 관계는 사회 전체의 부분 질서이지만 사회질서 전체의 입장에 비추어 옳은 것으로 승인되어야 한다. 또한 범죄와 처벌은 사회질서의 유지라는 차원에서 범죄의 질과 양에 상응하는 적정한 형벌이어야 한다.

전통적인 객관적 정의개념으로 흔히 고대철학자 아리스토텔레스의 산술적 정의와 배분적 정의를 든다. 전자는 단순한 평등성 내지 등가성을 의미한다. 즉 A=B라는 공식이다. 후자는 무엇에 비례되는 동등성을 의미한다. 즉 A=B·X라는 공식이다. 여기에서 X에 해당하는 그 무엇은 나이, 능력, 성별, 교육, 학식, 건강 등을 지칭한다. 중세의 교부 토마스 아퀴나스는 위 두 가지 정의개념 외에 법률적 정의라는 개념을 창안했다. 정의의 요구는 법률에서 나온다는 것이다. 즉 정의는 법률에 합치하는 것, 합법적인 것이어야 한다는 것이다.

여기서 문제는 법률이면 다냐는 점이다. 현실세계에서 법률은 정당한 것일 수도 있고, 부당한 것일 수도 있기에 결국은 정의의 잣대, 표준, 척도가 무엇인지가 중요한 의미를 지닌다. 특히 법철학에서는 어떤 잣대로 법률의 정당성을 잴 수 있느냐에 관심이 집중된다.

법률의 정당성을 재는 정의의 기준

제정된 법률이 부당하다는 것을 어떻게 알며, 무엇을 가지고 그것을 잴수 있는가에 관해 B.C. 7~6세기경 아테네의 정치개혁가였던 솔론(Solon)은 인간이 만든 법과 인간이 만들지 않은 법을 나눈 뒤, 인간이 만든 모든법을 초월한 자연의 본성이 그 척도라고 했다. 즉 자연의 본성을 가지고 인간의 법률의 정당성을 잰다는 것이다. 오늘날의 법철학 용어를 빌려 말하자면 여기에서 자연의 본성은 자연법(jus naturale)을 의미한다.

중세에 들어서면서 기독교신앙을 통해 야훼 하나님이 인간의 영적 세계와 정신세계 및 현실의 생활세계를 지배했다. 하나님은 자연의 창조자이므로 자연의 법칙도 신의 창조의 법 아래에 있었다. 그러므로 중세의 자연법은 하나님의 본성, 하나님의 창조의 법으로 이해되었다. 그 후 약 1500년간 이 신의 본성으로서의 자연법개념이 정의의 척도로 통했다.

근대 계몽주의는 중세적 자연법 이해에 변화를 가져왔고 정의의 이념도 변화를 겪게 된다. 이미 잘 알려진 바와 같이 그때의 계몽주의는 이성의 빛에 이끌림을 받던 이성운동의 시대적 산물이었다. 17세기의 초기 계몽주의자들 중에서 칸트(Kant)와 헤겔(Hegel)은 여전히 이성을 신적 이성으로 이해하였다. 이런 이성이 인간 행위의 척도였으며, 정의란 이 신적 이성에 맞는 것으로 이해했다. 그러나 18, 19세기의 이성주의는 17세기적 계몽주의자들이 생각했던 것과는 다른 방향으로 나아갔다. 즉 이성에 내재했던 신적 요소를 배제하고 이성은 인간의 최고 본성이 되었다. 그에 상응하여 정의도 신적 요소를 떨어 버리고 인간적인 차원의 세속적인 가치의 일부가 되어 버렸다. 그리고 자연법은 인간의 본성으로 귀결되었다. 그 극단적인 예가 실증주의와 자연주의, 무신론적 실존주의 같은 사조들이다. 여기에서는 정의가 국가의 법률과 동일시되었고, 전체주의 국가관의 도래 또는 도덕적 무정부주의와 같은 극단적 질서관의 도래가 불가피해졌다.

2차 세계대전을 겪고 난 후, 특히 나치에 의해 자행된 홀로코스트와 일본 군국주의의 만행을 경험한 뒤, 무너진 세계질서를 새로 세우기 위해 인류는 다시 자연법사상과 인권사상에 경도되기 시작했다. 이른바 무너진 법질서를 새로 세우기 위해 자연법질서를 천착하다 보니 자연법의 부흥이 일어난 셈이었다. 법과 국가는 인간을 위해 존재하며, 인간이 법과 국가질서 앞에 존재하는 정의의 척도가 된다는 것이다. 인류공동체가 비로소 힘을 지닌 어떤 개인이나 집단, 힘을 지닌 어떤 권력보다 더 높은 그 무엇이 없이는 정의가 성립할 수 없다는 인식에 도달한 셈이다.

1974년 노벨경제학상을 수상한 프리드리히 하이에크(Friedrich August von Hayek)도 자생적 질서(kosmos)와 인조된 질서(taxis)를 구별한 뒤 법을 다시 자유의 법(nomos)과 정부의 법률(thesis)로 구별하여 인조(人造)된 정부의 법률 위에 정의를 기준으로 하는 자유의 법을 세웠다. 그에 의하면 자유와 정의의 실현을 위해 가장 필요한 것은 자유의 법을 수호하는 것이라고 한다.[4]

이와 같이 20세기에 들어와, 특히 세계 제2차대전의 참상을 겪은 뒤, 무너진 법률만능주의의 폐허 위에서 세기의 법사상가들은 인간이 만든 법(man made law)보다 더 높은 법(the right law)이 그 위에 존재한다는 사고를 확립했다. 인간이 제도화한 법률은 더 높은 법의 내용과 의미의 한계 내에서 정의로울 수 있고, 정당성을 획득할 수 있다는 것이다. 그 한계를 벗어나면 인간을 위한 법이 아니라 실질적으로 인간을 억압하고 착취하는 법의 굴절현상이 나타난다는 것이다.

정의개념의 보다 특별한 경우는 그것이 사회관계와 관련하여 사용될 때이다. 그것은 국가에 대해 "사회정의"가 실현되어야 한다는 요구를 제시한다. 19세기 중엽에 이르러 새로운 해방운동들이 전개되었다. 자유운동이 최절정에 이르면서 동시에 사회정의운동도 일어났다. 즉 전통적인 정의개념인 평균적 정의, 배분적 정의, 법률적 정의 3분론에 대한 불만에서 사회정의개념이 등장한 것이다. 19C 중엽 이탈리아의 타프렐리(L. Taprelli), 안토니오 로스미니(A. Rosmini) 등이 가톨릭 사회이론에서 처음 제기한 후 프랑스, 독일, 그리고 가톨릭교회에서 이 용어를 수용하게 되었다. 산업혁명 이후 나타난 소득의 격차가 사회계층의 등장을 초래했고, 각자에게 돌아갈 몫을 중심으로 한 정의개념은 소유계층의 정의, 자유급부적 정의, 무산자계층의 정의 등으로 다양성을 나타내게 되었다.

사회정의는 인간이 인간으로서 지니는 본질적인 평등성으로부터 그리고 사회연대적인 결속으로부터 생기는 기회균등의 정의를 통합하여 이중의 요청, 즉 ① 소극적으로 모든 법적·사회적 차별대우를 극복·철폐하라는 요청, ② 적극적으로 사회적 약자를 사회적 강자와 균형 있게 맞추기 위하여 일정한 사회적 원조를 제공하라는 요청을 담고 있다. 더 나아가 인권의 이름으로 모든 사람이 각자 그들의 인간다운 삶(생존)에 필요한 일정한 물질적·정신적 재화를 기본적으로 갖추어야 할 동등한 요구를 할 수 있다는 이른바 필요적 정의로서의 사회정의이념으로 발전했다. 그리하여 국가보다 더 작은 사회체계들, 예컨대 경제주체, 경영주체, 가족 간에도, 더 나아가 개인 간의 상호교환적인 거래관계 속에서도 일방은 자신이 얻은 것보다 타방에게 더 많은 것이 돌아가게 될 때, 정의냐 부정의냐의 논쟁에 휩싸일 수 있다. 예컨대 사적 거래관계에서 고리대금업자의 경우 부정의가 너무 커서, 심지어 "약속은 이행되어야 한다"는 정의 원칙이 파기되지 않을 수 없는 경우도 생긴다. 또한 공 형벌의 경우, 사회적·경제적 강자들이 "유전무죄·무전유죄" 또는 "유권무죄·무권유죄"라는 공식과 같은 특혜를 입을 수 있는 반면, 때로는 사회지도층이라는 이유 때문에, 중형을 받거나 가석방과 사면에서 불이익을 감수해야 할 경우도 있는 것이다.

주의할 점은 정의개념이 실정법상 법익을 보호하는 기준보다 더 넓은 특별한 의미를 지니는 경우가 있다는 것이다. 법률적 정의개념을 전통적인 정의개념에 덧붙인 토마스 아퀴나스(Tomas Aquinas)에 의하면 인간에 의해 제정된 법률들은 정의롭거나 부정의하거나 할 수 있다는 것이다. 따라서 정의의 판단 기준은 첫째, 그 법률의 목적과 관련해서 법률이 공동선을 지향하고 있느냐의 여부, 둘째, 그 제정자의 의지와 관련하여 그것이 제정자보다 앞서 있는 입법자(여기에서는 신)의 절대적 의지를 초과하지 않았느냐의 여부, 셋째, 그 내용과 관련하여, 그 법률을 지켜야 할 수범자들이 공동선과 관련하여 비례적으로 동등한 부담을 지느냐의 여부라는 것이다.

끝으로 법의 영역에서 정의의 기준이 불명확한 곳에서는 형평, 평등, 응보와 같은 개념들이 정의 대신 사용될 가능성이 크다는 점을 언급해 두어야겠다. 덕목으로서의 정의개념 대신 신의성실의 원칙 내지 약속은 지켜져야 한다(pacta sunt servanda)는 원칙이 대신 사용될 수 있다. 법률적 정의개념 대신 초실정법, 고차의 법(the higher laws) 내지 자연법개념이 대체 투입될 수 있다. 이에 비해 사회정의개념은 오늘날 다른 용어로 대체하기 어렵다는 게 중론이다. 그러나 사회정의개념도 경우에 따라 그때그때의 사회구조에 기능적으로 의존해 있는 약자들의 실질적 필요를 채워 주기 위해 실정법상의 정의 또는 아직 실정화되지 않은, 즉 법률이 있기 이전에 존재하고 기능하는 행위규범들의 정의, 다른 용어를 빌려 사용한다면 사랑 안에서의 정의라는 식으로 재구성될 수 있다.[5]

법의 이념으로서의 정의

법과 정의는 법철학의 근본문제이다. 인간의 사회생활 속에 범접해서는 안 될 절대적 가치가 있는지는 각자의 확신문제로 미뤄 두기로 하자. 그러나 인간의 공동생활에서 법을 통해 보호해야 할 가치는 적어도 구체적인 행위상황을 떠나서 논의할 수는 없다. 해방 후 근 50년이 지나도록 우리의 법문화 갱신을 위해 반드시 짚고 넘어갔어야 할 일제 식민 통치적 법사고와 권위주의적 법관행을 청산할 겨를이 별로 없었다. 5공 이후 5공 청산의 한 과정으로 법적 과거 청산 작업이 진행된 적이 있었지만 엉거주춤한 행보에 지나지 않았다. 당시 검찰은 "성공한 쿠데타는 처벌할 수 없다"는 논리를 내세워 법에 있어서 정의의 요구를 묵살했기 때문이다. 12년간(1933~1945)에 걸친 악법의 지배상황에서 벗어난 당시의 독일 법률가들이 법의 갱신을 위해 진지한 논의를 하고 있을 때 우리의 법률가들은 일제의 식민지 통치 시기의 법들을 갱신하기 위한 노력을 게을리했다. 마치 나치시대의 법률가들이 로마에서 타는 불이나 페르시아에서 타는 불이나 똑같이 불은 불이기 때문에 총통의 명령도 법이라고 강변했던 것처럼 식민지시대의 법도 법이라고 강변했던 것이다.[6] 더군다나 장기화한 독재권력의 위압에 짓눌려 실로 우리나라에서는 법의 본질이 왜곡되고 법의 위상이 거꾸로 뒤바뀌어 인간을 위한 법, 정의로운 법이 아니라 국가의 통치권과 집권자의 편익, 기득권 세력의 현상유지를 위한 도구로 전락한 시기가 길고도 길었다.

헌정 70년의 역사 속에서 그 절반이 넘는 시간 동안 우리의 공동체적 삶의 역사 속에서 실정법을 남용한 대량구속·불법구금·강제연행·연금·고문 등 인간성 자체를 모독하는 갖가지 불법이 법집행이라는 명목으로 자행되었다. 그런 현실 속에서 법을 통한 정의실현은 이론의 세계 아니면 먼 나라 이야기이기도 했다. 그러나 법에서 정의가 바로 세워지지 않으면 법적 평화는 깨지고 만다. 칸트가 "정의가 무너지면 세상은 더 이상 살 만한 가치가 없다"고 말했을 때 바로 이것을 두고 한 말이다. 더 나아가 법에서 정의가 깨어지면 인간의 법 생활에서 신뢰와 기대, 희망과 안전도 사라진다. 부정의가 법의 탈을 쓰고 판치는 곳에서 인간의 자율성에 바탕을 둔 인격의 자유로운 발전을 도모할 수 없다. 인격의 자율에 바탕을 두지 아니한 법에의 복종은 내면의 양심이나 의무감에서 우러난 자율적인 순종이 아니라 적나라한 힘과 강제를 두려워한 타율적인 굴종에 지나지 않는다. 거기에는 살아 있는 사회적 삶의 평화공존이 있기보다 공동묘지의 고요함이 지배할 뿐이다.

법에서 정의의 이념은 인간과 인권을 위해 법이 봉사해야 할 당위성의 근거를 제공한다. 인간의 삶은 인간의 실존 그 자체로서 이미 선과 옳음의 의미를 갖고 있다. 따라서 진실로 법이 인간을 위해 봉사하기 위해서는 인간의 과도한 자유의 남용을 통제함으로써 인간의 윤리적인 자기발전과 자기보존이 가능하도록 그 외적인 가능성의 전제를 확보해 주는 것이 선결이다. 이 같은 가능태를 우리는 인간질서의 근본상황이라 부른다.[7] 정의를 자유의 논의와 함께 전개한 칸트도 정의란 나의 자유가 다른 사람의 자유에 의해 제한받는 것, 나의 자유에 대한 제한이 곧 타인의 자유가 되며, 타인의 자유에 대한 제약이 곧 나의 자유가 된다고 보았다. 즉 제약성을 지닌 자유, 한계 안에서의 자유만이 정의로울 수 있다는 것이다.

법 생활의 근본상황이야말로 법 생활의 밝은 면을 뜻한다. 그러나 법이 타락하거나 부정의해지는 가치전도를 통해 이 같은 근본상황이 파괴될 때, 인간은 어두운 한계상황에 처하게 된다. 거기에는 자유와 자율성 대신 그것을 파괴하거나 좀먹는 방종과 타율성이 있을 뿐이다.

오늘날 우리는 민주주의실현을 구가하고 있고, 국가권력의 가치전도는 현저히 역사의 뒤안길로 물러갔지만, 우리는 정의가 실현되는 법 생활 속에서 정말 행복한가? 우리의 법 생활에 무겁게 드리워진 어둠은 없는가? 우리는 어둠의 인식과 확인을 통해 법 생활의 밝은 빛을 추구해야 할 실천적 임무 앞에 역사의 순간마다 서 있는 것이다. 법을 더 정의롭게, 더 자유롭게, 더 인간답게 가꾸어 나가기 위해 어둠의 현실을 헤치고 나가서 희망의 새벽을 여는 가슴이 법공동체의 법주체들에게 항시 필요한 것이다.

법이란 인간의 사회생활 관계를 정당하게 규율하고 향도하는 규범질서이다. 규범질서로서의 법은 그 질서기능을 실현하기 위해 법규범을 위협하는 역사적·사회적·경제적 여건에 상응해야 할 뿐만 아니라, 그 현실적 여건을 이끌고 나갈 일정한 가치의 실현을 염두에 두지 않으면 안 된다. 법의 이념으로서의 정의 역시 법규범 앞에 있으며, 동시에 법규범과 함께 있기도 하다. 그것은 실정화되어야 할 법률을 이념적으로 이끌어 나가는 기능을 할 뿐만 아니라, 이미 실정화된 법률이 실체적으로 정의로운 법, 정당한 법과 괴리가 생기지 않도록 개선하고 비판하는 기능을 가진다. 더 나아가 실정 법률의 구체적인 적용 가운데서도 최대한의 자유 보장과 최소한의 자유제한, "의심스러울 때는 범죄인의 자유에 유리하게"라는 원칙에 따라 정당한 법이 구현되도록 할 것을 의미하기도 한다.

이런 의미에서 정의이념 자체가 이미 실정 법률을 언제나 뒤흔들 소극적 역할을 하기도 한다. 실정 법률이 정의이념으로부터 멀어지거나 그것을 배반하지 않도록 견인하고 비판하는 기능을 갖기 때문이다. 이른바 성공한 쿠데타를 정의의 이름으로 단죄하고, 심지어 공소시효를 넘어서까지 법정에 세우는 일, 때로는 소급효 금지의 원칙을 넘어서까지 정의의 이름으로 죗값을 묻는 역사적 과거 청산 작업들은 비록 과도기적 현상일지라도 정의라는 힘의 역동성의 발산인 셈이다.

[법에서 정의의 본직적인 함의들]

정의는 본질적으로 옳음(iustum)을 의미한다. 정의로운 판단, 정의로운 행동, 정의의 최후 승리 등을 말할 때 정의는 어떤 인간의 윤리적인 덕목이나 태도(habitus)를 뜻하는 것이 아니라 오히려 그 대상인 옳음 자체를 뜻한다. 사회윤리적인 행위의 옳음에 대한 기준을 법이 제공하고 있다. 그러므로 정의의 대상은 법이고(ius est objectum iustitiae),[8] 정의는 법을 필요로 하고 있으며, 법을 지향하고 있다. 법이 인간에게 주어진 권리를 보장한다면 정의도 타인에게 주어진 권리를 부여하는 것이다. 그렇다면 정의란 법실현의 행위요, 법적 욕구의 이행이라 할 수 있다. 이미 로마법에서 울피아누스가 말했듯이 정의란 각자에게 그의 몫을 주는 것(suum cuique tribuere)이다.[9] 그것이 옳음의 기준이다.

각자에게 그의 것을 준다는 것은 무엇인가? 각자에게 그의 것(suum cuique)이란 하나의 내용 없는 형식에 불과한 것인가 아니면 어떤 내용과 연관을 가진 것인가? 그것이 본질적으로 어떤 내용을 가질 수 있다면 그 내용은 무엇일까? 바로 이러한 물음이 정의의 본질론이다.

정의의 본질은 우선 평등이념에서 발견된다. 본질적으로 평등한 것은 평등하게, 본질적으로 불평등한 것은 불평등하게 대해서 각자에게 기회의 균등이 주어지도록 함을 뜻한다. 공동생활에서 각자에게 인격적인 평등을 토대로 동등한 권리·의무를 부여하는 것에 더해서 약한 자에게 힘을 보태주는 배분적 노력이 그 속에 포함된다.

모든 사람이 경제·사회·정치·문화생활에서 평등한 지위와 기회를 누리면서 비례의 원칙에 따라 평등한 대우를 받는 것이 정의의 내용이다. 이것은 "각자가 그의 능력에 따라 일하고 그의 필요에 따라 분배받는다"고 한

마르크스(Marx)의 주장에 나타났다.

페를만(Perelmann)은 다시 이것을 "① 각자에게 똑같은 것을, ② 각자에게 그의 필요에 따라, ③ 각자에게 그의 공적에 따라, ④ 각자에게 그의 일의 결과에 따라, ⑤ 각자에게 그의 지위에 따라, ⑥ 각자에게 그의 법적 자격에 따라 대우하라"는 공식으로 정리하고 있다.[10] 또한 뮌스(Moens)도 "① 각자에게 그의 일의 결과에 따라, ② 각자에게 그의 능력에 따라, ③ 각자에게 그의 공적에 따라, ④ 각자에게 그의 필요에 따라, ⑤ 각자에게 그의 가치에 따라"라는 공식으로 정의의 원칙을 설명하기도 한다.[11]

이러한 원칙들은 상호 간에 대립·모순이 없는 것이 아니다. 예를 들어 자유경제를 옹호하는 자본주의에서는 "각자에게 그의 능력에 따라"라는 원칙이 지배적이지만, 계획경제를 주장하는 공산주의에서는 "각자에게 그의 필요에 따라"라는 분배 원칙이 지배적이다. 이 두 원칙은 평등의 원칙이라는 점에서는 공통되지만 누가 또는 무엇이 평등한가에 대해서는 양극현상으로 나타난다.

그러나 구체적인 현실에서 정의의 실현이 형식적 정의의 원칙과 모순된다고 해서 정의의 본질 표지로서의 평등이념이 무시되어서는 안 된다. 법철학에서는 이 같은 모순의 해결을 위해 형평(Billigkeit)을 거론하기도 한다.[12] 형평이란 정의와 다른 법가치가 아니라 통일적인 법가치에 도달하기 위한 상이한 과정으로서 "개별적인 경우의 정의"[13] 혹은 "동일한 본질 범주에 속하는 사람들을 지나치게 불평등하지 않게 다루려는 경향"[14] 등으로 설명되기도 한다. 즉 상충하는 둘 이상의 본질적 특성을 동시에 고려해야 하거나 추상적, 혹은 형식적인 규범 대신 구체적인 경우를 고려해 더 완전한 평등에 도달하고자 하는 것이 형평이념이다.

그러나 구체적 정의의 본질 규명은 특정한 세계관이나 기존체제의 영향을 완전히 벗어날 수 없기 때문에 형평이념으로 각자에게 그의 것을 돌려주는 구체적 옳음의 내용은 해명되지 않는다. 우리는 여기에서 한번 '사물의 본성'이론에 귀 기울일 필요를 느낀다. 사물의 본성이란 조리, 사고형식 등으로 불리기도 하지만 사물의 있어야 할 관계, 즉 인간관계의 정상성을 의미한다. 그것은 각자가 자유를 평등하게 누리고 있는 공동생활질서를 의미한다. 자유가 인간실존의 본질을 형성하므로 정의의 존재 이유도 자유의 실현에 있다.[15] 동식물은 본능에 종속되어 살아가므로 살아 있기는 하지만 자유의 의미를 알지 못한다. 그러나 인간은 자율과 이성에 따라 끊임없는 자기실현의 의무를 지고 살아가기 때문에 인간의 삶에 본질적인 것은 자유이다. 이 자유의 근원을 인간의 존엄에서 찾는다면 정의란 바로 각자에게 인간의 존엄성이 평등하게 보장되도록 하는 일이라고 생각한다.

그러므로 인간 존엄성의 평등한 보장은 다수결의 원칙에 의해서도 폐기될 수 없다. 인간의 존엄성에 대한 보장 요구는 인간의 공동사회질서가 합법적으로 뛰어넘어 갈 수 없는 한계를 설정해 주고 있기 때문이다.[16]

결국 옳은 것, 바른 것의 기준은 사물의 있어야 할 모습, 평등하게 자유로운 인간관계 속에 있음은 분명하나 현실의 인간관계와 사물 속에 이러한 바른 인간관계가 그대로 존속하고 있지 못하다는 데 문제가 있다. 바르고 옳아야 할 인간관계가 거꾸로 뒤집혀 뒤틀리고 굽어진 인간관계로 도처에 상존하고 있는 것이 현실이다. 바른 정치, 바른 경제, 옳은 법보다는 강포의 정치, 빈익빈 부익부의 경제, 강자의 힘과 통치수단이 된 법 등 우리 주위에는 부정의의 실체가 산적해 있다. 심지어는 동등한 인격주체인 인간이 다른 한 인간의 노예나 노리갯감으로 전락하기도 하고 물질과 향락과 마약과 도락의 노예가 되기도 한다. 노예 없는 사회가 정의로운 사회라 하여 이 땅의 문화가 노예제도를 종식시키고 난 지 근 200년이 넘었는데도 단돈 몇 푼에 인격과 신체의 자유마저 팔아 버리는 노예 상태의 가엾은 사람들이 우리 주위에 얼마나 많은가!

　정의는 하늘에서 떨어지는 것이 아니다. 구체적인 인간관계에서 가꾸고 실천해 나감으로써 형성되고 보존되는 가치이다.[17] 우리들의 사회생활에서 정의의 실현을 위해서는 무엇보다도 실천이성의 보정적(補正的) 기능이 필요하다. 그것이 바로 인간존중의 이념과 사랑의 의미이다.[18] 왜냐하면 정의가 법의 이념이듯이, 법의 이념은 바로 인간의 이념이 되기 때문이다. 정의의 본질을 이해하기 위해서는 무엇보다 구체적 상황 속에 놓여 있는 구체적 인간의 실존상황과 형편을 고려해야 하기 때문이다.[19]

　구체적 인간관계에서 정의의 요구가 자신의 한계성과 불완전성을 알지 못하고 형식적 정의 자체와 동일시하고자 할 때, 즉 구체적 정의 원칙이 형식적 정의를 대신하여 독단화 또는 절대화할 경우 정의가 정의 이데올로기로 변모하여 결과적으로 부정의를 관철할 위험에 직면하게 된다. 따라서 구체적 정의 원칙이 더 바른 법의 이념을 충족시키는 정의이기 위해서는 자비와 관용이 반드시 전제되어야 한다.[20]

　이런 의미에서 토마스 아퀴나스도 "인애 없는 정의는 잔학"이라고 말하고 있다.[21] 사랑 없는 정의는 폭력일 수밖에 없다. 여기에 인간존중의 정신과 사랑의 요구가 정의의 절대명령을 순화시켜 법공동체에서 풍성하고 인간미 넘치는 사회생활을 가능하게 해 준다.[22] 그러므로 오늘날의 지성은 바로 이 같은 인간성과 사랑의 이념에 충실한 정의감을 소유하지 않으면 안되리라고 생각한다. 아무리 포악한 범죄인이라 할지라도 그의 죗값을 묻는 형벌 속에서 그를 한 사람의 인격으로 바라보고 대접할 수 있는 마음가짐이 필요하다. 바로 이러한 전제에서 우리는 법이 정의요, 정의가 법이라고 말할 수 있을 것이다.

19세기 후반에 접어들면서 전통적인 정의개념(주관적·객관적 정의; 배분적·평균적·법적 정의 3분론)은 다양한 사회집단, 사회계층의 등장과 그들 사이에 존재하는 이익갈등을 해결하는 데 한계가 드러났다. 사회적 취약계층이나 사회적 약자들의 구체적인 생존조건과 관련하여 사회정의는 기회적 정의라는 이름 아래 ① 소극적으로 모든 법적·사회적 차별대우를 철폐하라는 요청과 ② 적극적으로 사회적 약자를 사회적 강자와 균형 있게 하기 위해 일정한 사회적 원조를 주라는 요청을, 그리고 필요적 정의라는 이름 아래 모든 사람이 각자 그들의 인간다운 삶에 필요한 일정한 물질적·정신적 재화를 기본적으로 갖추어야 할 동등한 요구를 할 수 있음을 천명했다.

법을 통한 사회정의의 실현에는 몇 가지 기본형식이 전제되어 있다. 그것은 공동체 내에서 인간관계의 중층구조에 기초한다. 즉 개인 상호 간의 법 관계, 개인의 공동체에 대한 법 관계, 그리고 공동체의 개인에 대한 법 관계에 맞추어 세 가지 양태의 정의가 구별된다.

개인 상호 간의 법 관계는 산술적 정의(iustitia commutativa)의 양태를 띤다. 개인의 공동체에 대한 법 관계는 배분적 정의(iustitia distributiva)에 의해 실현된다. 공동체의 개인에 대한 법 관계는 법률적 정의(iustitia legalis)에 의해 실현된다.[23]

여기서 산술적 정의, 배분적 정의, 법률적 정의라는 세 가지 정의의 양태는 각각 고립된 것이 아니라 사회질서 전체를 토대로 또한 그 한계 내에서 서로 유기적인 관련을 갖고 실현된다. 예컨대 서로 계약상 의무를 부담하고 있는 사람들은 각자 공동체 전체에 적용되는 계약법의 범위 내에서 자기가 짊어진 계약의무를 이행할 때 정의롭게 행동한 셈이 된다. 배분적 정의에 따라 임무를 수행해야 할 의무가 있는 국가는 입법, 행정, 사법에서 개별 사례마다 국가적인 부담과 시혜를 적절히 분배해야 정의롭게 행한 셈이 된다. 법률적 정의를 실현해야 할 책임 있는 자는 자신이 적용해야 할 법률에 복종할 때 그 책임을 다하는 일이 된다.

물론 이 세 가지 정의의 양태는 사회생활의 제한된 영역과 점진적인 상황 속에서 실현된다. 하지만 이 모두는 사회정의의 주요 관심사이며, 그것들은 사회 전체의 구조가 정당하게 형성될 때에만 실제적으로 정의롭게 실현될 수 있다.

그러므로 사회정의의 과제는 이들 세 가지 특별한 정의의 양태에 대해 그 토대를 형성하고 그 방향을 제시하는 계획안, 즉 사회질서의 종합적인 틀을 만드는 것이다. 여기에서 이 종합적인 틀을 공동선(bonum commune)이라고 한다. 그렇다면 사회정의는 공동선의 실현을 지향하는 사회질서의 설계도라고 말해도 좋을 것이다.

사회정의도 각자에게 그의 몫을 주라는 일반적 법원칙의 실현에 기여해야 한다. 그러나 단편적인 정의행동에 의해서가 아니라 전체의 올바른 질서를 형성하여 구체적인 역사적 상황에 맞는 사회 전체의 구조를 확립하는 데 역점을 둔다. 다시 말해서 사회정의는 정의의 세 가지 양태와 동일한 단계에 나란히 서 있는 것이 아니라 이것들이 공동선을 향해 나아가도록 이끌어 주는 내면적인 동력으로 작용한다.

사회정의는 정치질서이건 경제질서이건 사회의 올바른 구조를 확립하려 하지만, 사회체계 내의 개별적인 행동에 대해 시대를 초월하여 항상 타당하게 적용될 수 있는 정의의 준칙을 제공할 수는 없다. 사회 자체가 경직된 기구가 아니라 살아 움직이는 하나의 유기체와 같기 때문이다. 심지어 법규범과 법제도조차도 시대변화에서 벗어나 독립된 상수로 존재할 수 없다. 노예제도, 소유권제도, 토지제도, 결혼과 가족제도까지도 시대의 변화에서 벗어난 불변의 제도가 아님을 고려할 때, 사회정의와 심지어 공동선의 내용까지도 시대의 흐름 속에서 새로운 내용으로 채워질 수 있는 것이다. 이것이 진정한 의미에서 사물의 역사성(Geschichtlichkeit)이다.

이 관점에서 볼 때 사회정의는 공동체적 삶의 필요를 해결하고 보다 나은 미래의 지평을 열어가기 위해 현존하는 사회질서의 흠결과 장애를 극복하여 되도록 완성에 이르도록 최선의 노력을 기울여야 할 하나의 법적 의무(Rechtspflicht)로서의 의미도 지닌다. 사회정의는 사회질서형성에 책임 있는 자들이 깨어서 기존의 사회질서를 비판적으로 성찰하고, 보다 나은 미래의 지평을 내다보면서 새로운 사회질서를 창조적으로 형성해 나가도록 하는 역동적인 원리이기도 하다.

법질서와 사회질서 속에는 물론 보수적인 요소들이 많다. 하지만 사회정의는 이러한 사회발전의 역동성으로써 보수성을 지닌 법규범이나 법제도가 응고하여 사회발전의 자연스러운 흐름을 가로막거나 남용되는 것을 감시하고 저항한다. 사회정의는 자연법원리의 무조건적인 사수를 요구하는 것이 아니라, 그것이 역사적인 발전의 요구에 맞게 사회질서와 실정법률, 법제도, 법률관계를 재구축하고자 하는 것이다. 이렇게 보면 사회정의는 결코 특정한 법률질서를 보호하거나 이를 위해 실정법에 의한 제재수단까지 강구하는 고정된 정의관념이 아니라 자연법의 요구에서 도출되는 공동생활의 평화로운 질서를 실현하기 위한 역동적인 정의관념이다.

그러므로 사회정의는 갖지 못한 자와 소외된 자 등 사회적 약자들의 기대와 필요를 인식하고 그것을 만족시켜 줄 수 있는 새로운 법을 만드는 데 주저하지 말아야 한다는 것이다. 새로운 시대를 여는 법을 제정하고 새로운 법제도를 확립하는 데 획기적인 조치를 취할 수 있는 용기도 필요하다.

기득권자들의 특권과 가진 자들의 이기심에 대항하며, 약자와 버려진 자, 갇힌 자와 억눌린 자들을 일으켜 세우기 위해 일어서야 한다. 그러기 위해 정부와 의회의 입법자들에게 민주주의 절차에 따라 제도 개선에 착수하도록 이성적이고 합법적인 압력을 가하며, 국가의 손이 짧아 미치지 못하는 영역을 시민적 연대의 손을 빌려 메꾸어 가야 한다는 것이다. 기회균등과 실질적인 평등이 이루어지도록 사회의 정치질서와 경제질서 등을 변화시켜 나가야 한다. 이렇게 할 때 비로소 공동선이 명하는 새로운 사회질서를 구축하기 위한 최종적인 책임을 다하는 일이 될 것이다.

사회정의(iustitia socialis)개념이 19세기 중반 자유자본주의의 혼란기에 태동했고 20세기 양차 세계대전의 폐허 위에서 발전해 온 역사적 맥락을 살펴보면 이와 같은 역동성의 요구는 더욱 분명해진다. 그것은 오늘날에도 사회문제와 사회갈등 해결을 위한 열쇠로서의 의미를 지니고 있다.

법과 사회정의

법질서는 사회적 규범질서이다. 법은 인간 상호 간의 관계와 사회에 대한 개인의 관계에서 지켜야 할 중요한 행동양식을 규율한다. 사회는 법질서를 창설하고 법의 실현을 위한 기관을 둠으로써 법공동체(Rechtsgemeinschaft)가 된다. 법공동체적 삶에서 법은 그 구성원 각자에게 "너는 너의 삶을 영위해야 한다. 너는 질서 가운데서 그 삶을 영위해야 한다. 너는 법 속에서 그 삶을 영위해야 한다"는 실천적 삼단논법에 따른 명령을 내린다.

인간의 삶은 환경과의 관계를 포함한 모든 사회적 관계의 그물, 인간의 삶에서 조우하는 과거와 미래 그리고 인간의 내적 삶과 외적 삶의 모든 영역을 포함한다. 삶의 영위는 이런 영역 안에서 이루어진다.

인간은 이러한 모든 관계의 그물 안에서 타인의 자유를 고려하여 그것이 침해되지 않는 범위 안에서 자기 자신의 자유를 누릴 수 있다. 인간이 그의 삶을 질서 가운데서 영위해야 할 필요성의 근거가 바로 여기에서 발견된다. 질서는 한편으로 새로운 결정과 그 실천을 가능하게 해 줌으로써 결정의 확실성을 보호하며, 다른 한편으로 신뢰 가운데서 이런 결정을 수행하고 기획하도록 만들어 준다. 다양한 삶의 형태와 직업, 수많은 사회적 관계, 여러 가지 질서의 결합 형태인 사회에서는 하나의 질서가 다른 삶의 질서, 즉 통용되고 지배적인 삶의 질서와 충돌해서는 안 된다. 여기에서 통용되고 지배적인 삶의 질서가 바로 법에 해당한다.

인간의 자유영역의 매개 및 안정의 틀은 언제나 하나의 법질서를 요구한다. 매개하고 안정시키는 기능을 가진 사회적 사건 진행의 예측 가능성과 면책 등을 의미하는 질서 잡힌 삶의 형성은 바로 법에 의존한다. 그러므로 법이란 공동체 삶에서 당위적인 요구를 실행하는 가능성의 조건에 해당한다. 칸트가 법을 "한 사람의 자의와 다른 사람의 자의가 자유의 일반법칙에 따라 서로 통용될 수 있는 조건의 총체"라고 정의한 것도 이와 같은 맥락에 서 있다.

법은 그 자체로 자기존재목적을 갖는 것이 아니라 인간의 질서 잡힌 삶을 목적으로 삼고, 그것을 실현하기 위한 수단에 불과하다. 그러기 위해 법은 또한 정의의 요청을 실현해야 할 과제를 안고 있다. 모든 법실현의 영역, 즉 입법자의 법규범창조활동, 법원의 재판활동, 정부와 행정의 정책수립과 각종 조치까지도 정의로워야 할 당위성의 요청을 안고 있다. 더욱이 정치, 경제, 사회, 문화 모든 분야의 질서형성에서 법은 이 정의의 요청에 따라야 할 임무가 있다. 이것이 법과 사회정의의 본질적 결합관계이다.

사회정의는 법질서와의 관계에서 개별적인 법 규율활동을 지원하거나 통제하는 이념적 지표이다. 사회적으로 정당한 이념으로서의 사회정의는 모든 입법정책의 방향타로서 이것을 향도하기 위해 구체적인 입법활동 앞에 서 있다.

더 나아가 사회정의의 이념은 법질서를 확립하는 내재적 힘으로도 작용한다. 사회정의는 법의 실정화와 실정화된 법의 구체적인 실현에서 그 내용의 정당성을 담보하여 법의 적용 아래 있는 모든 사람의 신뢰를 이끌어내는 구성적 요소가 된다. 물론 역사적인 상황 속에서 사회적으로 정당한 이념과 가치에 관한 일반인의 의식과 태도가 변할 수 있다. 이 변화된 인식에 상응하여 실정법과 그 구체적인 적용도 새롭게 변화하고 수정·개선되어야 한다. 사회정의이념의 역사적으로 구체화된 내용으로부터 법은 현재의 사회공동체질서와 장래의 보다 나은 사회질서로의 개혁을 위한 기초적인 준거점을 획득한다.

결국 법체계 내에서 사회정의는 법의 내용적 정당성과 법에 대한 신뢰를 낳게 하는 의미와 기능을 가진다. 가장 넓은 의미에서 보면 사회정의도 하나의 법원칙 또는 하나의 법규범으로서의 의미를 지닌다. 어떤 법 규정이 법적용자의 눈에 사회정의에 반하는 것으로 비치면 그 정당성 여부를 검증하기 위해 헌법재판소의 문을 두드리게 되고, 경우에 따라서는 그 구속력의 전부 또는 일부를 배제할 수 있는 결과에 이른다.

깨어 있는 법의식을 지닌 법의 주체들은 항상 시민사회의 법체계 속에 산재해 있는 실정법규정들과 행정조치들이 현재에 우리의 기본권을 보장해주는 헌법에 합치하는지를 눈여겨봐야 한다. 만약 의문이 생길 때면 헌법소원을 제기하기도 하고, 시민연대활동의 힘으로써 입법개정이나 폐지 또는 새로운 입법을 위한 청원을 의회에 제출하고, 풀뿌리 로비를 통해 이를 관철하여야 한다. 때로는 오래된 대법원판례의 효력을 깨트리기 위해 변화된 사회구조와 관행을 법관들에게 주지시키고, 법문의 의미를 현실의 변화에 맞추어 새롭게 해석하게 함으로써 판례 변경을 이끌어 내야만 한다.

물론 이러한 작업은 전문법률가들의 일이기도 하지만, 그들만의 고유한 작업일 수 없다. 새로운 사회질서는 시민들의 법적인 아우성 속에서 창출된다(social reform from legal noise). 이처럼 참을 수 없는 의분으로 약자들을 대신해서 또는 작은 권리 찾기의 신념과 열정으로 법정투쟁을 벌이는 일은 민초와 같은 건강한 법의식주체들의 보람 있는 일거리이기도 하다. 일찍이 예링(Rudolf von Jhering)이 『권리를 위한 투쟁』에서 주장했던 것처럼 이들은 투쟁 속에서 권리를 실현하는 법의 주체, 법의 주인인 셈이다.

다만 사회정의도 공동선을 지향하고 있다는 점을 잊어서는 안 된다. 자칫 사회정의가 한 사람의 권리와 다른 사람의 권리가 충돌하는 상황에서 어느 한편의 사회적 신분이나 지위만 보고, 또는 편향된 이해관계에 따라 한편만 두둔하는 데 이르지 않도록 경계해야 할 필요가 있기 때문이다. 만약 사회정의가 합리적 가치교량 없이 한편만을 손들어 주는 논거로 전락한다면, 그 사회정의조차 정당한 법이념이 아닌 법의 이데올로기로 변질될 수 있다. 이 이데올로기화의 위험을 항상 경계·방어해야 한다.

【 정의 자체에 대한 인식의 문제 】

정의의 쓰임새는 실로 다양하다. 실질적 정의, 절차적 정의, 사회적 정의의 이름으로도 정의는 논의된다. 그러나 정의 그 자체에 대한 언명은 회의적일 수밖에 없다. 그것은 정의 그 자체가 상대적이기 때문이 아니라 그것을 이해하는 인간의 인식능력에 언제나 한계가 따르기 때문이다. 그뿐만 아니라 정의는 단순히 감정적인 표현이나 하나의 이데올로기로서 요청되는 경우도 있기 때문이다.

물론 사회 자체의 규범내용과 규범준수가 극히 형식적 단계에 머물러 있고 법이 권력의 도구로 전락해 버렸을 때는 정의가 지배계층의 이데올로기를 정당화해 주는 도구가 될 수 있다. 또한 설령 정의에 관한 척도를 상호이해를 통한 논증의 방법에 의해 발견해 낸다 하더라도 이것은 극히 형식적인 대답에 머무를 수도 있다. 예컨대 '각자에게 무엇에 따라'라는 공식에 의할 경우, 구체적으로 그 무엇이 무엇이냐 하는 점에 대해서는 서로 대립하는 관점이 제기될 수 있기 때문이다.

이처럼 정의 그 자체에 대한 언명은 법이 지향하는 궁극적인 이념으로는 자명한 듯하면서도, 구체적인 갈등해결을 위한 대답으로서는 추상성을 면하기 어렵다는 난점에 부딪힌다.

그러나 우리는 정의에 대한 주장에서 항상 맹목적인 이데올로기적·감정적 격앙 상태의 앙금을 걸러 내는 비판 작업을 게을리해서는 안 된다. 정의에 관한 나의 견해표명에서 나 자신부터 제한된 진리인식의 능력만을 갖고 있다는 점을 솔직히 시인하고, 내 주장의 오류 가능성에 대해 다른 사람의 비판을 열린 마음으로 수용함으로써 새로운 정의관념의 지평에 도달하려는 태도가 중요하다. 정의관념은 나와 너의 어느 한쪽에만 속해 있는 것이 아니라 나와 너의 합리적 이해의 접근과정에서 비로소 형성될 수 있는 동적·대화적인 것이다.

우리는 각자 정의의 실질적 척도를 독단적으로 전유할 수는 없지만, 합리적 척도에 대한 기대와 열린 이해의 가능성을 공유하고 있다. 우리는 이러한 접근을 역사 속에서 정의실현의 과제로 설정할 수 있고 개방적이고도 긍정적인 태도로 이에 참여할 수 있다. 정의관념의 독점요구는 실제 독선이며, 그 같은 태도야말로 바리새(pharisee)적인 정의관념에 상응하는 입장이다.[24] 정의 그 자체에 대한 물음은 언제나 출발점에 새롭게 서 있는 것이고 자신의 기존관념에 대한 비판적 성찰로부터 출발해야 한다. 정의 그 자체는 진리성을 띠지만 그 진리를 인식하고 발견하는 과정은 자유롭고 평등한 인격주체 간의 상호의사소통과 상호이해의 지평을 통과하지 않고서는 도달하기 어렵기 때문이다.

미주

1 아리스토텔레스와 토마스 아퀴나스의 윤리사상에서 네 가지 기본덕목은 총명, 정의, 용기, 중용이었다.

2 N. Hartmannn, Ethik, 4. Aufl., 1962, S. 419.

3 F. Paulsen, System der Ethik mit einem Umriss der Staats-und Gesellschaftslehre, Bd. II .7, 18. Aufl., 1906, S. 139.

4 F.A von Hayek, Recht, Gesetzgebung und Freiheit, 2. Aufl., 1986, S.57f., 133f.

5 Leibniz, elementa nova mathesis universalis, S. 2798(정의는 현재의 사랑이요. 이 경우 사랑은 타인의 행복에서 찾는 즐거움에 있다);김일수, 『형법질서에서 사랑의 의미』, 세창출판사, 2013, 190쪽 이하.

6 당시 경성지방법원장이었던 장경근의 담화에 잘 나타나 있다. 이에 관해서는 한인섭, 「식민지적·권위주의적 지배구조와 법체계」, 계간 『사상과 정책』 가을호, 1989, 17쪽 참조.

7 베르너 마이호퍼, 『법치국가와 인간의 존엄』, 심재우 역, 삼영사, 1994, 70쪽 이하 참조.

8 Thomas Aquinas, *Summa Theologica II, III*, 57, IC.

9 Ulpian, *Corpus Iuris Civilis*, Institutiones I, 1.

10 Perelmann, Über die Gerechtigkeit, 1967, S. 29f.

11 V. Moens, Gleichheit als Wesensmerkmal der Gerechtigkeit, in : ARSP(1975), S. 486f.

12 Henkel, Rechtsphilosophie, 2. Aufl., 1977, S. 419 ;Perelmann, Das Prinzip der Gerechtigkeit und der Billigkeit, in : Über die Gerechtigkeit, 1967, S. 100f.

13 Radbruch, Rechtsphilosophie, S. 127.

14 Perelmann, a.a.O., S. 101.

15 Kubes, Die Illusion der Gerechtigkeit, in: Rechtstheorie 17(1986), S. 1681 ; John Rawls, *A theory of justice*, 1973, pp.60~65.

16 Vgl. H. Welzel, Über die ethischen Grundlagen der sozialen Ordnung, in : Abhandlungen zum Strafrecht und zur Rechtsphilosophie, 1975, S. 245.

17 R. Zippelius, Das Wesen des Rechts, 1977, S. 126.

18 Arth. Kaufmann, Theorie der Gerechtigkeit, 1984, S. 42.

19 H. Henkel, Rechtsphilosophie, S. 419.

20 Messner, Naturrecht, 6. Aufl., 1983, S. 448.

21 변종필, 「사랑과 정의의 관계」, 고대석사학위논문, 1987, 35쪽.

22 H. Henkel, Rechtsphilosophie, S. 419에서 인용.

23 아리스토텔레스 이래 정의를 산술적 정의와 배분적 정의로 2분하는 사고가 지배적이었으나, 중세 스콜라철학의 대가였던 토마스 아퀴나스에 의해 법률적 정의가 추가된 이래 정의를 3분하는 사고는 오늘날 가톨릭 사회이론에서도 그대로 수용하고 있다.

24 Arth. Kaufmann, Rechtspositivismus und Naturrecht in erkenntnistheoretischer Sicht, in : ders., Rechtsphilosophie im Wandel, S. 86ff.

글쓴이
–
김일수

고려대학교 법과대학 졸업, 사법연수원 제2기 수료, 변호사, 독일 München 대학 법학박사, 미국 Harvard University Law School Visiting Scholar, 국가경찰위원회 위원장, 한국형사정책연구원 원장, 현 고려대학교 명예교수.

저서 및 역서로는 『한국형법 Ⅰ·Ⅱ·Ⅲ·Ⅳ』, 『새로 쓴 형법총론』(2008년 중국어판 출간)/『형법각론』, 『수사체계와 검찰문화의 새 지평』, 『범죄피해자론과 형사정책』, 『바람직한 양형조사제도』, 『전환기의 형사정책』, Lebensschutz im Strafrecht(Mithersg.) 등이 있다.

김
일
수

김종엽

정치적 행위는
왜 윤리적이어야만 하는가?

[정치력의 회복이 문제이다]

한국사회에서 정치와 경제를 포함한 사회 시스템 전반에 대한 대중의 신뢰도는 상당히 낮은 편이다. 더욱이 오매불망(悟寐不忘) 염원하는 선진국의 대열에 합류하기 위해 이러한 대중의 사회적 태도로는 곤란하다. 이처럼 불신풍조가 만연한 사회는 약해진 내부 결속력으로 국가경쟁력 하락이라는 악순환을 거듭한다. 특히 정치력의 취약성이 신뢰성 회복을 난맥상으로 몰아가는 주범임에 틀림없다. 대한민국의 정치는 삼류보다 한 단계 아래인 사류(四流)라는 농담에서 뼈가 느껴진다. 그렇다고 모든 책임을 정치인에게만 전가시키는 것도 사태해결에 도움이 안 된다. 정치에 대한 대중의 무관심과 혐오, 냉소가 아마추어 정치로 꽃 피우는 데 한몫을 한 탓이다.

혹자는 무소불위의 한국식 권력집중이 세계적으로 전례가 없는 경제성장의 자연적 원동력이 되었다고 으쓱대기도 한다. 하지만 우리는 그 반대급부로 감시하고 견제해야 할 헌법조직이 무력화되었다는 사실을 상기할 필요가 있다. 선택과 집중이 빚어낸 참혹한 결과이다. 우리가 대형마트에 진열된 화려한 이미지의 유혹에 취해 객기를 부리는 동안, 현대정치를 이해하고 실천할 수 있는 비밀코드는 전혀 풀어내지 못했다. 시민사회의 성숙도를 나타내는 냉철한 판단력의 부재도 화를 키웠다. 항변의 여지가 전혀 없는 것은 아니다. 경제성장만큼이나 빠르게 구조화된 한국의 형식적 민주주의는 100%의 찬성률을 자랑하는 조선민주주의인민공화국의 시스템과 비교할 수 없다. 서구사회가 현재의 민주주의를 완성하기까지 200년이 넘는 피와 눈물의 시간을 인내했다는 점에 비춰 본다면, 50년 남짓한 우리의 민주주의에 대한 기상을 마냥 허상으로 간주할 필요도 없다.

하지만 겉으로 흉내만 낸 형식적 민주주의에서 정치력의 흔적과 경륜을 찾아내기란 쉽지 않다. 여당과 야당을 가리지 않고 감지되는 정치 응집력의 부재와 정치철학의 빈곤함은 우리의 작은 자부심마저 통째로 비웃고 있다. 정치철학에 대한 확고한 신념 없이 그저 권력의 그림자만 쫓는 기회주의자의 득세를 과연 우연이라고 볼 수 있을까? 정치적 능력보다 이기적 민심에 기대어 지지율이나 높이려는 근시안적 정치풍토는 현실정치의 실종으로 되돌아오고, 여지없이 더 큰 메아리로 증폭되어 정치인 자신의 발등을 찍고 있다.

너나 나나 할 것 없이 장기적 안목에서 결함을 보이다 보니, 사태를 해결할 능력도 빈곤할 수밖에 없다. 지난 한 해 우리는 여느 해와 달리 '안전 불감증'이라는 용어로 통칭되는 고통스러운 시기를 보냈다. 특정 개인의 잘

김종업

못으로 몰기에는 구조적으로 접근해야 할 문제들이 대부분이었다. 그런데 정치권의 해법은 희생양을 찾아 위기를 모면하려는 비열함으로 가득했다. 합리적 정쟁은 이해관계의 격전장으로 변해버리고, 각 정당은 사회적 갈등을 어떻게 활용할지에 대한 이기적 셈법에만 골몰하는 형국뿐이었다. 어찌 보면 정치적으로 해결할 능력이 없음을 스스로 고백한 것이다. 기존 시스템의 해체와 새로운 기구의 신설이 민주적 제도를 이식하려는 노력이라고 보기는 어렵다. 이처럼 양동이로 우물을 채우려는 시도는 꾸준히 지속되었지만 우물은 여전히 비어 있다.

경제회복만이 능사가 아니다

한국 정치에 대한 낮은 신뢰도가 대중의 정치혐오증을 불러온 것처럼, 삶이 곤궁해지면 정치에서도 시선의 변화가 생기기 마련이다. 이것은 상식적으로도 문제의 근원지가 정치에 있다는 사실을 직감하게 해 준다. 아니나 다를까 경제 활성화와 일자리 창출이 최근 몇 년 사이 각종 언론매체에서 전가의 보도처럼 사용되기 시작했다. 정치권에 대한 대중의 기대가 상당 부분 여기에 맞춰지면서 정치에 대한 관심도 덩달아 상승하기 시작했다.

하지만 정치의 역할을 경제적 영역에 묶어 두려는 시도는 무지의 소치이다. 그 결과는 생각보다 치명적일 수 있다. 정치와 경제의 경계선이 혼재한 곳에서 정치적 결정은 종종 자연재해만큼이나 대형사고로 이어진다. 경제 분야로 완전히 흡수된 정치권력은 마치 황혼이 깃들고 땅거미가 지는 시간과도 같다. 저녁노을은 황홀함과 아름다움의 상징이다. 하지만 어둠이 깔리고 나면, 우리에겐 시야를 비춰 줄 등불이 필요하다. 그저 생각 없이 자연이 가져다준 선물에 홀려 있다 보면, 그 뒤로는 한치 앞도 볼 수 없는 칠흑 같은 시간을 보내야만 한다. 권력의 독재에서 자본의 독점으로 이행되는 역사적 과정을 속수무책으로 지켜봐야만 하기 때문이다. '오직 경제'만을 전도하며 정치에 깃들어 있어야 할 인격적 가치를 홀대하는 사이, 우리 사회는 잔인한 각자도생의 늪으로 빠져들게 된 것이다.

현대사회에서 경제가 차지하는 역할과 비중이 비대해진 것은 부인할 수 없다. 그러나 어떠한 경우에도 상품의 향유가 사회적 질서를 대체할 수는 없는 노릇이다. 시장의 논리와 사회적 가치가 동일하지 않은 이유가 여기에 있다. 양자를 매개할 수 있는 역할이 바로 정치의 고유한 영역이다. 조만간 한 사회 내에서 상위 1% 계층의 재산이 나머지 99%를 합친 것보다 상회할 것이라는 쓸쓸한 전망 앞에서 경제 전문가의 역할은 없다. 계층적 갈등의 조정이라는 정치적 영역이 붕괴되면, 정글의 법칙만이 사회를 움직이는 동력이 된다. 개인적 성공을 최우선적 가치로 여기는 극단적 자기성애가 우리 사회에 만연하게 된 것은 어찌 보면 당연한 이치이다. 사회적 관용도 비빌 언덕이 필요한 법이다. 오로지 재화의 향유만이 인격적 삶과 인간 존엄성의 척도로 간주되는 사회에서 개인이 선택할 수 있는 삶의 양식은 매우 제한되어 있다. 이러한 자유민주주의공화국에서 개인이 선택할 수 있는 자유란 그저 살아남기 위해 경제력을 키우는 것뿐이다.

정치의 경제적 환원은 왜곡된 정치관의 근원으로 지목되기도 한다. 정치적 질서가 수용 가능한 공공질서로 편입되지 못하면, 그때부터 정치질서에 편승되지 못한 사회의식은 불행한 의식으로 전환된다. 좌절한 사회의식이 극단적 욕망을 표출함으로써 자신의 길을 찾는 현상은 현대사회의 특징이다. 정치결정론과 소비지상주의가 그 가운데 대표적인 형태라고 볼 수 있겠다.

정치결정론은 모든 사회문제를 오로지 정치적으로만 해결하려는 극단적 경향을 말한다. 정치만이 얽히고설킨 실타래를 풀 수 있는 유일한 해법이라는 주장은 우리 사회의 도처에서 발견된다. 이는 정치적 독단과 오만의 근원이 된다. 정치권의 뿌리 깊은 갈등과 반목은 정치인 개인의 극우 혹은 극좌 성향에서 비롯된 경우가 많다. 본질적으로 타협하기 어려운 종교적 신념처럼 정치가 양분되어 이전투구(泥田鬪狗) 식의 싸움을 벌일 때, 정치력의 한 축을 담당하는 타협의 능력은 실종되고 만다. 정치인의 신념은 정책수립의 기반이 되지만, 주권은 국민의 마음으로부터 나온다. 국민의 마음에 부응하기 위해 언제나 타협의 가능성을 열어 놓는 태도는 정치에 대한 대중의 신뢰감을 고조시킨다. 하지만 타협 가능성을 애초부터 봉쇄하는 정치결정론자는 정치의 빈곤을 스스로 드러내는 셈이다.

정치결정론의 저편에는 극단적 소비주의가 도사리고 있다. 소비를 통해 존재를 확인하는 시대를 통과하며 우리는 어느덧 소비의 덫에 걸린 이미지의 노예로 전락하고 말았다. 더 나은 이미지를 얻기 위해 삶의 모든 정열을 쏟아 붓는 경쟁사회는 삶의 주된 패러다임이다. 정치의 '정'자만 나와도 고개를 돌리는 정치혐오증은 정치결정론만큼이나 우려스러운 일이다. 특히 한국사회에서 젊은 세대의 정치적 표류는 상징하는 바가 크다. 젊음의 상징인 대학생의 정치적 의식이 지난 세기 한국 민주주의의 원동력으로 기능하였기 때문이다. 더욱이 공공성에 관심을 갖고 타인의 행복을 증진하기 위한 노력은 세대에 걸쳐 진행되어야 할 사회교육적 의무이기도 하다. 공공성의 외면은 정치인의 직무유기를 방관하고, 사회 건전성의 심각한 훼손으로 귀결될 가능성이 크다. 유감스러운 점은 이 가능성이 한국사회에서는 일상적 현실이 되었다는 사실이다.

정치의 신뢰성 회복은 정치에 내재된 인격성의 회복을 의미한다. 환경문제, 빈부 격차, 인간 존엄성, 기술공학시대의 생명윤리 등 정치권이 서로 머리를 맞대고 논쟁하고 구현해야 할 인격적 가치는 무수히 많다. 뚜렷한 정치철학이나 장기적 전망이 없이 오직 선거의 승리만을 위한 기회주의적 정치 전략은 조타수 없이 망망대해를 항해하는 것과도 같다. 방향을 잃어버린 정치는 정치에 대한 대중의 염증을 가속할 뿐이다. 정치가 길을 잃고 방황하는 이유는 가시적 성과가 없어서가 아니라는 사실을 직시할 필요가 있다. 달리 말하면, 정치력의 회복을 위해 가시적 성과에 목을 맬 필요는 없다는 뜻이다. 정치적 리더십을 기득권의 권위로 대체하거나, 사회적 비판을 무마하기 위해 언론과의 공생관계를 이용하는 꼼수를 부려서는 시민사회로부터 정책에 대한 진심 어린 이해를 구할 수가 없다. 경제성장이라는 글로벌 신기루에 기대어 단기적 성과에 목매는 근시안적 사고로도 정치력의 회복을 기대할 수 없다. 정치의 회복은 정치의 고유한 사회성, 정치의 인격적 윤리성을 회복하는 데 달려 있다.

정치는 선한 사회적 질서를 전제로 한다

정치의 윤리성만이 대중에게 정치의 진정성을 호소할 수 있다. 정치는 어떠한 윤리적 성격을 갖는 것일까? 이 질문에 답하기 위해 우리는 어느 한쪽으로의 환원을 경계해야만 한다. 우리의 관심사는 정치와 윤리의 내재적 연관성을 묻는 일이다. 이는 경험적으로 답변해야 할 문제이다. 정치와 윤리의 내재적 관계는 사회의 '올바른 질서'라는 시대적 과제를 설정하며 역사 속에서 그 모습을 드러내곤 하였기 때문이다.

역사적 흔적을 추적해 가며 논의를 계속해 보자. '인간은 사회적 동물이다.' 이는 고대 그리스철학자 아리스토텔레스의 격언으로 알려져 있다. 물론 정확한 번역은 아니다. 이 짧은 어귀에는 원문에서 벗어나 현대적 해석을 덧칠한 부분이 있다. 원문에 등장하는 '정치적(politikos)'이라는 단어가 그것이다. 직역(直譯)의 가능성이 전혀 없는 것도 아닌데 왜 굳이 'politikos'를 '사회적(social)'이라는 두루뭉술한 어휘로 바꿔치기한 것일까? 그것은 2000년이 넘는 시간의 차이가 정치에 대한 사회적 이해도 바꿔 놓았기 때문이다.

고대 그리스에서 사용한 정치라는 개념은 인간적 삶에 필수불가결한 요소였다. 정치라는 개념 속에는 인간적 삶의 공공성을 내용으로 하는 선한 질서가 내재되어 있었던 것이다. 정치적 행위는 선(善)한 것이 무엇인지를 인식한 자의 몫이었으며, 정치인이란 선의 인식을 통해 최선의 질서를 만들 수 있는 실천지(Phronesis)의 소유자이기도 했다. 당연히 이러한 생각은 정치에 대한 현대적 상식과는 다소 거리가 있어 보인다. 오늘날 어느 누구도 정치인으로부터 선이나 진리에 대한 인식을 기대하지 않는다. 정치인은 진리를 선포하는 자가 아니다. 정치는 주로 계층적 이해관계를 관철하는 주요 통로로 인식될 뿐이다. 기껏해야 사회 구성원 간의 갈등을 조정하고 이해당사자 간의 타협을 유도하는 중재기관으로 간주될 뿐이다. 그럼에도 우리는 정치와 올바른 사회적 질서가 내재적 관계로 연결되어 있다는 사실을 알고 있다. 역사적으로 항상 올바른 사회질서에 대한 표상이 명확했다는 사실이 이를 증명하고 있다. 다만 시대마다 어떠한 사회적 질서가 선한 것인지에 대한 이해가 달랐을 뿐이다.

정치에 대한 윤리적 이해가 시대마다 다른 것은 당연하다. 시대적 이해관계에 따라 질서에 대한 주관적 판단이 상이할 수밖에 없기 때문이다. 고대 로마인들에게 정치와 질서의 관계는 합리적 이성의 산물이었다. 이성의 역할이 자기보존본능을 중심으로 회전하였다는 사실이 뼈아플 뿐이다. 그들에게 올바른 질서란 로마를 위한 평화, 즉 '팍스 로마나(Pax Romana)'였던 것이다. 이 같은 패권주의적 정치질서는 오늘날까지 우리가 가장 흔히 접할 수 있는 정치 현상이다. '팍스 시니카(Pax Sinica)', '팍스 아메리카나(Pax Americana)', '팍스 유로파(Pax Europa)' 등 이성의 정치는 곧 힘의 정치로 통한다. 현실정치와 관련된 제반 현상을 이해할 때, 권력투쟁이라는 프리즘은 우리에게 익숙한 분석도구가 되어 버렸다. 현실에서 정치와 선한 사회적 질서는 항상 상대적으로 관철될 수밖에 없었다.

　서구의 중세는 고대처럼 정치권력의 구심점을 통해 사회질서를 유지하지는 않았다. 봉건사회의 특징은 권력과 종교의 야합에서 두드러진다. 효과적으로 권력을 조직하고 사용하는 도구적 이성의 영역을 제한하여 신의 은총에 의해 통치되는 영역을 구축하였다. 얼핏 두 왕국이론이라는 정교분리(政敎分離)는 권력투쟁과는 무관한 이원론적 세계관처럼 보인다. 그러나 성직자와 영주 사이에서 불가피한 영역 다툼과 유혈충돌을 무마할 수 있는 최선의 사회적 질서였음은 분명해 보인다. 각기 다른 질서로 유지되는 세계의 분할은 중세의 봉건 정치질서가 꽃피울 수 있었던 토양이었다.

　근대의 주권국가는 절대왕정이라는 정치적 질서를 낳았다. '짐이 곧 국가(L'état c'est moi)'로 표현되는 정치적 절대권력은 시대의 필요에 의해 정당화된 정치형태이다. 언어와 역사, 문화의 동일성을 기초로 한 공동체를 유지하기 위해서는 권력의 단일한 구심점이 필요했던 것이다. 따라서 절대왕정은 현대적 의미의 독재정권이라기보다, 한 사람의 카리스마로 지배되고 통치되는 리더십의 시대를 의미한다. 정치와 질서의 내재적 연관은 주류 역사에서만 통용된 법칙이 아니다. 현대사의 트라우마로 기억되는 독일과 이탈리아의 파시스트나 공산주의 혁명도 올바른 사회질서를 내걸었다는 점에서 역사의 물줄기를 벗어나지 않았다. 질서에 대한 생각은 현대의 정치개념에서도 여전히 유효한 패러다임이다.

사상사적으로 많은 철학자가 현대 정치개념의 형성에 직접 혹은 간접적으로 영향을 미쳤다. 현대정치의 차별적 성격은 그것의 보편성에 있다. 자연의 법칙이 보편적인 것처럼, 현대의 민주주의 헌법은 정치적 판단과 행위를 만인에게 정의롭게 적용하는 사회질서의 구축에 맞춰놓고 있다. 따지고 보면, '정의'에 대한 생각은 인류의 오래된 혜안에서 비롯된 것이기도 하다. 동서고금을 막론하고 등장하는 황금률이 이미 정의로운 정치적 판단을 위한 객관적 기준을 가르쳐 주고 있는 것이다. '대접을 받으려거든 대접을 하라'라는 경구 속에는 내가 아닌 타인의 자리에 방점이 찍혀 있다. 반대의 경우로, 무전유죄, 유전무죄는 정치혐오증을 일으키는 주범으로 알려져 있다.

물론 현대의 현실정치가 정의로운 사회질서를 구축하고 있는지는 별개의 문제이다. 정의가 무엇인지에 대한 이해가 부족해서가 아니다. 인식이 판단과 행위로 이어지기까지는 건너야 할 다리가 많다. 우리의 이성은 형식적 보편성에 동의할 수 있지만, 판단과 행위는 주관적 가치체험에 의해 실현여부가 결정되기 때문이다. 정치인 사이에 만연한 언행의 불일치는 이중인격자의 파렴치함에서 기인한 것이 아니다. 정치인이 공식적으로 내거는 공공언어에 대한 이해는 교육을 통해 익숙해질 수 있지만, 그 언어에 깃든 실천적 의미를 정치신념으로 자기화하는 과정은 주관적 체험과 확신을 통해서만 가능한 것이다. 정치 연설문에서 인간 존엄성에 대해 수없이 언급한다 할지라도 존엄성의 의미를 삶 속에서 체화시키지 못했다면, 그에 대한 정치적 발언은 글자 그대로 공염불에 불과하다. 왜 이러한 인격적 분열이 발생하는 것일까? 우리는 이 문제를 개인의 차원을 넘어 사회구조적인 문제에서 검토해 보고자 한다.

정치가 인간의 조건을 묻다

정치적 판단과 행위가 사회적 질서로 현실화되는 과정은 인간에 대한 본질적 이해로부터 비롯된다. 정확히 표현하면, 우리는 인간의 조건을 묻고 답함으로써 정치적 판단의 이론적 체계를 세운다. 정의와 평등이라는 공시적 언어에 익숙한 현대인에게 인간의 조건(human condition)을 묻는 시도는 얼핏 불합리해 보인다. 인간인 사람과 인간이 아닌 사람을 구별하라는 과제는 초등학생에게도 반문과 비웃음을 자아낼 것이다. 하지만 유감스럽게도 인류의 역사는 그러한 구별로 점철되어 있으며, 현실도 틈만 나면 차별의 기회를 노리고 있다. 우리는 종(種)으로서 보편적이고 형식적인 인간보다 인간으로서 일정한 조건을 실현하고 있다고 믿는 현실적 인간에게 더욱 애착을 갖기 마련이다. 시대의 이해관계에 적합한 이미지가 선명하면 선명할수록, 인간에 대한 사유의 역사에서 뜨거운 논란을 불러일으켰다. 인간의 존재를 일정한 조건으로 묶어 놓은 정치적 판단이 인류 역사에 드리운 거대한 먹구름으로 되돌아왔기 때문이다.

엄밀한 의미에서 고대의 노예제나 중세의 농노제는 인간의 조건을 물으며 형성된 이론적 구성물이 아니다. 진화과정의 자연스러운 부산물로 보는 편이 합리적이다. 하지만 인간 존엄성에 대한 담론은 다르다. 현대정치와 법정신에 보편성의 개념을 명료화했던 칸트는 인간은 상품이 아니기에 가격이 아니라 개체로서 존엄성을 지닌다고 선언한 바 있다. 인간에 대한 칸트의 정립은 이성과 자유의 '열려 있음'에 근거를 두고 있다. 자기보존본능으로 살아가는 개체는 자연적 '닫혀 있음'을 의미한다. 오직 인간만이 자연적 보존본능을 넘어서 타인과 더불어 있음을 구현하기에 존엄할 수 있다는 것이다. 이 '더불어 있음'이 바로 인간의 윤리적 능력이다. 윤리적 행위

능력은 모든 인간에게 가능성으로 주어져 있기에 존엄성은 모든 인간에게 보편적으로 적용되는 자연적 권리로 인정되고 있다. 인간 존엄성은 현실적 조건을 따지지 않고 모두에게 적용되는 권리로 민주주의사회구조에 편입되면서 현대 인류는 자신을 이해하는 데 있어서 보편적 언어에 익숙해지게 되었다. 이처럼 소수의 특별한 사람만이 아니라, 모든 사람이 자연적 권리를 지니고 태어난다는 생각은 민주주의 교육의 근간이 된 것이다.

하지만 법적 효력만이 사회현실의 전부는 아니다. 1인 1표제가 엄격하게 적용되는 선거철을 제외하면, 우리의 정치적·경제적 현실은 모두에게 동등한 존엄성을 부여하지는 않는다. 유수한 기업의 회장과 노숙자에게 동등한 존엄성을 부여하는 데 우리는 익숙해 있지 않은 것이다. 이를 통해 봐도 인간 존엄성이 자연적 성향에서 비롯된 것이 아님은 분명해 보인다. 자연은 실현의 필요성을 제기하지 않아도 스스로 자명해진다. 사자는 자연스럽게 사냥하는 법을 터득한다. 약육강식과 적자생존에 입각한 생활방식은 굳이 교육을 필요로 하지 않는다. 하지만 인간 존엄성과 같은 사회적 규범은 의무의 근거를 정당화해야만 한다. 정치적 설득이 필요한 것이다.

과거와 달리 현대정치의 흐름은 자연과 의무 사이의 긴장관계에 놓여 있다고 해도 과언이 아니다. 정치는 양자 사이의 긴장을 통해 동력을 얻기도 하고, 때론 자신의 고유한 영역을 상실하기도 한다. 일반적으로 양 극단에서 적절한 균형을 유지하려는 노력을 정치력이라고 부르며, 역으로 유력한 정치집단이 어느 한쪽만을 고집할 때, 정치는 실종의 위기를 맞는다. 예컨대 인간 존엄성이 완벽하게 구현된 사회는 이론적으로 유토피아라고 부를 수 있다. 하지만 유토피아는 정치적 기술을 필요로 하지 않는다. 반면 자연적 성향에 굴복하는 정치는 상실의 고통을 겪게 된다. 인간의 보편적 권리에 자연적 차이를 근거로 한 수직적 등급을 부여하기 때문이다. 여기서 인간은 조건화된 인간으로 다시 태어나는 불행을 맞게 된다. 정치와 유토피아의 관계는 다음 장에서 다루기로 하고, 이장에서 우리의 관심사는 정치 내에서의 조건화된 인간이다.

인간을 조건화시키는 정치이론으로서 현대정치사에서 등장하는 가장 전형적인 예가 칼 마르크스의 인간관이다. 비록 인격적 사회질서의 구축을 의도했다고는 하나, 칼 마르크스의 인간관은 인간의 인간됨을 일정한 조건을 통해 정의한 선구자적 모델이라고 볼 수 있다. 마르크스는 초기 저서 『유대인 문제에 대하여(Zur Judenfrage)』에서 인간이 인간적으로 되려는 성질―유(類)적 존재―을 특정한 계급의식에 기초하여 정식화한다. 그에게 있어서 본래적 인간은 '모두'라는 보편적 형용사에 맞춰져 있지 않다. 정확하게 표현하면, 마르크스에게 있어서 모든 인간은 단순히 인간이 아니라 계급적 인간이었던 것이다. 계급인간을 통해 그는 정치적 의식과 사회적 질서의 원천을 보았다. 그의 정치철학이 올바른 사회적 의식의 근거를 올바른 계급에서 찾은 일은 논리적으로 당연한 수순이었다. 올바른 사회적 의식은 계급의식을 지양할 수 있는 보편적 계급에 속해야만 비로소 가능하다고 본 것이다. 노동자 계급에 의한 사회혁명은 엄밀하고 냉철하게 계산된 실천적 결론이었다. "그럼에도 불구하고 희망이 있다면, 그것은 무산계급에게만 있다"는 조지 오웰의 문학적 표현은 마르크스의 인간관을 선언적으로 표현한 것이다. 아무것도 잃어버릴 것이 없는 노동자 계급만이 본질상 보편적이기 때문이다.

마르크스가 계급의식을 통해 인간의 조건을 따져 물었듯, 인간의 '격'을 보편성에서 벗어나 특정한 조건에 귀속시키려는 경향은 현대 정치사에 돌이킬 수 없는 재앙을 남겼다. 나치에게 있어서 인간의 격은 올바른 인종에 속하는 것이었다. 나치의 인종적 폭력에 어떠한 근거도 찾지 못한다면, 이는 조금은 세심하지 못한 관찰이다. 근거 없는 악은 없다. 나치는 정책적으로 아리안족의 우수성을 강조하면서 생물학적 우생학을 근거로 인종차별을 정당화할 수 있었다. 인종우월주의의 정치적 결과는 참혹한 인종청소로 이어진다.

한편 한 국가의 엘리트 정치인이 국수주의자라면, 그가 말하는 인간의 조건은 올바른 국가에 귀속되는 일이 될 것이다. 이같은 국수주의와 민족주의는 현실정치에서 가짜 애국심과 서로 뒤섞이며 가장 강력한 정치 선동의 도구로 사용되고 있다. 수년 전 독일에서 난데없는 인종주의 논란이 정치권을 강타한 적이 있다. "나는 독일인이라는 사실이 자랑스럽다"라는 기민련 소속의 유력 정치인의 공적 발언을 두고 녹색당 소속의 환경부 장관이 이를 비난하면서 촉발된 사건이다. 국가에 대한 근거 없는 자부심은 스킨헤드의 정신 수준에 불과하다고 비난했던 것이다. 얼핏 국가와 민족에 대한 애착을 두고 괜한 트집을 잡은 것처럼 보이지만, 공인의 정치적 발언으로는 부적절해 보이는 것도 사실이다. 개인은 자신의 자율적 판단과 의지적 행위에 대해서만 자부심을 드러낼 권리를 가진다. 인종, 국가, 성, 종교, 계급 등 자신의 자율적 의지와는 무관하게 자연적으로 주어진 사회적 조건을 두고 우리는 상식적으로 어깨를 으쓱거릴 수 있다. 그러나 공적인 주장으로는 다소 우스운 꼴이 된다. 민족과 국가, 혈연에 대한 사회적 자부심은 결국 차별의 근거로 작용할 수 있기 때문이다. 나와 다른 민족과 국가 그리고 계급에 속한 사람에게 나와 동일한 권리가 귀속된다면, 이는 잉여적 특혜로 간주될 가능성이 큰 것이다.

우리는 근본주의라는 극단적 형태에서 조건화된 인간의 광기어린 자아를 본다. 종교적으로 근본주의자에게 올바른 인간은 올바른 종교에 의해 조건화된 인간이다. 그에게 있어 다른 종교를 가진 국가와 지역, 가정에서 태어나 자연스럽게 그 종교를 선택한 인간들은 채찍으로 벌을 받거나 사형에 처해야만 한다. 이러한 근본주의의 광기는 종교를 넘어서 우리 일상의 전반에도 퍼져 있다. 전통적으로는 성(性)은 종교만큼이나 예외적 인간을 만드는 원천이었다. 인간은 지난 시대에 여성이기를 거부한 적이 있었다. 그 시대에 여성으로 태어난 인간은 인간의 보편적 조건을 인정받을 수 없었던 까닭이다. 천부인권은 여성에게는 적용될 수 없는 남성만의 전용상품이었다. 불과 백 년 전에 세계적으로 이러한 여성 차별적 사회질서가 당연시되었다는 사실이 현재의 우리에게 믿기 힘든 일이다. 물론 오늘날에도 여전히 어두운 흔적을 남기고 있다. 7억 명이 넘는 세계 문맹인 가운데 3분의 2가 여성이다.

〔 근본주의 정치로부터 거리두기가 필요하다 〕

인간을 인간으로 만드는 조건이 무엇인지를 묻고 답하려는 시도는 인격적 사회질서를 형성하는 데 상당한 기여를 하였다. 하지만 자연의 세계에서 벗어나려는 노력은 종종 근본주의 정치이론으로 변질되었다. 특정한 조건을 통해서만 인간을 바라봤기 때문이다. 거기에 조건이 절대화되면, 정치적 오판의 근거가 된다. 인종, 국가, 성, 종교, 계급, 연령 등이 사회적 차별과 불행의 원천으로 바뀐다. 문제는 이 같은 사태가 과거의 유물로만 남아 있지 않다는 점에 있다. 현대인의 삶도 여전히 잔인한 운명의 수레바퀴와 함께 돌아가고 있다. 근본주의의 유령은 미세한 거미줄처럼 현대사회의 모든 분야에 촘촘히 내려앉아 있다. 국민을 대변하여 결정권한을 부여받은 정치적 엘리트가 이에 편승하거나, 조장하는 편협한 인간관을 지니고 있다

김종엽

면, 사회적 갈등의 골은 정치적 해법으로는 풀 수가 없다.

미국과 유럽의 뿌리 깊은 인종갈등은 인종우월주의에서 비롯된 것이다. 행여 국가의 통치 권력마저 그 우월감을 근거로 구축된 경우라면, 정치적 해법은 사실상 요원할 수밖에 없다. 미국의 주요 여론조사기관에 따르면, 2015년 가장 중요한 정책이 무엇이어야 되는지를 묻는 질문에 응답자의 76%가 '테러 대응'이라고 답했다고 한다. 정치에서 수위를 점하고 있었던 경제문제가 다른 사회문제에 자리를 내 준 것이다. 하지만 테러에 대처하려는 자세에 있어서조차 단순한 박멸이 아닌 정치적 해법이 필요하다. 증오로 성장한 잔혹한 테러의 원인으로 인종우월주의에 근거를 둔 과거 서구의 역사적 과오가 한몫을 하고 있다는 사실도 직시할 필요가 있다. 그런데 국제 문제나 국내 사회문제를 해결하려는 정치적 노력에는 항상 선결조건이 필요하다. 개인의 능력이나 의지에 앞서 인간에 대한 올바른 이해가 선행되어야 하는 것이다. 인간 존엄성에 대한 정치적 이해가 여전히 필요한 이유가 여기에 있다.

최근 한국사회는 사회계층 간의 불협화음으로 골머리를 앓고 있다. 갑과 을의 관계에서 벌어지는 불편한 일상이 소란의 주범이다. 대중의 분노를 폭발시킨 한국사회의 민낯은 사실 어제오늘의 일이 아니다. 아마도 과거에는 더했을 것이다. 그럼에도 지금에서야 사회적 이목이 집중되는 까닭은 그만큼 우리 사회에서 인간 존엄성에 대한 이해가 깊어졌다는 신호일 수도 있다. 이는 당연히 긍정적이다. 우리가 흔히 사회적 능력이라 읽고, '존경'의 대상이라고 쓰는 개인적 역량은 존엄성과 관련이 없다. 그것은 계급, 인종, 국가, 성, 종교만큼이나 자연적으로 주어진 것이기 때문이다. 우연히 얻어진 것이기에 자연적으로 잃어버린다 해도 인간 존엄성에 결정적인 영향을 미치는 것도 아니다. 자연적인 것에 윤리적인 잣대를 들이대는 행위가 어리석은 것처럼 역량에 따른 사회적 역할의 차이를 존엄성의 차이로 혼동하는 것도 인격적 태도는 아니다. 사회적 능력에 따른 재화의 분배를 인정하면서도 현대사회가 지속적으로 부의 재분배에 정치적 노력을 기울이는 이유가 여기에 있다. 부의 재분배는 사회정의의 기준으로 간주되기도 한다.

　사회 엘리트 집단이 지니고 있는 정치의식은 매우 중요하다. 사회적 역할과 분배의 차이에서 발생하는 자연적 차별은 교육과 계몽을 통해 일부 수정될 수 있다. 그러나 한 국가의 정치구조가 이러한 차별을 근거로 사회질서를 구축하고 유지하려고 한다면, 오히려 역풍을 맞을 가능성이 크다. 스스로 자초한 정치의 빈곤을 만회하기 위해 무리한 선동정치에 의존해야 하기 때문이다. 결국 안정된 사회질서를 유지하지 못하는 정치능력의 부재는 잘못된 정책에서 기인한 것이 아니라, 인간에 대한 잘못된 이해에서 비롯되고 의도된 부산물인 셈이다.

　정치적 능력의 실종을 경제성장을 통해 만회해 보려는 시도는 결코 성공할 수 없다. 현대사회에서 경제문제는 인간다운 삶을 위해 필요조건임은 틀림없다. 그리고 우리는 삶의 대부분을 상품의 소비를 중심으로 회전하는 시대를 살아가고 있다. 제품들의 홍수는 세이렌의 유혹처럼 삶의 양적 풍요로움을 부추긴다. 하지만 세상에는 상품으로 충족될 수 없는 것도 있다. 정치의 고유한 영역은 바로 상품의 소비로 환원될 수 없는 인격적 삶에 맞춰져 있다. 사회적 삶의 질적 풍요로움은 정치와 관련이 있다. 반면 소비시대가 낳은 물화 현상은 인간의 조건을 소비의 능력 여부에 맞춰 놓았다. 삶의 자리를 유지비용으로 계산하는 인격의 가격화는 우리에게 익숙한 현실적 양태이다. 삶의 자리뿐 아니라, 유지비용에 모든 정치·경제적 관심이 모이게 된 것은 우연이 아니다. 우리는 이미 교육현장을 비롯하여 의료보건제도의 언어까지 이러한 현상에 익숙해져 있다.

최근 미국은 '오바마 케어'라는 이름으로 공적 보험인 '환자보호 및 부담적정보험법(PPACA)'을 도입하였다. 2007년 대선 당시 오바마 진영의 핵심 공약이었기에 보험업계의 로비와 야당인 공화당의 격렬한 반대를 무릅쓰고도 끝까지 관철한 결과이다. 이전까지 미국의 의료권리는 인권과 민주주의 수호의 첨병이라는 국제적 위상에 걸맞지 않았다. 국민의 15% 정도가 의료보험에 가입되어 있지 못했기에 국민의 평균수명이 OECD 국가 중 하위권에 머물고 있었다. 비슷한 예인 영국의 국민보건서비스법(NHS)은 보편적 개념의 공적 보험이다. 하지만 해마다 증가하는 국가재정의 부담을 줄이기 위해 80살 이상에게는 혈관우회 수술이나 고관절 수술, 혈액투석을 제한하고 있다. 치료비용을 낼 능력이 없는 사람에게는 자연적 수명을 80살로 제한하고 있다는 사실이 눈에 띈다. 오랜 사회보장제도의 역사와 함께 성장한 독일의 의료보험체계도 공적 보험과 사적 보험으로 양분되어 있다. 그리고 일반 소득자에게 공적 의료보험의 가입이 법제화되어 강제성을 가진다. 치료를 받지 않고 죽을 수 있는 자유가 독일에서는 사실상 없다. 하지만 보험료의 산출이 정확하게 소득에 비례하여 계산되는 관계로 고소득자와 공무원 등 비교적 사회적 안전망이 필요치 않은 구성원에게는 과도한 보험료의 부과가 문제시될 수 있다. 그것이 국가가 일부 상위계층에게 사적 보험을 허용한 이유이다. 문제는 두 보험 간에 존재하는 의료 서비스의 질적 차이에 있다. 사적 보험 가입자에게 제공되는 의료 서비스의 혜택이 눈에 띄기 때문에 공적 보험에 가입한 사람은 마치 자신을 이등 국민처럼 느껴야 하는 것이다.

한국사회에서 의료 민영화의 문제, 무상급식, 유치원 누리과정이 불협화음을 내며 사회적 갈등의 촉매 역할을 한 이유도 사회적 삶의 자리를 비용

요소로 간주하면서 비롯된 것이다. 현대 인간의 삶의 자리는 존엄성이 아닌 비용과 효율의 상관관계에서 계산된 변수로 간주되고 있다.

당연히 우리는 기본 인권으로서 교육과 보건을 공적 자금으로 운영해야 한다고 주장할 수 있다. 조건 없는 인간 존엄성은 차치하고라도 교육과 의료비용에 대한 과도한 사적 부담은 출산율의 저조로 이어지고, 그 결과로 초래될 경제활동인구의 감소는 미래 국가의 유지에 막대한 타격을 줄 것이 예상되기 때문이다. 이미 고령화사회의 문턱을 넘어선 한국사회에서 노인복지의 문제도 뜨거운 감자임에는 틀림없다. 장애인과 노인에 대한 복지는 단순히 사회보장제도의 개별 영역을 넘어 휴머니즘의 시험대로 간주되고 있다. 장애나 고령화로 인한 경제적 궁핍은 자연의 불가피한 현상이기 때문이다. 우리는 개인의 의지적 행위에 대해서만 윤리적, 법적 책임을 물을 수 있다. 불가피한 자연적 운명은 사회가 공동으로 짊어져야 할 정치적 과제이다. 이해관계를 넘어 부담을 나누려는 생각은 인격적 사회를 위한 전주곡이다.

물론 정치의 윤리화는 이론처럼 쉬운 일이 아니다. 말은 누구나 할 수 있지만, 구체적 실현을 위해서는 냉철한 계산이 필요하다. 선거철만 되면 온갖 선심용 공약을 난발하지만, 실제로 실천해야 할 위치에 서게 되면 낯빛이 변하는 이유가 여기에 있다. 정치인의 이중인격을 비난하려는 의도가 아니다. 한국사회에 만연한 정치적 아마추어리즘을 한탄하고 있는 것이다. 그러므로 실현 불가능한 사회적 지출을 선거공약으로 내세워서는 안 된다. 이는 국민에 대한 일종의 기만이다. 한국사회에서는 인간 존엄성을 근거로 한 정치의 인격화도 많은 재정적 한계를 지니고 있다. 재원조달의 지속 가능성을 고려하지 않은 복지정책은 국가재정을 파산으로 몰고 갈 것이다.

그럼에도 우리는 여전히 문제가 다른 곳에 있다는 사실을 직시해야만 한다. 이웃의 고통에 무감각한 정신적 굳은살이 사회에 만연한 이유는 국가재정을 걱정하는 범국민적 관심이 높아서가 아니다. 분배의 기준이 인간적이지 못하기 때문에 발생하는 사회적 불만과 불안정이 오히려 더 큰 원인으로 작용한다. 시장의 원리에 의해 결정되는 것이 소득의 분배라면, 정치는 휴머니즘의 원리에 의거하여 소득의 재분배를 기획한다. 이 같은 입장에서 나온 경제정책은 시장의 논리와 무관하지 않기에 이윤과 효율의 극대화에 관심의 초점을 맞출 수밖에 없다. 자연적 측면에서 소득과 부의 불균형은 불가피하다. 우리가 굳이 토마 피케티의 『21세기 자본론』을 인용하지 않더라도, 소득과 부가 소수의 최상위층에 집중되고 있는 현상은 경험적으로 나날이 입증되고 있다. 자본주의사회가 해결해야 할 근본문제인 것이다. 따라서 경제정책이 아니라, 정의의 문제를 정치의 시험대로 삼아야 한다.

하지만 우리는 여전히 정치와 윤리의 살가운 동거가 자연법칙처럼 자명하지 않다는 사실을 직시해야만 한다. 정치적 엘리트 집단의 인간 존엄성에 대한 합리적 이해, 집단적 의지와 실천적 노력은 정치윤리의 기본 전제조건이다. 집단 이기주의로부터 거리를 유지할 수 있는 시민사회의 성숙도 병행되어야 할 것이다. 그런데 진검승부는 여기서 끝나지 않는다. 근현대의 정치사에서 윤리적 행위는 정치개념의 본질적 요소가 아니었다는 사실에 주목할 필요가 있다. 윤리는 정치이론에서 늘 주변부에 머물러 있었던 것이다. 왜 그랬을까? 이에 대한 이론적 근거를 검토하기 위해 우리에 앞서 이 문제를 고민했던 독일의 사회학자 막스 베버의 정치적 정립에 도움을 청해야만 한다.

정치적 능력은 윤리가 아니라 책임에 있다?

『프로테스탄티즘의 윤리와 자본주의 정신』으로 우리에게 더 알려진 베버는 『소명으로서의 정치』라는 소강연집을 통해 조심스럽게 정치와 윤리의 분리를 주장한다. 정치와 윤리는 각각 상이한 인간의 행위능력이며, 양자의 직접적 관계 맺음도 득보다 실이 많다는 것이다. 베버는 신념윤리(Gesinnungsethik)와 책임윤리(Verantwortungsethik)의 구별을 통해 정치적 행위가 무엇에 의해 평가받아야 하는지를 분명히 한다. 종교인에게 필수적인 윤리적 동기와는 달리 정치를 직업으로 선택한 자에게는 행위의 결과가 무엇보다 중요하다는 것이다. 상식적으로 윤리적 신념과 행위의 결과는 반드시 서로 모순관계에 놓여 있는 것은 아니므로 양자의 합리적인 조화가 '소명으로서의 정치'를 실현할 것이다. 실제로 베버는 유사한 결론에 도달한다. 그런데 왜 그는 굳이 신념과 책임을 구별하여 논의를 복잡하게 이끌고 있는 것일까? 여기에는 현실정치에 대한 경험이 중요한 역할을 하고 있다.

강한 신념윤리를 지닌 정치인의 예를 들어 보자. 그는 다른 신념체계와 어떠한 타협도 허용하지 않는다. 그의 정치 행위는 개인적 가치관으로부터 비롯된 자신의 정견을 단호히 관철하는 방향으로 전개될 것이다. 선거 전략도 이렇게 이념화된 신념을 통해 유권자에게 지지를 호소할 것이다. 운이 좋아 그의 신념이 다수에 의해 선택된다면, 그는 정치적 성공을 거둔 것이다. 그런데 문제는 단순히 권력의 향방에 있는 게 아니다. 정치권에서 서로 대립하는 신념이 격하게 충돌할 경우, 정쟁은 윤리적 시비와 선악의 대상으로 환원되어 민주적 정당정치가 소멸되는 파행을 겪게 된다.

예컨대 집권당의 정책에 반대하던 야당의 이념적 신념이 대중적 지지를 통해 권력을 얻게 되면, 지지자들 사이에는 모종의 윤리적 우월감이 형성되기 마련이다. 새로운 집권당의 정책은 더 나은 미래를 향한 윤리적 최고선으로 둔갑하지만, 견제 정당은 특정 계층의 이해만을 관철하기 위해 싸우는 이기적 사당으로 매도되기 일쑤이다. 신념정치는 독단과 독선으로 현실화될 가능성이 농후한 것이다. 국내외 정치에서 '악의 축'이라는 용어가 우리의 귀에 낯설지 않다는 사실도 신념정치가 빚어낸 어두운 그림자일 것이다. 선거철만 되면 합리적 정쟁은 뒤로 한 채 상대방의 윤리적 허점만을 이 잡듯이 뒤지는 행태도 정치와 윤리를 동일시하는 유력한 선거 전략으로 등장한다. 이어서 정당 간의 의견대립이 선과 악의 싸움으로 변질되면, 민주주의와 법치국가의 근간까지 흔들릴 수 있다는 베버의 주장은 경험적으로 설득력이 있다. 우리의 정치 현실이 여전히 베버가 지적한 이 프레임에 갇혀 있다는 사실도 유감스러운 일이 아닐 수 없다.

베버는 윤리적 신념과는 별도로 정치인에게 특별한 자질이 필요하다고 보았다. 열정과 책임, 균형적 판단이 그것이다. 정치란 '열정과 균형적 안목을 가지고 단단한 나무에 구멍을 내는 것'과 같다는 그의 안목은 이러한 현실적 맥락에서 나온다. 정치적 판단이 윤리적 신념과 반드시 대립해야 할 필요는 없을 것이다. 베버는 개인의 윤리적 신념이 정치적 행위의 결과를 정당화한다거나, 결과에 대한 책임감이 윤리적 판단을 볼모로 삼아서는 안 된다고 주장한다. 결국 신념윤리와 책임윤리의 상호 보완관계가 정치를 소명으로 삼고 살아가는 자의 인격적 성향을 결정짓는다고 주장하는 셈이다. 그럼에도 그의 글쓰기는 정치적 행위에 따른 책임을 개인의 윤리적 신념으로부터 분리하려는 의도로 읽힌다. 정치를 정신적 수양이나 삶의 의미를 얻으려는 개인적 노력과 혼동해서는 안 된다는 것이다. 정치는 신념이 아니라 오로지 행위의 결과로 말할 뿐이라는 사실을 베버는 애써 강조하고 싶었을 것이다.

따라서 베버가 신념을 잃어버린 정치인을 모델로 삼고 있지 않다는 사실만큼은 당연하다. 신념 없는 정치인은 권력의 흐름에 민감하게 반응하는 처세술에 능하며, 미래 권력을 향해 노를 젓는 탐욕의 배에 승선하고 있을 뿐이다. 하지만 이러한 논조만으로는 베버가 왜 신념과 정치를 무리하게 구별했는지 설명하는 데 한계가 있다. 구더기 무서워 장 못 담근다는 옛말처럼 신념정치의 폐해로 인해 정치로부터 윤리를 분리하는 행위가 바로 그에 해당한다. 우리에겐 보다 더 설득력 있는 근거가 필요하다. 아마도 베버는 책임이라는 단어를 통해 전통적 정치이론의 비현실성에 비판의 화살을 겨누고 있는지도 모른다.

서구의 전통에서 정치와 윤리는 분리되어 있지 않았다. 앞서 언급하였듯, 정치는 진리를 추구하고 절대선을 인식한 자에게 주어지는 사회적 가면이었다. 하지만 전통적 견해는 현실적으로 유토피아를 꿈꾸는 자들에게 무한대의 활동무대를 제공하는 진원지였다. 유토피아의 종착역은 역설적이게도 행복이 아니라 늘 비극에서 멈추곤 했다는 사실을 상기해 보면 확연해진다.

이론적 선(善)으로 무장한 유토피아적 정치이론이 독단과 독선으로 변질되는 이유는 인간의 유한성을 고려하지 않은 탓이 크다. 마르크스의 신념에 동조하여 생산도구를 둘러싼 지배관계에 변화를 주고 사적 소유를 폐지한다고 해서 인간의 이기적 본성이 함께 소멸될 수는 없다. 부와 권력에 대한 욕망은 생물학적 본능과도 같기 때문에 종종 이성적 판단을 상회할 수 있다. 베버는 이러한 인간의 이중성을 정치적 판단과 행위에서 충분히 고려하고 있다. 정치는 인간의 자연적 본능을 윤리적 교정의 대상으로 삼지 않고, 오히려 그것의 인정 속에서 정치가 무엇을 할 수 있는지를 묻는다.

베버가 정치의 목적으로 선 그 자체를 배제한 이유가 바로 여기에 있다. 정치는 선을 실현하기 위해 존재하는 것이 아니라, 실현 가능한 것을 기획하고 관철하기 위한 사회적 노력이라는 것이다. 오늘날 현실정치는 베버의 주장에 설득력을 실어 주는 예들을 충분히 제공해 주고 있다.

소득의 격차를 줄이기 위한 선진국들의 정치적 노력이 최근 열의를 보이고 있다. 이른바 부자증세가 그것이다. 오바마 미국 대통령의 부자증세를 통한 중산층 부양정책 선언이 연일 화제다. 그런데 정책의 지속 가능성은 한 정치인의 의지에만 달린 것이 아니다. 아마도 다른 나라의 경험이 합리적 판단의 밑거름이 되고 있을 것이다.

스위스는 몇 해 전 이미 국민투표를 통해 CEO고액연봉제한법을 통과시킨 바 있다. 그 여세를 몰아 2013년 말 기업 내부의 최고 임금과 최저 임금의 차가 12배를 넘어서는 안 된다는 법안이 국민투표에 부쳐졌다. 일명 '1대12 법안 발의권'으로 스위스에 등록된 모든 법인이 최저 임금의 12배 이상을 지급하면 불법이 된다는 내용을 담고 있다. 비상식적으로 고액 연봉을 받는 기업의 CEO를 겨냥한 법안이라고 할 수 있다. 결과적으로 부결되기는 했지만, 정계와 재계의 격렬한 반대에도 불구하고 소득의 불균형으로 인한 사회적 불만을 해소하려는 스위스의 정치적 노력은 정치에 대한 신뢰를 더욱 공고히 하는 계기가 되었다.

중요한 것은 정치권의 다양한 시도가 최고선을 목표로 움직일 필요는 없다는 사실에 있다. 이 법안에 찬성한 국민 중에는 소득의 차이를 인정하지 않는 신념의 정치인도 있을 것이다. 사회적 역할의 차이가 반드시 소득의 차이로 이어져야 할 근거는 없다. 인간적으로 보면, 그러하다. 그렇다고 이러한 신념이 정치적 판단의 기준이 될 수는 없다. 소득의 차이와 불균형은 자연적인 것이며, 자연적인 것은 윤리적 판단의 대상이 될 수 없기 때문이다. 따라서 그가 현명한 정치인이라면, 인간적 삶을 위해 실현 가능한 것을 구상하는 데 정치적 역량을 집중할 것이다.

비근한 예는 프랑스의 정치 현실에도 있다. 2012년 프랑스의 사회당은 사르코지의 우파 정부가 추진한 미국식 신자유주의 경제정책을 비판하며 노동자 보호와 빈부 격차 해소를 핵심공약으로 내걸어서 집권에 성공한다. 그 뒤 올랑드가 이끄는 사회당은 일명 부유세(Super tax)를 야심 차게 출범시켰다. 연소득 100만 유로 이상인 고소득자에게 소득 100만 유로 이상 구간의 약 75%를 세금으로 납부하도록 했던 것이다. 하지만 얼마 전 자연적 권리와 형평성에 어긋난다는 헌법재판소의 위헌결정으로 인해 우회적으로나마 실행되었던 부자증세는 결국 역사의 뒤안길로 사라지게 되었다. 경제침체로 인해 실업률이 상승하고 경제회복에도 큰 도움이 못 된 채 기업부담만 높였다는 세간의 비난을 이겨내지 못했던 것이다. 부유세와 경기침체의 역학관계는 실증적으로 밝혀진 바가 없다. 달리 말하면, 부유세의 폐지가 경제 활성화에 도움이 될 가능성도 희박하다는 의미이다. 그럼에도 올랑드는 왜 부유세의 유지를 적극적으로 방어하지 못했던 것일까? 경제 불황은 집권당의 정치적 위기로 이어질 가능성이 크다. 적을 만들어 정치적 부담을 가중시킬 이유도, 그럴 필요도 없었던 것이다. 수세에 몰리면 어떤 식으로든 전략적 희생양도 필요한 법이다.

베버는 정치로부터 선의 실현을 기대하지 않는다. 정치의 목적이 선을 실현하는 데 있지 않기 때문이다. 달리 말하면 선의 실현이 정파의 이해관계를 둘러싼 투쟁에서 목적으로 기능할 수는 없다는 의미이다. 열정과 책임, 균형적 판단을 지닌 훌륭한 정치인이란 선을 행하는 자가 아니라, 실현 가능한 것을 선한 행위의 지평으로 삼을 수 있는 자가 된다. 베버의 정치이론은 지극히 현실적이다.

'그럼에도 불구하고' 정치적 행위가 윤리적일 수밖에 없는 이유

우리는 베버의 정치이론이 비윤리적이라고 생각하지 않는다. 오히려 그는 실현 가능한 선을 염두에 두고 있다고 볼 수 있다. 열정과 균형적 안목을 가지고 단단한 나무에 구멍을 내기 위해서는 신념보다 책임감이 중요하게 부각돼야 한다고 본 것이다. 그럼에도 우리는 여전히 정치적 책임과 개인의 신념윤리가 분리되어 논의될 수 있는지 의구심을 품고 있다. 최소한 신념윤리와 책임윤리라는 이분법적 도식에서 등장할 수 있는 불필요한 오해는 풀어야 하지 않을까.

먼저 베버의 언어 속에 들어 있는 '윤리'라는 상수(常數)에 주목할 필요가 있다. 윤리는 합리적 이성의 산물이다. 달리 말하면, 규범적 확신을 합리적으로 정당화하려는 시도가 바로 윤리인 것이다. 따라서 개인의 윤리적 신념은 종종 다수의 의견과 마찰을 빚기도 한다. 누군가가 특정한 윤리적 신념을 지니고 있는 정치인이라면, 그는 아마도 다수결의 원칙과는 관계없이 자신의 정견을 옹호하고 관철하려고 노력할 것이다. 예컨대 사형 제도를 존속시킬 것인지에 대한 정치적 입장은 여론에 좌우되지 않는다. 이 사안에는 윤리적으로 정당한 것을 실현해야 한다는 의무가 선행되기 때문이다. 베버도 선이 무엇인지에 대한 논쟁으로 정치를 몰아가서는 안 된다는 현실감을 강조하고 있을 뿐, 엄밀한 의미에서 그의 책임윤리는 선을 현실화하기 위한 정치적 전략과 관련이 있다고 볼 수 있다.

그럼에도 논점을 강조하는 과정에서 정치와 윤리의 내재적 연관성이 해체된다는 점에 대해서는 논의할 가치가 있다. 마치 책임윤리가 정치적 행위의 결과에만 초점을 맞추고 있다는 인상 때문일 것이다. '실현 가능한 것'이란 곧 결과인 셈이니, 이를 단순히 오해라고 치부하기도 어렵다. 여기서 우리는 윤리논쟁의 해묵은 주제를 다시 거론하지 않을 수 없다. 정치적 행위에서 동기가 중요한 것일까, 아니면 결과가 우선시돼야 하는 것일까? 윤리적 행위를 둘러싸고 수백 년간 지속된 의무주의와 공리주의의 논쟁은 우리의 관심과 일치한다.

칸트에 의해 주창된 의무주의와 영국 경험론적 전통의 공리주의 사이에서 진행된 윤리논쟁은 취사선택의 문제가 아니다. 각자가 논리적으로 완결된 구조를 갖춘 이론이기에 현실에 정착한 정도도 나름 확실하다. 의무주의가 정치이론으로 현실화된 사회는 법과 구조가 시장의 논리를 통제하는 경향이 강하지만, 공리주의에 입각한 정치질서는 시장의 순기능을 강조하는 신자유주의적 경제이념에 친화적이다. 우리는 유럽의 상당 국가와 영국과 미국을 중심으로 형성된 정치이론에서 각각의 전형을 찾아볼 수 있다.

우리의 일상도 예외는 아니다. 개별적 삶의 수레바퀴는 일반적으로 이윤추구와 효율의 원칙에 따라 움직이고 있다. 정치권은 시장의 물가와 국민의 주머니 사정에 민감할 수밖에 없다. 그러나 정치력은 경제영역에서만 효력을 발휘하는 것이 아니다. 예컨대 국내외적으로 기술공학의 발전과 함께 촉발된 생명윤리논쟁은 시장의 원리에 의해 진행되는 것이 아니다. 정확히 표현하면, 생명에 관한 의무윤리에 의해 정착된 규범문화가 과학자 개인의 열정과 기업의 이윤추구를 바탕으로 형성된 공리주의적 문화와 충돌하고 있는 것이다. 인간 존엄성은 불가침적 천부인권이지만 때론 기술공학과의 대화를 거부하는 불소통의 근원지로 여겨지기도 한다. 메워지지 않을 것처럼 보이는 의무와 결과 사이의 간극 속에 정치력이 놓여 있다.

정치는 일차적으로 양자의 경계선이 어디에 있는지를 명확히 할 수 있어야 한다. 정당은 최대다수의 최대행복이라는 공리주의적 원리를 정책의 우선적 기준으로 삼을 수 있다. 그러나 이해득실을 모든 인간적 삶의 영역에 보편적 원리로 적용하게 되면, 사회정의에 심각한 문제가 발생한다. 인간적 삶 속에는 경제와 경제학의 수치로 환원될 수 없는 것들이 많이 있다. 정의와 소수자의 보호, 인권 등은 대표적인 경우라 하겠다. 법의 정신도 단순히 행위의 결과만을 따지지 않는다. 범법자의 선고형량을 정하는 데는 행위자의 의도와 능력까지 고려대상이 되는 것이다. 낙태와 안락사, 유전자에 대한 기술공학적 개입과 관련된 윤리적 논쟁에는 개인의 자유의지와 행복만이 결정요소가 아니다. 생명에 대한 경외와 세대정의가 여전히 토론의 범위 밖에서 규제적 역할을 하는 것이다.

우리의 목적은 계량화될 수 없는 인간의 권리를 강조하려는 것이 아니다. 단지 인간권리의 불가침성은 정치에서 실현 가능성의 여부와는 분명히 구별되어야만 한다는 점을 강조할 뿐이다. 정치가 무엇을 할 수 있으며, 무엇을 해서는 안 되는지 그 경계선을 인식하지 못할 때, 인간성의 추락에는 날개가 없다. 정치적 행위의 정당성을 단순히 결과에 국한하려는 시도는 우리의 현실과도 맞지 않는다. 우리는 공리주의자임과 동시에 신념윤리에 익숙한 정치인이 될 수 있다. 정치에 입문하여 탁월한 정치기술을 발휘하면서도 의무윤리를 정치철학으로 삼는 사람도 있다. 정치인으로서 주어진 책임을 완수하려는 태도는 삶에 대한 윤리적 태도와 반드시 분리될 필요가 없다. 권력에 눈이 먼 기회주의자가 아니라면, 어느 누구도 정치에만 통용되는 윤리적 처세술이 있다고 주장하지는 않을 것이다.

윤리적 신념을 의무로 삼지 않는 정치인은 자기 성찰의 측면에서 무능력을 드러낼 가능성이 크다. 급박한 정치현안마다 윤리적 무감각에 빠져 헤어 나오지 못하는 것도 의무의 부재에서 오는 부작용이다. 행정 관료의 무능력은 윤리적 침묵에서 비롯된 경우가 많다. 정책에 대한 국민적 공분에도 불구하고 그저 자율적 제도와 합법화된 정치적 권위로 연명하는 고위 공직자는 사실상 직무유기를 행하고 있다고 봐야 한다. 합법적으로 다수에 의해 선택된 정부가 소수의 대중으로부터 윤리적 비난을 사고 있다면, 유관부서의 정치인은 다수를 대변하여 정부의 입장을 적극적으로 방어해야만 한다. 정치인은 그를 선택한 다수를 소수의 비판으로부터 보호해야 할 윤리적 의무가 있기 때문이다. 그것이 바로 정치인의 책임 있는 태도이기도 하다. 그렇지 않다면, 그의 직업은 사실상 실패한 것이다. 의도된 실패라면 직무유기가 될 것이고, 의도된 경우가 아니라면 자신의 무능력을 반성해야만 한다.

정치윤리를 위하여

정치적 행위는 윤리적 가치와 분리되어 있지 않다. 어떠한 정치적 논쟁이나 정치적 근거의 교환도 윤리적 가치를 배제하고 진행될 수는 없다. 그렇다면 어떠한 윤리를 말하는 것일까? 철학사에 등장하는 동일한 윤리가 정치에서는 어떻게 실현될 수 있을까? 우리는 이 문제를 최소한 세 가지 관점에 근거하여 설명해 보려고 한다.

첫째, 정치인은 정치와 윤리가 서로 배제하는 체계특성이 아니라는 사실을 직시해야만 한다. 큰 틀에서 보자. 모든 윤리적 관점은 윤리학자에 의해서만 대변되는 특별한 가치관이 아니다. 대학의 구조조정이 한창이다. 출산율의 급감과 학력인구의 감소로 체계개편의 불가피성을 정당화하고 있다. 특히 이윤과 효율의 기준을 충족시키기 어려운 인문학이 개편의 직격탄을 맞고 있다. 생살여탈을 쥔 교육 당국은 다음과 같이 말할 수 있다: "인문학이 학문의 기초인 것은 알고 있지만, 취업 여부, 학교의 경제적 상태, 세계화에 따른 경쟁력 등을 고려하면 어쩔 수 없는 선택이다." 맞는 말이다. 그러나 엄밀하게 들여다보면, 정책 입안자는 말처럼 인문학이 학문의 기초라는 사실을 이해하고 있는 것 같지 않다. 그에게 있어서 판단의 무게중심은 단지 취업과 학교재정 그리고 글로벌시대에 걸맞은 경쟁력에 놓여 있을 뿐이다. 달리 말하면, 그의 윤리적 가치는 이윤과 효율에 맞춰져 있는 셈이다.

다른 정치적 판단도 이와 유사한 맥락에서 진행될 수 있다. 현대정치에서 경쟁력과 복지의 균형은 건전한 사회의 지속 가능성을 담보하는 원동력으로 통하고 있다. 특정 정치인이 경쟁력만을 우선시한다면, 그의 윤리적 판단근거는 성장제일주의에 있다고 볼 수 있다. 물론 우리 사회는 혹독히 무차별적 양적 성장의 대가를 치르고 있는 중이다. 개인의 행복, 기업의 성장, 계층 간의 불균형 해소를 정책의 최종근거로 제시하는 사람은 각각 개인주의, 신자유주의, 사회민주주의가 중심이 되는 윤리적 관점을 대변하고 있는 것이다. 각각의 관점이 현실적으로 적합한 것인지 아닌지는 당연히 정쟁의 대상이 될 수 있다. 또한 정책의 결과로 나타난 현실이 정치윤리의 옳고 그름을 확인해 줄 때도 있다. 정치인 스스로 자신의 판단과 행위를 이성적으로 근거 지으려는 소통 가능한 정치가 담보될 때, 다양한 정치윤리는 건전한 사회질서의 원동력이 될 것이다.

둘째, 정치인의 판단과 행위는 양심에 근거를 두고 있어야 한다. 양심의 기원은 그리스어 'syneidesis'로 거슬러 올라간다. '함께'라는 뜻을 지닌 접두사에 '지식'이라는 단어가 합성된 것이다. 양심을 통해 인간은 자신과 세계에 대한 공동의 앎을 소유할 수 있게 된 것이다. 양심의 목소리를 들을 수 있는 인간은 사회에 대한 지식을 타인과 공유하며, 공통된 정서 작용을 통해 도덕적이고 윤리적인 규범을 배울 수 있게 된 것이다. 양심의 이면에 사회적 책임과 의무가 새겨져 있다는 전통적 근거가 여기에 있다.

한편 현대는 양심의 목소리를 개인의 윤리적 판단으로 축소, 해석하는 경향을 지니고 있다. 민주주의 헌법에 보장된 양심의 자유는 정확하게 개인의 윤리적 판단의 자유이다. 개인의 주관적 판단과 행위의 존재론적 지평을 위한 권리로 인식하기 시작한 것이다. 따라서 누군가의 양심적 행위를 전부 옳은 것으로 인정할 필요는 없다. 양심에는 오류 가능성이 항상 내재되어 있기 때문이다. 양심의 목소리는 관련자에게 행위의 필연적 법칙처럼 작용할 수 있기에 쉽게 독단과 독선으로 흐를 수 있다.

그럼에도 정치인은 자신의 양심의 목소리에 더욱 귀를 기울여야만 한다. 자신의 오만과 독선에 충실하라는 말이 아니다. '내가 아니면 안 된다'는 생각은 양심의 현상을 잘못 독해한 것이다. 양심의 목소리에 충실한 사람은 누가 그의 자리를 대신해도 동일한 선택을 할 수밖에 없다는 유일한 가능성을 제시한다. "만약 당신이라면 어떻게 하겠는가?"는 자신의 정치적 행위를 합리적으로 정당화할 준비가 되어 있는 정치인이 제공할 수 있는 최선의 근거이다. 양심에 입각한 정책 간의 의견충돌은 당연하다. 양심 간의 갈등과 정쟁이 정치혐오증을 낳는다는 생각은 버려야 한다. 오히려 정반대이다. 대중이 정치에 고개를 돌리는 이유는 양심에 근거한 정책과 대안 제시가 부재하기 때문이다. 양심 간의 정치적 갈등은 사회적 갈등과 분열의 온상이 아니라, 합리적 사고와 개인적 성숙을 위한 건전한 토론문화의 형성에 크게 이바지할 것이다.

셋째, 정치인은 자신을 선택한 국민에 대한 감사와 책임감을 지니고 있어야 한다. 이는 진정성으로 드러나야만 한다. 종종 옛말이 현대에 더 어울릴 때가 있다. '정치인은 공복(公僕)'이라는 옛말이 이에 해당한다. 국가의 주권은 국민의 마음에서 나오는 것이지, 정치인의 손안에서 결정되는 것이 아니다. 정치인이 지니고 있는 합법성은 공동체의 역사와 문화적 실체에 전적으로 빚을 지고 있다. 그 실체가 바로 자신을 선택한 국민의 마음이다.

한때 '국민이 미개하다'는 발언이 인구에 회자된 적이 있다. 그럴 수도 있다. 우리의 정치의식을 시스템이 잘 갖춰져 있는 선진국과 비교하는 것은 무리가 있다. 하지만 미개한 주권자의 동의 없이는 국가의 구조를 변경할 어떠한 정치적 권리도 존재하지 않는다. 역사를 통해 형성된 국민의 기본권을 지키는 역할에 반하는 어떠한 것도 정치의 목표로 설정될 수 없다. 따라서 국민은 자신을 대변하는 정치인에게 특정한 사건이나 사태에 대해 진정성 있는 고지(告知)를 요구할 수 있다. 당연히 정치인은 사실관계를 명확히 해야 할 의무로 화답해야 한다. 무언가를 은폐하기 위해 꼼수를 부리는 행위는 프로 정치인으로서의 자질에 문제가 있는 것이다. 이를 위한 용기도 마땅히 필요할 것이다. 다양성을 실존적 조건으로 삼아 살아가는 민주주의사회에서 정책에 대한 비판은 당연하다. 정치인은 자신의 신념을 위해 비판에 맞서 싸울 수 있어야 하며, 근시안적으로 여론에 귀를 기울이는 것보다 장기적으로 다수의 지지를 얻기 위해 노력해야 하는 것이다.

글쓴이
—
김종엽

성균관대학교 철학과, 독일 보쿰대학 철학박사, 현재 성균관대학교 철학과 겸임교수, 〈철학과 인문교육연구소〉 선임연구원.
저서:『안다는 것과 사랑한다는 것』(2010),『인격의 철학, 철학의 인격』(2012),『철학의 전환점』(2012, 공저),『세계 존재의 이해』(2013, 공저),『김종엽 박사의 철학특강』(2013: 2014 한국연구재단 우수교양도서),『하이데거의 형이상학이란 무엇인가 읽기』(2014)가 있다.

김
진
수

한국의 정의로운 사회를 위한
사회복지의 과제

[정의로운 사회와 사회복지는 어떤 관계인가?]

사회복지에 있어서 사회정의를 언급할 때 그 핵심은 각 개인이 인간의 존엄성을 보장받아야 한다는 점이라 할 수 있다. 인간 존엄성을 보장한다는 말을 들으면 제일 먼저 빈곤한 사람을 보호해야 한다는 것이 떠오를 것이다. 가난으로 어려움을 겪고 있는 사람을 돌보아야 한다는 것은 인간사회에서 복지라는 이름으로 가장 먼저 접근한 형태라는 점에서 자연스러운 반응이라 할 수 있다. 그럼에도 불구하고 빈곤한 사람을 보호하는 것만으로 그 사회가 정의로운 사회라고 할 수는 없을 것이다. 어느 사회에서 범죄자를 집중해서 단속하고 엄격히 처벌한다고 해서 그 사회 치안이 해결된다고 할 수는 없을 것과 마찬가지라고 볼 수 있다. 오히려 범죄를 예방하고 이들이 재범 위험에 빠지지 않도록 지원하는 체제를 구축하고, 좀 더 근본적으로는 그 사회가 범죄 없이 건전하게 살아갈 수 있도록 하는 것이 바람직하다는 것에 모두 동의할 것이다. 이처럼 사회복지에 있어서도 빈곤계층을 보호하는 단순한 접근보다는 빈곤을 예방하고 빈곤에서 탈출하도록 하는 체제를 구축함으로써 그 사회가 건전하게 유지되고 발전할 수 있도록 하는 것이 정의로운 사회를 위한 사회복지의 역할이라 할 것이다.

또한 다른 측면에서 볼 때 정의로운 사회를 위한 사회복지의 영역을 빈곤문제에만 국한할 수는 없다. 빈곤한 문제와 함께 일반 국민이 질병이나 사망, 노령이나 실업 등 갖가지 위험한 상황에 처하더라도 생활 수준을 유지하도록 하는 것도 사회복지의 과제이기 때문이다. 더욱이 어느 특정한 계층에게만 과도하게 보장하는 것은 오히려 정의롭지 못하다는 평가를 받게 된다. 특정 계층에 대한 사회복지 집중은 국민 전체의 형평성을 무너뜨려, 사회계층 간에는 위화감을 조성하고 국민에게는 실망을 주어 불신을 야기하기 때문이다. 그래서 정의로운 사회를 위한 사회복지의 역할은 빈곤을 보호하는 것과 이를 예방하고 빈곤으로부터 탈출하게 하는 기능이 있어야 하며, 전체 국민이 적절한 수준의 보장을 골고루 누리게 하는 것이라고 할 수 있다.

이러한 사회복지의 역할을 기준으로 볼 때 현재 한국의 상황은 그리 만족스럽지 않고 오히려 부정적인 평가가 설득력을 가진다. 사회복지지출이 급격하게 증가함에도 불구하고 소득 격차가 다른 선진국에 비해서 높은 수준이고 더구나 그 차이는 계속해서 늘어나고 있다. OECD에 따르면 소득 양극화는 세계가 직면한 중요한 문제이고, 경제성장의 결과를 불공정하게 분배했기 때문에 생겼으며 이는 불평등과 빈곤문제를 동시에 발생시킨다.

이러한 OECD 조사에 대해 대부분 국가에서 국민의 2/3가 동의하는 반면, 한국은 80% 이상이 동의하고 있는 점도 우리 상황에 대해서 국민 스스로 부정적인 생각을 하는 것을 보여 주는 것이라 할 수 있다. 특히 소득 불평등에 대해서는 실제로는 더 부정적으로 생각하고 있는데, 고소득계층의 소득이 정당하지 못하다는 인식이 높고 소득 파악이 정확하지 않아 공식적 통계보다 실제가 훨씬 심각할 것이라고 느끼고 있기 때문이다. 그래서 사회복지는 기능적으로는 인간 존엄성이 상실되지 않도록 역할을 해야 하지만 종합적으로는 그 사회가 상호 간의 신뢰를 형성시켜 건전하게 유지되도록 하여야 한다.

사회복지와 관련해서 분석할 때는 전체적인 흐름이나 경향을 파악하는 거시적 관점에서 시작해서 세부 제도와 현장의 직접적 상황을 살펴보는 미시적 관점에 의한 방법까지 폭넓게 접근할 수 있다. 세부 제도에 대한 논의 없이 구체적인 제도 개선을 논할 수 없듯이 전체를 보지 않고는 우리가 갈 방향을 제시하기가 쉽지 않다. 이 두 접근은 직접적인 관련성을 갖고 있기 때문에 상호 간의 연계와 조화는 항상 동반관계라고 할 수 있다. 예를 들어 어느 제도의 기능 강화를 우선으로 확대하여야 하느냐고 질문하면 아마 모든 제도가 앞다투어 각자의 입장을 주장할 것이다. 그런데 전체적으로는 국민경제에서 적정한 사회복지 비중이 어디인가를 고려해야 하기 때문에 각각의 주장을 모두 반영하는 것은 거의 불가능하다. 그래서 영역별 상황과 전체 재정을 고려한 사회복지의 우선순위와 조정을 통한 적절성이 진지하게 논의되어야 한다. 이와 함께 적절한 사회복지 수준을 공공과 민간의 어느 수준에서 분담하는 것이 바람직한가에 대한 논의도 그 사회가 찾아야 할 중요한 과제이다. 사회복지의 적정 수준과 공공과 민간의 역할 분담은 우리 사회가 감당하는 수준과 일반 국민이 받아들일 수 있는 사회적 수용성도 아울러 고려되어야 한다. 이번 장에서는 이러한 사회복지의 과제를 근거로 해서 한국의 사회복지상황을 진단하고 이를 해결하기 위한 개선 및 발전을 위한 과제에 대해서 알아보도록 한다.

한국의 사회복지상황과 특징

사회복지에 대한 인식에는 큰 갈등이 존재한다. 사회복지가 국민경제에 부담되고 발전에 걸림돌로 작용한다는 시각과 사회복지의 수준이 너무 낮아 오히려 국가 경제발전에 저해요소로 작용한다는 상반된 입장이다.

그런데 이러한 사회복지에 대한 의견 차이와 갈등상황은 현실적인 대안이나 효과적인 결과 제시보다는 오히려 성장과 분배, 자유와 평등 등에 관한 보다 이론적인 측면과 근본적인 문제에 집착하는 현상을 보이는 것이 사실이다. 선진국의 경우 사회복지에 대한 갈등은 학자들의 논쟁거리로 학문적 흥미를 유발했지만, 실제 정책을 결정하는 데 있어서는 논란의 핵심이 아니다. 오히려 실리적인 차원에서 현황과 문제 해결 중심의 접근으로 정책이 결정되고 실행된다고 할 수 있다.

그런데 최근 한국의 사회복지가 국제적으로 상당한 관심의 대상이 되고 있다. 선진국과 후진국이 각각 나름대로 매우 흥미롭게 때로는 심각하게 우리의 상황을 지켜보고 모방하는 사례가 급격하게 증가하고 있다. 무엇이 이들로 하여금 한국의 사회복지에 대한 관심을 유발하는 것일까? 이에 대한 대답은 선진국과 후진국의 상황을 이해하는 데서 찾을 수 있다. 선진국의 사회복지는 너무 지나쳐서 국가재정뿐만 아니라 사회복지체제 존립 자체도 위협이 되는 상황에 있고, 반대로 개발도상국들은 경제발전과 사회복지를 조화롭게 발전시켜야 하는 만큼, 그에 대한 바람직한 정책 판단과 해결책을 모색하고 있는 점에 주목할 필요가 있다. 한국의 사회복지에 대해 선진국은 재정적자를 사전에 인식하고 이를 예방하는 노력을 미리 시도하고 있다고 보고 있고, 후진국은 성장과 분배의 적절한 시기를 조정하는 '선 성장 후 분배' 정책이 성공하였다는 평가를 하고 있다.

그러나 절대적 관점에서 보면 우리 사회복지체제는 해결하여야 할 문제가 산적해 있다. 더구나 우리에게는 또 다른 엄청난 변화가 예고되고 있는데, 그것은 바로 주변 환경의 급격한 변화이다. 최근 눈에 띄게 부각되고 있는 중국의 부상으로부터 남북한 통일에 이르기 사회복지의 근본을 흔드는 거대한 변화가 언젠가는 틀림없이 나타날 것이다. 이에 따라 수많은 노동력의 이동과 기업의 흥망성쇠가 급격하게 일어날 것이고, 특히 통일의 경우에 사회 안정을 위한 핵심적 정책도구로서 사회복지가 엄청난 과제를 수행하여야 한다. 이러한 변화는 그동안 우리가 겪었던 어떤 변화보다 충격이 더 클 것이고, 따라서 이에 대비한 준비도 사전에 이루어져야 하기 때문에 사회복지체계를 사전에 철저하게 계획하고 차질 없이 수행하도록 하여야 함에는 의심의 여지가 없다.

이처럼 우리는 사회복지에 대한 근본적인 질문부터 세부적인 규정에 이르기까지 다시 한 번 점검해 보고, 장기적으로 흔들리지 않는 안정적인 발전 방안을 마련할 필요가 있다. 특히 사회복지가 기득권을 보호하는 역할을 한다거나 소득재분배기능을 잘못함으로써 오히려 가난한 계층이 부유한 계층을 돕는다거나, 사회복지 대상의 우선순위에 있어서 취약계층을 우선으로 배려하지 못하는 정의롭지 못한 것들을 정확하게 진단하고 이를 과감히 바로잡고 개선하여 사회복지 본연의 기능을 수행하도록 하여야 한다.

한국의 사회복지재정 증가 속도는 놀랄 만한 수준이다. 더욱이 최근의

[그림 1] 연도별 사회복지지출 추이(사회복지지출/GDP)

* 출처: 국가통계포털(http://kosis.kr/).
* 주: 일반정부지출 대비 복지지출(보건과 사회보호 지출 항목) 비중 기준.

복지재정 증가는 괄목할 만하다. 실제 1980년 초까지는 사회복지가 전체 재정에서 차지하는 비중은 작고 거의 걸음마 수준이었다. 그러나 1980년에 이르러 사회복지지출이 급격히 늘어나기 시작하여 최근까지 급속한 확대가 지속적으로 이루어졌다. 2015년 현재까지 현 정부에 의한 사회복지지출은 지속적으로 늘어나고 있다.

사회복지재정 증가 추세는 사회복지가 일단 증가 추세로 돌아서면 정권의 성격과 관계없이 증가하고 있음을 보여 주고 있다. 즉, 보수와 진보 간에 정치적인 논쟁은 있을지 몰라도, 실제 증가 추세는 큰 차이가 없거나 오히려 보수 정권에서 크게 증가하는 현상이 나타나고 있기 때문이다. 이러한 증가 추세는 우리나라 사회복지의 재정 수준이 국제적으로 낮은 상황에서는 당분간 지속될 것이다.

그런데 사회복지재정이 증가하면 빈부 격차가 줄어들 것이라는 예상과는 달리 한국의 소득 양극화는 오히려 심화되고 있다. 한국은 1990년대 이

[그림 2] 한국의 도시근로자 2인 이상 가구 지니계수 추이 (1982-2013)

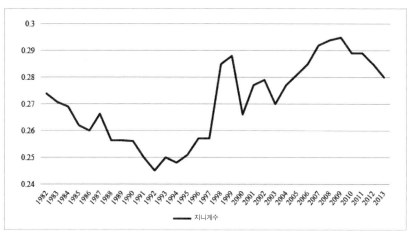

* 출처: 국가통계포털(http://kosis.kr/).

후 불평등 추세가 지속적으로 심화되고 있다. 이러한 경향을 보여 주는 자료는 너무도 많은데 그중 소득 분위별 차이를 보면 상위 20%의 소득이 하위 20%의 소득의 몇 배가 되는지를 비교했을 때, 1990년에는 3.72배 수준이었으나 2010년에는 4.82배로 훨씬 늘어나 있는 것을 알 수 있다. 또한 같은 기간에 빈부 격차를 나타내는 지니계수도 1990년 0.256에서 2011년에는 0.289로 늘어나 소득 양극화가 지속적으로 심화되고 있음을 보여 주고 있다.

그런데 소득 양극화가 왜 중요한 관심사이고 이를 기준으로 평가하는 것일까?

소득 양극화는 사회 양극화를 일으키는 핵심으로 사회 양극화에는 소득 격차와 절대빈곤의 증가, 청년실업문제, 대기업과 중소기업 간 격차 심화, 불안전 고용의 증가, 사교육의 양극화로 나타나며, 특히 노동시장 양분화

[그림 3] 미국와 유럽에서의 소득 불평등 (1900-2010)

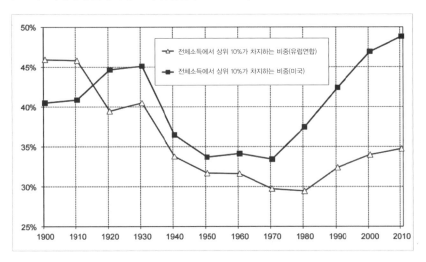

* 출처: Piketty (2014).

는 장기적으로는 사회보장체제가 붕괴될 수 있는 심각한 현상이기 때문이다. 더구나 사회복지 예산의 급증에도 불구하고 양극화가 심화되는 상황은 매우 심각하다. 그 예로 양극화가 심화되면 그 사회에 나타나는 위험을 걱정하고 이를 안정적으로 유지하여야 한다고 생각하는 계층보다, 오히려 사회가 뒤바뀌고 불안정적이 될수록 본인에게는 유리하다고 생각하는 계층이 늘어나게 된다. 이는 다시 범죄발생 그리고 이혼 및 자살률의 급격한 증가 등 사회가 건전하고 안정적으로 유지되고 발전하는 데 역행하는 현상이 크게 늘어나 결국은 인간다운 삶을 살 수 없는 사회로 전락하게 된다는 점에서 문제의 심각성이 있다.

　물론 소득 양극화는 한국에 한정된 것이 아니다. 국제적으로 나타나는 일반적인 현상이라고 할 수 있다. 미국과 유럽 등 선진국에서의 소득 불평등은 1970년대 이후 꾸준히 증가하고 있어, 1970년대에 30% 내외에 불과했던 상위 10% 소득 점유비가 2010년에는 35%(유럽)/50%(미국)에 근접하고 있다. 이러한 소득 양극화 심화 현상은 두 가지 점에서 그 원인을 유추해 볼 수 있다. 하나는 소득 양극화 현상이 너무 강하게 나타나서 사회복지로 완화하기 어렵다는 해석이 가능하다. 다른 측면에서는 사회복지제도의 기능이 소득 불평등을 완화하는 데 한계가 있어서 효과가 약하거나 없기 때문이라는 해석도 가능하다. 물론 한국의 경우는 두 가지가 다 적용된다고 할 수 있다. 사회복지지출이 증가하기는 했지만 국제적으로 비교해 봐도 낮은 수준이어서 소득 격차를 완화하는 데에는 한계가 있으며, 또한 각각의 제도가 소득 불평등을 완화하기보다는 이를 고정화하거나 강화하기 때문이다.

한국에서 사회복지의 한계와 문제는 무엇인가?

우리는 일반적으로 사회복지제도를 도입하고 운영하면 불평등이 완화되고 소득 양극화가 줄어들 것이라고 생각한다. 그런데 이에 대해서는 몇 가지 주의할 사항이 있다. 많은 학자 중에는 실제 사회복지제도가 사회를 정의롭게 하기보다는 사회복지라는 이름으로 정책을 펴면서도 오히려 불평등을 심화시키거나, 사실은 사회복지가 아닌 전혀 다른 목적으로 활용한다거나 또는 정말 필요한 사람은 제외하고 기득권을 보호한다는 문제를 지적하기도 한다. 이러한 지적은 특히 사회복지가 발전된 국가보다는 아직 역사가 짧거나 재정규모가 작아서 사회복지의 역할이 아직 정립되지 않은 국가에서 나타나는 현상이라고 할 수 있다.

우리나라의 경우에 사회복지 역사는 짧고 그 재정규모 비중도 낮은 수준이다. 그래서 현재 사회복지체제에서 규정하고 있는 내용 중에는 소외된 취약계층보다 오히려 기득권을 보호하는 역재분배적 성격을 가지고 있거나, 선거에 영향을 미치는 계층에게 우선권을 주거나, 사회복지를 통해서 조성된 기금을 사회복지와 상관없는 목적에 사용하는 경우가 상당히 남아 있는 것이 사실이다.

우리나라 사회복지의 구성을 살펴보면 국가 책임의 사회보장과 민간에 의한 사회사업으로 구분될 수 있는데, 이를 다시 구분해 보면 국가가 책임지는 사회보장은 사회보험, 공적 부조 그리고 사회복지서비스로 나눌 수 있고, 민간에 의한 사회사업은 자원봉사, 기업복지 그리고 자율에 의한 사회서비스 등을 들 수 있다. [그림 4]에서 보는 바와 같이 최근 사회복지지출 증가는 사회보험의 비중이 크게 증가하고 있음을 알 수 있는데, 특히 공적 연금과 건강보험이 그 중심에 있다.

사회보험의 가장 중요한 기능은 경제활동계층이 질병이나 사망, 장해 그리고 실업 등으로 인하여 소득의 감소나 단절 또는 비용이 발생할 경우 이를 보장함으로써 빈곤으로 추락하는 것을 예방하는 기능을 수행한다. 그리고 공적 부조의 경우에는 이미 빈곤으로 추락한 경우 이를 보호하는 기능을 수행한다. 물론 공적 부조는 사회복지서비스와 함께 빈곤보호뿐만 아니라 다시 빈곤에서 탈출하도록 지원하는 역할도 수행한다.

한편 우리나라 사회보장체제에서 민간의 역할은 공공부문의 역할을 보완하고 조화하여 공공부문이 해결할 수 없는 개별적 상황과 구체적인 욕구에 적합한 지원을 통하여 복지의 완성도를 높이는 역할을 수행한다. [그림 4]에서 보는 바와 같이 우리나라는 전체 사회복지에서 사회보험의 도입과 발전이 늦었음에도 불구하고 급속히 확대되는 경향을 보임으로써 사회보

[그림 4] 한국의 부문별 사회복지지출비중 추이

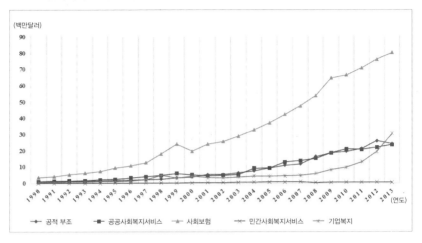

* 출처: 보건사회연구원(2014).

험 중심의 사회복지체제를 구축하고 있음을 알 수 있다.

사회보험의 기본 원칙은 기여에 대한 보장이다. 즉 사회보험에 가입하여 보험료를 납부하고 사회보험이 제공하는 적절한 보장을 받는 것이다. 따라서 사회보험의 기본 전제는 사회보험에 가입되어야 한다. 사회보험의 가입은 임의가입이 아니라 강제(당연)가입으로 누구라도 사회보험의 보장을 받으려면 가입이라는 전제조건을 충족하여야 한다. 그런데 현실에서는 거리가 매우 멀게 나타나고 있다. [표 1]에 따르면 일반 경제활동계층(또는 근로자) 중 사회보험에 적용되어 가입된 비중은 의외로 낮다. 가입대상에서 제외된 계층은 대부분이 비정규직이나 시간제근로자로서 오히려 안정적이지 못한 계층이다. 즉 오히려 사회적 위험에 노출된 계층에게 보호망을 쳐야 하는데 오히려 이들을 제외하고 안정적 계층의 보장을 우선으로 해 주는 결과라고 비판받을 수 있다.

[표 1] 사회보험별 적용비율

구 분	고용보험	건강보험	국민연금	산재보험
전 체	88.5	87.5	87.6	97.5
정규직근로자	95.4	97.8	97.6	97.7
비정규직근로자	63.0	51.2	48.2	96.5
파견·용역근로자	93.8	93.0	91.4	97.2
일일근로자	44.2	8.9	8.5	97.5
단시간근로자	58.4	50.4	48.5	95.0
기간제근로자	83.7	90.0	85.0	97.6
비기간제 한시적 근로자	40.6	23.8	22.7	93.0
재택/가내근로자	49.6	54.1	55.1	90.4

* 출처: 고용노동부(2015).
주1) 고용보험은 교육서비스업, 65세 이상, 60시간 미만 시간제근로자 제외.
주2) 건강보험은 교육서비스업, 고용계약기간 1개월 이하, 60시간 미만 시간제근로자 제외.
주3) 국민연금은 교육서비스업, 18세 미만, 60세 이상, 고용계약기간 1개월 이하, 60시간 미만 시간제근로자 제외.
주4) 산재보험은 교육서비스업, 상용근로자 1인 미만, 상용근로자 5인 미만 농림어업 제외.

사회보험의 보장 부분에 있어서는 보장을 통하여 빈곤으로 추락하는 것을 예방하는 기능이 얼마나 잘 수행하고 있는가를 판단하면 된다. 물론 보장의 수준도 중요하지만 보장을 받기 위한 조건 또한 중요하다. 예를 들어 국민연금의 경우 10년 이상 가입기간을 채우지 못하면 연금을 받지 못하고 일시금을 반환받게 된다. 건강보험의 경우도 경제적 사정으로 일정 기간 보험료가 연체되면 건강보험 보장대상에서 제외된다. 산재보험에서는 산재로 인정되는 업무상 재해나 질병에 해당되지 못하면 역시 보장에서 제외된다. 고용보험의 경우는 비자발적 실업을 전제로 하고 있고, 또한 실업

급여를 지급하는 보장기간이 짧다. 최근 도입된 노인장기요양보험은 돌봄이 필요하더라도 65세 미만은 서비스대상에서 제외된다. 이렇게 사회보험제도의 안전망은 적용대상과 급여조건에서 상당한 결함을 보이고 있다. 이러한 결함은 예외 없이 상대적으로 재정적으로 여유가 없고 불안정한 상태에 있는 계층에게 불리하게 작용하고 있다.

또한 사회보험제도에서 급여 수준과 재정적 안정성 그리고 제도의 지속가능성은 보장에 있어서 매우 중요한 사항이라 할 수 있다. 먼저 노후보장에서 가장 중요한 기능을 수행하는 제도는 공적 연금이다. 우리나라의 공적 연금은 일반 국민을 대상으로 한 국민연금제도가 있는데 이와는 전혀 다른 방식으로 공무원연금과 군인연금 그리고 사립학교 교직원연금이 있다. 이 세 가지 연금은 비슷한 형태로 국민연금과 크게 구분되기 때문에 특수직역연금이라는 말로 통합해서 부르고 있다. 공적 연금에서 중요한 것은 적절한 부담과 합리적 보장이라는 원칙을 지키는 것이다. 적절한 부담은 보험료 부담이 너무 낮거나 높지 말아야 한다는 것이다. 너무 낮다는 것은 나중에 지급하는 연금액을 충당하기에 수입이 낮아 적자가 발생해서 재정을 유지하기 어렵게 된다는 것이고, 너무 높으면 경제활동을 하는 동안 연금보험료 부담으로 일상생활 자체를 유지하기 어렵게 될 수 있기 때문에 바람직하지 않다는 것을 의미한다. 마찬가지로 합리적 보장은 연금액이 너무 낮아서 최소한의 노후생활을 할 수 없어서는 안 되고, 또한 너무 높으면 개인은 좋겠지만 당연히 재정적자가 발생해서 제도를 유지하기 어렵게 되는 것을 의미한다.

그런데 현재 공무원연금은 너무도 많은 재정적자가 발생하고 있어서 국민이 낸 세금으로 적자를 보전하고 있다. 그런데 적자 폭이 너무 빠르게 증가 추세를 보이고 있어서 국가가 감당할 수 없는 상황이 되고 있다는 점이 문제이다. 이러한 상황은 군인연금에서도 나타나고 있는데 다만 직업군인의 규모가 작아서 적자액이 크게 늘어나고 있지는 않고 있다. 그리고 사립학교 교직원의 경우는 도입 시기가 늦어서 아직 적자가 발생하고 있지는 않지만 장기적으로는 공무원연금과 동일한 현상이 나타날 것이다. 국민연금의 경우에도 부담한 보험료에 비해서 연금 지급액이 많기 때문에 장기적으로는 적자가 발생하게 된다. 적자가 발생하게 되면 처음에는 그동안 보험료로 납부해서 형성된 기금으로 적자를 충당하겠지만 얼마 안 가서 기금은 고갈된다.

　이러한 공적 연금의 재정불안정 문제는 제도 간의 적자 시기에만 차이가 있는 것이 아니다. 국민연금과 공무원연금은 부담한 보험료에 비하여 많은 연금을 지급하고 있는 점이 가장 많이 지적되는 문제이다. 그런데 공무원연금과 국민연금의 보험료 부담과 연금액 차이가 너무 크게 나고 있다. 예를 들어 공무원연금은 30년을 재직하면 소득액의 57%를 받게 된다. 반면에 국민연금은 30년 가입하면 가입자 평균인 경우 소득의 30%를 받게 된다.

　이러한 차이에도 불구하고 국민연금은 재정적자를 해결하고자 지속적으로 연금액을 감액하는 개혁을 지속해 왔으나 공무원연금은 이를 외면하고 있다. 국민연금의 재정을 안정하게 하기 위해서는 보험료율을 올리는 것보다는 보험료를 납부하는 소득의 상한선이 2015년 현재 421만 원 수준인데 이를 올리면서 연금을 제한하는 등의 방법을 고려할 수 있다. 그렇지만 공무원연금의 경우는 단순히 보험료를 올리고 연금액을 낮추는 방법보다 우선해서 해결해야 할 모순된 제도 규정을 없애야 한다. 공무원연금의 경우는 공무원이 퇴직하고 나서도 산하기관에서 얼마를 받든지 공무원연금을 지급한다. 게다가 33년 이상 근속한 사람은 보험료가 면제된다. 그리고 적자가 발생해서 국민 세금으로 적자를 보전함에도 불구하고 퇴직수당을 별도로 지급하고 있다. 퇴직수당은 일반근로자에게는 퇴직금과 비슷한 성격의 제도이다. 일반 국민은 국민연금의 재정안정을 위하여 허리띠를 졸라매는데 공무원은 전혀 동참하지 않는다면 이를 보고 정의로운 사회를 구현한다고는 할 수 없을 것이다. 아무리 적자가 나도 공무원은 기득권이라는 이유로 연금을 줄여서도 안 되고, 이외의 소득이 있어도 연금은 지급되고, 노후보장과 관계없는 추가적인 퇴직일시금을 받는다면 누가 이 사실을 보고 정의가 살아 있다고 할 것이며, 공무원에 대한 신뢰를 보낼 수 있는가 하는 것이다. 더구나 국민연금은 그동안 연금액을 크게 삭감해 왔다. 처음 제도가 도입될 때에 비하여 거의 절반 수준으로 연금액을 삭감했기 때문이다. 왜 국민은 연금재정안정을 위해서 노후생활을 위협받으면서까지 연금액을 줄이는데, 공무원은 절대 연금액을 감액하면 안 되는 것일까? 더구나 누가 보더라도 공무원이라는 신분을 이유로 너무 과도한 보장을 받고 있는 것이 명확한데도 고치지 않고 있다. 오히려 건전한 공무원이라면 자진해서 합리적인 제도 개선을 이루고 이를 통해서 공무원과 국민이 같은 공동체 국민으로서 함께 살아가는 모습을 보여야 하지는 않을까?

물론 국민연금에서도 제도적으로 개선할 부분이 있다. 국민연금에서 받는 연금액이 단순히 빈곤한 사람에게 지급하는 공적 부조보다 낮다면 누구라도 공평하지 않다고 할 것이다. 왜냐하면 적어도 10년 이상 보험료를 납부한 사람이 받는 연금이 아무런 기여도 하지 않고 단순히 가난하다는 이유로 받는 사람보다 적은 연금을 받는다면 공평하지 않기 때문이다.

건강보험에서 우리가 느낄 수 있는 한계는 질병으로 인해서 의료기관에 갈 경우 본인부담이 가장 걸림돌이 되는 것이다. 즉 건강보험에서 환자 또는 가족의 부담이 높으면 치료가 장기화될 경우 결국 빈곤으로 추락하게 된다는 점이다. 현재, 치료받게 될 경우 건강보험에서 부담하는 것 외에도 상급병실료, 식대 또는 특진비 그리고 MRI 등 본인이 전액 또는 높은 비중을 부담하는 비용을 포함하면 환자의 평균 본인부담은 전체 의료비의 35%를 넘는다. 이 외에도 간병인 비용도 전액 본인이 부담해야 한다. 이러한 보장의 한계성은 질병으로 국민이 자유로울 수 없음을 의미하며 결국 질병으로 인한 빈곤 추락의 위험을 감수해야 하는 것과 질병에도 불구하고 병원을 이용한 정상적인 치료를 포기하는 문제가 발생하게 된다. 물론 진료비 전액을 건강보험에서 보장하는 경우 도덕적 해이 문제와 오남용의 문제가 발생할 수 있다. 이런 측면에서 본인부담제도를 운영하면서 총액에 대한 본인부담상한선을 좀 더 낮추어서 질병으로 인한 빈곤 추락 문제를 예방하는 노력이 있어야 한다.

산재보험은 가장 오래된 사회보험으로 다른 사회보험이 도입되고 정착되는 데 상당한 영향을 미친 제도라 할 수 있다. 또한 산재근로자의 생계를 보장하는 기능을 수행함으로써 우리나라 산업화 과정에서 상당한 역할을 수행한 것이 사실이다. 그럼에도 불구하고 아직도 산재에 대한 예방-보호-재활체계를 갖추지 못하고 있는 것은 매우 아쉬운 부분이다. 선진국의 경우 산재보험을 사회보험으로 운영하고 있는 국가 중 재정문제나 기능 또는 역할에 있어서 한계를 보이는 경우는 거의 없다. 이는 산재보험 도입 이후 지속적으로 예방에 집중하여 산재 자체를 감소시켰고, 이를 통하여 재정적인 여유를 확보하고 일상생활을 영위할 수준의 보장이 이루어지도록 하였다. 특히 산재근로자가 다시 경제활동에 복귀하도록 재활을 강화함으로써 산재보험이 제 역할을 종합적으로 수행하고 있는 것을 의미한다. 우리의 경우 산재보험은 예방에서 부족한 결과를 보이고 있고 이로 인해서 일시금 형태 위주로 보상함으로써 안정적 보장을 이루지 못하고 있다. 또한 재활은 아직 초기 단계에 있다고 할 수 있다.

고용보험은 1995년 도입과 함께 외환위기 시기에 매우 중요한 역할을 수행한 바 있다. 제도가 정착되지 않아 제대로 역할을 하기에 한계가 있었지만 적어도 고용보험이 없었다면 실업과 관련해서 어려움이 훨씬 컸을 거라는 데에는 모두 동의한다. 그럼에도 불구하고 고용보험은 단순히 실업자에게 실업수당을 지급하는 기능만 있지 않고 훨씬 적극적이어야 한다. 실업이 발생하지 않도록 하는 고용안정사업과 실업에서 벗어나거나 원활하게 이직을 하기 위한 직업능력개발사업을 통해 종합적으로 조화 있는 체제를 수행하여야 하기 때문이다. 이러한 기대에도 불구하고 실제 고용보험의 기능은 단순히 실업수당을 지급하는 기능에 집중되는 경향을 보이고 있다. 이는 실업 위험이 큰 집단에 대해서 적극적 노동시장정책을 통하여 취업의 안정성을 높이는 우선적인 정책 목표와는 상당한 거리가 있는 것이다. 더구나 조기재취업수당은 실업급여에 있어서 조기 취업을 유도하지도 못하면서 비용만 낭비하는 제도로 전락한 지 오래되었음에도 불구하고 그대로 방치하는 것은 매우 안타까운 일이다. 그리고 직업능력개발사업의 경우 대기업이 부담되는 보험료도 높지만 급여 지출이 대부분 대기업에 집중되어, 오히려 중소기업에서 부담한 보험료가 대기업으로 역재분배되는 현상은 제도의 목적에 역행하는 결과라 할 수 있다.

노인장기요양보험제도는 치매 노인 등 가족이 돌봐야 하는 상황에서 국가가 사회보험을 통하여 돌봄 서비스를 제공함으로써, 본인과 가족의 부담을 덜고 급속한 고령화에 따른 사회문제에 선제적으로 대응하는 사업을 수행하는 제도라 할 수 있다. 특히 노인장기요양보험제도는 선진국에서도 아직 활성화되어 있지 않은 상태에서 도입하여 운영함으로써 선도적 역할을 수행한다는 점에서 국제적으로 높은 평가를 받는 제도이다. 노인장기요양보험제도는 2008년 도입으로 매우 초기적 상황이고 선진국의 경험을 참고하는 데 한계가 있기 때문에 시행착오적 문제를 많이 보이는 것이 사실이다. 특히 노인장기요양보험제도에서 본인부담제도로 인한 재정부담 때문에 처음부터 수급권을 포기하거나 중도포기 문제가 발생하고 있고, 또한 재가서비스와 입소시설의 공급과잉으로 인하여 과장경쟁이 발생하고 이에 또 다른 왜곡 현상이 나타나고 있다. 일부 서비스기관은 본인부담을 전액 삭감하거나 일부를 감액하는 행위를 하고 있다. 예를 들어 공급과잉 상태에 있는 재가서비스시설이나 요양원 중 경쟁력이 약한 시설은 수급자를 모집하기 위해서 불법적으로 본인부담을 면제해 주거나 일부 삭감해 주는 위법 조치를 행한다. 그렇게 되면 본인부담을 감액한 만큼 수입이 줄어들게 되고 줄어든 수입은 요양보호사의 임금 삭감으로 나타나게 된다. 결국 요양보호사는 열악한 처우를 감수하고 요양보호서비스를 제공하는 일을 계속하든지 아니면 요양서비스업을 포기하는 일이 벌어지게 된다. 이로써 낮은 질의 요양서비스가 제공되는 현상과 등록된 120만 명의 요양보호사 중 열악한 처우로 인해서 실재로 요양보호업에 종사하는 요양보호사가 20만 명에 불과해서 요양보호사를 구하는 자체가 어려워지는 모순 현상이 발생하고 있다.

물론 재정적으로 여유가 있는 계층은 본인부담에 대한 문제가 없겠지만, 현재의 우리 상황에서 볼 때 한 달에 40만-50만 원의 재정부담을 할 수 있는 노인계층은 많지 않기 때문에 여기서도 돌봄서비스의 제도를 이용하는 데에도 재정 상태에 따른 차별화가 나타나고 있다. 이에 따라 재가서비스의 경우 본인부담을 단계적으로 없앰으로써 이러한 폐단을 제거하는 것이 바람직할 것이다. 물론 요양원의 경우는 본인부담을 없앨 경우 병원에 입원하여야 할 노인을 단지 비용이 들지 않는다는 이유로 요양원에 입소시키는 폐단이 발생할 것을 고려하여 건강보험의 본인부담제도와 연계하여 정책에 반영할 필요가 있다. 이러한 개선으로 시설입소보다 재가서비스를 유도할 수는 있으나 근본적인 본인부담의 문제를 해결하기에는 미흡하다. 그래서 적극적인 문제 해결을 위해서는 본인부담에 대한 총액상한제 등의 조치와 지방정부의 추가적인 서비스 제공방안을 포함하여, 비영리단체나 민간단체에 의한 민간서비스와 개인에 의한 자원봉사 등을 연계한 종합적인 혼합복지 형태를 고려하는 체제 구축 노력이 필요하다.

최근에 도입된 기초연금은 공적 부조와 함께 노인빈곤을 해결하기 위한 매우 중요한 제도라 할 수 있다. 그동안 국민기초생활보장제도로 불리는 공적 부조는 수급대상이 되면 모든 지원을 다 받을 수 있는 반면에 제외되면 어떠한 지원도 받을 수 없는 통합급여제도였다. 이번 개선으로 개별급여제도로의 전환은 개인이 필요한 지원을 받을 수 있도록 함으로써 대상자 범위는 늘어나는 대신에 비용은 상대적으로 절감할 수 있는 발전이라는 점에서 높게 평가된다. 이와 함께 현재 65세 이상 노인 중 하위 70%에 대해서 약 20만 원의 기초연금을 지급하도록 한 것은 매우 획기적인 일이라 할 것이다. 현재 65세 이상 노인은 국민연금에 가입할 기회가 없었거나 국민연금의 가입기간이 짧아 연금액이 매우 낮은 계층인 만큼 노후빈곤의 위험이 매우 높은 계층이라는 점에서 중요한 정책적 결정이라 할 수 있다. 이러한 정책적 결정이 중요한 의미가 있음에도 불구하고 문제점은 없었는지 분석해 볼 필요가 있다. 먼저 기초연금으로 인해 노인빈곤은 해소되었는가에 대한 분석이 필요하다. 실제 노인빈곤은 별로 나아지지 않았다. 현재 기초연금이 지급되었음에도 불구하고 우리나라 노인빈곤율은 약 40% 수준으로 OECD에서 가장 높다. 그렇다면 기초연금은 그 기능을 제대로 못 한 것일까? 그렇지 않다. 상당수의 노인이 경제적으로 아주 어려운 상태에서는 벗어났다고 볼 수 있다. 하지만 그 나아진 수준이 소위 빈곤선을 넘어

가는 수준이 못 되었기 때문에 빈곤율은 크게 개선되지 않았다고 할 수 있다. 이러한 긍정적인 평가에도 불구하고 소위 대부분의 노인에게 20만 원의 기초연금 지급이 적절한 것인가에 대한 답이 필요하다. 이는 다른 취약계층과 형평성을 고려할 때 우선순위에 있어서 적절했는가 하는 질문과 같은 맥락에서 이해할 필요가 있다. 일반적으로 사회복지에서 중요한 원칙중 하나는 가장 소외된 계층에게 우선적 배려를 하여야 한다는 것이다. 즉기초연금은 일반 노인에게 사회수당적 성격으로 지급하는 것이라 엄청난재정부담을 지게 된다. 이전에 아동·청소년 그리고 장애인 및 한부모가정등 빈곤 상태에서 벗어나지 못하는 차상위계층에 대한 배려가 우선되지 못한 정책적 한계라는 지적을 벗어나기 어렵다. 즉, 필요한 것은 사실이지만순서가 어긋났다는 것이다. 오히려 더 어려운 계층을 배려하고 추진했어야했다는 아쉬움이 남는다. 또한 사회복지에 있어서도 효율성이나 효과성을포함하는 합리성이 고려되어야 한다. 기초연금은 어떻게 보면 국민연금이아직 성숙하지 않았기 때문에 발생하는 사각지대라 할 수 있다. 즉, 국민연금이 성숙하면 기본적으로 노인의 소득은 국민연금과 퇴직연금으로 노후보장을 수행하게 된다. 따라서 단순히 현재 노인에게 일정액을 지급하는수당 형식보다는 장기적으로 국민연금과 연계해서 노후빈곤을 예방하는기능을 연계하는 정책적 고려가 있어야 한다.

결국 우리나라의 사회보장은 전체적으로 구조를 구축하는 단계에 있는것이 확실해 보이지만 각각의 제도는 추구해야 하는 목적과 기능에 일치하지 못하고 벗어나 있다. 이로 인하여 제 역할을 수행하는 데 한계가 있거나오히려 역효과를 나타내는 경우도 있다고 평가할 수 있다.

사회복지의 적정 재정규모와 공공부문이 책임져야 할 비중은?

일반적으로 어느 나라의 사회복지에 대한 특징과 상황을 파악하고자 한다면, 우선해서 두 가지를 국제적으로 비교 분석하여 시사점을 도출하는 것이 일반적이다. 하나는 전체 GDP 대비 사회복지재정이 차지하는 비중에 대한 국제 경향과 비교를 통한 시사점 도출이고, 다른 하나는 사회복지에 있어서 공공부문과 민간부문이 차지하는 비중을 비교해서 우리에게 적합한 비중을 제시하는 것이다.

먼저 사회복지가 전체 국가재정에서 어느 정도를 차지해야 적정 수준이라고 할 수 있는가 하는 질문이다. 이러한 질문은 결코 정확한 답을 제시하기 어렵다. 더구나 선진국의 재정 비중도 국가에 따라서 서로 다르게 나타나고 있고 또한 변화과정도 너무 다양하기 때문에 일관성 있는 비중을 제시하는 것 또한 한계가 있다. 그럼에도 불구하고 장기적인 관점에서 복지국가 위기 이후에 선진국의 복지재정 비중의 변화에 나타나는 수렴 현상을 장기적 관점에서 참고할 필요가 있을 것이다.

선진국의 사회복지 발전 형태는 국가별로 다양한 양상을 보인다. 따라서 사회복지 위기에 대한 대응도 국가별로 다를 수밖에 없다. 이러한 다양성에 의한 복잡한 형태는 발전과정에서 각 국가가 가지고 있는 정부의 국민에 대한 책임, 즉 국가와 개인 간의 관계와 역사적 배경, 사회적 여건 그리고 사회정책 결정 당시 정치적 상황에 따라 변화한 복합된 결정 요건의 산물이라고 할 수 있다.

사실 선진국은 이미 1970년대에 대두된 복지국가 위기론에도 불구하고, 사회보장에 대한 개선은 매우 둔감하게 반응해 왔다. 이러한 상황에 대한 우려와 불신 그리고 미래에 대한 불안감이 팽배해지면서, 선진국은 각자 나름대로 사회복지에 대한 문제 해결을 시도하게 되었다. 소위 사회복지 국가로 불린 서유럽 국가는 1990년대 초반에 이르러서야 사회복지 개편이 활발히 일어나 재정 감축 등의 정책을 시행하고 있다. 선진국의 복지 개편은 국가 유형별로 다른 특징을 보이고 있으나, 공통적으로 보이는 주요한 변화 경향은 장기적으로 수렴 현상을 나타내고 있는 점이다. 먼저 스칸디나비아형으로 스칸디나비아 국가들은 복지재정을 GDP 대비 30% 이상에서 현재 단계적으로 삭감하여 20%대 수준으로 하향 조정하였으며, 장기적으로는 25% 수준을 지향할 것으로 볼 수 있다. 그런데 유럽대륙국가들은 25%에서 30% 수준이었으나, 현재 재정부담의 과중으로 장기적으로는 25% 이하 수준으로 조정될 것으로 전망할 수 있다. 영연방국가들의 경우는 20%를 약간 상회하는 수준으로, 장기적으로는 사회복지의 최소화 및 유지 차원에서 20% 수준을 상회하는 수준을 유지할 것으로 판단되고 있다. 마지막으로 미국형은 공적 부문의 한계를 민간부문이 주도하는 공급으로 조화를 이룬다는 점에서 예측하기는 어려울 것이나, 적어도 빈부 격차의 확대로 인하여 발생하는 문제를 공공부문이 그대로 방치하지 않으려 한다면 미국도 20% 수준으로 자연스럽게 상향조정될 것으로 볼 수 있다. 왜냐하면 미국의 사회복지 역시 신자유주의적 영향으로 기본적인 사회복지 유지를 위해서 기존 부담 수준으로는 어려움이 예상되며, 장기적으로는 일정 수준 이상의 재정부담이 불가피할 것으로 예상되기 때문이다.

서유럽 국가의 사회복지정책의 새로운 경향은 정부부담을 줄이고 시장기능을 강화한다는 점에서 거의 예외가 없다고 평가할 수 있다. 대부분 국가들이 재정문제 해결을 위해서 사회복지 부담을 늘리는 형태를 취하기보다는 급여 부분을 삭제함으로써 해결하려는 경향을 보인다.

선진국의 사회복지재정 수렴 현상은 우리에게 미래 발전 방향에 대한

[그림 5] 주요국의 GDP 대비 사회복지지출 추이

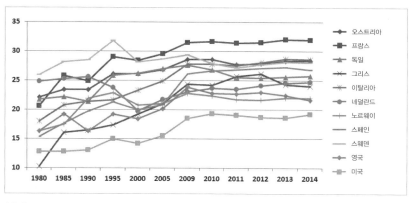

* 출처: OECD (https://data.oecd.org/).

시사점을 제공하고 있다. 현재 한국은 복지재정 수준이 절대적으로 낮아 이를 확대할 필요성은 충분히 공감할 수 있으나, 어느 수준으로 목표를 정할 것인지가 더욱 중요한 과제이다. 즉 복지재정을 확대하되, 선진국의 시행착오를 답습하지 않고 적절한 수준으로 목표를 정하는 것이 바람직할 것이다. 사회복지재정부담의 적정 수준을 절대적 관점에서 결정하는 것은 한계가 있다. 따라서 OECD 국가를 중심으로 선진국의 사회복지재정부담이 일정 수준으로 수렴하는 현상을 응용한 목표를 설정하는 것이 바람직할 것이라는 중요한 시사점을 도출할 수 있다. 이런 선진국의 장기적 관점에서의 복지재정의 수렴 현상은 한국 복지재정에 있어서도 장기적 목표를 20%에서 25% 수준에 도달하도록 단계적이고, 점진적이며, 일관성 있는 복지 확대정책을 보여야 한다는 점을 시사하고 있다.

한편 사회복지에서 공공부문과 민간, 나아가 기업이 부담하여야 하는 적정한 비율은 어떠하여야 하는 가에 대한 질문이 있다. 이 역시 우리의 상황을 고려한 적절한 국가를 찾는 단계에서 시작할 필요가 있다. 사회복지에 대한 국가별 지출 내용의 구성을 살펴보면, 그 나라의 사회복지에 대한 성향을 알 수 있다. 공공부문이 차비하는 비중이 높은 경우에는 국가 책임에 의한 체제라 할 수 있고, 민간부문 특히 자발적인 민간부문이 차지하는 비중이 높을수록 사회복지는 국가의 책임보다는 민간주도로 이루어진다고 볼 수 있다. 그런데 중요한 것은 사회복지지출이 일정 수준 이상의 국가에서는 공공과 민간의 비중에 차이가 나타나지만, 공공과 민간의 전체 합계를 보면 국민총생산에서 차지하는 비중이 국가별로 차이가 그다지 크지 않다는 점에 주목할 필요가 있다.

공공부문이 강하게 나타나고 있는 국가는 스칸디나비아 및 유럽대륙 국가들이 주종을 이루고 있으며, 자발적인 민간부문이 크게 나타나고 있는 국가는 영국, 미국을 중심으로 한 국가들과 네덜란드이다. 이 국가들은 국가주도보다 가능한 민간의 자발적 참여를 통해 사회복지가 실행될 수 있도록 정부가 유도하는 정책을 사용하고 있다. 반면, 법정 민간부문이 강하게 나타나고 있는 국가는 스위스이다. 스위스는 3층 보장체제로서 기업연금이 다른 국가와 달리 강력하게 추진되고 발전하였기 때문이다. 한국은 아직 사회복지지출 수준이 낮고 현재 너무 급격하게 변화하고 있기 때문에 명확한 판단이 어렵기는 하지만, 사회복지에 있어서 3층 보장적 성격이 나타나고 있음을 알 수 있다. 이러한 추세라면 나름대로 독특한 형태의 사회보장체제를 구축하는 형태를 기대할 수 있을 것이다.

좀 더 구체적으로 [그림 6]과 [그림 7]을 비교해 보면 다음과 같다. 공공사회복지지출을 기준으로 볼 때 한국은 2011년 약 9% 수준으로 OECD 평균인 약 21%나 미국의 19%보다 크게 낮고, 스웨덴, 덴마크, 프랑스 등은 27~31%로 한국의 3배 이상이나 된다. 한국의 공공사회복지지출은

김진수

[그림 6] OECD 주요국의 GDP 대비 사회복지지출 비중, 공공/법정/민간 (%, 2011년)

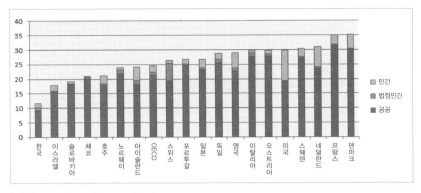

* 출처: OECD (https://data.oecd.org/).

[그림 7] 5개국의 총 복지지출과 공공복지지출 비교 (%, 2011년)

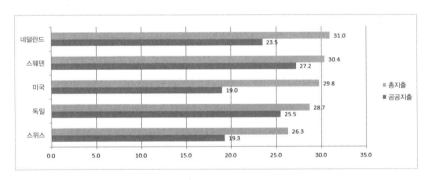

* 출처: OECD (https://data.oecd.org/).

OECD 평균의 절반 이하, 사회복지지출이 높은 국가들의 1/3 수준에 불과
하다.

　　한편 OECD 국가들의 민간사회복지지출을 포함한 총사회복지지출과
공공사회복지지출의 격차를 살펴보면 스웨덴, 독일, 오스트리아와 같은 복
지 선진국의 경우 공공사회복지지출과 총사회복지지출의 차이가 적은 반

면에, 미국, 네덜란드, 영국과 같은 국가들은 공공복지지출에 비해 총사회 복지지출이 상당히 크게 나타난다. 이는 상대적으로 공공사회복지지출이 낮은 국가에서 자발적 민간복지지출이 높게 나타나기 때문으로 스웨덴, 독일, 오스트리아에서 자발적 민간복지지출은 GDP의 3%를 넘지 않는 반면, 미국은 10.5%, 네덜란드는 6.8%, 영국은 5.3%에 이른다. 이를 통해 미국과 같은 국가들은 소득 수준에 비해 공공사회복지지출이 낮지만 총사회복지지출 수준은 복지선진국과 비교하여 큰 차이를 보이지 않게 된다([그림 7] 참조). 따라서 정확한 사회복지지출 분석을 위해서는 단순히 공공부문지출의 높고 낮음보다는 종합적으로 그 국가가 국가중심의 정책 위주(subject culture: 신민문화)인지, 또는 민간중심의 정책(civil culture: 시민문화)인지의 차이로 분석하는 것이 적합하다.

한국의 경우, 낮은 사회복지 수준으로 인해 사회복지의 확대가 요구된다. 하지만 단순하게 공공부문의 재정 확대에 집중하여야 한다는 주장은 오히려 바람직하지 못할 수 있다. 급속한 노령화와 낮은 출생률, 가족의 기능 및 역할 상실, 의료비용의 폭발적 증가, 노동시장의 변화(정규직근로자의 감소, 노동법의 경직성, 신자유주의에 따른 국제경쟁시장의 첨예화, 외국인근로자의 증가), 빈부 격차, 절대빈곤의 증가 등이 사회복지의 확대에 대한 근거가 되고 있다. 그럼에도 불구하고 사회복지의 공공부문 확대라는 단순한 주장은 논리적으로 타당성이 약하며, 국민적 지지를 확보하는 데 한계가 있다고 할 수 있다. 오히려 우리의 사회복지재정구조는 공공과 민간 외에 법정기업 부담으로 조화되는 형태가 바람직할 것이라는 점을 진지하게 고려할 필요가 있다. 이는 우리가 이미 수행하고 있는 퇴직금제도에 근거를 둔 퇴직연금이 이미 상당 부분 우리 노후보장을 수행하는 현실이 고려되어야 하기 때문이다. 이러한 점에서 공공의 기본보장과 기업의 소득비례보장 그리고 추가로 개인에 의한 보장을 추구하는 것이 바람직하다고 할 것이다.

정의로운 사회를 위한 사회복지의 과제는 무엇인가?

최근의 우리나라 사회복지 변화는 선진국의 시행착오를 그대로 답습하는 느낌을 지울 수 없다. 선진국의 사회복지 경험에서 비롯된 시행착오의 핵심은 무엇보다 그들 자신이 만들어 낸 한계라는 것이며, 특히 정치적 목적에 의하여 사회복지의 정치 종속화를 만들었고 나중에는 오히려 정치가 사회복지에 종속화되는 형태로 전환되었다는 점이다.

선진국은 사회복지 확대에 있어서 소위 복지 황금기를 누릴 만큼의 경제적 번영기를 거쳐 왔다. 선진국은 적어도 사회복지의 우선순위나 효율성이나 합리성에 대한 진지한 분석과 결정과정 없이 사회복지를 확대할 수 있었다고 할 수 있다. 현재의 선진국은 다시 적절한 사회복지로의 환원과 우선순위를 고려하고 목적에 적합한 체제를 구축하는 과정을 겪고 있다.

그런데 우리의 문제는 선진국처럼 재정을 충분히 조달할 여건에 있지 못하다는 것이다. 그래서 정책 결정에 한계가 있는데, 선진국처럼 일단 사회복지를 확대해 놓고 나중에 다시 이를 합리화하는 과정을 겪을 만큼 여유가 없다는 것이다. 우리는 재정적 뒷받침도 없고 시간적 여유도 없다. 우리는 선진국의 시행착오를 겪지 않고 처음부터 사회복지의 명확한 우선순위와 합리적 규모를 추진해서 장기적으로 수렴하도록 하여야 한다. 사회복지부담 비중에 있어서도 공공의 부담과 민간부담 그리고 기업이라는 3자의 조화를 구축하여야 한다. 이러한 정책적 목표를 추구하는 것은 복지 필요성에 부응하면서 재정적 부담에 합리적 대처하기 위한 복지정책체제를 수립하는 것이다. 이를 위해서는 기존의 정책 방식과는 다른 차별화된 정책 방향을 제시하여야 하며, 이를 위해서는 현재 구축되어 있는 사회안전망체제를 새롭게 할 필요가 있다.

한국의 국내적 상황 변화를 고려할 때 한국사회의 사회복지에 대한 관심은 어느 과거보다 높다. 특히 최근 사회안전망 구축 및 확충에 대한 정책적 관심이 집중되는 것은 사회환경 변화에 따른 사회복지 확대 필요성이 급증하고 있고 사회복지에 대한 국민적 관심과 인식이 달라졌기 때문이다. 이러한 사회 및 경제환경 변화의 내용은 몇 가지로 정리해 볼 수 있다. 사회 양극화로서 소득 양극화와 노동시장의 양분화, 저출산·고령화, 전통가족의 해체와 가족 간 유대 약화, 생활의 복잡화로 인한 소득 및 직업개념의 다양화와 복잡화 등 근본적이고 핵심적인 사안들로서 이것은 동시다발적으로 나타나고 있다.

이러한 정책적 목표를 추구하는 것은 복지 필요성에 부응하면서 재정적 부담에 합리적인 대처를 위한 복지정책체제를 수립하는 것이다. 이를 위해서는 기존의 정책 방식과는 다른 차별화된 정책 방향을 제시하여야 하며, 기존의 사회안전망체제 구축을 새롭게 할 필요가 있다.

복지의 필요성에 대응하면서 재정부담을 경감하기 위해서는 선진국의 복지체제와는 다른 근본적인 접근이 필요하다. 특히 재정 수준을 20% 수준으로 수령하게 하기 위해서는 기존 선진국 사회복지체제와는 차별화된 체제가 필수적이다. 현재 복지 선진국의 재정축소 노력은 사회보장부문에서 기존 생활의 일정 수준을 보장하는 체제(소득비례형)를 포기하고, 기초보장의 기능을 강화하는 체제로의 전환 (기초보장형) 차원의 노력에 집중하는 경향을 참고해야 한다. 또한 한국의 소득 양극화 및 절대빈곤증가, 고령화, 저출산 등의 해결을 위한 노력으로 기존 선진복지국가의 사회수당형 체제는 엄청난 재정부담을 야기할 것으로 이를 채택할 경우 재정안정이 절대 불가능하다는 점을 확고히 할 필요가 있다. 종합적으로 한국이 추구해야 할 사회안전망의 기본 방향은 복지체제의 새로운 패러다임과 복지와 고용의 유기적 결합을 추구하는 것이라 할 수 있다. 새로운 복지체제의 형태는 국가의 국민에 대한 의무를 확인함과 동시에 국가의 책임 수준을 일정 수준으로 제한하는 것을 의미한다. 사회복지 대상 범위는 넓게 하여 전 국민을 대상으로 모든 사회적 위험에 대해서 최소한의 보장을 하도록 하는 것을 들 수 있다. 즉, 보편주의, 포괄성의 원칙, 집합적 책임, 국민 최저선(national minimum) 등의 기본 원리를 기준으로 할 필요가 있을 것이다. 즉 사회복지는 기본적으로 국가의 책임 아래(집합적 책임의 원칙) 모든 국민에게 (보편주의) 모든 사회적 위험으로부터(포괄성의 원칙) 최소한의 인간다운 삶을 살 수 있는 수준의 보장(국민 최저선의 원칙)이라는 원칙을 견지해야 한다는 것이다. 사회복지 발전의 기본 방향 정립을 추구하기 위한 제도 개선을 위해서는 수행 원칙을 마련할 필요가 있으며, 이 원칙에 따라 제도 개선이 이루어지도록 함으로써 일관성을 확보하고 장기적인 발전이 가능하게 할 필요가 있다. 이는 중심점을 찾고 이를 기준으로 추진함으로써 일관성을 확보하고 추진력을 제고하는 효과를 기대할 수 있을 것이다.

사회복지의 주축이라 할 수 있는 사회보험을 처음 도입한 독일이 사회보험제도 도입 100주년을 기념해서 발간한 보고서의 마지막에 진실을 보여 준 글이 있다.

"현대사회에서 사회복지에 있어서 적절한 부담을 하고 적정한 보장을 받도록 한다는 것은 허구입니다. 사회보험을 도입했던 시기와 지금은 너무도 사회·경제적 환경이 변화했기 때문입니다."

새로운 체제를 구축하지 못하면 사회복지에서 사회보험은 인류 역사에서 200년을 넘지 못하고 잠깐 나타났다가 사라지는 하나의 현상에 불과할 것이다. 우리는 세계적으로 많은 예외를 만들면서 성장해 왔다. 식민지 시대와 민족 간 전쟁 그리고 후진국에서 선진국으로의 진입 등. 이러한 과정에서 약육강식의 삭막한 사회로 전락하는 것이 아닌가 하는 우려와 실망 사이에서 인간다움을 구축하는 사회 그리고 정의가 있어야 하는 사회를 꿈꾸며 갈망하고 있다. 우리의 예외적 행보와 변화는 선진국이 수없이 겪은 시행착오를 최소화하면서 정의로운 사회로 나아갈 수 있는 가능성을 기대하며 진지한 노력을 해야 할 시기이다.

글쓴이
-
김진수

오스트리아 사회경제학 학사, 석사, 박사. 현재 연세대학교 사회복지전문대학원 원장, 영국 Social Policy and Administration 편집위원, Asia Assciation of Social Welfare 부회장, 경제정의실천시민연합 사회복지위원회 위원(장), 한국사회보장학회 회장 역임, 한국사회복지정책학회 회장 역임.
저술로는 『사회보장론』, 『사회복지법제』, 『21세기 사회복지정책』, 『한국의 사회복지』 등이 있다.

경제정의 구현을 위한
발전모델

경제정의는 어떻게 구현되는가?

경제체제를 평가하는 양대 기준은 효율성(efficiency)과 공평성(equity)이다. 경제정의(economic justice)는 이 중 공평성이 실현될 때 구현된다.

효율성은 기술적 효율성과 배분적 효율성이란 두 차원이 있다. 기술적 효율성은 최소의 투입물로 최대의 산출물을 생산하는 것을 말한다. 배분적 효율성은 사회 구성원의 후생이 극대화되도록 자원이 배분된 상태를 말한다. 만약 어떤 경제체제가 이러한 효율성에 크게 못 미치는 상태에서 운영되면 경제가 침체하고 장기적으로 지속 불가능하게 된다.

공평성은 기회균등, 공정성, 평등이라는 세 차원으로 정의된다. 기회균등은 사회 구성원이 자원에 접근할 수 있는 기회가 균등한 것을 말한다. 교육을 받을 수 있는 기회, 직업 선택의 기회, 그리고 금융에 대한 접근 기회가 사람들의 삶의 질에 중요한 기회균등 요소들이다.

기회균등이 실현되려면 무엇보다 사람들의 재산소유가 평등해야 한다. 정치철학자 롤스(John Rawls)가 주장하는 재산소유 민주주의(property-owning democracy)나 경제학자 보울즈(Samuel Bowles)와 진티스(Herbert Gintis)가 주장하는 자산기반 평등주의(asset-based egalitarianism)처럼 개인들이 비교적 평등하게 재산이나 자산을 소유하고 있어야 기회균등이 이루어질 수 있다.[1] 사유재산제도와 시장경제에 기초한 자본주의사회에서 재산소유의 불평등은 기회의 불균등을 초래한다. 빈부 격차가 심한 사회에서는 기회균등이 실현될 수 없다. 빈자는 양질의 교육을 받을 수 없고 따라서 좋은 일자리를 선택할 기회를 가질 수 없기 때문이다.

기회균등이 이루어지려면 인종차별과 성차별과 같은 사회적 차별이 철폐되어야 한다. 학교 입학, 채용, 승진 등에서 인종이나 성별에 따른 차별이 행해지면 기회균등은 실현될 수 없다. 미국에서 실시하는 바와 같은 차별금지법(Affirmative Act)은 기회균등 실현을 위한 주요한 제도들이다.

한 나라의 공공성이 높을수록 기회균등이 보장될 가능성이 크다. 공공성은 사회의 보편적 이익을 실현하는 제도와 문화의 수준이다. 육아, 양로, 교육, 의료 등 사회 서비스에 대한 공공지출의 비율이 높을수록 저소득층과 빈곤층도 이들 사회 서비스에 대한 접근 가능성이 높아지므로 기회균등이 그만큼 더 잘 보장될 것이다. 그래서 전 국민에게 복지 서비스가 제공되는 보편적 복지(universal welfare)가 시행되고 있는 나라에서 기회균등이 잘 보장된다.

공정성(fairness)은 공정한 거래를 보장하는 규칙이 관철되는 것을 말한다. 공정한 거래는 시장에서 경제주체 간에 등가교환이 이루어지는 것이다. 공정거래는 시장에 참가하는 경제주체들 간의 권력이 대등할 때 실현된다. 수요자와 공급자 간에, 자본가와 노동자 간에, 대기업과 중소기업 간에 힘이 대등해야 공정거래가 이루어진다. 권력의 대칭성은 시장에서의 공정성 실현의 기본 조건이다.

생산수단을 소유한 자본가와 생산수단을 소유하고 있지 못하여 자신의 유일한 자산인 노동력을 판매해야 하는 노동자 간의 거래는 기본적으로 불공정할 가능성이 크다. 이 경우 노동자들이 스스로 노동조합을 조직하여 단체교섭을 할 경우 노사 간 불공정거래가 줄어들 수 있다. 노동시장에서 노사 간의 교섭력이 대등해야 임금과 근로조건이 공정하게 정해질 수 있다.

따라서 단결권, 단체교섭권, 단체행동권 등 노동3권은 노사 간에 공정거래가 이루어지기 위한 기초적 조건이다. 노동조합의 교섭력이 강하려면 노조조직률이 높아야 한다. 아울러 노조 조직 방식에서 유니언 숍(union shop), 즉 기업에 채용되면 반드시 노조에 가입해야 하는 사업장이 되어야 한다. 또한 단체교섭 수준도 중앙교섭(central bargaining)이나 산업별 교섭이 이루어질 때가 기업별 교섭의 경우보다 노동계급의 교섭력이 더 강하게 될 것이다.

제품시장에서 독점이 지배하면 독점기업이 비독점기업이나 소비자에 대해 시장지배력을 행사하므로 불공정거래가 이루어질 수 있다. 대기업과 중소기업 간의 거래에서 대기업이 독점력을 행사하는 경우 중소기업에서 대기업으로 잉여 이전(transfer of surplus)이 일어난다. 대기업의 부당한 단가 인하로 대기업에 납품하는 중소기업들이 창출한 부가가치가 대기업에 무상으로 이전되는 불공정이 발생할 수 있다.

따라서 반독점(anti-monopoly)은 공정거래를 위한 필수적 조건이다. 반독점정책에는 독점기업의 시장지배력을 제한하는 독점 규제의 방향과 반독점 민주변혁 방향이 있다. 전자는 독점기업의 시장에서의 불공정행위를 규제하는 법률을 제정하여 실행하는 것이며, 후자는 독점기업의 사회화와 국유화를 통해 경제민주주의를 실현하는 것이다.

독점기업의 사회화는 독점기업의 소유구조와 지배구조를 민주화하고, 독점기업과 비독점기업 간의 관계를 대등하고 공정한 관계로 개혁하며, 독점기업에 대한 시민사회의 민주적 통제를 통해 독점기업의 공공성을 높이는 것이다. 소유와 경영의 분리, 소유 분산, 노동자 경영참가를 통해 독점기업을 민주적 기업으로 전환시키는 것, 종속적인 하청계열관계를 협력적인 파트너십 관계로 전환시키는 것, 노동운동·소비자운동·환경운동을 통해 독점기업의 반사회적 불공정행위를 감시하는 것이 독점기업을 사회화하는 것이다.[2]

독점기업의 국유화는 독점기업의 소유구조를 국가적 소유로 전환하는 것이다. 자본주의의 역사에서 보면, 대체로 2차 세계대전을 전후하여 전기, 철도, 도로, 통신, 가스 등 국가기간산업의 독점기업이 국유화되었다. 국유화로 독점기업이 국영기업으로 전환되어 사적 독점은 폐지되었지만 국영기업이 결국 국가독점기업이 되어 국가독점의 폐해가 새로 생겼다. 국영기업의 관료제로 인한 비효율과 특권과 독점적 지배력을 가진 국영기업의 고이윤을 내부자가 독식하는 불공정이 발생한 것이다.

사유화로 인한 불공정을 시정하고자 한 국유화가 새로운 불공정을 발생시킨 것이다. 국영기업이 공공성을 실현하지 못하니 결국 경제정의 구현에 역행하는 결과를 초래한 것이다. 이러한 국영기업의 역설이 민영화 내지 재사유화(再私有化)를 불러왔다. 국영기업의 민영화는 다시 사적 독점기업을 탄생시켜 불공정거래가 이루어지게 하였다.

평등(equality)은 공평성의 또 다른 차원으로서 부와 소득분배의 평등을 말한다. 기회균등과 공정성이 공평성 실현을 위한 사전적이고 과정적인 요인이라고 한다면, 평등은 공평성 실현의 사후적이고 결과적 요인이라고 할 수 있다. 기회균등과 공정성은 부와 소득의 분배를 평등하게 만들 것이다.

하지만 기회균등과 공정성이 반드시 평등을 보장하지는 않는다. 설사 기회균등과 공정성이 실현되었다 하더라도 개인의 능력과 노력의 차이와 우연적 요소에 의해 소득과 부의 불평등이 발생할 수 있다. 기회균등과 공정성의 실현이 불완전할 경우 소득과 부의 불평등은 크게 나타날 수 있다. 따라서 분배의 평등을 위해서는 정부가 소득분배 과정에 개입하고 소득재분배(redistribution) 정책을 펴는 것이 불가피하다.

최저임금제를 시행하거나 이자율을 규제하거나 지대 혹은 임대료를 통제하는 소득분배정책, 부자에게 세금을 거두어 빈민에게 이전지출을 하는 소득재분배정책은 분배의 평등을 실현하는 주된 정책들이다. 노동소득과 자본소득 간의 불평등, 노동소득 내의 불평등, 자본소득 내의 불평등을 줄이는 정부의 조세정책과 보조금정책 등도 분배의 평등을 실현할 수 있다. 정부의 재분배정책은 시장소득의 불평등을 사후적으로 시정하여 가처분소득의 불평등을 낮출 수 있다.

노사 간 교섭력의 차이는 노동소득분배율(국민소득에 대한 노동소득의 비율) 따라서 또한 자본소득분배율(1-노동소득분배율)을 결정하는 주된 요인이므로 소득분배의 평등에 영향을 미친다. 따라서 노사 간의 교섭력에 영향을 미치는 법과 제도들이 소득분배에 영향을 미친다.

이상에서 검토한 기회균등, 공정성, 평등을 포함하는 공평성이 경제정의를 구현하는 요인이다. 경제정의는 기회균등, 공정성, 평등을 실현하는 제도들이 잘 구축되어 있을 때 구현될 수 있다. 그런데 공평성은 효율성과 결합되어야 지속 가능하다. 생산성이 낮고 자원배분이 비효율적이면 경제가 침체하고 경제성장이 둔화한다.

최근 선풍적 인기를 끌고 있는 베스트셀러 『21세기 자본』의 저자 토마 피케티(Thomas Piketty)가 지적한 것처럼 경제성장률이 낮은 저성장체제에 서는 자본수익률이 경제성장률을 크게 웃돌 가능성이 큰데 이는 부의 분배에 있어 심각한 불평등을 초래한다.[3] 경제성장은 평등화 요인이 될 수 있는 것이다. 따라서 효율성을 실현하여 지속적인 경제성장을 달성하는 것은 공평성 실현에 도움이 될 것이다.

이런 점에서 볼 때, 경제정의가 지속적으로 구현되려면 성장 친화적인 공평성을 실현할 필요가 있다. 소득재분배의 방향이 단순히 소득을 부자에서 빈자로 이전하는 것에 머물지 않고 빈자의 생산성을 높이도록 빈자에게 교육·훈련 투자를 강화할 필요가 있다. 특히 빈민층이나 저소득층의 자녀들에게 양질의 교육을 제공하는 것이 중요하다. 보울즈와 진티스가 주장하는 것처럼 사후적 평등을 강조하는 '소득기반 평등주의'를 넘어 사전적 평등을 강조하는 '자산기반 평등주의'로 나아가야 한다.

한국경제에서의 불공평: 경제정의에 역행하는 요인들

앞에서 경제정의 구현을 위한 공평성 실현의 여러 차원을 검토해 보았다. 이제 한국경제에서 경제정의실현에 역행하는 불공평(inequity) 현상들에는 어떤 것이 있는지 알아보자.

한국에서 기회 불균등, 불공정, 불평등을 포함하는 불공평을 낳는 요인들로는 ①재벌지배체제, ②중앙집권–수도권 집중체제, ③비정규직 차별,

④여성 차별, ⑤교육 불평등, ⑥공공성 결핍 등을 들 수 있다. 부의 분배 불평등과 '강한 자본과 약한 노동'이란 요인은 이러한 요인들의 바탕에서 작용하는 기본적 요인들이다. 이러한 기본적 요인들과 여섯 가지 불공평 요인들이 결합하여 소득분배의 심한 불평등을 초래하고 있다.

재벌지배체제, 중앙집권-수도권 집중체제, 비정규직 차별은 양극화(polarization)를 초래하였다. 재벌지배체제로 인한 기업 간 양극화, 중앙집권-수도권 집중체제로 인한 지역 간 양극화, 비정규직 차별로 인한 노동자 간 양극화가 나타나고 심화되었다.

● 재벌지배체제

재벌지배체제는 한국의 경제정의실현에 가장 중요한 장애요인으로 지목되어 왔다. 재벌기업의 강한 시장지배력과 그것에 기초한 재벌기업에의 높은 경제력 집중이 불공정과 불평등을 초래하였기 때문이다.

한국의 재벌은 1960~1970년대 경제개발 과정에서 집중적으로 육성되었다. 박정희 정부는 재벌에게 재정 금융상의 특혜를 부여하여 경제성장을 주도하도록 만들었다. 1970년대의 중화학공업화 정책은 재벌기업의 지배력을 더욱 강화하였다. [표 1]에서 보는 것처럼 출하액 기준으로 상위 5사의 시장 집중률이 1960년대에 급격히 증가하여 시장에서 독점이 형성되고 1970년대에는 독점지배체제가 유지되고 있었음을 알 수 있다.

이러한 독점기업 아래로 중소기업들이 하청계열화되어 갔다. 중소기업 중 수급업체 비율이 1969년 11.6%에 불과했으나 1974년 18.2%, 1979년 25.7%, 1984년 41.7%, 1991년 73.6%로 급격히 증가했다. 수급의존도가 80% 이상인 중소기업 비율이 1966년 53.0%에서 1975년 57.4%, 1984년 78.3%, 1991년 81.1%로 크게 증가했다. 이 자료는 한국에서 1970, 1980

[표 1] 상위 5사 시장 집중률(CR5)

	음료품	기 계	제1차금속	석유석탄제품
1960	25.4	30.5	31.5	5.4
1963	36.3	30.9	20.8	13.5
1966	47.2	50.3	43.5	52.6
1968	72.6	45.0	68.4	72.6
1973	81.9	70.1	74.3	77.1
1978	76.5	69.6	62.0	73.8
1983	62.9	61.2	69.1	90.5

* 출처: 김형기, 『한국의 독점자본과 임노동』, 까치, 1988.

년대에 재벌기업이 중소기업을 하청계열관계로 편입한 지배체제가 완료되었음을 나타내 준다.

한편, [표 2]는 부가가치 기준 50대 기업과 4대 재벌(삼성그룹, 현대자동차 그룹, SK그룹, LG그룹) 그리고 1-5위 기업(삼성전자, 현대자동차, 삼성디스플레이, KT, 포스코)의 부가가치가 차지하는 비중을 보여 주고 있다. 50대 기업의 GDP 대비 비중은 2011년 11.24%에서 2013년 11.86%로 증가하였다. 이 자료는 4대 재벌기업이 한국경제를 지배하고 있고 그 지배력이 최근 들어 더욱 강화되고 있음을 보여 준다.

이들 재벌기업은 우월한 교섭력과 독점적 시장구조를 이용하여 하도급 거래를 하는 중소기업에 대해 납품단가를 낮게 책정하고 수시로 납품단가를 인하하여 중소기업의 잉여를 흡수하는 불공정거래를 해 왔다. 이른바 갑을 관계로 표현되는 불공정한 하도급관계 때문에 대기업과 중소기업 간에 큰 수익률 격차가 유지되어 왔다.[4] 그래서 예컨대 2011년 재벌기업과

[표 2] 재벌기업의 부가가치 비중

	4대 재벌(24개)		1-5위 기업		50대 기업
	50대 기업 대비 비중	GDP 대비 비중	50대 기업 대비 비중	GDP 대비 비중	GDP 대비 비중
2011	62.9	7.06	38.7	4.34	11.24
2012	68.8	7.85	42.6	4.85	11.41
2013	70.2	8.33	44.1	5.22	11.86

* 출처: 김상조, 「50대 기업의 부가가치 생산 및 분배에 관한 분석 (2002-2013)」, 『경제개혁리포트』 2015-1호, 2015.

협력업체 간의 영업이익률 격차는 삼성전자의 경우 8.1%와 4.9%로 나타났다. 현대자동차의 경우는 각각 11.0%와 4.9%였으며 현대중공업의 경우는 각각 10.5%와 5.1%였다.

이와 같은 수익률 격차는 재벌이 지배하는 한국경제의 불공정성을 상징적으로 보여 준다. 그리고 수익률 격차는 대기업과 중소기업 간의 현격한 임금 격차를 발생시키는 주요 요인이 되고 있다. 자본 내부의 불공정이 결국 노동 내부의 불평등으로 이어지고 있는 것이다.

● 중앙집권-수도권 집중체제

세계적으로 유례를 찾기 어려운 강한 중앙집권-수도권 집중체제는 한국의 정치, 경제, 문화 등 모든 측면에서 수도권과 비수도권 간의 기회균등과 공정성과 평등을 크게 침해하고 있는 요인이다. 한국은 고도로 중앙집권화된 국가이다. 중앙정부가 입법권, 행정권, 재정권을 독점하고 있다.

법률은 국회만이 제정하고 대통령령, 총리령, 부령 등의 시행령은 중앙

[표 3] 대기업과 협력업체의 매출액 영업이익률 격차　　　　　　　　　　　단위: %

	삼성전자	현대자동차	현대중공업
	8.1	11.0	10.5
1차 협력업체	5.6	4.6	6.0
2차 협력업체	5.3	5.1	5.5
3차 이하 협력업체	4.6	4.8	4.5
전체	4.9	4.9	5.1

* 출처: 홍장표, 「소득주도성장과 중소기업의 역할」, 2015.

정부가 정한다. 지방자치단체는 법령의 범위 안에서 조례를 제정할 수 있을 뿐이다. 지방의회는 법률 제정권이 없고 지방자치단체는 중앙정부의 시행령에 따라야 한다. 나라를 통치하는 행정권이 중앙정부에 독점되어 있다. 행정을 위한 조직권과 인사권의 핵심적 권한을 중앙정부가 가지고 있다. 조세법률주의[5]에 의해 중앙정부만이 조세의 종목과 세율을 정할 수 있다. 게다가 국세와 지방세의 비율은 8대 2로 되어 있다. 이처럼 조세와 정부지출의 권한을 대부분 중앙정부가 장악하고 있으며 지방자치단체는 결정권과 세원이 없다.

　아울러 한국은 수도권 집중이 심각하다. 인구와 산업과 일자리의 절반이 수도권에 집중되어 있다. 수도권 인구 비중은 1970년 28.3%에서 1980년 35.5%, 1990년 42.8%, 2000년 46.3%, 2013년 49.6%로 증가했다. [표 4]에서 보는 것처럼 전체 산업의 사업체 47.2%, 일자리의 50.8%가 수도권에 집중해 있다. 고용이 안정적이고 고임금을 받는 좋은 일자리가 몰려 있는 전문, 과학, 기술 서비스업의 경우 사업체의 60%, 일자리의 72%가 수

[표 4] 수도권 사업체 및 종사자 비중　　　　　　　　　　　　　　　　　단위: %

	사업체 수		일자리 수	
연 도	2006	2013	2006	2013
전산업	46.7	47.2	50.6	50.8
제조업	51.6	50.6	47.8	43.5
전문·과학·기술 서비스업	57.6	59.8	66.9	72.0
출판·영상·방송·통신·정보 서비스업	65.0	70.5	74.2	78.8
교육 서비스업	43.3	45.2	46.5	48.6
금융·보험업	43.9	44.9	53.9	55.2

* 자료: 통계청, 국가통계포털.

도권에 집중해 있다. 2013년 현재 전국 중위 임금 180만 원 이상의 임금을 받는 상용직으로서 주당 근로시간이 15-49시간인 일자리의 60%가 수도권에 몰려 있는 것으로 나타났다.

수도권으로의 소득 유출도 심각하다. 통계청이 어느 국회의원에게 제출한 '시도별 소득 유출입 현황' 자료에 의하면, 2013년에 수도권은 91.4조 원의 소득 순유입이 이루어진 반면, 비수도권은 78.7조 원의 소득 순유출이 이루어졌다. 비수도권에서 창출된 소득이 수도권으로 유출되어 수도권과 비수도권 간에 양극화가 심화되고 있다. 이는 중앙집권-수도권 집중체제가 낳은 불공평의 현저한 사례다.

● 비정규직 차별

2014년 비정규직 노동자는 607만 7천 명으로 경제활동인구의 32.4%

에 달한다. 정규직 노동자는 일반적으로 정년까지 고용이 보장되며 전일제(full-time)로 근무하는 노동자이지만, 비정규직 노동자는 근로계약 기간을 정한 노동자, 전일제가 아닌 시간제 노동자, 고용과 사용이 분리되는 파견 노동자 등을 말한다. 한국의 비정규직 노동자는 고용 차별, 임금 차별, 복지 차별이란 "3중의 차별"을 받고 있다.

기간제나 시간제로 고용되는 비정규직 노동자는 전일제로 근무하며 정년 보장이 되는 정규직에 비해 고용 형태상의 차별을 받고 있다. 비정규직 근무가 노동자 자신의 자발적인 선호의 결과가 아니라 정규직 고용이 되지 않아 어쩔 수 없이 비자발적 선택의 결과일 경우, 그 노동자는 고용 차별을 받고 있다고 할 수 있다. 더욱이 만약 정규직 노동자와 개인적 능력상의 차이가 없음에도 불구하고 비정규직에 고용되었다면 이는 더욱 명백한 고용 차별이라 할 수 있다.

비정규직의 평균임금은 2014년 현재 145만 3천 원으로 정규직 평균임금 260만 4천 원의 55.8%다. 그뿐만 아니라 [표 5]에서 보는 것처럼 비정규직은 고용보험, 의료보험, 국민연금 등 사회보험 가입률이 정규직에 비해 훨씬 낮다. 퇴직금, 상여금, 유급휴일 등 기업복지 수혜율도 비정규직이 정규직에 비해 현격히 낮다.

더욱 심각한 것은 지금 한국에서 비정규직이 차별받는 하나의 신분으로 고착화되고 있다는 사실이다. OECD의 '2013년 비정규직 이동성 국가 비교' 자료에 따르면 한국에서 비정규직이 1년 뒤 정규직으로 전환되는 비율은 11.1%였다. 반면 계속해서 비정규직으로 일하는 비율이 69.4%, 아예 실업 상태로 떨어지는 비율은 19.5%였다. 비정규직이 3년 뒤에 정규직으로 전환되는 비율은 22.4%로 다소 높아지지만, 여전히 비정규직으로 머무는 비율이 50.9%에 달했다. 비교대상 16개국 중 정규직 전환 비율이 가장

[표 5] 정규직과 비정규직 간의 복지 격차

		정규직	비정규직
사회보험 가입률	국민연금	82.1	38.4
	건강보험	84.1	44.7
	고용보험	82.0	43.8
기업복지 수혜율	퇴직금	82.0	39.5
	상여금	83.5	39.7
	유급휴일	73.7	32.0

* 주: 2013년 자료, 단위: %.
* 자료: 통계청, 경제활동인구조사(근로형태별 부가조사).

낮았다.

이처럼 비정규직에 대한 차별이 격심하고 비정규직의 정규직 전환 가능성이 적은 상황은 한국사회가 노동계급 내부에 서로 다른 두 신분이 존재하는 구조적 불공평에 직면하고 있음을 말해 준다.

● 여성 차별

한국사회에서 여성에 대한 사회적 차별은 많이 시정되었으나 아직 고용차별과 임금 차별이 상당한 정도로 지속되고 있다. 세계경제포럼(WEF)이 작성한 2012년 세계양성 격차지수(Global Gender Gap Index)를 보면 한국은 조사대상 국가 135개국 중 108위에 랭크되었다. OECD 34개 국가 중 가장 순위가 낮은 터키(124위) 다음으로 낮다. 고소득국가 45개국 중에는 40위로 나타났다. 한국은 격심한 여성 차별로 정평이 나 있는 쿠웨이트(41위),

[표 6] OECD 국가 세계양성 격차지수 순위별 여성 지위 관련 지표

	양성 격차 지수 순위	여성 고용률 (비농) %	출산휴가 (주)	여성 국회의원 비율(%)	출산율
Iceland	1	51	13	40	2.0
Finland	2	52	15	43	1.8
Norway	3	49	56	40	1.9
Sweden	4	50	69	45	1.9
Ireland	5	52	26	16	2.0
Mexico	84	40	12	37	2.2
Chile	87	39	18	16	1.8
Japan	101	43	14	8	1.4
Korea	108	43	13	16	1.3
Turkey	124	25	16	14	2.1

* 자료: World Economic Forum, Global Gender Gap Index, 2012/World Bank, Gender Equality Data, 2013.

바레인(42위), 카타르(43위), 오만(44위), 사우디아라비아(45위) 등 중동 아랍 국가들 다음가는 여성 차별이 이루어지고 있는 것으로 나타났다. 한국은 세계적으로 여성 차별이 매우 심한 국가군에 속함을 알 수 있다.

여성 차별을 분야별로 나누어 보면, '경제적 참여와 기회' 분야는 116위, '교육 수준' 분야는 99위, '건강과 생존' 분야는 78위, '정치적 권한 부여' 분야는 86위였다. 남녀 임금 격차는 125위, 남녀 소득 격차는 106위, 입법가·고위 공무원·경영자의 성별 격차는 113위로 나타났다. 남성과 여성 간의 성비는 0.93으로 122위로 나타났다. 세계적으로 보았을 때 한국은 여성에 대한 경제적 및 사회적 차별이 매우 심한 나라임을 알 수 있다.

[표 6]에서 OECD 국가 중 양성 격차가 가장 적은 최상위 5개국과 양성 격차가 가장 큰 최하위 5개국을 비교해 보면, 여성 고용률, 출산휴가 기간, 여성 국회의원 비율, 출산율 등에서 뚜렷한 차이가 남을 알 수 있다. 양성평등도가 가장 높은 나라들에서 양성 불평등이 가장 심한 나라들에 비해 여성 고용률이 현격히 높고 출산휴가 기간이 대체로 길며 여성 국회의원 비율이 훨씬 높으며 출산율도 대체로 높음을 알 수 있다.

한편, 2012년 남녀 간 임금 불평등 정도는 조사대상 OECD 11개국 중 최고로 나타났다. 즉 성별 임금 불평등도는 한국 37.4%, 일본 26.5%, 미국 19.1%, 캐나다 18.8%, 영국 17.8%, 슬로바키아 16.0%, 체코 공화국 15.1%, 호주 13.8%, 헝가리 11.3%, 노르웨이 6.4%, 뉴질랜드 6.2%이었다.

이처럼 한국이 세계적으로 가장 여성 차별이 심한 그룹에 속하기 때문에 양성평등을 실현하는 것이 경제정의실현의 가장 중요한 과제 중 하나가 된다. 양성평등 실현은 여성 고용률을 높여 경제성장 잠재력을 높이는 역할을 할 수 있을 것이다.

● **교육 불평등**

교육 불평등은 한국사회에서 불평등을 초래하는 가장 중요한 요인이라 할 수 있다. 과거 한국은 교육이 사회적 이동성을 높이는 사다리 역할을 하였지만 최근에는 교육을 통한 계층 이동 가능성이 작아지고 교육 불평등이 사회 불평등으로 연결되고 있는 양상이 나타나고 있다.

세계적으로 대학 진학률이 가장 높은 나라 그룹에 속하는 한국에서 교육 기회의 형식적 평등은 매우 높다. 한국의 25~34세 청년층 중 대졸자 비중은 2012년 66%였는데 이는 OECD 국가중 가장 높은 비율이다. 25~64세 연령층에서도 대졸자 비율이 42%였는데 이는 OECD 평균 33%보다 훨씬 더 높았다. 이처럼 고등교육 기회의 형식적 평등은 매우 높지만, 이른바 좋은 대학과 고등학교에 들어갈 수 있는 기회는 아주 불평등하다. 무엇보다 대학입시에서 사교육의 역할이 큰 한국에서 가계의 소득 수준별로 사교육비 지출에 차이가 나고 사교육비 지출이 자녀의 초중등학교 성적과 대학입시에 큰 영향을 미치기 때문에, 소득 불평등이 교육 불평등으로 연결되는 메커니즘이 강하게 작동하고 있다.

통계청의 사교육비 조사 자료에 의하면, 월 소득 100만 원 미만 가계의 사교육비 지출은 6.6만 원인 데 비해 700만 원 이상 가계의 사교육비 지출은 42.8만 원이었다. 또한 '사교육없는세상'이 통계청 '가계동향지수' 중 사교육비 항목을 분석한 결과 2014년에 최고소득 계층인 10분위의 사교육비 지출이 368,700원인 데 반해 최저소득 계층인 1분위의 사교육비 지출은 22,200원에 불과하였다.

서울대 진학률에서 서울과 타 지역의 격차가 벌어지고 서울 내에서도 특목고 출신이 차지하는 비중이 증대하고 있는 사실, 특목고, 자율고, 일반고, 특성화고 등 고교 유형별로 학생 가정의 가구 소득이 체계적으로 차이가 나고 있는 사실(즉 고소득층 자녀일수록 특목고에 가는 비율이 높고 저소득층 자녀일수록 특성화고에 가는 비율이 높다는 것)은[6] 지역별 및 계층별 소득 격차가 교육 격차로 이어지고 있음을 나타내 준다.

이와 같이 우리나라는 "소득 격차→사교육비 지출 격차→교육 격차→소득 격차"라는 교육 불평등의 재생산 구조가 강고하게 자리 잡고 있다. 이런 불공정하고 불공평한 교육 현실 때문에 교육은 더 이상 계층 상승의 기회가 되지 못하고 오히려 사회 불평등을 고착시키고 강화하는 기능을 하고 있다. 이제 개천에서는 더 이상 용이 나지 않는다. 교육 불평등이 빈곤의 대물림을 초래하고 있다.

[표 7] OECD 국가의 공공성 순위

국 가	공익성	공정성	공민성	공개성	공공성
Norway	3	1	3	1	1
Sweden	6	2	1	3	2
Finland	5	3	4	2	3
Denmark	4	6	2	5	4
Luxembourg	1	14	7	7	5
NewZealand	2	10	9	9	6
Estonia	10	21	23	4	7
Ireland	7	9	18	12	8
Switzerland	27	7	10	6	9
Iceland	17	4	13	13	10
Netherlands	12	8	14	14	11
Germany	16	18	6	10	12
Belgium	11	11	12	19	13
Italy	9	5	22	31	14
Australia	22	17	8	15	15
Austria	8	24	16	22	16
Czech Rep.	14	26	20	11	17
Canada	25	16	11	18	18
Slovenia	13	12	25	21	19
Poland	19	23	15	17	20
Spain	15	13	19	28	21
UK	24	22	17	16	22
France	18	15	24	26	23
USA	32	31	5	8	24
Portugal	21	28	26	24	25
Israel	26	30	21	20	26
Greece	30	19	29	23	27
Slovakia	28	29	27	25	28
Hungary	20	25	33	32	29
Mexico	31	20	28	30	30
Japan	29	27	30	27	31
Turkey	23	32	32	33	32
Korea	33	33	31	29	33

* 출처: 서울대 사회발전연구소, 『이중위험사회의 재난과 공공성』, 2014.

교육환경이 좋은 명문대학에 사교육을 많이 받은 고소득층 자녀가 주로 입학하게 되고 잠재능력이 있지만 사교육을 못 받은 저소득층 자녀가 배제된다면, 이는 인적 자원배분이 불공정할 뿐만 아니라 비효율적이게 되어 국가적 손실이 아닐 수 없다.

● 공공성 결핍

한 사회의 공공성이 높을수록 보다 공정하고 공평하여 경제정의가 실현될 가능성이 클 것이다. 공공성은 사회의 보편적 이익을 실현하는 사회의 제도와 문화 수준으로 정의할 수 있다. 서울대 사회발전연구소가 OECD 국가의 공공성을 공익성, 공정성, 공민성, 공개성이란 네 차원으로 나누어 분석한 결과, 한국의 공공성은 33개국 중 33위로 꼴찌였다. 공익성과 공정성은 모두 꼴찌였고 공민성이 31위, 공개성이 29위였다([표 7] 참조).

노르웨이, 스웨덴, 핀란드, 덴마크 등 노르딕형(Nordic Model) 자본주의 국가의 공공성이 가장 높은 수준임이 주목된다. 독일 등 라인형(Rhine Model)이 중간 그룹에 속했으며 미국과 영국 등 영미형(Anglo-American Model)이 하위 그룹에 속했다. 고소득국가로서는 일본이 최하위 그룹에 속했다. 한국이 저소득국가인 터키와 멕시코보다 공공성이 떨어지고 있음을 알 수 있다. 사회민주주의 국가들이 공공성이 가장 높고 사회적 시장경제 국가들이 그다음으로 공공성이 높고 신자유주의 국가들이 공공성이 낮음을 확인할 수 있다. 이 분석결과는 발전모델의 차이가 공공성 수준에 영향을 미치고 있음을 시사한다.

이처럼 한국의 공공성이 선진국 중 최하위인 것은 공공성 실현을 위한 정부의 역할이 작고 시민들의 공공성 의식이 낮기 때문이다. 우선 프레이저 연구소(Fraiser Institute)가 매년 작성하여 발표하는 '경제적 자유 지수

[표 8] 물질주의적 혹은 탈물질주의적 경향 국제 비교　　　　　　　　　　　단위: %

	물질주의 경향	탈물질주의 경향
Australia	39.1	2.9
Chile	20.3	15.5
Estonia	30.3	4.4
Germany	19.6	22.4
Japan	19.3	6.6
Korea	44.2	5.1
Mexico	16.9	20.2
Netherlands	22.4	12.8
New Zealand	14.5	11.1
Poland	23.5	7.0
Slovenia	24.8	8.4
Spain	32.6	9.3
Sweden	7.6	30.3
Turkey	32.2	10.7
United States	23.2	16.7

* 주: 탈물질주의 지수(Post-Materialist index) 4개 항목에 기초.
* 자료: World Values Survey 2010-2014.

(Economic Freedom Index)'를 보면, 한국은 2012년 '정부 규모' 기준 지수[7]가 3.15였다. 네덜란드와 스웨덴은 각각 6.41, 6.35로 가장 높았다. 뒤를 이어 덴마크 5.43, 핀란드 5.06, 노르웨이 4.94, 독일 4.62, 미국은 3.04이었다. '이전지출과 보조금 기준' 지수는 한국이 1.65로 OECD 국가 중 가장 낮았다. GDP에 대한 공적 사회지출 비율도 2013년 9.0%로 OECD 국가 최하

위 수준이다. 한국은 미국처럼 "작은 정부" 그룹에 속했다. 전체적으로 보면 자원배분에서 보다 적극적 역할을 하는 '큰 정부'를 가진 노르딕형 국가들과 라인형 국가들에서 공공성이 높았다.

한국은 이처럼 정부의 공공성이 낮을 뿐만 아니라 시민의식의 공공성도 낮다. 세계가치관조사(World Values Survey)에 의하면, [표 8]에서 보는 것처럼 한국은 조사대상 OECD 국가 중 물질주의 경향이 가장 강하고 탈물질주의 경향이 아주 약한 나라임을 알 수 있다. 일반적으로 물질주의 경향이 강할수록 공공성 실현이 어렵고 탈물질주의 경향이 강할수록 공공성 실현이 쉽다. 이 가치관 조사 결과는 한국인의 강한 물질주의 가치관이 공공성을 약화하고 있음을 보여 준다.

경제정의실현을 위한 발전모델

위에서 한국경제에서 불공평을 초래하고 있는 6대 요인, 즉 재벌지배체제, 중앙집권-수도권 집중체제, 비정규직 차별, 여성 차별, 교육 불평등, 공공성 결핍 상황을 분석하였다. 위의 분석결과에 의하면 비수도권의 중소기업 저학력 여성 비정규직 노동자가 한국사회에서 가장 불이익을 받는 계층이라고 결론지을 수 있다. 따라서 이들 계층의 이익을 우선으로 향상하는 것이 한국사회에서 경제정의를 세우는 길이다.

경제정의실현을 위한 발전모델은 재벌지배체제와 중앙집권-수도권 집중체제를 해소하고, 비정규직 차별과 여성 차별을 철폐하며, 교육 불평등을 완화하고, 공공성을 높이는 제도 개혁과 문화혁신을 추진하는 전면적이고 총체적 개혁을 통해 정립될 수 있을 것이다. 특히 재벌지배체제와 중앙집권-수도권 집중체제를 해소하는 것이 경제정의실현을 위한 발전모델 정립에 결정적으로 중요하다.

재벌지배체제를 해소하기 위해서는 우선 재벌기업의 기업지배구조를 개혁해야 한다. 재벌총수가 전제적 의사결정을 하는 기업지배구조를 주주와 노동자 등 이해관계자가 함께 의사결정에 참여하는 기업지배구조로 개혁해야 한다. 재벌 자본주의를 이해관계자 자본주의(stakeholder capitalism)로 전환해야 한다.

1997년 외환위기 이후 한때 소액주주운동이 일어난 바 있는데 이는 기본적으로 재벌 자본주의를 주주 자본주의(shareholder capitalism)로 전환하려는 목표를 가지고 있었다. 노동자를 배제한 채 최고경영자(CEO)와 주주만이 의사결정에 참여하고 노동자 가치(workholder value)[8]를 무시한 채 주주가치(shareholder value)만 높이는 기업경영을 하는 주주 자본주의는 경제정의에 역행한다.

재벌기업의 기업지배구조를 이해관계자 자본주의로 전환하려면 이사회에 노동자들의 이해를 대변하는 노동이사가 파견되어야 함과 동시에 사외이사제를 개혁해야 한다. 노동이사는 노동조합 대표로 하거나 아니면 노동조합이 추천하는 외부 전문가로 하면 바람직할 것이다. 현재 들러리 거수기에 불과한 사외이사의 추천방식을 바꾸어 기업 이해관계자, 즉 주주, 노동자, 채권자(은행), 협력업체, 소비자, 지역주민 등이 추천하는 전문가가 사외이사로 선임해야 할 것이다. 이해관계자 자본주의는 노동자 참여형 기업경영을 정착시키고 기업의 사회적 책임(CSR)을 완수하게 만들어 경제정의 실현에 기여할 것이다.

다음으로 재벌기업과 중소 협력업체 간에 존재하는 시장거래에서의 권력 비대칭성을 시정하는 제도 개혁이 추진되어야 한다. 재벌기업과 중소 협력업체 간의 불공정한 하도급 관계를 대등한 공정한 관계로 전환해야 한다. 재벌기업의 부당한 단가인하를 막는 효과적 방안이 고안되어야 한다.

이를 위해서는 부당한 공동행위를 금지하는 공정거래법 19조를 개정하여 중소기업이 협동조합을 통해 재벌기업과 집단거래를 할 수 있도록 해야 한다. 그래야 부당한 단가인하를 막을 수 있을 것이다. 공정거래법 19조의 개정 없이는 대기업과 협력사 간의 상생협력 촉진을 위해 도입을 권장하고 있는 성과공유제나 이익공유제도의 실효성이 없을 것이다. 공정거래법 19조의 개정은 현재 한국에서 경제정의실현, 경제민주주의 실현을 위한 핵심적 정책의제이다.

중앙집권-수도권 집중체제를 지방분권-지역 다극발전체제로 개혁해야 한다. 중앙정부에 독점된 권한을 지방정부로 이양하고 수도권에 집중된 자원을 비수도권으로 분산하는 지방분권 개혁이 이루어져야 한다. 지방에 충분한 결정권, 세원, 인재가 있어야 한다. 이를 통해 전국 경제권역별로 다극발전체제가 형성되어야 한다. 지역권역별로 지속 가능한 성장 잠재력이 형성되어야 지역 경제가 발전하고 지역 일자리가 창출되어 지역 주민의 삶의 질이 골고루 높아질 수 있다.

그동안 추진된 지방분권 개혁은 미약했다. 행정중심 복합도시(세종시) 건설, 150개 공공기관의 지방 이전과 혁신도시 건설을 통해 수도권에 집중된 자원의 비수도권 분산은 상당 정도 이루어졌다. 하지만 중앙정부에서 지방자치단체로의 권한 이양은 지지부진하였다. 이양이 필요한 권한을 일괄적으로 이양하는 '지방일괄이양법'은 아직 제정되지 못했다. 복지사무 이양의 경우처럼 일부 권한 이양은 있었지만 그에 상응한 재원이전은 하지 않아 지방자치단체의 재정을 압박하였다.

현재 지방분권 개혁의 최대 장애물은 중앙집권적 현행 헌법이다. 1987

년에 제정된 헌법은 중앙집권적 민주 헌법이다. 따라서 이러한 중앙집권적 헌법을 지방분권적 헌법으로 바꾸는 개헌이 필요하다. 지방분권형 개헌을 통해 중앙집권국가를 지방분권국가로 전환해야 경제정의가 실현될 수 있다. 헌법 제1조에 대한민국이 지방분권국가임을 규정하고 정부를 중앙정부와 지방정부로 나누어 지방정부에 입법권, 행정권, 재정권을 부여해야 한다. 지역 대표형 상원을 설치하여 지역의 의사가 등가로 중앙정치에 반영되고 지역 균형발전을 위한 법률이 제정될 수 있도록 해야 한다. 지방분권 개헌을 통해 지방정부가 자기결정권과 자기책임성을 가지고 지역 독자적인 발전모델을 정립하여 주민의 삶의 질을 골고루 향상시킬 수 있도록 해야 한다.

비정규직은 고용 차별, 임금 차별, 복지 차별이란 3중의 차별을 받고 있다. 정규직과 비정규직 간에 오직 고용형태 상의 차별만 이루어지도록 해야 한다. 동일노동·동일임금 원칙이 적용되고 기업복지에서 차별대우를 못 하도록 비정규직 보호 관련법의 벌칙 조항을 강화해야 한다. 비정규직 노동자의 조직화를 통한 교섭력 강화, 기업별 노조체제에서 산업별 노조체제로의 전환을 통해 노동자의 힘으로 차별을 해소하는 주체적 노력이 기울여야 한다.

정치, 경제, 문화에서의 양성평등을 구현하는 여성 친화적 정책을 시행해야 한다. 특히 여성의 경제적 참여와 기회를 높이는 기업지배구조 및 노동시장 개혁이 절실히 요청된다. 여성 CEO 비중의 확대와 일-가정 균형(work-life balance)과 같은 기업경영의 실천이 기업의 사회적 책임 완수의 주요 의제가 되도록 해야 한다. 중앙정부와 지방정부 등 공공기관과 공기업에서 여성 고위직 비중을 높이는 행정 개혁을 선도해야 한다. 여성에 대한 승진을 가로막는 보이지 않는 유리 천장(glass ceiling)을 깨는 인사가 필요하다.

교육 불평등을 해소하기 위한 경제개혁, 교육개혁, 사회개혁을 단행해야 한다. 교육 불평등 완화를 위한 교육개혁의 핵심은 "소득 격차 → 사교육비 지출 격차 → 교육 격차 → 소득 격차"라는 악순환의 고리를 끊는 것이다. 소득 격차를 줄이는 방식, 사교육이 교육 격차를 낳지 못하도록 하는 방식, 교육 격차를 줄이는 방식, 학력별 임금 격차를 줄이는 방식 등이 악순환의 고리를 끊는 서로 다른 방법이 될 수 있다.

부와 소득의 불평등을 줄이기 위해 정부가 조세와 이전지출을 통해 시장에 강하게 개입하는 사회적 시장경제 혹은 사회민주주의로 나아가는 경제개혁이 필요하다. 사교육이 교육 격차로 연결되지 못하도록 하는 교육개혁이 필요하다. 지덕체(智德體)가 아닌 체덕지(體德智) 기준의 학생 선발과 지역균형선발의 대폭 확대 등과 같은 대학입시의 개혁이 필요하다. 저소득층 자녀들의 학력 증진을 위한 공교육 및 사회교육 프로그램의 확대, 지역권역별 일반 명문 공립고 육성 등을 통해 계층 간 및 지역 간 교육 격차를 줄여야 한다. 나아가 공공부문부터 학력별 임금 격차를 줄이는 보상시스템 개혁을 추진해야 한다.

마지막으로 한국사회 전체의 공공성을 높이는 제도 개혁과 문화혁신을 추진해야 한다. 정부의 공공성을 높이기 위해 소득재분배 기능을 강화하고 복지국가를 실현할 수 있는 '크고 유능한 정부'가 필수적이다. 이를 통해 육아, 양로, 교육, 의료 등에서 보편적 복지를 제공하는 복지국가를 구현해야 한다. 경제부문의 공공성을 높이기 위해서 공정한 시장경제질서의 정착, 이해관계자 자본주의 도입, 기업의 사회적 책임 강화, 사회적 경제 확장 등을 포함하는 경제개혁을 해야 한다.

문화부문의 공공성을 높이기 위해서는 시민들이 탈물질주의적인 생활양식을 가지도록 교육문화운동이 일어나야 한다. 과거 우리나라 전통사회의 선비들이 따르고자 했던 정신, 즉 이익을 보면 정의를 생각하는 '견리사의(見利思義)'의 군자 정신이 확산되어야 한다.

한국에서 경제정의가 실현되려면, 자유시장경제를 넘어 공정성이 실현되고 경제주체들 사이에 대등한 상생협력이 이루어지는 공생관계가 형성되는 '공생적 시장경제(symbiotic market economy)'[9]로 나아가야 한다. 아울러 1960년대 이후 반세기 동안 유지되어 온 '집권형 발전국가(centralized developmental state)'를 새로운 '분권형 복지국가(decentralized welfare state)'로 전환해야 한다.

요컨대 공생적 시장경제와 분권형 복지국가로 구성된 새로운 발전모델을 정립해야 경제정의를 구현할 수 있다.

미주

1   롤스는 '재산소유 민주주의'의 근본적 목표를 자유롭고 평등한 시민들이 상호 간 공정한 협력을 가능하게 하는 데 충분한 생산수단을 소유하도록 보장하는 기본적 제도들이 구비된 사회를 실현하는 것이라고 보았다(John Rawls, *Justice as Fairness: A Restatement*, 2001). 보울즈와 진티스는 임금소득의 평등과 같은 사후적 평등을 강조하는 '소득기반 평등주의(income-based egalitarianism)'보다 지식과 숙련과 같은 자산소유의 평등인 사전적 평등을 중시하는 자산기반 평등주의를 주장하였다 (Samuel Bowls and Herbert Gintis, *Recasting Egalitarianism*, 1998). 롤즈의 재산소유 민주주의와 보울즈와 진티스의 자산기반 평등주의는 모두 기회균등을 실현하는 방법들이다.
2   김형기, 『새정치경제학』, 한울아카데미, 2001, 426쪽.
3   피케티는 자본주의의 제1기본법칙으로서 자본소득분배율(α)=자본수익률(r)×자본 - 소득비율(β)이란 항등식과 자본주의의 제2기본법칙으로서 자본 - 소득비율(β)=저축률(s)/경제성장률(g)이란 식을 제시하고 있다(토마 피케티, 『21세기 자본(*Capital in the Twenty-First Century*)』, 장경덕 외 옮김, 글항아

리, 2014). 이 두 기본법칙으로부터 자본수익률이 높을수록 경제성장률이 낮을수록 자본소득분배율이 높게 됨을 알 수 있다. 따라서 경제성장률이 낮게 되면 자본소득분배율은 높아지고 노동소득분배율은 낮아져 소득분배의 불평등이 높아진다.

4 홍장표, 「소득주도성장과 중소기업의 역할」, 서울사회경제연구소 제22차 심포지엄 발표논문, 2015.

5 헌법 제59조에서 "조세의 종목과 세율은 법률로 정한다"라고 규정하고 있다. 그런데 법률은 오직 국회만이 제정할 수 있다. 법률의 시행령은 중앙정부가 정한다.

6 김희삼, 「사회 이동성 복원을 위한 교육정책의 방향」, 『KDI Focus』 제54호, 한국개발연구원, 2015.

7 원래 정부 규모 기준 경제적 자유 지수는 수치가 클수록 경제적 자유도가 높은 것을 나타낸다. 여기서는 '정부 규모 지수'는 '10 - 정부 규모 기준 경제적 자유 지수'로 계산한 것이다.

8 '노동자 가치'는 주주가치에 대응하는 개념으로서 독일 폭스바겐 자동차의 노동이사 피터 하르츠가 개발한 개념이다. 노동자 가치는 기업의 노동자의 역량(숙련, 지식, 창의성)과 고용의 질과 임금 소득 전망을 의미한다. 노동자 가치는 노동자 참여를 통해 더 많은 가치창출을 하고 기업의 장기적 발전을 도모하는 기업모델을 지향한다. 하르츠는 노동자 가치를 증대해야 기업의 실물가치나 화폐가치만이 아니라 기업이 성장하고 난국을 극복할 수 있는 역량이 증대한다고 본다(Peter Hartz, Job Revolution: How New Jobs will be Generated, Frankfurter Allgemeine Buch, 2002).

9 김형기, 「새로운 경제질서: 공생적 시장경제」, 성경륭 외, 『21세기 한국의 미래 구상』, 한국미래발전연구원, 2013.

글쓴이
–
김형기

경북대 경제통상학부 교수, 서울대 경제학과 졸업, 경제학 박사, 대통령자문 정책기획위원회, 국가균형발전위원회 위원 역임, 좋은정책포럼 공동대표, 지방분권개헌국민행동 상임의장, International Critical Thought 편집위원.
저술로는 『새정치경제학』(2001), 『한국경제 제3의 길』(2006), 『새로운 진보의 길』(공편, 2009), 『경세제민의 길』(2014)이 있다.

김
형
기

문
병
호

사회화·사회적 조직화의 질의 향상을 통한 사회정의의 실현을 위해

[**경제발전과 사회정의의 진보가 배치(背馳) 상태에 놓여 있는 한국사회**]

사회정의는 예를 들어 경제정의, 노동정의, 법정의, 교육정의, 언론정의 등의 개념들을 넓은 의미에서 포괄하는 개념으로 이해될 수도 있다. 경제, 노동, 법, 교육, 언론 등은 사회에 의해 매개되어 생성하고 변화하면서 기능하는 체계이며, 따라서 사회적이고 역사적으로 출현하는 현상들이기 때문이다. 사회정의가 이처럼 넓은 의미에서 이해될 수 있는 개념이라는 점을 경제정의를 예로 들어 살펴보기로 하자. 경제를 경제 현상에서 가장 뚜렷하게 확인되는 3개의 체계인 생산·유통·소비의 체계로 보고 이른바 수요와 공급의 법칙 등 시장경제에서 경제법칙으로 일반적으로 통용되는 법칙

등에 의해 기능하는 체계로 한정하여 법칙적이고도 형식적인 체계로만 보아 경제정의를 형식적인 체계의 올바른 작동 상태와 과정으로 이해한다면, 다시 말해 사회적이고 역사적인 현상으로서의 경제를 경제정의의 개념에서 전적으로 배제한다면, 경제정의의 개념이 제대로 포착될 수는 없을 것이다. 사회적이고 역사적인 차원이 배제된 경제정의의 개념은 이미 주어진 것, 경험적으로 확인 가능한 것만을 인식 대상으로 한정하는 실증주의적 방법론에 갇혀 있는 개념에 지나지 않을 것이다. 프랑크푸르트학파를 대표하는 사상가 테오도르 아도르노(Theodor W. Adorno)는 "경제의 투명한 합리성에 대한 확신은 부르주아지적인 사회의 자기기만"[1]이라는 촌철살인의 비판을 통해 경제가 인과율과 같은 자연과학적 법칙성을 근본 원리로 채택하고 통계 수치를 인식의 객관적인 통용성에의 요구 제기의 주된 근거로 삼는 실증주의적 방법론에 의해서 제대로 이해될 수는 없는 현상임을 통찰하고 있다. 그는 더 나아가 "경제는 그것의 맹목적인 익명성에서만 운명으로서 출현하였다"[2]라는 충격적인 비판을 통해 경제가 자본 등을 장악하는 권력관계들의 이해관계, 계급의 이해관계에 의해 지배되는 상태에서 사회적이고 역사적인 현상으로서, 그것조차 익명성의 형식으로, 출현한다는 인식을 매개하고 있다. 그러므로 경제정의는 실증주의적 방법론으로 파악될 수 있는 개념이 아니고 사회 및 역사와의 관계에서 올바로 이해될 수 있는 개념인 것이다. 앞에서 예거한 노동정의, 법정의, 교육정의, 언론정의 등도, 경제정의의 경우처럼, 사회 및 역사와의 관계에서 제대로 이해될 수 있는 개념으로 볼 수 있을 것이다. 따라서 사회정의는 경제정의 등을 넓은 의미에서 포괄하는 개념으로 볼 수 있으며, 실증주의적 방법론에 의해 파악될 수 있는 개념이 결코 아니다. 사회정의에 포괄될 수 있는 경제정의가 동적인 개념이자 사회적이고 역사적인 현상인 것처럼, 이러한 성격이 사회정의에 해당되는 것은 자명하다. 사회정의는 사회적이고 역사적인 동역학(dynamics, Dynamik)에 종속되어 있는 개념이며 과정으로서 이해될 수 있는 개념이다.

그러나 이 글은 사회정의를 경제정의 등을 포괄하는 개념으로 확대하여 보는 시각을 취하지 않고 사회 구성원과 사회와의 관계에서 논의하는 관점을 취하고자 한다. 양자의 관계에 사회정의의 핵심이 놓여 있다고 보기 때문이며, 양자의 관계에서 설정된 시각을 넘어서서 사회정의를 논의하는 것은 나의 능력이 미치지 못하는 영역이기 때문이다. 어떤 사회가 갤브레이스(J. K. Galbraith)가 1958년에 이미 도입하였던, 물질적인 재화의 결핍에서 벗어나 물질적 충족을 확보한 사회인 "풍요사회"에 도달하였음에도 사회 구성원들 사이에 경제, 노동, 인권, 법, 교육 등의 영역에서 심각한 불평등이 —아리스토텔레스 이후 사회정의의 개념에는 자유 가치보다는 평등 가치가 우선하여 위치한다— 존재한다면, 사회 구성원과 사회와의 관계가 올바른 관계에 놓여 있다고 볼 수 없다. 이런 관점에서 나는 사회정의를, 일단은 추상적으로 말한다면, 사회적 조직화(Vergesellschaftung)[3]에서 사회 구성원과 사회와의 관계가 올바로 기능하는 상태라고 본다. 이처럼 올바른 상태가 넓은 의미에서의 교육인 사회화(socialization, Sozialisation, socialisation)의 올바른 진행을 전제한다는 것은 두말할 나위가 없이 자명하다.

이것을 조금 더 구체적으로 정리해 보기로 한다. 사회 구성원이 사회에 의해 일방적으로 규정·관리·통제·지배되는 개별 인간이 아니고 특별하면서 구체적이고 독립적이면서 자율적으로 자기를 스스로 규정하고 운용하는 주체적인 개인(individual, Individuum, individu)으로서 다른 개인과 가능한 한 평등하게 실존하면서도, 이와 동시에 사회 구성원이 사회와의 관계에서는 관습, 도덕, 나치즘이나 파시즘과 같은 폭력체계가 작동시킨 법 등과 같은 폭력으로서의 법이 아니고 사회 구성원들에 의해 정당성을 보편적으로 인정받은 법 등의 규범을 준수하고 사회적 공동선에 적극적으로 동참하는 일반적인 존재자[4]로서 사회와 평화롭게 공존하는 상태가 완전한 정도는 아니지만 사회 구성원들이 보편적으로 공감할 수 있는 정도로 실현된 상태를 나는 사회정의로 이해한다. 가능한 한 평등하게 실존하는 상태를 평가하는 기준은 자유의 평등, 경제적 평등, 노동과 인권에서의 평등, 법 앞에서의 평등, 교육 기회 향유의 평등, 정치적 의사표명 자유의 평등 등일 것이다. 앞에서 말한 상태의 완전한 실현은 유토피아일 것이며, 따라서 완전한 실현은 거의 불가능하다고 볼 수 있다. 이렇기 때문에 사회 구성원들이 보편적으로 공감할 수 있는 정도로 실현된 상태도 더욱 좋은 상태로의 진보의 가능성을 향해, 궁극적으로는 유토피아를 향해 항상 열려 있을 때, 사회정의가 과정으로서 이해될 수 있다. 사회정의는 정적인 개념이 아니고 동적인 개념으로 파악되어야 하며 과정으로 이해되어야 한다. 사회정의가 그 완전한 실현을 향한 변증법적인 과정으로 이해될 때, 오로지 이러한 과정으로 이해될 때만이, 사회정의의 이념이 —역사에서 항상 반복적으로 확인되듯이— 불의를 자행하는 권력관계들[5]에 의해 이데올로기로 전락되는 위험에서 벗어날 수 있다.

양극화사회, 무한경쟁사회, 불안사회, 위험사회, 승자독식사회 등 온갖 부정적인 성격들[6]이 소득과 재산의 극심한 불평등을 보여 주는 통계 수치, 세계 최고의 자살률, 세계 최저의 출산율, 세계 최고 수준의 비정규직 비율, OECD 최고 수준의 노인빈곤율 등 경험과학적인 통계 수치들에 의해 입증됨으로써 한국사회에서 뚜렷하게 드러나고 있는바, 이러한 성격들은 한국사회가 올바른 사회화와 합리적인 사회적 조직화에 실패한 사회임을 명백하게 입증하고 있다. 이처럼 부정적인 모습을 드러내고 있는 한국사회가 사회정의의 실현과는 괴리되어 있는 비정상적인 사회라는 것은 더 이상 말할 필요가 없을 정도로 자명하다. 따라서 나는 이런 관점에서 한국사회가 왜 사회정의의 실현과는 매우 동떨어져 있는가, 그 주된 원인은 무엇인가, 사회정의의 실현을 위한 구체적인 실천 방안은 무엇인가를 매우 간략하게 논의하고자 한다. 허용된 지면이 제한적인 이 글에서 나는 여러 가지 대안을 구체적으로 제시하는 것보다는 원인을 논의하는 것에 치중할 것이다. 나의 시각에서는 원인에 대한 논의가 더욱 중요한 것으로 보이기 때문이다.

이 자리에서 일단은 원인을 먼저 제시하는 것이 글의 원활한 흐름에 도움이 될 것 같다. 나는 한국사회에서 사회정의가 실종된 원인을 —사회정의의 실종이라고 표현할 수밖에 없다— 무엇보다도 특히 한국사회의 대다수 사회 구성원들이 자기 자신을 특히 경제적 차원에서 보존시켜야 한다는 절박성에 심리적으로, 그리고 실제적으로 예속되어 있다는 점, 이러한 절박성이 강요하는 강제적 속박에 그들이 빈틈이 없이 종속됨으로써 이것이 부정적인 메커니즘으로 작동되고 있다는 점, 한국의 산업화 과정에서 사회 지배력을 독점적으로 구축한 권력관계들이 이러한 부정적 메커니즘의 태동, 작동, 유지에 관련되어 있고 비합리적으로 작동되고 있다는 점, 그리고 이러한 요인들로 인해 사회화와 사회적 조직화가 올바로 이루어지지 않고 있다는 점에서 우선하여 찾고자 한다. 나는 이러한 모든 부정적인 상태를 경제발전과 사회정의의 진보가 배치하는 상태라고 표현하고자 한다.

이러한 인식 관심에서, 자기보존의 절박성과 이것이 강요하는 강제적 속박이 —경제발전과 사회정의의 진보가 배치를 보이는— 한국사회에서 '사회적으로 잘못된 것'과 어떤 연관관계를 형성하고 있는가를 먼저 살펴보기로 한다. 이를 위해서는 자기보존의 역설을 언급하지 않을 수 없다. 인간이 혼자만의 힘으로는 불가능한 자기보존을 다른 인간들과 함께 사는 형식을 통해서 확보하려는 목적으로 설치한 사회가 인간을 오히려 자기보존의 강제적 속박에 묶어 두는 역설인 자기보존의 역설(Paradoxie)은 인간에게 숙명처럼 드리워진 아포리아(Aporie)이다. 자기보존의 역설로 인해 인간이 당하는 속박, 불의, 불행을 가능한 한 줄여 나가기 위해 인간은 '함께 평화롭게 사는 지혜'를 찾았고 지금도 새로운 지혜를 모색하고 있지만, 지구상에 존재하는 대다수 지역에서는 자기보존이 개별 인간들에게 강제적 속박으로 예나 지금이나 기능하고 있다. 예를 들어 북유럽과 서유럽의 국가들에서는 자기보존의 역설로 인해 인간이 당하는 고통이 많은 부분 해소되고 있는 것으로 보이고 생존경쟁의 개념이 거의 없는 상태에서 공동체 경제형식의 전통사회를 유지하고 있는 소수 부족사회나 소수 씨족사회의 경우에는 자기보존의 역설이 거의 없는 것처럼 보이지만, 지구에서 살아가고 있는 절대다수의 개별 인간들은 자기보존의 강제적 속박에서 신음하고 있다. 한국사회는 이러한 신음의 강도가 특히 높은 사회이다. 세계 최고의 자살률과 세계 최저의 출산율이, 한국사회에서 삶이 고통스럽다는 것을 통계 수치로 말해 주면서, 신음의 강도를 명백하게 입증한다.

1960년대에 추진한 산업화 이후 통계 수치들이 입증하는 비약적인 경제발전에 성공한 한국사회에서는, 무한 생존투쟁이 전개되면서, 앞에서 언급한 양극화사회 등 온갖 부정적인 용어들이 보여 주듯이 극한치에 도달한 자기보존의 강제적 속박이 한국인들의 삶을 비극적으로 지배하고 있다. 이러한 비극적 상황에서 한국사회의 구성원들은, 한국사회가 경제적으로는 이미 풍요사회에 진입하였음에도 불구하고, '함께 평화롭게 공존하는 지혜'의 실천에서 벗어난 상태로 불신, 갈등, 반목, 대립, 투쟁, 불안의 늪에서 허우적거리고 있다. 토론, 비판, 양보, 합의, 화해의 가치들은 한국사회에 거의 존재하지 않는다. 존재한다고 볼 수 있는 경우에도, 국민의 시선을 의식한다고 말하는 이른바 정치권에서 보이는 것처럼, 표면적이고도 피상적으로 존재할 뿐이다. 한국사회에서 사회갈등으로 인해 낭비되는 비용은 OECD 국가 중에서 최고 수준에 속한다. '나만 살아남겠다'는 강박관념이 한국사회의 구성원들을 옥죄면서 함께 평화롭게 공존하는 평등한 삶의 실현을 그 기본 가치로 가진 사회정의는, 예를 들어 경제 민주화나 경제정의에 관한 논쟁에서 드러나는 것처럼, 형식적으로나마 존재하는 공론장에서의 담론 유희의 대상이 되고 있을 뿐 실제에서 구체적인 실천으로 이어지는 단계로 진입하지 못하고 있다. 이처럼 부정적인 현실이 재생산되어서는 안 될 것이며, 재생산을 저지시킬 방안 모색과 실천이 당위적인 과제가 되는 것은 따라서 자명하다고 할 것이다. 이러한 자명성에 근거하여 이 글이 제기하는 중심적인 주장을 미리 간략하게 언급하고자 한다. 나는 한국사회에서 사회정의의 실현을 위한 도정이 자기보존의 강제적 속박의 강도를 줄여 나가는 노력에서, 전체 사회적으로, 항구적으로 진행되었을 때 그 효과가 발휘될 수 있다고 보며, 이러한 도정에서 관건이 되는 것은 사회화·사회적 조직화의 질의 향상이라고 본다. 인간의 삶에 관련된 모든 것이 사회에 의해 매개되어 있는 상태에서는, 출생부터 사망에 이르기까지 지속되는 교육과정인 사회화의 질의 향상, 그리고 자본주의적 사회경제질서에서는 합리성에 기초할 때 그 질이 상승되는 성격을 갖고 있는 사회적 조직화의 질의 향상만이 사회 구성원이 다른 사회 구성원과의 관계에서 갈등·반목·대립·투쟁하지 않고 사회에 의한 매개를 통해 평화롭게 공존할 수 있는 근본적인 실천 방안이 될 수 있기 때문이다.

한국사회에서는 자기보존의 강제적 속박이 사회적 조직화를 거의 지배하는 근본적인 요소가 되는 부정적 경향을 보이고 있기 때문에, 이 자리에서 사회적 조직화에 대해 조금 더 들여다볼 필요가 있다. 인간은 인간에 대해 절대적인 우위를 가진 자연의 위력으로부터 자신을 보존하고 유지하기 위한 목적으로 자연에 대해 영향을 미치려는 행사인 원시 제전(ritual)을 주술과 희생물 등의 수단을 통해 조직적으로 실행하였으며, 이러한 조직적 행사는 '인간이 자연의 위력에 공동으로 대처하면서 함께 사는 형식'인 원시사회를 설치하는 결과로 이어졌다. 자연의 위력과 인간의 무력함을 중재하는 역할을 담당하면서 주술에 힘입어 개별 인간들에 대해 권력을 갖는 주술사의 주도로 개별 인간들은 원시 제전에 조직적으로 참여하게 되었으며, 자기보존의 목적으로 행해지지만 사회적 성격을 갖는 노동이 본격적으로 태동하게 되었다. 이러한 노동은 개별 인간들이 자기보존을 위해 한편으로는 자발적으로 실행한 노동이었지만 다른 한편으로는 부자유한 노동이라는 측면도 갖고 있었다. 조직적 행사인 원시 제전에서 노동이 매개가 되어 사회적 조직화(Vergesellschaftung)가 시작되었으며, 사회적 조직화에는 자기보존과 부자유한 노동이 이미 그 출발점에서부터 본질적 요소로 내포되어 있었다. 원시 제전에서 출발한 사회적 조직화는 그 강도를 더해 가면서 인간에 의한 인간의 통제와 지배를 증대시키는 방향으로 치달았으며, 이에 따라 부자유한 노동이 심화되었다. 자기보존의 역설이 증대되고 권력관계들에 의한 인간 지배가 강화된 것이다. 지구의 거의 모든 지역에서 출현하였던 고대 노예사회는 권력을 가진 인간들이 권력에 의해 지배를 받으면서 부자유한 노동을 감내하는 인간들을 사회적으로 조직화시킨 형식의 산물이었음을 입증한다. 노예제사회인 농업사회에서 산업사회로의 전이(轉移), 산업사회에서 정보사회로의 전이는 사회적 조직화가 더욱 촘촘하게 이루어지는 것을 의미한다. 후기 산업사회, 정보사회의 형식을 보이는 한 국사회에서는 이처럼 빈틈이 없이 촘촘하게 이루어지고 있는 사회적 조직화가, 앞에서 말한 양극화사회, 무한경쟁사회, 불안사회 등의 용어들이 시위하고 있듯이, 자기보존의 강제적 속박의 증대와 상응하는 경향을 뚜렷하게 보이고 있다.

인간이 원시 제전에서 사회를 설치하고 조직한 이래 인간의 삶은 사회에 의해 매개되는 형식으로부터 한 번도 벗어나지 않았다. 사회의 작동이 —사회가 인간의 평화로운 공동체의 형식으로 작동되었든 인간을 조직적이고도 대량적으로 살육하는 형식으로 작동되었든— 정지된 시기는 사회가 설치된 이후의 인간의 삶에서 한 번도 없었기 때문이다. 사회에 의해 매개되지 않은 인간의 삶, 사회에 의존되어 있지 않은 인간의 삶은 존재하지 않으며 존재할 수도 없다. 인간의 삶이 사회에 의해 매개되고 사회에 의존되어 있다는 것은 인간에 드리워져 있는 숙명이다. '인간은 사회적 동물'이라는 아리스토텔레스의 주장이 충분하고도 명백하게 객관적으로 입증되었다는 사실에 반론을 제기할 수 있는 가능성은 그러므로 성립될 수 없다. 사회에 의해 매개되는 것은 인간의 삶뿐만이 아니다. 인간의 삶이 성립되기 이전에, 대략 45억 년 전부터 이미 존재하였던 자연조차도 인간이 사회를 설치한 이후에는 사회에 의해 매개되는 대상이 되었다. T. W. 아도르노는 인간과 자연뿐만 아니라 모든 것이 사회에 의해 매개되어 있는 상태를 다음과 같이 표현하고 있다. "하늘과 땅 사이에, 또는 지구상에 존재하는 모든 것 중에서 사회에 의해서 매개되지 않은 것은 아무것도 존재하지 않습니다. 심지어는 사회와 겉으로 보기에 극단적으로 대립관계에 있는 것인 자연과 자연개념도 자연지배의 필요성, 이와 결합된 사회적 필요성과 본질적으로 매개되어 있습니다."[7] 인간을 포함한 모든 것이 사회에 의해 매개되어 있기 때문에, 인간이 사회에 의해 매개되어 있는 상태에 근원으로 놓여 있는 과정들인 사회화·사회적 조직화의 질을 향상시키는 것이 사회정의의 실현에서 관건이 될 수밖에 없다.

　모든 것이 사회에 의해 매개되어 있다는 것은 다른 한편으로는 모든 것이 사회에 의해 관리·지배·통제된다는 것을 의미한다. 이것은 사회를 관리·지배·통제하는 권력관계들에 의해 인간이 관리·지배·통제·억압된다는 것을 뜻한다. 이런 맥락에서, 사회적 조직화와 이것에 의해 결정되는 인간의 삶에서 권력관계들에 의해 매개되지 않은 것은 아무것도 존재하지 않는다는 테제가 성립될 수 있다. 권력관계들은 그것들의 이해관계들을 성취하는 과정에서 필연적으로 폭력적인 속성을 가질 수밖에 없기 때문에, 사회화·사회적 조직화도 권력관계들에 의해 부정적으로 영향을 받는다. 예컨대 전체주의체제의 권력관계들은 사회화와 사회적 조직화를 권력관계들에 전적으로 종속시킴으로써 사회 구성원이 참된 의미에서의 개인이 될 수 있는 가능성을 원천적으로 차단한다. 그러나 권력관계들이 사회적 토론과 비판에 항구적으로 종속되고 사회 구성원들의 이성적인 합의에 의해 작동됨으로써 투명하고 합리적인 권력관계들로 기능할 수 있다면, 서유럽과 북유럽의 국가들에서 이러한 가능성이 가시적으로 되고 있듯이, 권력관계들도 사회화·사회적 조직화의 질의 향상에 기여할 수 있을 것이다. 이처럼 긍정적인 권력관계들이 사회에서 기능할 수 있는 토대가 되는 것도 역시 사회화·사회적 조직화의 질의 향상이며, 양자가 변증법적으로 순기능을 발휘하면서 상호작용을 항구적으로 지속할 때 사회정의의 질도 상승할 것이다.

　인간이 사회를 조직하여 사회가 작동되는 과정에서 필연적으로 생성되는 권력관계들이 인간과 사회에 대해 일방적이면서도 은밀하게 그 지배력을 행사해 온 역사에서는, 그리고 지금 이 시간에도 그 지배형식을 진화시키면서 인간과 사회를 더욱 촘촘하게 관리·통제·지배하는 권력관계들의 작동에서는, 사회적으로 출현하는 현상 중에서 어떤 현상이 정상적인 것이고 어떤 현상이 비정상적인 것인지를 판단하고 평가하려는 인간의 이른바 건전한 오성이 권력관계들에 의해 무력화될 수 있다. 미셸 푸코(Michel Foucault)가 『말과 사물』에서 르네상스 이후의 서구 문명사에 대한 분석에서 현미경적으로 보여 주었듯이, 이성은 권력관계들이 생산·재생산하면서 실행하는 담론 유희에 의해 광기로 전락할 수 있으며, 역으로 광기가 이성으로 둔갑할 수 있다. 서구에서 폭력을 행사했던 권력관계들은 이성, 휴머니즘, 정의 등을 늘 앞세웠고 동양의 경우에는 백성의 안녕 등을 이용하였다. 정상적인 것이 권력관계들의 이해관계에 상응하지 않으면, 정상적인 것은 비정상적인 것으로 규정·관리되어 권력관계들이 설치하는 배제의 메커니즘에 의해 제재를 받게 된다. 정상적인 것이 비정상적인 것으로 되는 것이다. 푸코가 『감시와 처벌』에서 보여 준 통찰, 즉 정상적인 사고를 하는 사람을 권력관계들의 이해관계를 해치는 사람으로 보아 감옥에 감금하다가 감옥보다 더 정교한 배제수단인 정신병원에 밀폐시키는 방식으로 권력관계들이 배제 메커니즘을 진화시켰다는 통찰은 정상과 비정상을 판단하는 기준이 인간의 건전한 오성이 아닌 권력관계들이라는 인식의 통용 가능성을 높여 준다. 권력관계들의 이해관계에 일치하지 않는 사람들을 모두 감옥에 가두거나 정신병원에 밀폐시키는 방식으로 권력관계들의 이해관계로부터 배제시키는 것은 그러나 시설 설치의 문제 때문에 권력관계들을 충분하게 만족시킬 수 있는 정도로까지 가능하지 않다. 언론권력은, 권력관계들의 작동 메커니즘에서 담론 유희의 한 기능을 담당하면서, 정상적으로 사고하고 행위하지만 권력관계들의 이해관계에 상충되는 사람들을 비정상적인 부류로 규정하는 작업을 ―지속적이면서도 작업의 형식을 진화시키는 방식으로― 실행함으로써 정상적인 사람들을 비정상적인 사람들로 전도시키며, 이렇게 함으로써 감옥과 정신병원을 이용하여 정상적인 사람들을 관리하는 것의 한계를 극복할 수 있는 가능성을 권력관계들에 제공한다.

인류 역사상 미증유의 경제발전을 성취하여 세계 최고 수준의 기술력을 보유한 후기 산업사회, 정보사회의 구축과 대략 80%의 대학 진학률을 보임으로써 세계 제1위의 고등교육 기회를 향유하는 풍요사회의 구축에 성공한 한국사회에서는, 이처럼 신화적인 경제적 진보와 고등교육의 일반화에도 불구하고, 경제발전을 추동하면서 그 지배력을 더욱 구조적이고도 빈틈이 없이 촘촘하게 확대·심화시켜 온 권력관계들에 의해 매개되지 않은 것은 아무것도 존재하지 않는 것으로 보인다. 한국사회의 많은 구성원은 권력관계들의 핵심에 자본권력이 위치하고 있다는 것을 지각하고 있다. 자본권력은 이윤 극대화를 그 속성으로 갖기 때문에, 자본권력이 강화되는 사회에서 자기보존의 역설이 강화되는 것은 거의 법칙적이라고 볼 수 있다. 자본권력이 이윤 극대화를 산술급수적으로 추구하면, 개별 인간이 당하는 자기보존의 강제적 속박의 강도는 기하급수적으로 증대된다. 한국인들의 삶에서 모든 것이 권력관계들에 의해 관리·지배·통제되면서 —이렇게 되는 것에서 언론권력이 담당하는 기능을 나는 앞에서 언급하였으며, 언론권력의 이러한 기능은 한국사회에 특별할 정도로 해당한다고 볼 수 있을 것이다— 한국사회에서는 무엇이 정상적인 것이고 무엇이 비정상적인 것인가를 인간의 건전한 오성에 기초하여 구분하는 것이 어렵게 되고 있다. 예컨대 '경제발전의 과실을 나누면서 함께 살자'를 주장하고 노동자의 정당한 권리를 외치는 사람은 인간의 건전한 오성의 기준으로는 정상적인 사람임에 틀림이 없지만 이런 사람이 권력관계들에 의해 비정상적인 사람으로 낙인이 찍히게 되는 것을 한국사회의 구성원들은 자주 목도하고 있다. 비정상적인 것이 권력관계들에 의해 정상적인 것으로 끌어올려 지기도

하고, 정상적인 것이 권력관계들에 의해 비정상적인 것으로 전도되기도 한다. 이것은 기이하고도 특이한 현상이다. 이런 현상이 일상적으로, 그리고 광범위하게 한국사회에서 노출되고 있다. 이런 현상이 노출되고 있다는 사실 자체가 한국사회가 정상적인 사회가 아님을, 역으로, 입증한다. 이런 현상이 사회병리 현상임은 자명하다. 사회병리 현상이 일상적으로 지각되는 사회에서 사회정의가 살아 숨 쉴 수 있는 공간은 매우 제한적이다. 경제발전에 상응하는 사회정의의 진보는커녕 경제발전과 사회정의의 진보가 배치(背馳) 상태에 놓여 있는 비극적인 모습을 한국사회가 보여 주고 있는 것이다. 자기보존의 강제적 속박이 사회적 조직화에서 지배적인 요소가 되고 권력관계들이 사회적 조직화에서 부정적인 기능을 행사함으로써 진보의 상징인 경제발전이 사회정의의 진보라는 결실로 이어지지 못하고 있는 것이다.

경제발전과 사회정의의 진보가 배치되는 원인

나는 이러한 배치의 원인을 권력관계들이 추동한 경제발전의 이상화(理想化, idealization)가 유발한 여러 가지 형식의 부정적인 결과들에서 찾고자 한다. 한편으로는 권력관계들이 사회 구성원들의 의식·사고·행위를 경제발전의 이상화에 동일화(identification)시키고 다른 한편으로는 사회 구성원들도 이러한 이상화에 자신을 스스로 동일화시키는 메커니즘이 작동되면서 경제는 발전하였으나 사회정의는 퇴행하는 경제발전의 역설이 인류 역사상 최단기간에 산업화에 성공한 한국사회에서 한국형 역설로 태동하여 현재까지 진행되고 있다. 경제발전의 이상화가 유발하는 아이러니가 한국사회의 대다수 구성원에게 고통을 주고 있는 것이다.

이 점을 조금 더 구체적으로 살펴보아야 하며, 이것은 앞에서 말한 배치의 원인을 파고드는 작업을 통해 시도될 수 있다. 나는 이러한 배치의 원인을 대략 네 가지로 보고자 한다. 첫째, 1960년대 이후 한국사회를 지배하는 권력관계들이 경제발전을 절대적 목적[8]으로 설정하고 이상화시키면서 어떤 수단을 동원해서라도 성취해야 하는 절대적 당위로 끌어올림으로써 경제발전을 추동하고 실행하는 행위인 사회적 행위[9]에서, 다시 말해 권력관계들에서 실행되는 사회적 행위에서 —사회적 행위의 정당성과 타당성 확보의 기초가 되는— 목적 합리성이 실종되고 그 자리에 프랑크푸르트학파가 말하는 도구적 합리성이 만연하게 되었다는 점을 주장하고자 한다. 목적 절대주의는 권력관계들의 지배력에 힘입어 수단의 전능화를 합리화시킨다. 비합리성이 합리성으로 전도(顚倒)되는 것이다. 사회적 행위에서 도구적 합리성의 만연은, 어떤 수단과 방법을 동원해서라도 경제발전을 이루어야 한다는 절대적 당위를 추동하는 권력관계들의 지배력에 힘입어, 한편으로는 경제발전을 양적인 의미에서 비약적으로 성취하는 결과로 이어졌으나 다른 한편으로 경제발전의 성공과 함께 나란히 결실을 맺어야 하는 사회정의의 진보에는 오히려 걸림돌이 되었다는 진단이 가능하다고 본다.

둘째, 권력관계들이 추동한 경제발전이 절대적 목적으로 실행되는 과정에서 성취된 경제발전과 더불어 경제적 의미에서의 자기보존의 강제적 속박의 정도가 감소해야 함에도 오히려 증대되었다는 점을 주장하고자 한다. 다시 말해, 한편으로는 권력관계들이 개별 인간이 당하는 자기보존의 강제적 속박을 권력관계들의 작동과 유지에 이용하고, 다른 한편으로는 개별 인간 스스로 자기보존의 강제적 속박을 경제적 풍요에의 욕망과 결합해 강제적 속박을 자신의 내부에서 적극적으로 받아들임으로써 강제적 속박의 정도가 증대되었고, 이렇게 됨으로써 인간의 의식이 상품구조에 종속되는 현상인 사물화(Verdinglichung)가 한국인들의 의식에서 광범위하고도 뿌리 깊게 만연하게 되었다는 점을 지적할 수 있다. 사물화가 추동하는 물신주의(Fetischismus)는 한국의 장구한 역사에서 전래되어 온 많은 긍정적인 이념들과 가치들을 짓밟으면서 오늘날 한국사회에서 가치의 정점에 위치하게 되었다. 한국사회가 사물화와 물신주의의 총체적인 실현태가 되었다는 지적에 반론을 제기하는 것이 어렵게 될 정도가 되었다. 자기보존의 강제적 속박이 극단으로 치닫는 사회에서, 다시 말해 사회안전망이 절대다수의 사회 구성원들에게 거의 전적으로 배제된 상태에서 자기보존을 오로지 개별 인간 자신만의 힘으로 스스로 해결해야 사회에서, 그리고 사물화가 만연하고 물신주의가 지배적인 이념과 가치가 된 사회에서 사회정의의 진보를 기대하는 것은 나무에서 물고기를 찾는 것과 같다.

셋째, 권력관계들에서 실행되는 사회적 행위에서의 도구적 합리성의 만연, 자기보존의 강제적 속박의 증대, 사물화의 창궐이 한국사회의 모든 구성원의 사회화를 일방적으로 돈과 권력에 맞추는 방향으로 오도(誤導)하면서 사물화를 확대·심화시켰고 이처럼 부정적인 과정이 사회화를 사물화에 종속시키는 부정적인 결과에 이르게 되었다는 점을 주장하고 싶다. 사회화, 다시 말해 넓은 의미에서의 교육이 사물화되면서 인간이 다른 인간과 함께 지혜롭게 살아가는 인간으로 성장하지 못하고 인간이 자신을 마치 물건처럼 만들고 마는 타락이 한국사회에서 목도되고 있는 것이다. 사회화가 사물화에 종속되는 것은 재앙이다. 인간이 상품이나 물건처럼 되고 말기 때문이다. 출생에서 사망할 때까지 지속되는 과정인 사회화가 생존투쟁을 통한 자기보존의 확보와 물질적인 가치에 집중적으로 의존된 채 진행되는 사회가 바로 한국사회이다. 부모가 자녀에게 유아기부터 '어떻든 너만 살아남으면 된다. 타인과의 경쟁에서 승리함으로써 돈과 권력을 획득하여 너만 잘 먹고 잘살면 된다'라고 가르치는 것이 사회화의 기준이 되고 이에 상응하여 광적인 사교육과 이른바 명문대학에 들어가기 위한 치열한 입시경쟁이 마치 전투처럼 치러지고 있는 사회가 한국사회이다. 이것은 교육의 사물화이다. 사회화의 말기 과정에 속해 있는 노년층이 선거에서 드러내는 의식은 자기보존의 강제적 속박과 물신주의에 일방적으로 의존된 사회화가 삶이 마감될 때까지 결코 변화하지 않는다는 사실을 입증하고 있다는 점도 한국사회에서 사회화에 드리워진 어두운 그림자이다. 사물화가 사회 구성원들의 의식에서 생을 마감하는 순간까지 사라지지 않고 사회화를 지배하고 있는 것이며, 돈의 힘이 주술이 되면서 사회화도 주술에 종속되고 있는 것이다. 사회화는 개인이 사회 구성원으로서 다른 구성원들과 함께 살아가는 삶의 형식을 항구적으로 성숙시켜가는 과정임에도, 한국사회에서는 이처럼 정상적인 궤도를 따라가야 할 사회화가 정상 궤도에서 이탈하여 홉스(Thomas Hobbes)가 말하는 만인에 대한 만인의 투쟁이 격화되는 방향으로, 그리고 사물화가 심화되는 방향으로 질주하고 있다. 사회화가 올바르게 진행되지 않는 사회에서 사회정의의 가치가 그 위치 가치를 획득할 가능성은 희박하다.

마지막으로, 앞에서 말한 도구적 합리성의 만연, 자기보존의 강제적 속박의 증대, 사물화의 확대와 심화, 사회화의 정상 궤도 이탈이 한국사회의 사회적 조직화에서 근본적인 요소들이 되면서 사회적 조직화가 경제발전과 전혀 상응하지 않은 채 사회정의의 실현과는 매우 동떨어진 상태에 머물러 있다는 점을 지적하고자 한다. 나는 무엇보다도 특히 자기보존의 강제적 속박이 한국사회의 사회적 조직화에서 가장 근본적인 요소가 되는 현상을 특별하게 주목해야 한다고 보며, 바로 이 현상이 사회정의의 실현을

문병호

위한 도정에 가장 결정적인 걸림돌이 되고 있다고 생각한다. 이 문제는 매우 중요하기 때문에 다음 장에서 더 구체적으로 들여다볼 것이다. 경제발전을 통해 획득한 사회적인 힘이 사회적 행위에서의 합리성의 상승, 사회 안전망의 강화를 통한 자기보존의 강제적 속박으로부터의 점진적인 해방, 사물화의 감소, 사회화의 올바른 진행을 추동하면서 사회적 조직화의 질을 상승시킬 때 경제발전과 사회정의의 진보가 서로 상응하는 관계를 형성할 수 있음에도 불구하고, 한국사회에서는 경제발전이 사회적 조직화의 질을 오히려 떨어뜨리는 기이하고도 특이한 현상이 노출되고 있다. 경제적인 의미에서는 풍요사회로 진보하였음에도 이러한 진보가 사회적 조직화의 질의 향상으로 이어지지 않아 한국사회의 대다수 구성원의 삶이 행복은커녕 자기보존의 강제적 속박이 강요하는 불행의 늪에서 허우적거리고 있는 것이다. 경제대국의 반열에 올라선 한국이 성취한 풍요사회에서 자기보존의 강제적 속박이 사회 구성원들에 강요하는 불행은 이 시간에도 재생산되고 있다. 경제적 양극화의 심화와 더불어 불행 재생산은 불행의 확대 재생산, 불행 세습의 고착화 경향으로 치닫고 있다. 그러므로 불행 재생산 메커니즘의 가장 근본적인 원인으로 볼 수 있는 자기보존의 강제적 속박을 조금 더 파고들어 살펴보고 이런 부정적인 메커니즘을 극복할 수 있는 방안을 찾아나서는 것은 행복과 사회정의의 실현을 위해 포기할 수 없는 도정이다.

자기보존의 강제적 속박의 총체화

한국사회의 구성원들의 삶의 본질을 사회와 관련하여 결정적으로 규정하는 핵심 단어를 찾는다면, 예컨대 마르크스가 인간의 —사회에 의해 매개된— 삶의 본질을 노동과 소외에서 보는 것처럼 사회학적으로 근거가 세워진 차원의 시도에서 벗어나 핵심 단어를 찾는다면, 그 단어는 생존이라는 단어가 될 것이다. 이른바 각자도생(各自圖生)이라는 천박한 용어가 한국사회에서 개별 인간이 처한 상황을 표현하는 핵심 용어가 되고 있다. 만인에 대한 만인의 생존투쟁이 격렬하고도 무한대로, 무엇보다도 특히 1980년대 중후반 이래 신자유주의가 한국사회의 사회경제질서에서 지배적이 된 이후에, 전개되고 있는 현장이 바로 한국사회이다. 2008년 세계금융위기 이후 한국사회에서의 생존투쟁은, 소득 양극화 등 각종 양극화 수치 등의 악화가 입증하고 있듯이, 더욱 치열하고 처절하게 전개되고 있다. 생존투쟁의 격렬함은 자기보존의 강제적 속박의 강도를 극한치로 몰고 간다. 인간이 가진 잠재력을 끌어내서 인간 스스로 자기를 계발하게 하고 사회 구성원으로서의 역할을 올바르게 수행할 수 있는 건전한 시민으로 성장하는 데 도움을 주는 것을 근본 목적으로 삼고 있는 교육이 격투나 전투로 전도되는 기이한 현상, 20대 젊은 세대들이 극한적인 취업 전쟁을 벌이는 현상과 결혼 및 자녀 출산을 포기하는 현상, 실업과 해고에 대한 공포, 노후 생활에 대한 공포는 자기보존의 강제적 속박의 총체화가 유발한 비극적 실상들이다. 자기보존의 강제적 속박의 극한치는 불안의 극한치로 수렴된다. 이러한 비극적 상태가 유발하는 부정적 결과들은 사회 구성원들이 추구하고 향유해야 할 행복과 사회정의의 실현에의 소망을 통째로 짓밟는다.

자기보존의 강제적 속박의 증대는 사회 구성원이 가진 다양한 가치들과 이와 동시에 사회가 추구해야 할 다양한 가치들을 예를 들어 돈이나 직장처럼 자기보존에 직접 관련되는 가치로 획일화시킨다. 모든 가치가 생존이라는 가치로 수렴되면서 생존에의 불안이 재생산되는 것이다. 이처럼 불안이 재생산되면서 작동되는 불안 메커니즘에 절대다수의 한국인들이 —권력관계들에서 지배적인 위치를 차지하고 있는 사람들도 한편으로는 불안 메커니즘이 잘 작동되어 유지되도록 여러 가지 수단들을 운용하면서도 다른 한편으로는, 여러 가지 형식의 불법적인 행위들을 통해서 부를 늘리려는 그들의 행위에서 드러나듯이, 그들 스스로 불안감을 느끼는 상태에서— 심리적으로, 그리고 실제로 편입되어 있다. 불안 메커니즘에의 편입도 불평등구조를 가진다. 권력관계들에서 지배적인 위치를 차지하는 사람들은, 그들의 자녀를 주로 미국에 보내고 미국 시민권을 얻게 하려는 행위에서 드러나듯이, 심리적으로 불안을 느끼는 반면에, 절대다수의 한국인들은 실재적인 불안인 교육 불안, 취업 불안, 주거 불안, 노후 불안으로부터 일생 동안 벗어나지 못한다. 나는 불안 메커니즘이 한국사회에 내재하는 본질적인 것에 속한다고 본다. 불안 메커니즘으로부터의 이탈은 자기보존의 상실로 이어진다. 자기보존을 위해 —언제든지 다른 사람의 노동력으로 대체될 수 있는— 노동력을 매개로 일터에 고용된 사람이, 정규직이든 비정규직이든 큰 차이는 없지만 특히 비정규직으로 고용된 사람이 불안 메커니즘에 적응하지 못하면, 비정규직 형식으로라도 유지해야 하는 일자리를 잃게 될 확률이 높다. 불안 메커니즘은 자기보존을 상실할 수 있다는 불안에 의해 매개되는 노동의 치열한 강도를 요구하기 때문이다. 불안 메커니즘과 치열한 노동은 이처럼 서로 친족관계를 형성한다. 생존 가치 이외의 다른 가치들이 위치 가치를 획득하지 못하면서 사회는 생존을 위한 무한경쟁의 격렬한 싸움터로 전락하고, 이런 싸움터에서는 자기보존의 강제적 속박의 강도만이 상승할 뿐 개별 인간의 —사회에 의해 매개되는— 행복이나 사회정의는 자기보존의 강제적 속박의 총체적인 지배력 앞에서 아무런 가치도 갖지 못한다.

모든 개별 인간이 자기보존을 위해 다른 모든 개별 인간과 격렬하게 생존투쟁을 전개하는 싸움터가 된 한국사회에서, 그리고 자기보존의 강제적 속박이 다양한 가치들을 생존의 절박성에 대한 의식으로 획일화시키는 경향을 보이는 한국사회에서 가치 다양성을 전제로 하는 행복과 다양한 가치들이 올바르게 기능하는 상태에서 실현될 수 있는 사회정의는 언어로만 머물러 있다고 보아도 지나치지 않을 것이다. 인간이 장구한 기간에 걸쳐 중요하다고 일반적으로 인정해 온 가치들, 예컨대 자유, 평등, 박애, 인간 상호 간의 존중, 인간 상호 간의 사랑, 약자에 대한 배려, 사회적 선의 실현을 위해 개별 인간의 욕망을 절제하는 덕, 자연보호와 같은 가치들이 한편으로 사회 구성원들에서 체화되어 있는 상태와 다른 한편으로는 이러한 가치들이 사회적 조직화에서 가능한 한 최대로 실현되는 상태가 서로 조화를 이루면서 사회가 작동될 때, 우리는 이런 사회를 사회정의가 실현된 사회라고 인정할 수 있을 것이다.

자기보존의 강제적 속박의 증대는 다양한 가치들이 각기 제기하는 통용성에의 요구 제기를 획일화하는 정도를 증대시킨다. 생존의 불안이 구축한 불안 메커니즘이 작동되고 있는 한국사회에서는 어떻게든 생존해야 한다는 의식이, 절대적으로 통용되면서 많은 가치의 위에 군림하는 이러한 의식이 다양한 가치들의 통용성에의 요구 제기를 무력화한다. 이윤을 추구하는 것을 그 본질로 설정하는 사회조직인 기업들 중에서 일부 기업들이 한국의 산업화 과정에서 대재벌로 팽창하면서 구축한 자본권력이 한국사회에서 특히 신자유주의의 창궐 이후 권력관계들에서 우위를 확보하였다. 이렇게 됨으로써 자본권력은 다양한 가치들의 통용성에의 요구 제기에 ―겉으로는 문화예술 창달 등을 내세우지만― 제동을 걸면서 다양한 가치들이 물질적이고도 경제적이며 소비적인 가치에 수렴되는 경향으로 나아가도록 조종한다. 이와 동시에 자본권력과 연합된 권력관계들은 경기침체, 경기후퇴, 경기 불안 등의 용어를 사용하여 한국사회의 구성원들에게 불안 심리를 증폭시킨다. 이렇게 됨으로써 불안 메커니즘과 자본권력은 가치의 획일화에서 서로 친족관계를 형성하는 것이다. 앞에서 예를 든 자유, 평등, 인간 상호 간의 존중 등처럼 긍정적인 가치들의 통용성에의 요구 제기가 다양하고 이것이 다양하게 사회적으로 실현된 사회를 우리는 선진사회라고 부르는 것을 주저하지 않으며, 이런 사회에서 사회 구성원과 사회와의 올바른 관계가 비로소 실현될 수 있다. 자기보존의 강제적 속박의 증대가 이처럼 올바른 관계의 실현을 저해하면서 한국사회에서 사회정의의 실현을 향한 꿈을 요원하게 만들고 있다.

자기보존의 강제적 속박의 총체화는 개별 인간들이 권력관계들에 의해 부당하게 지배되는 것을 용이하게 해 준다. 권력관계들은 경기침체, 경기 불안, 세계경제침체 등의 용어를 사용하여 지속적이고도 새롭게 진화하는 방식으로 사회 구성원들에게 불안 심리를 침투시킴으로써 사회 구성원들의 의식과 가치를 먹고 사는 문제에 획일적으로 수렴시키는 메커니즘을 구축하여 작동시킨다. 이렇게 함으로써 권력관계들은 사회 구성원들을 더욱 단순하면서도 용이하게 지배하게 된다. 사고의 다양성에의 확장을 사회 구성원들에서 저지시키고 사회 구성원들을 사고의 단순성과 획일성에 붙들어두는 것은 지배의 ―예로부터 내려오면서 결코 변화하지 않는― 근본적인 법칙이다. 군사독재시대에는 현재의 권력관계들보다는 비교적 단순한 형태에 머물러 있었던 권력관계들이 이른바 안보 불안이라는 용어를 이용하여 사회 구성원들의 의식을 안보 불안에 수렴시켰다면, 자본권력이 그 중심에 위치하는 현재의 복잡하고도 복합적인 권력관계들은 안보 불안의 자리에 경제 불안이라는 용어를 대체시켰다. 이러한 용어들은 이데올로기로 기능한다. 권력관계들의 지배 전략은 사회 구성원들의 사회화를 유아기부터 경제적인 의미에서의 생존에 고정하고 이러한 고정이 사망할 때까지 지속되도록 하는 위력을 발휘하며, 사회적 조직화의 질의 확보에서 가장 중요한 토대가 되는 합리성이 투명하게 작동되는 것을 저지한다. 권력관계들이 어떤 수단을 투입해서라도 개별 인간들의 먹고사는 문제를 해결해 줄 뿐만 아니라 지금보다 더욱 잘 먹고 잘살 수 있도록 해 주겠다고 선전하면, 자기보존의 강제적 속박에 종속된 채 불안에 시달리는 절대다수의 개별 인간들은 이러한 선전에 현혹되면서 자신의 주체성을 불안 메커니즘에 내주게 된다. 이와 같은 주체성 포기가 빈곤에 시달리는 노년층에서 일반적인 증상이 되었다는 것은 선거 결과에서 매번 확인되고 있다. 권력관계들이 생존 불안을 이용하여 운용하는 이데올로기가 한국사회에서의 사회화와 사회적 조직화에서 그 기능을 위력적으로 발휘하면서 개별 인간들의 우민화, 사물화, 사회화와 사회적 조직화의 총체적 실패를 현재의 한국사회가 보여 주고 있는 것이다.

사회화·사회적 조직화의 질의 향상을 위해

나는 이 글의 모두에서 사회정의의 문제를 사회 구성원과 사회와의 관계에서 보는 관점을 취한 후 사회정의의 실현에서 관건이 되는 것은 사회화·사회적 조직화의 질의 향상임을 언급하였다. 나는 한국사회가 성취한

기적적인 경제발전과 사회정의의 진보가 배치하는 상태는, 경제발전이 사회정의의 진보라는 결실로 이어지기는커녕 자기보존의 강제적 속박의 증대를 유발하는 현상의 발생, 경제발전과 더불어 지배력을 복합적으로 강화한 권력관계들에 의해 정상적인 것과 비정상적인 것이 서로 전도되는 현상의 발생, 자기보존의 강제적 속박의 총체화와 이에 따른 생존 불안 메커니즘의 구축이라는 부정적 결과로 귀결된 것에 원인이 있음을 주장하였다. 다시 한 번 강조하자면, 그러한 배치 상태는 한국사회에서 사회화·사회적 조직화가 올바르게 이루어지지 않고 있다는 것을 드러낸다. 이제, 사회정의와는 괴리된 상태에서 신음하고 있는 한국사회가 비극적 상태를 없애가면서 어떻게 하면 사회정의를 향한 도정에 들어설 수 있을까 하는 가능성[10]을 사회화·사회적 조직화의 질의 향상이라는 관점에 한정시켜 매우 간략하나마 마지막으로 언급할 차례가 되었다.

사회화(socialization)는, 매우 간단하게 정리한다면, 사회 구성원이 사회규범들, 가치들을 한편으로 자신에게서 내면화시키고 다른 한편으로는 사회적이고 문화적인 환경에서 자신의 사회적 역할들을 내면화시키는 것을 의미한다. 두 가지가 성공적으로 이루어졌을 때, 올바른 사회화가 성립된다. 사회화의 매개체가 되는 가정, 또래관계, 학교, 일터, 언론이 두 가지 형식의 내면화가 올바로 진행되도록 순기능을 발휘하고 일탈한 사회 구성원들에 대한 재사회화의 매개체인 감옥도 이러한 기능을 성공적으로 수행했을 때 사회화의 질이 상승한다는 점은 의문의 여지가 없이 명백하다. 사회화는 프로이트(Sigmund Freud)가 제시한 원초아(Es)-자아(Ich)-초자아(Über-ich)[11]의 구분을 통해서도 본질적으로 이해될 수 있는 개념이기도 하다. 이 구분에 따르면, 식욕이나 성욕과 같은 본능적인 충동들, 욕구들, 질투나 사랑과 같은 감정들을 나타내는 원초아가 그것의 가장자리에 존재하는 것인

자아로 발달하게 된다. 자아는 이성적이고 자기비판적인 사고와 합리적이고도 비판적으로 담보된 규범들과 가치들을 통해서 원초아, 양심과 도덕적인 가치 표상을 관할하는 것인 초자아, 사회적 환경 사이에서 발생하는 요구 제기들을 사회적 현실에 합당하도록 조정하는 능력을 갖게 되는 것이다. 자아는 초자아가 발하는 명령과 원초아의 충동들 사이를 조정하는 통제력을 갖는바, 이러한 통제력의 이상(理想)은 원초아의 차원에서 존재하는 주관적인 현실과 사회의 차원에서 존재하는 객관적 현실이 서로 상응하는 것에서 성립될 수 있다.

자기보존의 강제적 속박의 총체화와 이에 따른 불안 메커니즘이 작동하는 한국사회에서는, 그리고 정상적인 것과 비정상적인 것의 상호 전도(顚倒)가 권력관계들에 의해 기능하는 한국사회에서는, 앞에서 말한 두 가지 형식의 내면화가 가정, 또래관계, 학교, 일터, 언론으로 이어지는 사회화의 매개체들에서 올바르게 이루어질 수 없고 프로이트가 말하는 자아가 원초아, 초자아, 사회적 현실 사이에 필연적으로 발생하는 요구 제기들을 조정하고 통제할 능력을 갖지 못한다. 자기보존의 강제적 속박의 총체화와 사물화의 총체성이 한국사회에 구축됨으로써 사회화의 가장 중요한 매개체인 가정뿐만 아니라 다른 매개체들이 이러한 총체화 및 총체성에 종속되어 있고 자아 자체도 사물화되어 있어서 자아가 앞에서 말한 조정력과 통제력을 발휘할 수 없기 때문이다. 이와 동시에 이러한 비극적인 사회적 현실이 작동되도록 권력관계들이 사회적으로 출현하는 잘못된 의식인 이데올로기를 지속적이고도 새롭게 진화하는 방식으로 생산함으로써 개별 인간들을 관리·통제·지배하고 있기 때문이다.

이러한 질곡으로부터 벗어나는 길은, 근원적으로 볼 때, 간단하다. 이제부터라도 사회화를 원점에서 새로 시작하는 수밖에 없다. 이 글의 모두에서 사회정의에 대해 내 나름대로 시도한 개념 규정에서 정리한 참된 의미에서의 개인, 즉 특별하면서도 일반적인 존재자로서의 개인으로 성장할 수 있도록 부모가, 자녀 세대의 행복을 위해 부모 스스로 사물화로부터 벗어나려는 모든 노력을 기울이면서, 자녀의 교육에서 유아기부터 노력하여야 한다. 앞에서 말한 두 가지의 내면화 형식이 올바르게 이루어질 수 있도록 부모가 자녀를 교육하여야 하며, 원초아의 가장자리에 위치한 자아가 충동과 욕구의 영역일 뿐인 원초아에 머물러 있지 않도록 자아를 일깨우는 노력에 무엇보다도 우선으로 나서야 한다. 부모가 지금부터라도 이러한 노력을 기울인다면, 자기보존의 강제적 속박의 총체화에 의해 구축된 불안 메커니즘과 권력관계들의 사회 지배에의 요구 제기들의 저항을 받겠지만, 또래관계, 학교, 일터에서 일생 동안 진행되고 언론의 영향을 받는 사회화가 몇 세대가 지나서 마침내 정상적인 궤도에 오르게 될 수 있을 것이다. '다른 사람과의 경쟁에서 너만 살아남아야 한다'는 극단적으로 자기중심적이고 자기보존적인 의식이 유아기부터 고착되지 않도록 지금부터라도 부모가 적극적으로 나서서 사회화의 패러다임을 사회정의가 점진적으로라도 실현될 수 있는 방향으로 급진적으로 전환시켜야 한다. 다른 사회 구성원과 평화롭게 함께 공존하면서 사회적 공동선을 위해서는 자기 절제는 물론이고 희생까지도 기꺼이 감내할 수 있는 시민으로 성장할 수 있도록 부모가 자녀를 교육시켰을 때, 한국사회의 구성원들에게 집단적으로 감염되어 있는 사물화라는 사회적 질병과 물신주의의 이데올로기가 마침내 그 위력을 상실하게 될 것이다. 관건이 되는 것은 정상 궤도를 벗어난 사회화 패러다임을 급진적으로 전환시키는 일이다.

원시 제전에서 시작된 사회적 조직화에는 자기보존의 역설과 부자유한 노동이 근본적인 요소로 내포되어 있다는 점을 나는 앞에서 언급한 바 있다. 원시 제전 이래 사회적 조직화의 토대가 되고 사회적 조직화를 작동시키는 가장 근원적인 요소는 노동이다. 사회적 조직화는, 서양사상에 퇴적되어 있듯이, 신(神)에 의해 창조되고 부여된 질서도 아니고, 동양사상에서 보이는 것처럼 인륜질서의 산물도 아니다. 근대사회 이후 사회에서의 영향력이 특히 증대된 영역인 경제와 교육뿐만 아니라 정치와 행정, 법 등도 노동에 모두 부수적으로 연관되어 있는 요소들이다. 사회는 노동에 의해 작동되고 유지되기 때문이다. 노동정의가 없는 곳에 사회정의는 존재하지 않는다. 비정규직의 비율 증대는 노동정의의 퇴행을 의미한다. 노동의 형식은 수렵·채취사회/문화, 농경사회/문화, 지식사회/지식노동자와 같은 개념들이 보여 주듯이 사회와 문화의 형식까지도 결정한다. 부자유하고 비합리성의 굴레에서 실행되는 노동에 의해 강제적으로 작동되는 사회적 조직화에서는 사회 구성원과 사회와의 관계도 역시 강제적 속박의 관계에 머물러 있고 사회 구성원은 강제적 구성원[12]에 지나지 않을 뿐이다. 이런 상태에서는 내가 이 글의 모두에서 정리한 사회정의의 개념이 존재하지 않는다. 반면에 자유롭고 합리적인 노동에 의해 작동되는 사회적 조직화에서는 사회 구성원과 사회의 관계가 올바르게 기능할 것이다.

사회적 조직화의 질의 확보와 향상에서 관건이 되는 것은 ―사회 구성원뿐만 아니라 사회조직의― 합리적인 사고와 행위이다. 사회정의의 실현을 위해서는 경제, 교육, 정치와 행정, 법, 언론 등의 영역에서 실행되는 사회적 행위가 합리성, 투명성, 신뢰성에 기초하여야 한다. 사회의 모든 영역에서 실행되는 사회적 행위가 자유로운 노동의 합리적인 실행에 긍정적으로 작용하는 방향으로 이루어질 때, 사회적 조직화의 질은 상승할 것이다. 한국사회에서 발생하는 거의 모든 갈등·반목·투쟁은, 노동력을 사용하는 권력관계들이 그것들의 이해관계를 비합리적인 수단들을 통해 ―예를 들어 2014년 4월 16일에 발생한 세월호 재앙과 성수대교와 삼풍백화점의 붕괴, 지하철 공사장 붕괴 등과 그 밖의 대형 사고들이 명백하게 증명하듯이— 유지하려고 하는 반면에 노동력을 제공하는 무력한 노동자들은 자신의 노동을 가능한 한 자유롭고도 합리적인 환경에서 행하고 싶고 자신의 노동에 대해 합리적인 대가를 얻고자 하는 이율배반적인 관계에 그 주된 원인이 있다. 이처럼 이율배반적인 관계의 극복에서도 관건이 되는 것은 산업화 이후의 한국사회에서 사물화에 의해 오염된 사회화 패러다임의 급진적인 전환, 합리적인 노동에 기초한 합리적인 사회적 조직화이다. 사회적 조직화가 자기보존의 강제적 속박의 총체화가 줄어드는 방향으로 진행될 수 있을 때, 합리적인 사회적 조직화의 가능성이 태동한다. 선진국들이 사회안전망 구축에 대해 사회적으로 합의하고 사회안전망을 실행하면서 그 운영을 더욱 합리적으로 개선하려고 지혜를 모으는 노력을 게을리 하지 않고 있는 것은 이유가 없는 것이 아니다. 사회안전망의 합리적인 구축은 사회적 조직화의 질의 상승에 필연적인 요소이다.

사회정의는 과정이며, 사회화·사회적 조직화도 과정이다. 사회화·사회적 조직화는 한국사회에서 극단적인 생존투쟁으로 인해 올바른 사회화와 합리적인 사회적 조직화로부터 거의 완전할 정도로 이탈되어 있다. 극단적으로 자기중심적이고 자기보존적인 사회화가, 광기로 볼 수 있는 교육경쟁이나 장기간에 걸쳐 창궐하였고 지금은 부당한 이윤취득의 가능성이 크지 않아 수그러든 것처럼 보이지만 이윤만 얻을 수 있다면 언제든지 재연될 수 있는 부동산 투기가 입증하듯이, 생존투쟁의 절대적 승자인 지배계층에서 내면화되고 있다. 지배계층에서의 사회화는 '나'만의 사회화일 뿐 다른 사회 구성원과는 관계가 없는 과정이며, '나'에서의 내면화이다. 2014년 12월, 항공사를 설립한 창업주의 3세가 항공기를 강제로 회항시킨 사건은 이러한 병리적인 내면화의 실체를 명백하게 입증한다. 이처럼 잘못된 사회화와 사교육과 엘리트 교육이 매개체가 되어 실현되는 지배계층의 구조적 재생산이 서로 근친관계를 형성하며, 이러한 근친관계가 권력관계들에서 절대적인 우위를 점하면서 ─이것은 이미 지금 여기에 있으며 사회화 패러다임의 급진적인 전환이 없다면 아마도 다음 세대에는 더욱 심화될 것이다─ 합리적인 사회적 조직화를 저해한다. 더욱 절망적인 것은, 생존투쟁에서 절대적 열세에 놓여 있는 절대다수의 무력한 개별 인간들조차도, 자기보존의 강제적 속박의 절박성으로 인해, 앞에서 말한 병리적인 사회화를 사회화 패러다임으로 설정하고 있다는 사실이다. 그 결과 한국사회는 사회병리가 심화·확대되는 방향으로 치닫고 있으며 이로 인한 모든 대가와 희생을 절대다수의 무력한 사회 구성원들이 치러야 한다. 이러한 사회병리는 단절되어야 한다. 한국사회는 이제부터라도 사회화·사회적 조직화가 올바르고 합리적인 방향으로 급선회하도록 모든 노력을 아끼지 않아야 한다.

나는 세월호 재앙이 『한국사회 정의 바로세우기』를 기획한 계기가 된 것으로 알고 있다. 세월호 재앙은 사회화와 사회적 조직화에 실패한 한국사회에서 만연하는 갖은 종류의 비합리성과 역설의 복합체로서, 경제발전에서는 기적을 성취한 한국사회의 부정적인 현실을 적나라하게 알려 주면서 동시에 한국사회에 충격적인 경고를 발하는 사회적이고도 역사적인 현상으로 출현한 재앙이다. 이처럼 부정적인 현실을 없애 가지면서 사회정의가 살아 숨 쉬는 긍정적으로 현실로 나아가려는 도정에서 관건이 되는 것은 사회화·사회적 조직화의 질의 향상을 위한 전체 사회적인 노력이다. 사회정의가 실종된 한국사회에서 살아가고 있는 한 사람의 사회 구성원으로서 세월호 재앙을 보면서 느끼는 복합적인 비애를 다음 문장으로 표현하면서 이 글을 마무리한다. 바닷물에 빠진 인간의 구원은 ─개별 인간들을 바다에 수장시킨 거대 선박을 운영하는 기업의 실질적인 소유주는 인간의 구원을 표방한 종파를 이끄는 지도자였다— 공공 영역의 합리적인 작동을 무력화시키는 은폐된 권력관계가 비합리적으로 구축한 치외법권적인 예외 상태(Ausnahmezustand, state of emergency)에 의해 인간의 살해로 전도(顚倒)되었다. 구원이 이데올로기가 되면서 산출하는 역설이다. 이러한 종류의 역설은 한국사회에 편재한다.

미주

1 Theodor. W. Adorno, *Soziologische Schriften I*, Frankfurt/M, 2003, p.47.
2 *Ibid.*, p.391.
3 독일 사회학 전통에서 중요한 의미를 갖는 이 개념은 사전적으로는 '사회를 형성하다'는 뜻을 지닌다. 그러나 이 개념이 마르크스 이후 사회에 의한 개별 인간, 집단 등의 조직화라는 의미로 많이 쓰이고 있고 넓은 의미에서의 교육을 의미하는 사회화(socialization)와 구분될 필요가 있기 때문에, 나는 이 개념을 우리말로는 사회적 조직화라고 표현하고자 한다.
4 이 문제는 개인의 개념과 관련하여 더욱 심도 있는 논의를 필요로 하는, 매우 복합적인 문제이다. 지면의 한계로 인해 이 문제를 이 자리에서 더욱 깊게 논의할 수는 없기 때문에, 서구사상에서 전래된 참된 의미에서의 개인은 특별한 존재자이면서도 동시에 일반적인 존재자일 때만 성립될 수 있다는 점만을 언급하는 수밖에 없다.
5 이 개념은 개념 규정이 없이 앞에서 이미 사용되었다. 나는 이 개념을, 포괄적으로는, 인간들이 형성한 관계가 인간들 위에 군림하면서 인간들을 지배하는 관계로 이해한다. 이 자리에서 상론할 수는 없지만, 나는 베버의 권력개념, 아렌트의 권력과 폭력개념, 푸코의 권력관계개념, 기든스의 권력개념을 수용하여 이 개념을 이해하려는 입장을 갖고 있다. 나는 그러나 푸코가 권력관계를 담론 유희의 생산 및 재생산 과정으로 통찰하였듯이 이 개념이 과정으로 이해될 때 비로소 그 본질이 드러난다고 본다. 권력관계들을 과정으로 보지 않는다면, 사회정의의 실현 등등에 관한 논의조차 필요 없게 될 것이다.
6 〈경향신문〉 2014년 10월 6일자 기사를 보면, 이 자리에 세세하게 인용할 수는 없지만, 한국사회의 부정적 성격을 표현하는 온갖 용어들이 등장한다. 송호근이 『나는 시민인가』(문학동네, 2015)에서 제시

한 "불평등 세습사회", "격돌 사회", "격차 사회"의 용어도 한국사회의 부정적 성격을 꿰뚫고 있다.

7 테오도르 아도르노, 『사회학 강의』, 문병호 옮김, 세창출판사, 2014, 143~144쪽.

8 김덕영은 『환원근대』(길, 2014)에서 경제발전을 최상위 가치로 설정한 근대화 과정을 상세하게 분석하고 있다. 그는 한국의 근대화가 경제발전이 곧 근대화라는 단순 논리에 환원됨으로써 경제외적 영역에서의 근대화가 제대로 이루어지지 않는 결과로 이어지면서 오늘날의 사회적 폐해들이 발생하고 있음을 지적하고 있다.

9 막스 베버가 말하는 의미에서의 사회적 행위를 지칭함.

10 이 가능성을 찾아나서는 것은 철학, 사회학, 심리학, 교육학, 미학, 법학 등이 함께 시도하는 공동학제적인 물음 제기, 이를 뒷받침하는 경험적 연구, 현상들에 대한 변증법적 관통이 유기적으로 결합될 때 비로소 문제에 대한 정확하고도 올바른 인식, 문제 해결을 위한 구체적 실천 방안들의 제시로 이어질 것이다. 한 예를 들자면, 예술이 사회정의의 실현에 어떻게 기여할 수 있는가 하는 물음을 제기한 후 답을 시도할 때 앞에서 예거한 학문들의 공동 작업은 새롭고도 의미 있는 결과로 이어질 것이며, 교육이나 법을 기준으로 물음을 제기하고 공동 작업을 수행해도 역시 새로운 인식의 창출로 결실을 맺게 될 것이다.

11 이 모델은 나중에 이드(Id) – 에고(Ego) – 수퍼에고(Superego)로 바뀐다.

12 마르크스가 인식하였고 아도르노가 자주 사용하는 이 개념에 대해 이 자리에서는 지면의 제약 때문에 상세하게 논의할 수 없다. 사회에 의해 일방적으로 규정·관리·지배·통제되면서 부자유한 노동을 통해 자기보존을 유지해야 하는 개별 인간을 지칭하는 개념으로 보면 된다.

글쓴이
–
문병호(전 연세대 HK교수)

고려대학교 독어독문학과/동대학원, 독일 프라이부르크 대학, 프랑크푸르트 대학 철학박사, 광주여자대학교 문화정보학과 교수, 연세대 HK교수 역임, 현재 아도르노 저작 간행위원장.
논문: 「변증법적 예술이론의 현재적 의미」 등 20여 편이 있다.
저서: 『아도르노의 사회 이론과 예술 이론』(1993, 2001), 『왜 우리에게 불의와 불행은 반복되는가 – 관리된 개별 인간과 예외 상태로서의 권력관계』(2015) 등 6권이 있다.
번역서: 아도르노의 『미학 강의 I』(2014), 『사회학 강의』(2014) 등 아도르노 저작 4권이 있다.

문병호

양
명
수

사랑과 정의

– 정의로운 한국사회를 위해서

한 사회의 구성원들이 서로 신뢰하며 평화롭게 살아가는 데 바탕이 되는 덕목이 정의이다. 정의는 개인의 자기행복을 위한 덕목이라기보다는 타자와의 관계를 규율하는 덕목이요, 사회의 행복을 위한 덕목이다. 아리스토텔레스가 정의를 최고의 덕이요, 불의를 최고의 악이라고 한 까닭도 거기에 있다. 정의가 있어야 인간관계가 평화롭고 한 사회가 평화롭기 때문이다. 부당한 처사 때문에 억울한 사람이 많아지면 불안한 사회가 된다. 사회적 안정감이 떨어지면 한 인격의 안정감도 떨어진다. 대개는 사회가 정의로울 때, 한 개인도 여유 있는 품성을 갖게 되고 정의롭게 행동할 수 있다. 정의롭게 행동해도 손해 보지 않는다는 믿음이 있을 때, 한 개인은 원칙을 지키며 바르게 행동할 수 있다. 불의가 판을 치는 세상에서는 정의롭게 살기가 쉽지 않다. 그리고 정의가 있어야 인간에 대한 신뢰가 생겨서 타자에 대한 배려의 정도가 높아질 수 있다. 정의는 사랑을 위한 환경이다. 정의가 없는 사회에서는 사람들이 피해의식에 젖어 있어서 인간에 대한 예의를 지키고 남을 배려하기가 어렵다. 사회가 사람을 만든다.

사람들이 게임의 규칙을 잘 지키느냐, 법이 누구에게나 똑같이 적용되느냐, 악이 벌을 받고 의인이 보상을 받느냐. 이런 문제는 사회 구성원의 정의감에 크게 영향을 미친다. 만일 규칙을 지키지 않은 승자가 있다면, 패자는 결코 자신의 패배를 인정하지 않을 것이다. 법 앞에서의 평등이 지켜지지 않고 무전유죄 유전무죄라는 말이 떠돈다면, 사람들은 분노하며 사회를 믿지 않으려고 할 것이다. 그러한 분노는 법질서 자체에 대한 위협이 된다. 공동체를 위해서 희생당한 사람이 보상을 받지 못하고 그 후손들이 의로운 조상 때문에 피해를 본다면, 그 사회 구성원들은 대의를 위해서 희생하는 일을 하지 않을 것이다. 기회주의적인 사람들이 좋은 자리와 부를 차지하고 그 부를 대물림한다면, 그 사회는 정의를 구현하기 어려울 것이다.

인간사회에서 정의가 완전히 실현되기를 바랄 수는 없을 것이다. 그럼에도 불구하고 정의의 정도는 사회마다 차이가 있을 수 있을 것이다. 해마다 발표되는 OECD 국가의 부패지수도 하나의 예이다.

한국사회의 정의를 말하기에 앞서 정의의 역사를 간단히 살펴보려고 한다. 정의가 무엇인지는 인간관과 세계관에 따라 그 내용이 달라져 왔다. 그 논의의 역사를 살펴보면 한국사회를 분석하는 데 도움이 될 것이다.

정의론의 역사

정의란 옳고 바른 행위나 품성의 덕을 가리키는 것으로서 동서양 인문주의의 출발점이라고도 할 수 있다. 약 2500년 전에 동서양의 인문주의는 '힘 대신 덕으로'를 내세우며 등장했는데 여기서 덕이란 자신의 내면과 사회를 평화롭게 하는 능력을 가리킨다. 고대 인문주의자들은 국가의 평화를 이루고 내부 결속을 강하게 하는 덕목으로 정의를 꼽았다.

플라톤의 유명한 이데아론도 정의를 논하면서 정립된 것이다. 플라톤은 그의 책『국가』에서, 부도덕하더라도 힘 있는 사람이 법을 만들고 그 법을 지키는 게 곧 정의가 되는 악순환을 막아야 한다고 말한다. 그러려면 힘 있는 사람이 아니라 덕 있는 사람이 정치권력을 가져야 하며, 진리를 깨우쳐 물질적 이득에 욕심을 내지 않는 사람이 정치해야 사심 없이 정의를 확립하고 국가의 평화를 수립할 수 있다는 것이 플라톤의 철인정치의 내용이다. 아리스토텔레스는『니코마코스 윤리학』에서 정의를 가리켜 '최고의 덕'이라고 했다. 절제와 용기 그리고 지혜 같은 덕은 개인의 신변을 위한 덕으로 머무를 수 있지만, 정의는 다른 사람과의 관계를 규정하는 덕목이다. 공공선을 중시한 아리스토텔레스에게 정의는 국가의 질서와 평화를 위해 가장 중요한 덕목이었던 것이다. 한편 로마제국에서 정의는 법과 같은 의미로 사용된다. 라틴어 유스(jus)는 옳다는 뜻이면서 법이라는 의미를 지닌다. 법은 정의를 구현해야 한다는 생각이 법이 곧 정의라는 통치이념으로 바뀐 것으로 이는 사회의 안정을 바라는 인간의 일반적 요구가 반영된 측면이 있다.

그런데 그리스와 로마의 정의관(正義觀)은 그리스도교의 시대로 넘어오면서 큰 변화를 겪는다. 국가권력은 철저하게 비신성화되고 황제를 포함한 모든 인간은 예외 없이 죄인으로서 신 앞에 평등하게 된다. 아우구스티누스(354-430)는 『신국론』에서 국가와 정치를 죄의 산물로 보았다. 동서양의 고대 인문주의자들은 국가를 자연스러운 공동체로 보면서 전체를 개인보다 우위에 두고 공공선을 최고 가치로 둔 반면에, 아우구스티누스는 국가와 정치가 타락한 인간들이 질서를 위해 어쩔 수 없이 선택한 삶의 방식일 뿐이라고 본다. 그는 국가와 정치의 필요성을 부정하지는 않았지만 신앙의 눈으로 볼 때 국가권력은 더 이상 신성한 것이 아니게 된다. 아우구스티누스는 국가권력을 필요악으로 보았다.

이러한 그리스도교의 국가관은 정의론에 큰 영향을 미친다. 첫째로 국가 공권력의 견제이다. 통치자의 의사를 절대시하지 않는 것은 국가 폭력으로부터 한 개인을 보호하는 데 큰 영향을 미친다. 서구의 근대에 이르면 정의란 사람을 하나의 인격으로서 존중하는 것이라는 신념이 생기는데, 국가권력의 비신성화는 그러한 근대의 정의관에 큰 영향을 미쳤다. 둘째로 구조악의 개념이다. 정의는 개인 사이의 문제이기도 하지만, 사회관습과 제도에 들어 있는 억압을 제거하는 문제이기도 하다. 그리스도교의 원죄개념은 인간사회 전체가 타락해 있음을 지적하는데, 이것은 모두가 당연히 받아들이는 사회관습과 제도에 속한 죄를 지적하고 비판하는 역할을 한다. 그리스·로마 세계에서 당연하게 받아들여진 노예제도와 어린이 학대 그리고 가부장제와 사유재산 및 전쟁에 이르기까지, 그리스도교는 다양한 사회구조와 문화에 대한 비판적 시각을 서양사회에 선물했다. 셋째, 하나님의 의(justitia Dei)라는 개념이다. 사도 바울은 신약성서의 로마서에서 죄인을 용서하고 사랑하는 하나님의 행위를 하나님의 의라고 했다. 그리하여 정의의 이념에 큰 변화가 오는데, 사랑이 곧 정의가 되는 것이다. 이것은 응보적 정의와 분배적 정의의 차원에서 매우 새로운 관점을 제공했다.

정의란 고대 그리스로부터 지금까지 '각자에게 그의 몫을 주는 것'이라고 정의되어 왔다. 그런데 몫을 누릴 수 있는 '각자'가 누구인가? 그리스와 로마에서처럼 자유로운 시민만을 가리키는가? 남성만을 가리키는가? 어른만을 가리키는가? '그의 몫'이란 무엇인가? 공자의 명분론처럼 신분질서에 따른 사회적 역할이 그의 몫인가? 부자는 자신의 재산을 당연하게 자기가 받을 몫이라고 할 수 있는가? 죄인은 어느 정도의 처벌을 받아야 그의 몫을 마땅히 받는 것인가? 모두가 죄인이라면, 과연 사람이 사람을 판단할 수 있는가? '각자에게 그의 몫을'이라는 정의의 공식은 '각자'가 누군지, 정당한 '그의 몫'이 무엇인지에 대해 시대에 따라 다른 관점으로 적용되었다. 이러한 정의의 역사에서 그리스도교는 서구사회에 매우 급진적이고 심오한 정의관을 제공했다.

　정의라면 옳고 바르고 마땅한 것이다. 그런데 사랑이 정의가 되면, 사랑도 마땅히 해야 하는 것으로 바뀐다. 원래 사랑은 정의와 구별되는 덕목이다. 토마스 아퀴나스는 『신학대전』에서 사랑을 신앙에서 생기는 신학적 덕목이라고 하고 정의는 도덕적인 덕목이라고 했다. 자식 사랑 같은 본능적인 사랑은 저절로 되는 것이므로 특별히 덕목이라고 할 것이 없다. 문제는 가족이 아닌 다른 누구를 사랑하는 데 있는데, 그것은 일상적인 일이 아니어서 정의처럼 의무사항이라고 할 수 없다. 사랑과 자비를 베풀면 좋지만 그렇지 않더라도 비난받지는 않는다. 그러나 정의의 경우에는 다르다. 정의롭지 않으면 비난을 받는다. 정의는 몫을 나누거나(분배정의), 받은 만큼 주고 준 만큼 받으며(교환정의), 잘못한 만큼 벌을 주는 문제(응보정의)와 관련이 있는데, 사람은 그런 정의에 민감하다. 불의한 일이나 부당한 처사에 대해서는 당장 불쾌한 감정이 일고 저항의식이 싹튼다. 그런데 사랑은 자신의 몫을 포기하고 일방적으로 주거나, 잘못을 덮어 주고 용서하는 문제이다. 그러므로 사랑은 높은 덕목으로서 칭송되기는 하지만 정의만큼 의무 사항으로 여겨지지는 않는다.

그런데 그리스도교는 이제 하나님의 의라는 개념을 내세워 사랑을 정의 라고 함으로써 정의관념을 사랑의 방향으로 무한히 개방하는 효과를 가져 왔다. 그것은 타자에 대한 배려가 양적으로 그리고 질적으로 커지는 것을 의미한다. 모든 사람이 평등하게 대우받고, 약자를 보호하며, 한 인간의 불 행에 대해 사회가 연대책임을 지는 방향으로 가는 길을 열어 놓은 것이다. 예를 들어 토마스 아퀴나스는 자연법사상을 통해서 사유재산제도를 어느 정도 견제하고 가난한 자를 보호하는 길을 법리적으로 확보하려고 했다. 톨스토이의 아나키즘과 비폭력주의 그리고 도스토옙스키가 말하는 타자 에 대한 무한책임의 문제가 그런 그리스도교 정신에서 나온 것이다. 헤겔 이 국가를 가리켜 시민사회를 넘어서는 사랑의 공동체로 보려는 것도 그리 스도교 철학의 산물이다. 헤겔의 『정신현상학』과 『법철학』을 이해하는 데 핵심적 개념이 바로 사랑이다.

물론 현실적으로 행하기 어려운 이웃사랑을 너무 강요하면, 프로이트가 비판한 대로 지나친 죄의식을 가지게 되고 오히려 정의를 세우는 데 방해 가 될 수 있다. 사랑하라는 계명 때문에 억울한 상황을 말하지 못하고 잘못 된 관습과 관행을 바꾸지 못하는 결과를 가져올 수 있다. 사랑은 합리성 이 상의 차원인데, 사랑의 계명이 합리성을 방해하는 쪽으로 작용할 수 있다. 이것은 결과적으로 약자에게 불리한 결과를 가져올 수 있다. 이런 문제는 덕목의 기준을 정의로 삼을 것이냐, 사랑으로 삼을 것이냐의 문제이기도 하다. 신학이 지배한 중세까지 신학적인 덕목인 사랑이 담론의 주류를 이 루었고 몫을 따지는 정의는 세속적인 것으로 여겨지는 경향이 있었다. 교 황이 황제보다 높은 지위를 가질 수 있었던 이유도 거기에 있다.

그러나 서구사회는 근대에 들어오면서 사랑보다는 몫을 따지는 정의를 중심 덕목으로 삼았다. 서구사회가 신학에서 벗어나 근대적 인문주의가 등장하고 인간적인 것을 긍정하면서 생긴 일이다. 덕치가 아닌 법치를 내세우며 이제 정치가는 한 사회에서 일어나는 세속적인 이해관계의 충돌을 합리적으로 조절하는 일을 담당하는 자일 뿐, 백성의 스승으로서 덕과 자비를 보여야 하는 존재는 아니다. 일반 시민들은 종교적 죄의식에서 벗어나 정의를 중심으로 자신의 몫을 주장하게 된다. 종교개혁은 권위의 중심을 교회에서 개인의 내면으로 옮기는 역할을 했다. 그리고 만인 사제설을 내세우며 직업의 귀천을 없앴다. 종교개혁의 영향을 받은 서양의 근대철학은 모든 인간을 수단이 아닌 목적이라고 함으로써, 하나의 자유로운 인격체로서 개인의 존엄성을 확보했다. 개인의 의사표시가 중요해지고 자신의 권리를 주장하고 말하는 것을 덕목으로 삼게 된다. 이런 것은 모두 서구의 정의관 발전에 중요한 역할을 했다. 언어로 보자면 사랑의 언어는 은유와 상징어이지만, 정의는 정확하게 몫을 따지는 합리적인 언어이다. 근대사회에서 합리적이고 과학적인 언어가 발전하게 된 것은 사랑보다 정의가 중시되는 사회 현상과 맞물려 있다.

관습은 오랫동안 당연하게 여겨진 것이기 때문에 관습에 속한 부당한 차별이 극복되는 데 오랜 세월이 걸린다. 그런 차별을 가려내는 데 근대의 합리적이고 과학적인 사고가 중요한 역할을 했다. 근대의 합리성은 고대 인문주의의 합리성과 달리 어느 정도 자신의 욕망을 실현하면서 남을 배려하려는 능력을 가리킨다. 공리주의적인 정의관(utilitarianism)의 기초를 세운 영국의 벤담은『도덕과 입법의 원리』에서 최대 다수의 최대 행복을 합리적 정의관으로 주장했는데, 그가 말한 행복은 부와 사회적 지위가 가져다주는 행복을 가리킨다. 고귀한 정신이 가져오는 행복이 아니라 일반적인 욕망

충족이 가져오는 행복을 가리킨 것이다. 이것은 인간의 사회행위를 과학적으로 분석해서 인간이 실제로 어떻게 살고 있는가를 관찰한 결과이다. 어떻게 살아야 하는지를 강조하던 중세에서 벗어나 실제로 어떻게 살고 있는지를 바탕으로 규범을 산출하려고 하는 게 근대 사회과학의 사고방식이다. 그 결과 경제학과 법학, 정치학 등이 인문학에서 분리되어 사회과학 분야에 속하게 된다. 그리고 사회과학은 가족처럼 붙어 있던 인간관계를 떼어놓아서 제3자를 대하는 것을 인간관계의 기본으로 본다. 그리하여 붙어 있을 때 은폐되었던 억압과 권력을 드러낸다. 사회는 저절로 사랑이 이루어지는 가정의 연장이 아니라는 점이 강조되면서 사랑보다는 정의가 중시된다. 마키아벨리의 『군주론』이나 로크와 루소의 사회계약론을 통해서 정치는 인문학이 아닌 사회과학의 영역으로 넘어가게 된다.

그리고 애덤 스미스의 『도덕감정론』도 자비와 사랑보다 정의를 중시하면서 근대 자본주의 윤리가 탄생하게 된다. 애덤 스미스는 각자가 자기를 위해 사는 것을 나쁘게 보지 않고 다만 남을 해치지 않는 선에서 이기적으로 사는 게 사회적으로도 이득이 된다고 보았다. 그는 인간관계의 기본을 상인의 거래관계에서 찾았다. 상인에게는 희생과 사랑이 요구되지 않고, 이득을 추구하되 정직하게 거래할 것이 요구된다. 상인의 덕목은 높은 차원이 아니라 낮은 차원에서 정직하게 이득을 추구하는 것이다. 결국 자본주의 윤리에서는 정당한 몫을 찾는 정의가 남을 위해 희생하는 사랑보다 중시된다. 애덤 스미스는 정의가 한 사회를 떠받치는 기둥이라면 사랑과 자비는 있으면 좋지만 없어도 괜찮은 장식품과 같다고 했다. 한편 마르크스는 『독일 이데올로기』에서 인간의 의식 속에 들어 있는 경제적 이득에 대한 관심을 밝히고, 인간이 자신의 계급적 이득을 위해 인식을 왜곡한다고 주장했다. 그의 사회학적 관점은 정의가 경제적 계층 간의 문제임을 밝혔다. 시몬 드 보부아르는 1949년에 출간된 『제2의 성』에서 가부장제의 부당함을 역설하고 남녀의 성차별에서 비롯되는 정의의 문제에 철학적인 기반을 제공했다.

서양에서 정의가 무엇인지는 고대 인문주의로부터 그리스도교를 거쳐 근대 인문주의와 사회과학을 거치면서 그 내용이 발전해 왔다. 정의는 개인과 개인의 문제일 뿐 아니라, 개인과 국가의 문제이며, 계층 간의 문제이기도 하며, 남녀의 문제이기도 하고, 인종 간의 문제이며, 오늘날에는 세대 간의 문제로도 발전했다. 대개 개인의 자유와 권리가 평등하게 보장되는 쪽으로 제도의 발전이 이루어져 왔다. 그 점을 위해 인문주의는 개인의 존엄성을 확보하려고 했고, 그리스도교는 정의에 사랑의 요소를 집어넣어 구조악을 밝히고 국가권력을 비신성화했으며, 근대의 사회과학은 인간의 사회생활을 합리적으로 관찰하여 억압을 드러내 사랑보다는 몫을 찾는 정의를 중시하였다.

【 한국사회의 정의의 문제 】

● 정의를 위한 철학의 빈곤

동아시아 사회는 오랫동안 고대 인문주의의 영향 아래에 있었다. 중국은 19세기 말까지 주자학으로 과거시험을 치렀고 한국도 마찬가지였다. 중세의 주자학은 선진유학과 달리 형이상학을 마련했지만, 내면의 자기수양을 기본으로 한 덕을 강조한 점에서는 전통유학과 다를 게 없다. 고대 및 중세의 유학은 욕망이 적절하게 실현되는 법을 가르치기보다는 욕망을 절제하는 법을 가르치는 도학(道學)이었다. '이(利)'를 좇기보다 '의(義)'를 좇으라고 강조했다. 그렇게 되면 정의론이 발전하기 어렵다. 정의는 이득을 포기하는 게 아니라 정당하게 이득을 추구하는 문제이기 때문이다. 정의론의 발전을 위해서는 무소유보다 정당한 소유에 관한 철학적 정당화가 필요했다. 그리고 국가권력의 비신성화가 이루어져야 했다. 그것은 인간관의 변화를 요구하며 근대사회가 출현하는 것을 의미한다.

그러나 한국에서는 19세기 말까지 여전히 국가를 가정의 연장으로 보았고, 왕은 아버지요 스승 같은 존재로서 백성이 그의 자비와 덕에 감사하며 순종해야 하는 존재였다. 권력의 비신성화가 이루어지지 않았으며 구조악의 개념이 없이 희생과 인내를 강조했다. 합리적이고 과학적으로 몫을 따지고 분배하는 낮은 이성의 역할이 독립하지 못하고 자비와 무소유를 가르치는 높은 이성에 눌려 있었다. 한국은 고대로부터 내려온 높은 수준의 인문주의 영향 아래에서 합리적 정의관념을 발전시키지 못해 몫을 따지고 권리를 주장하면 자칫 덕이 없는 사람으로 취급받는 사회였다. 같은 인문주의라 하더라도 서양 근대의 인문주의는 칸트의 경우에서 보듯이 어느 정도 개인주의화된 것이다. 고대의 인문주의가 공공선을 위해서 어느 정도 개인의 희생을 당연하게 받아들였다면, 근대의 인문주의는 개인의 주체성과 이성능력을 내세우며 일반의지의 합치를 통해 공공선을 찾고자 했다. 그 결과 국민주권이 확립되고 민주주의를 이룩할 수 있었다. 민본이 아닌 민주정치는 각 개인의 주체적 판단을 존중하는 바탕 위에 정립되는 것이다. 칸트는 『실천이성비판』에서 인간이 주체이자 목적이라고 했다. 관용(톨레랑스)이 서구 근대 시민사회의 중요한 덕목이 되었는데, 관용이란 자비를 베푸는 게 아니라 나와 다른 타자를 인정하고 간섭하지 않는 것이다. 그러나 동아시아에서는 개인의 주체성이 강조되지 않았고 따라서 자유로운 인격체로서의 개인의 존엄성을 확보하는 데도 애를 먹고 있다.

한국사회는 어떤 면에서 종교적 사회라고 할 수 있다. 종교인들도 많고, 조선의 성리학 자체가 높은 차원의 자기초월을 요구했다. 그런 가르침은 여전히 의미가 있지만, 정의의 발전을 위해서는 근대적 이성에 의해서 비판되어야 했다. 이득을 계산하고 따지는 낮은 이성의 역할을 인정하는 게 근대화의 한 축이다. 그러나 그런 철학이 성장하지 못할 때, 높은 덕목의 가르침은 정의실현에 방해가 될 수도 있다. 몫을 정당하게 나누려면 따져야 하는데, 절제와 초월을 강조하면 따지는 일을 하지 못한다. 사랑과 희생을 강조하면 자기 몫을 찾는 데 어눌해진다. 억울한 일이 있으면 할 말을 해야 하는데, 종교의 차원에서는 말을 하기보다는 말을 듣는 차원이므로 정의의 영역과 다르다. 높은 진리에 대한 순종을 강조하다 보면 일상생활에서 일어나는 부당한 일을 참고 지나가도록 만들게 된다. 물론 인내와 희생은 삶의 중요한 덕목이지만 정의와는 영역이 다른 덕목이다. 정의만 가지고는 살 수 없지만, 인내와 희생만으로 평화로운 공동체를 만들 수 없는 것도 인간의 현실이다. 말하자면 사랑과 희생이 높은 덕목이라면, 정의는 평균적이고 일상적인 인간의 삶을 위한 덕목이라고 할 수 있다. 사랑이 개인의 숭고한 덕목이라면, 정의는 그 사회가 가진 공동체의 실력이라고 할 수 있다.

우리나라의 유학자들은 전통적으로 의(義)를 강조했고 의의 표출을 예(禮)로 보았다. 예를 지키면 그것이 곧 의라고 보았다. 정의를 그처럼 객관적인 도덕규범에 묶어 두면, 한 개인을 가치판단의 주체로 보는 근대적 인간관이 탄생하기 어렵다. 개인이 하나의 인격체로서 존중받고 자유와 권리에서 정당한 몫을 차지하는 것은 인간의 존엄성을 확보하는 데 중요하다. 한 사람을 하나의 인격체로서 존중하는 것은 결과적으로 약자를 보호하는 결과를 가져온다. 그렇게 보면 희생과 자비를 강조했던 근대 이전의 사회는 동서양을 막론하고 약자의 희생을 강요한 측면이 없지 않다. 서양은 한 편으로는 그리스도교에서 심화된 정의관을 권력 비판사상으로 받아들였 지만, 다른 한편으로는 근대에 들어오면서 그리스교에서 벗어나 낮은 이성 의 역할에 집중했다. 우리나라의 성리학은 높은 덕목을 요구한 점에서 서 구 그리스도교와 비슷하지만 국가권력을 비신성화하지 못했다. 물질을 초 월하는 높은 덕목을 숭상했기 때문에 몫을 합리적으로 주장하고 상대를 존 중하는 낮은 이성의 역할을 발전시키지 못했다. 그것은 정의의 확립을 위 해서 치명적인데, 아마 중세에서 근대로 넘어오는 과정을 주체적으로 겪지 못했기 때문으로 보인다. 다시 말해서 한국사회에는 정의를 위한 철학이 빈곤하다고 할 수 있다.

● 식민지와 전쟁 경험, 과거 청산의 문제

우리가 근대 시민사회를 제대로 거치지 못했다는 것이 정의로운 사회를 만드는 데 큰 걸림돌이 되는 것 같다. 그것은 동아시아 공통의 문제이기도 하지만, 우리나라의 경우에 특별히 식민지 생활과 전쟁을 겪었다는 게 정 의관에 큰 영향을 미쳤다고 봐야 한다.

한국은 근대 시민사회를 주체적으로 만들지 못하고 봉건사회가 무너진 후 곧바로 식민지시기로 들어가야 했다. 독립한 후에는 인류 전쟁사에서 가장 참혹한 전쟁으로 꼽히는 한국전쟁을 겪었다. 지금도 남북이 분단되어 서 전쟁의 위기 담론이 상존하고 있다. 전쟁의 아픈 기억을 가진 세대는 지 금도 전쟁이 나면 어떻게 피난 가야 할지를 생각한다. 비상사태는 인간의 정의감에 큰 악영향을 준다. 비상사태에서 인간은 옳고 그름을 떠나서 어 떻게 생존하느냐가 가장 중요해지기 때문이다. 나와 내 자식이 어떻게 해 야 살아남을지를 생각하는 본능이 지배한다. 가족주의는 일종의 본능인데,

우리 사회의 가족주의는 우리가 늘 비상사태에 있다고 하는 위기의식과도 관련이 있다. 지난 19세기 중반부터 백여 년 동안 민족이 겪은 환난의 트라우마가 쉽게 사라지지 않고 의식을 지배한다. 그래서 개인의 본능적인 생존방식이 사회적 행동양식이 된다. 관직에 대한 과도한 집착이나 금전만능주의라고 하는 힘의 본능이 크게 위세를 떨치고 믿을 게 자식밖에 없다는 가족주의의 본능이 크게 작용한다. 이건 단지 전쟁을 겪은 세대의 문제일 뿐 아니라, 그 이후 세대라도 이 땅에서 태어나 자란 사람들의 집단 무의식에 당분간 영향을 줄 것으로 보인다.

힘의 본능과 가족주의의 본능이 판을 치면 한 사회가 정의롭게 되기 어렵다. 고대 인문주의자들이 등장한 이유가 힘이 지배하는 세상에서 정의가 지배하는 세상으로 바꾸기 위한 것이었다. 그들은 본성과 본능을 구분하고 선하고 정의로운 본성이 본능을 이기는 게 인간의 모습이라고 말했다. 아리스토텔레스가 생각한 시민이란 가족끼리 통하는 본능적 사랑을 넘어 공공선에 대해 책임감을 가지는 존재이다. 아리스토텔레스의 신념은 '옳은 게 좋다'는 것이다. 옳게 하려면 손해 보는 경우가 많은데, 그래도 옳게 하는 게 결국 이득이 된다는 말이다. 그러나 옳은 게 결국 좋다는 것을 확인하는 데는 시간이 필요하다. 좋다는 것은 자칫 옳게 행한 자의 주관적 자기만족일 수도 있다. 칸트는 『실천이성비판』에서 옳음과 좋음 사이에서 좋음을 포기하고 옳음을 택하는 숭고한 인간 이성에 대해 말하고 싶었다. 그러나 인간은 옳게 하는 게 '마침내' 자기에게도 이득이 된다는 생각이 있어야 옳게 행할 수 있다. 단순히 주관적 도덕감정의 충족이 아니라, 실제로도 이득이 된다는 생각이 들어야 당장 좋은 걸 포기하고 옳은 행위를 할 수 있을 것이다. 계속 손해만 보는 데도 계속 옳게 행동할 사람이 얼마나 있을까? 그런 도덕적인 영웅도 있을 수 있지만 정의를 영웅에게 미루는 것은 그 사회의 실력이 매우 빈곤한 것이다. 말하자면 부도덕한 사회일수록 정의로운 것은 모든 시민의 덕이 아니라 예외적으로 도덕적인 영웅의 몫이 되는 것이다.

옳게 하는 게 '결국' 또는 '마침내' 자기에게도 이득이 된다고 느끼게 하는 것이 한 사회의 도덕적 실력이다. 그런데 '결국' 자기에게 이득이 된다는 것을 확인하는 데는 시간이 걸린다. '마침내'의 마침은 언제인가? 그 마침을 죽은 이후나 세계의 종말에 있을 신의 심판에 두는 게 종교이다. 세상에서는 그만큼 정의가 통하지 않고 부패해서, 불의하고 간사한 자들이 힘을 얻고 영광을 누린다는 생각이 그런 종말론을 낳았을 것이다. 그러나 사회에 따라서 어느 정도 실력 차이가 있으며, 정의로운 사회일수록 시민들은 피해의식이 없이 여유를 가지고 살 수 있다. 정의가 '결국' 자기에게 도움이 되고 이득이 된다는 것을 믿기 때문이다. '결국'이란 사회를 돌아 자기에게로 오는 시간을 가리킨다. 정의가 서면 사회가 잘 돌아가고 그러면 결국 개인의 행복에 도움이 된다. 그 시간을 기다릴 수 있느냐의 문제이다. 예를 들어 늦게 온 사람이 새치기를 한다고 하자. 당장에는 이득을 보겠지만, 사람들이 모두 새치기에 익숙해지면 '결국' 본인도 줄을 설 때 안정된 마음으로 자기차례를 기다리지 못한다. 뇌물을 주는 걸 거부하는 풍토가 자리 잡으면 결국 자기가 아쉬울 때 원칙에 의해서 일이 처리될 것을 기대할 수 있다. 올바르지 않으면 결국 손해가 되고 올바른 게 결국 이득이 된다는 것은 일종의 믿음이다. 한 사회가 바르게 되었을 때 인간은 심리적 안정감과 인격적인 여유를 가질 수 있다.

그런데 부당한 처사를 통해 돈과 힘을 획득한 사람이 응징받지 않고 자식 대에 이르기까지 호사를 누린다면 사람들은 이 땅에 정의는 죽었다고 생각할 것이다. 우리나라는 일본으로부터 독립한 이후에 과거 청산에 실패했다. 말하자면 공동체를 위해 자기를 희생한 사람들에 대한 보상과 공동체에 해를 끼친 사람들에 대한 응징이 제대로 이루어지지 않았다. 이것은 누구의 잘못이라기보다는 약소국의 비극인 측면도 있다. 그리고 국제정세의 불안과 한국전쟁이라는 악재가 있었다. 비상사태가 계속되면 정의보다 생존과 힘의 축적을 우선시하게 된다. 그런 상황이 일반적인 정의감에 악영향을 미치는 것은 의심할 여지가 없다. 어떤 이유로든 기회주의자들이 자신의 힘을 재생산하면서 왜곡된 담론을 만들어 내는 것은 정의감에 좌절을 가져온다. 인간에게는 누구나 정의감이라는 게 있는데, 분명히 잘못된 것이 시정되지 않고 오래가면 정의감이 무너지게 된다. 나중에는 진짜 어떻게 사는 게 제대로 사는 건지 알 수 없게 된다. 사람들은 대체로 힘의 주변에 몰리게 되어 있다. 힘은 이득을 안겨 주는 재생산력을 가지고 있기 때문이다. 그리고 그 힘의 덕을 보는 사람들은 그 힘을 정당화하게 된다. 그렇게 해서 힘은 스스로 정당화하는 힘을 가지게 된다. 그러면 사람들은 힘이 정의라고 느끼게 된다. 공자와 맹자는 힘으로 하면 짐승과 다를 바 없고 인과 의의 덕으로 해야 인간다운 것이라고 주장했는데, 현재까지 인간사회에서 그 문제는 아직도 해결되지 않았다. 힘이 정의가 되면 인간의 인간다움에 큰 상처를 입는다. 그런 사회에서 살아가는 사람은 수단과 방법을 가리지 않고 힘을 가지려 하게 된다. 옳은 게 좋은 게 아니라, 좋은 게 좋다는 식으로 살게 된다.

우리나라에서는 사법부에 대한 불신도 매우 크다. 식민지시대에 독립운동을 했던 한국인을 심판했던 한국인들, 그리고 군부독재시기에 부당한 판결로 법의 잣대를 휘게 했던 사람들이 사법부에서 높은 지위를 누렸기 때문이다. 다시 말해서 사법부가 힘 앞에서 굴욕적인 모습을 보여 주었다고 할 수 있다. 그리고 지금도 유전무죄 무전유죄라는 말이 나도는 것은 우리

사회의 정의감의 좌절을 보여 준다. 어떤 면에서 급속한 경제성장을 위해 기업인에 후한 국가적 판단이라고도 할 수 있지만, 결과적으로 그것은 정의를 위해서 비극이다. 이른바 법 앞의 평등이 이루어지지 않는다고 느낄 경우, 사람들은 돈과 권력에 집착하게 된다. 그것만이 불의한 사회에서 부당한 대우를 받지 않고 살 길이라고 믿기 때문이다. 그래서 자식들을 어떻게든 잘 교육해서 돈과 권력을 갖게 하려고 한다.

정의란 어떤 면에서 강자의 횡포로부터 약자를 보호하는 것이다. 물론 정의의 잣대가 약자와 강자에게 공평하게 적용되어야지 약자라고 봐주는 게 정의라고 할 수는 없을 것이다. 그러나 인간사회에는 강자와 약자가 있게 마련이고 힘의 횡포로 말미암은 부당한 처사 역시 강자들에게서 많이 발견된다. 정의의 잣대는 그런 힘의 횡포를 막는 역할을 해야 한다. 우리나라에서 요즈음 갑의 횡포란 얘기를 많이 듣는다. 사회 구석구석에 도사리고 있는 힘의 횡포로부터 약자를 보호하는 것도 그 사회의 실력이라고 할 수 있다. 부당한 처사는 결국 시정되고 힘으로 약자들을 괴롭힌 사람들은 결국 벌을 받는다는 것은 인간의 정의감을 살아 있게 하는 데 매우 중요하다.

● 사회지도층의 도덕적 해이

우리나라 사람들은 대표적인 사회지도층이라 할 수 있는 정치인이나 관료에 대해 양가감정(兩價感情)이 있다. 한편으로는 그들에 대한 불신이 크다. 권력자를 부패한 자로 보고 정치인들의 말을 잘 믿지 않는다. 그러나 다른 한편으로는 권력에 대해 부러움도 가지고 있다.

정의의 문제는 정치권력을 어떻게 견제하느냐의 문제와도 직결된다. 국가와 개인이 맞섰을 때 그야말로 개인은 너무나도 약자이기 때문이다. 정의가 약자를 보호하는 것과 관련이 있다면, 국가권력으로부터 개인을 보호하는 게 정의를 위해서 중요하다. 서구에서는 아우구스티누스 이후 근대의 사회계약론을 통해서 정치권력을 철저하게 비신성화하는 작업을 거쳤다. 국가가 있고 개인이 있는 게 아니라, 개인들이 자신들의 필요 때문에 계약을 맺어서 공적인 권력을 위임하고 일을 맡겼다는 게 사회계약론의 요점이다. 그러므로 정치인이나 관직은 벼슬이 아니라 공무를 담당하는 공무원이요, 국민의 세금으로 봉급을 받는 공복에 불과하다는 생각이 서구의 근대사회를 지배했다. 헌법이 만들어지고 국가권력으로부터 개인의 기본권을 지키는 작업이 진행되었다. 개인은 국가를 위해서 당연히 희생해야 할 존재가 아니라, 국가의 존재 이유가 개인을 보호하는 데 있다는 생각이 있을 때, 정의의 한 부분이 지켜지는 것이다.

그러나 우리나라는 근대화를 주체적으로 이루는 데 실패하면서 여전히 공직을 벼슬로 생각하는 경향이 강하다. 전쟁과 경제개발 등을 겪으면서 국가권력이 비대해지는 것을 견제할 만한 사상적인 토대가 약하다. 이에 남북분단도 한몫하는데, 분단상황은 비상사태의 연장으로 작용하기 때문이다. 해방 후 민주주의가 빠르게 자리를 잡아가고 있으나 여전히 불안한 요소가 많아서 권력과 힘을 우상화하는 경향이 있다. 역사적으로 볼 때, 우리나라의 양반들은 세계에서도 보기 드문 특권층이었는데, 그런 특권층이 되고 싶은 욕구가 우리나라 사람들에게 강하게 자리 잡고 있다. 그러면서 동시에 일본이나 중국에 비해 정치인들에 대한 반감과 불신이 매우 크고 뿌리 깊다. 그것은 역사적으로 우리나라의 집권층들이 특권을 누리는 만큼 공동체에 대한 의무를 다하지 않은 데서 비롯된 것이다. 이른바 노블레스 오블리주의 문제는 한 사회의 정의감을 위해서 중요하다. 받은 만큼 주는 게 정의라면 고위 공직자는 한 사회 안에서 기득권을 향유하는 만큼 사회를 위해 높은 책임감으로 자기 직무를 수행해야 한다. 국가가 위기에 처했을 때는 국가를 위해 목숨을 내놓을 생각도 해야 한다. 그러나 우리의 역사적 경험이 그렇지 못했다.

얼마 전부터 고위 공직자가 되려면 청문회를 거쳐야 한다. 청문회는 서구 민주주의의 산물인데, 공직에 오르는 사람은 직무능력은 물론이고 상식 수준의 도덕성을 갖추어야 한다는 생각에서 나온 것이다. 도덕성이란 공공선을 지향하는 심성을 가리키기 때문이다. 그것은 시시콜콜한 사생활보다는 그의 삶에 공익과 관련된 국민감정을 해치는 행동이 없었는지 살피는 것이다. 그런데 우리나라의 청문회 과정을 보면 필요 이상의 인신공격이나 사생활이 들추어지는 것을 볼 수 있다. 그래서 그 자리에 맞는 필요한 인재가 등용되지 못하는 경우도 있다. 그것은 사회적 손실인데, 불신 때문에 생긴 사회적 에너지의 소모라고 할 수 있다. 그 불신은 아주 뿌리 깊은데, 어떤 면에서 사회지도층이라고 불리는 계층 전체에 대해 국민의 불신이 있다고 할 수 있다. 특정한 사람이 아니라 계층에 대한 불신이기 때문에 때로는 억울한 개인이 생긴다. 불신은 오래된 경험에서 비롯된 것인데, 국민들은 과거의 경험이 지금도 계속되고 있다고 보는 것 같다. 청문회를 하면 이상하게도 아들이나 본인이 군 복무를 안 했거나 부동산 투기 의혹이 많다. 힘없는 서민의 자식들은 아들이 몇 명씩 군 복무를 하는데, 공직 후보자는 특권을 이용해서 그런 의무를 피해갔다고 느끼기 충분하다. 재산에 관해서도 높은 자리에서 고급정보를 접할 기회를 이용해서 재산을 늘렸다는 의혹을 사기에 족하다. 이것은 말하자면 게임의 규칙을 어긴 것이요, 반칙을 쓴 것이다. 힘으로 반칙을 자행하면서 부와 권력을 자식에게까지 물려준다는 것은 국민의 정의감을 해치기에 충분하다. 정의감에 좌절을 가져오는 것이다. 그런 경우가 예외적이라고 하면, 그냥 넘어갈 수도 있을 것이다. 그런데 그렇지 않은 경우가 예외적이기 때문에 계층 전체에 불신이 생기는 것이다. 계층에 대한 불신이 지배할 때, 그 계층에 속했다는 이유로 큰 흠이 없는 사람도 도매금으로 매도되기도 한다.

우리나라의 공직자에 대한 불신은 오랜 역사를 지닌다. 조선시대에 전쟁이 나면 임금은 도성을 놔두고 피신했는데, 전쟁의 참화를 고스란히 겪는 것은 결국 일반 백성들이었다. 그것 역시 나라가 힘이 없을 때 겪는 비극이라고 할 수 있다. 그러나 평소에는 권력자들이 군림하고 유사시에는 백성을 지켜 주지 못한다고 백성들이 느끼는 한, 지도층에 대한 불신이 커질 수밖에 없다. 이웃나라 일본은 우리나라보다 더 경직된 신분제도를 가지고 있었다. 쇼군과 사무라이 계급은 평소에 국민을 확실하게 지배하지만, 유사시에는 자신의 백성들을 목숨 걸고 지키거나, 아니면 자결하는 한이 있어도 성을 놔두고 도망하는 일은 없었다고 한다. 임진왜란 때 동대문으로 한양에 입성한 왜군이 텅 빈 도성을 보고 함정이 아닌지 의심하여 쉽게 들어오지 못했다는 얘기는 『조선왕조실록』에도 나오는 유명한 얘기이다. 일본에는 성주가 성안의 백성을 놔두고 도망가는 개념 자체가 없다고 한다. 그 결과 일본인들은 지금도 정부에 대한 신뢰가 크다. 일본은 정부를 너무 믿어서 민주주의 발전이 없고 우리나라는 정부를 너무 믿지 못해서 사회적 손실이 크다. 앞으로는 나아지겠지만 사회지도층들의 도덕적 해이가 불신의 가장 큰 이유라고 할 수 있다. 사회지도층들의 도덕적 해이는 국민 일반의 정의감을 크게 해친다. 지금도 공직자들이나 지도층들의 자식과 재산이 해외에 가 있는 경우가 많은데, 그 자체가 문제되지는 않겠지만 한반도에 전쟁이라도 나면 그들은 해외로 도망가지 않겠느냐고 생각하는 일반인들이 많다. 지난 경험에서 오는 불신의 악순환이다. 앞으로 한국사회의 지도층이 되고자 공부하는 젊은이들은 그런 악순환을 끊기 위해 도덕적 책임감을 가져야 한다. 이 사회에서 부와 권세를 누리는 것은 자기만의 실력에 의한 것이 아니라는 점, 그러므로 미래의 한국지도층들은 사회공동체에 빚진 마음으로 봉사해야 한다는 것을 명심해야 할 것이다.

　사회지도층이라면 기업가도 빠질 수가 없다. 요즘 정치는 곧 경제라고 할 정도로 정치가 경제에 의해 좌우된다. 경쟁사회에서는 국가도 서로 경쟁하므로 국민총생산액을 통해 나라를 강하게 하기 위해서 정부와 국회는 기업의 활동을 도와주는 역할이 주된 임무가 되었다. 그런데 대기업성장을 통한 급속한 경제성장의 결과가 정의관에 부정적 영향을 미친 점이 많다. 큰 기업을 일군 과정에서 관리들과의 결탁과 부패가 빠지지 않았다면 기업가들에 대한 국민의 시선은 곱지 않다. 물론 빠른 경제성장을 위해서 국가주도의 정책이 가져온 결과라고 할 수도 있지만, 여하튼 정의감에는 악영향을 준다. 기업이 아니더라도 소시민들의 부의 축적도 그렇다. 도시 개발을 타고 부동산 투기를 통해서 돈을 버는 것은 정당한 노동의 결과가 아니기 때문에 정의감에 악영향을 준다. 우리나라는 40~50년 만에 비약적인 경제성장을 해서 한강의 기적이라 평가받는다. 그런데 재화가 급속히 늘면서 생긴 빈부 차가 정의감을 해칠 수 있다. 그 빈부 차가 정당한 노동의 대가라면 그렇지 않지만, 투기와 편법에 따른 것이라면 상대적 박탈감은 더 커진다. 존 롤스는 『사회정의론』에서 한 사회 안에서 우연한 소득이 높을 때 정의관에 악영향을 준다고 보았다. 말하자면 상대적 빈곤을 느끼는 사람들이 부자의 재산축적 과정에 승복하지 않고 결과적으로 자신의 빈곤을 정당하다고 느끼지 않는 것이다.

　서양의 자본주의는 돈 버는 것을 도덕적으로 정당화하면서 그들의 부를 자본 곧 사회적 생산요소로 보았다. 자본주의라는 것 자체가 부를 개인의 소유가 아니라 공장을 돌리고 많은 사람을 고용하는 자본으로 보는 관점이다. 그런 전제 하에서 돈 버는 데 몰입하는 것을 도덕적으로 정당화하면서 중세의 그리스도교 윤리에서 빠져나올 수 있었다. 실제로 막스 베버에 따르면 자본주의의 출발이 개신교도들의 근면과 금욕에서 나왔다고 할 정도로 자본의 축적과 도덕성은 양립하는 것이었다. 그러므로 서양의 부자들은 그들의 사회적 기여도 때문에 존경받는다. 그러나 우리나라에서는 부자들에 대한 존경은커녕 부자라면 오히려 부도덕성부터 떠올린다. 그것은 일반인들이 그들의 부의 축적 과정이 도덕적이지 않다고 느끼기 때문이다. 그런데도 현실은 힘과 부가 지배하기 때문에 사람들은 수단방법을 가리지 않고 부자가 되려고 한다.

● 사교육의 문제

우리나라에 사교육 시장이 어마어마하게 크다는 것은 정의감에 어긋난다. 그것은 기회균등이라는 정의의 원칙에 어긋나기 때문이다. 정의의 발전사를 보면 신분제도가 철폐되면서 정의는 기회균등으로 설명되었다. 모든 이에게 같은 기회를 주면서 이른바 경쟁사회가 도입되었다. 같은 기회를 주기 위해 의무교육이 시행되었다. 의무교육이란 일정한 수준까지의 교육을 국가가 책임지는 것으로서 가난한 집안의 자식도 좋은 직장을 가질 기회를 갖도록 돕는 것이다. 의무교육은 인간의 정신이 도달한 정의관의 반영으로서 부모의 가난이 자식의 삶까지 영향을 미치는 것을 정의롭다고 보지 않아서 생긴 제도이다. 한 개인으로 보면 어떤 집안에서 태어나느냐는 것이 너무나 많은 것을 좌우한다. 부모의 인격과 성격 등도 그렇지만, 이른바 부와 지위 등 사회적 가치가 자식의 교육 정도와 재산 정도를 좌우하는 경우가 많다. 이것은 한 개인의 노력이나 책임과 상관없이 출생의 우연이 한 사람의 인생을 지배하는 것이다. 인간의 정의감은 그런 우연을 어떻게든 줄이기 위해, 사회 전체가 한 개인의 삶을 어느 정도 도와야 한다는 생각에 이르렀다. 일단 출발선의 불평등을 조금이라도 고쳐 보자는 생각이 의무교육제도를 낳은 것이다. 기회균등이라고 하는 근대적 정의관이 의무교육제도를 낳은 것이다. 프랑스나 독일 같은 나라는 대학까지도 학비가 없이 다닐 수 있게 하는데, 그것은 기회균등이라는 정의의 원칙을 교육에서 실현하는 방안이다.

의무교육이란 이른바 공교육을 가리킨다. 그런데 우리나라는 모두들 공교육이 무너졌다고 말한다. 태어나고 말하기 시작하면서부터 사교육을 시키기 시작해 중고등학교에 이르면 몇백만 원씩 학원비를 대며 공부시킨다. 지도층들은 자신의 자녀에게 유리한 기회를 주기 위해 어려서부터 해외유학을 보내고 이른바 국내의 명문대학에 들어올 길을 확보한다. 지도층뿐 아니라 이제는 모든 부모가 빚을 내서라도 아이를 해외에 보내 연수시킨다. 크게 보면 이런 교육열이 한국의 경제성장에 이바지했다고 할 수 있을지도 모른다. 그러나 아이들이 학교에 가서는 자고 학원에 가서 밤늦도록 공부하는 교육 현실은 적어도 정의관을 위해서는 참담한 결과를 가져온다. 사교육이 커지는 것은 그만큼 기회균등의 원리가 깨지는 것이기 때문이다. 공교육은 그 비용을 국가가 감당하지만, 사교육은 개인의 재산이 크게 좌우하기 때문에 가난한 집의 자식은 그만큼 교육받을 기회가 부족해진다. 신분제는 없어졌지만 부모의 재산 정도에 따라서 아이의 기회가 출발부터 달라지는 것은 정의관에 맞지 않는다. 요즘에는 부모의 재산이 아니라 할아버지의 재산이 중요하다고 한다. 사교육비가 엄청나기 때문에 부모가 버는 것으로는 감당하기 어렵고 할아버지의 재산까지 끌어와야 한다는 얘기이다. 부모도 아니고 할아버지까지 거슬러 올라가서 좋은 삶을 위한 기회가 결정된다면, 이것은 기회의 세습이라고 해도 과언이 아니다. 그만큼 정의감에 어긋나는 것이고 사회 불안 요소가 되는 것이다. 권력의 세습과 부의 세습을 줄여 보려고 하는 게 기회균등이라고 하는 근대적 정의관의 출발이다. 그것이 공교육제도로 구체화되었는데, 한국사회는 사교육 시장이 엄청나게 커지면서 결국 부와 지위의 세습이라는 결과를 가져온 것이다.

여기에는 어떤 악순환이 있다. 사회에 대한 믿음이 없어서 자식 교육에 그만큼 더 열을 올리고 자기 자식에 대한 애착은 결과적으로 사교육의 과열로 부의 세습을 가져와 믿을 수 없는 사회를 만든다. 일반적 신뢰가 없을 때, 믿을 수 있는 특별한 집단에 대한 애착이 커진다. 그리하여 가족 같은 혈연은 물론이고 지연이나 학연이 번창한다. 인간에 대한 일반적인 신뢰가 없기 때문에 특별한 신뢰가 가능한 집단을 형성해서 의지하는 것이다. 자리나 부의 분배가 공정하게 이루어지지 않고 지연이나 학연이 영향을 미친다면, 그것은 정의감을 해치고 일반적 신뢰감을 해친다. 우리나라 축구 대표팀에 외국 감독이 오면 가장 좋은 점은 학연을 벗어나서 선수를 선발하는 점에 있다고 한다. 공정하고 객관적인 눈을 가지고 가장 실력 있는 선수를 골라야 경쟁력을 가지고 좋은 성적을 낼 것임은 의심할 여지가 없다. 우리나라에 학연과 지연의 끼리끼리가 얼마나 심각한지 단적으로 보여 주는 예이다. 사회 구성원에 대한 일반적 신뢰가 없어서 학연이나, 지연이나, 혈연이 판을 치고 그런 집단들이 다시 일반적 신뢰를 해치는 악순환이 계속된다. 이것이 선거 때만 되면 지연이 등장하는 우리 사회의 모습이요, 무슨 동창회라고 해서 세를 과시하는 우리나라의 모습이요, 어려서부터 자식의 인맥을 만들어 준다고 난리법석을 떠는 우리 학부모들의 모습인 것 같다.

정의로운 사회를 위해서

정의가 없으면 불신에서 생기는 사회적 비용이 크다. 사람은 남을 믿고 싶어 한다. 그러나 정의가 없는 사회에서는 남을 믿고 살기가 쉽지 않다. 사람들이 원칙을 지키리라고 하는 믿음이 없고 순서를 기다리면 자기차례가 돌아오리라는 믿음이 없으면 삶이 피곤해지고 사람이 약해진다. 옳은 게 결국 좋은 거라는 믿음이 없으면 자기 이득을 찾는 데 조급해진다. 상대방이 어떻게 나올지 모르기 때문에 피해의식에 젖어서 심리적으로 불안정하게 된다. 그렇게 되면 대화나 협상이 힘들어진다. 개인, 계층, 세대 간의 대화 단절이 심각한 수준이 된다. 사람들이 사나워지고 무례한 행동을 서슴지 않는다. 남의 호의도 순수하게 받아들이지 못하고 의심하게 된다. 불의한 사회가 가져오는 불신은 인격을 불안하게 만들고 사회·경제적으로도 큰 손해다.

어떤 사람들은 우리나라의 무질서한 모습을 두고 민족성을 들먹인다. 그러나 민족성의 문제가 아니라 경험의 문제이다. 불신은 불행한 역사적 경험에서 생긴 것이다. 조선시대부터 있었던 사회지도층에 대한 불신, 구한말부터 외세에 의해 시달리고 상처받은 경험, 전쟁을 겪으며 강화된 힘에 대한 본능이 정의를 이루는 데 악영향을 주었다. 그리고 빠른 경제성장에 수반된 부패와 투기, 특권층의 도덕적 해이가 정의감을 크게 해치고 사회 속의 불신을 키웠다. 또한 주도적으로 근대사회를 이루지 못하고 서양의 제도를 베끼면서 형성된 철학의 빈곤도 정의가 이룩되는 데 큰 걸림돌이다.

정의로운 사회를 위해서는, 옳은 게 결국 좋은 거라는 생각이 시민들 사이에 자리 잡아야 한다. 그러려면 정의가 무엇이며 왜 정의가 필요한 것인지에 대한 사회적 인식이 필요하고 때로는 사회적 합의가 필요하다. 그런

점에서 우리는 아직도 언어가 빈곤하다. 합리적인 설득의 언어와 논리가 부족하다. 이런 문제는 시간이 필요할지도 모른다. 우리 사회는 좋아진 부분도 많고 시간이 흐르면서 나아질 부분이 상당히 많다. 그동안 생각할 겨를도 없이 부를 늘리기 위해서만 애써 왔다면 이제는 어느 정도 여유를 가지고 생각하면서 정의를 위한 철학적 기반을 형성해야 하고, 그럴 수 있으리라고 믿는다. 안 그러면 사람이 살기 힘든 사회가 될 수밖에 없고, 사회적 결속력이 떨어져서 매우 취약한 사회가 될 것이다.

다른 면에서 보면, 인간은 이미 어느 정도 정의가 무엇인지 알고 있다. 사회적 합의가 필요한 부분들도 있지만, 너무나 기초적인 정의의 문제들도 많다. 정의로운 사회를 위해서는 정의감을 해치지 않도록 사회 각 분야에서 정의가 실현되는 수밖에 없다. 그리하여 옳은 게 결국 좋은 거라는 경험을 하도록 해야 한다. 그 점을 위해서는 무엇보다 사회지도층들의 도덕적 해이가 사라져야 할 것 같다. 역사적으로 볼 때 지도층들은 우리 사회의 정의감이 약화되는 데 일차적 원인을 제공했다고 할 수 있다. 그러므로 해결의 실마리도 상당 부분 거기서 찾을 수 있을 것 같다. 정의는 모든 시민의식의 문제이기도 하지만, 우리 사회에서는 특별히 지도층들의 모습이 중요하다는 말이다. 특권의식이 사라져야 하고, 이 사회에서 누리는 만큼 자신의 직무에 대해 공적인 책임을 져야 한다. 그 부분을 감시하는 장치는 더 강화되어야 한다. 엄청난 비용을 들여 교육하는 사교육 열풍도 어쩌면 자식이 특권층이 되기를 바라는 마음 때문일지도 모른다. 약자들이 사회 각 분야의 강자에 의해서 쉽게 모욕을 당하는 일이 없어져야 하고, 그러기 위해서는 사회가 더 민주화되어야 한다.

사람이 하나의 인격체로서 존중받는다는 생각이 들도록 모두가 남을 배려하는 습관을 기르는 것도 정의로운 사회를 위해서 중요하다. 정의란 결국 사람을 하나의 인격체로서 존중하는 것이기 때문이다.

종교에서 아무리 사랑을 외쳐도 정의가 없는 사회에서는 남을 배려할 여유가 생기지 않는다. 사랑은 정의 이상이지만, 많은 경우에 사랑은 정의 안에서 정의를 통해서 실현되는 것이다. 종교는 사랑을 말할 수밖에 없지만, 그 사랑이 정의를 해치는 것이 아닌지 스스로 살펴야 한다. 안 그러면 종교는 사회정의가 이룩되는 데 방해가 될 수도 있다. 원래 서구 그리스도교에서 사랑을 말할 때는 정의 이상으로 정의를 완성하려는 것이었다. 오늘날 한국의 교회는 그 점에서 모범을 보여 주지 못하고 있다. 일반적으로 종교는 합리성 이상을 말하지만 차라리 합리적인 사회가 되는 게 정의를 위해서 유리한 측면이 많다.

글쓴이
–
양명수(이화여대 기독교학과 교수)

『기독교 사회정의론』, 『호모 테크니쿠스』, 『성명에서 생명으로 – 서구의 기독교적 인문주의와 동아시아의 자연주의적 인문주의』, 『어거스틴의 인식론』, 『토마스 아퀴나스의 신학대전 읽기』, 『한국교회, 인문주의에서 배운다』, 『욥이 말하다 – 고난의 신비와 신학』 등의 저서가 있다. 퇴계의 사상을 연구한 다수의 논문이 있다. 국제 폴 리쾨르 재단의 한국대표로 있으며, 해석학 논문을 국내외에서 발표했다. 한국사회의 정의문제에 관심이 있으며, 사회정의론을 발전시킨 서구 기독교 전통과 환경친화적인 한국의 자연주의 전통을 비교하고, 한국 철학과 신학을 정립하는 노력을 하고 있다.

양
명
수

이
은
선

믿음(信), 교육정의의 핵심과
한국공동체 삶의 미래

지난해 4월 진도 앞바다의 세월호 참사 이후, 한국사회는 더 깊은 우울과 출구 없는 절망에 빠져들고 있다. OECD 국가 중 자살률 최고(인구 10만 명당 30여 명), 노인자살률과 빈곤율 최고, 그리고 20~30대 세대의 연애, 결혼, 출산의 '삼포'(세 가지 포기)는 오늘날 한국공동체 삶의 모순과 불의가 얼마나 깊고 심각한지를 잘 대변해 주고 있다.

이러한 가운데 모두가 잘 알고 있듯이 오늘날 우리 사회에서 교육은 거의 제일의 '민생문제'가 되었다. 박근혜 정부 들어서 연간 사교육비 총액이 30조 원을 넘는다는 추산이 나온 시점에서 어느 가정, 어느 개인도 교육과 관련된 민생문제로부터 자유롭지 못하다. 얼마 전 한 초등학생이 쓴 '학원 가기 싫은 날'이라는 동시가 사회적 논란을 불러일으켰다. 학원 가기 싫은 자신을 억지로 강제하여 보내는 엄마에게 잔인하게 복수하고 싶다는 심정을 토로한 이 시의 출판과 관련해서 논란이 뜨거웠다. 하지만 출판과 관련한 찬반의 논의를 넘어서 문제의 핵심은 바로 우리 사회가 그런 내용의 '동시'(어린이 시)를 배출했다는 사실에 있다고 여긴다. 그 시는 오늘날 한국교육이 단순히 민생의 차원을 넘어서 더 근본적으로 생명과 삶 자체의 지속 가능성에 대한 물음으로 넘어간 것을 적나라하게 보여 준다. 즉 모두가 현재의 교육문제 때문에 죽을 정도로 힘들다는 것이고, 특히 너무도 많은 차세대 청소년들이 교육문제로 죽어 가고 있다는 것이다.

오늘날 한국사회에서 교육이 이렇게 구체적으로 사람의 생명줄을 옥죄는 지경까지 가게 된 배경에는 근대 산업문명의 경제제일주의가 있고, 그 중에서도—이제 한국도 뛰어난 첨병이 된—세계 신자유주의 경제원리의 무한경쟁주의가 있다고 할 수 있다. 특별히 근대 산업문명은 인간의 지적 능력을 최대한으로 요청하고 강조하는 문명인데, 그 강한 주지주의적(intellectualism) 경향은 21세기에 와서 인류 삶에 커다란 문제를 야기하고 있다. 과도하게 지적 활동을 강조하는 근대문명은 특히 인간을 철저히 낱낱의 개체적 존재로 이해해 왔고, 그 가운데서 싹튼 한국교육의 무한경쟁주의는 미래를 위한 보다 안정된 부와 물질의 확보를 핵심 목표로 삼게 되었다. 하지만 그렇게 모두가 교육을 통해서 안정된 미래를 꿈꾸면서 죽을 듯이 노력해 왔지만, 그 목표가 잘 이루어지고 달성되고 있는가 하는 상황은 그렇지 않다는 것이다. 최근 발표된 한 교육연구에 따르면 한국의 교육 상황은 오히려 점점 더 반작용을 불러일으키고 있다. 즉 예전에는 가난한 집의 자녀가 소위 명문대에 진학하면 듣던 '개천에서 용이 났다'는 말이 보편적으로 통용될 정도로 지금까지 한국교육은 사회계층 간 이동을 용이하게 하는 통로였다. 하지만 최근의 연구는 그 일이 더 이상 쉽지 않음을 보여 주고 있다. 세대 간 계층 이동성을 보여 주는 지수에서 본인과 아들의 부자간 학력 상관계수가 다시 높아지고 있으며, 사회경제적 지위의 상관계수도 높게 평가되면서 본인의 할아버지로부터 손자인 아들까지 4대에 걸친 시기의 세대 간 계층 대물림이 본인에 이르기까지는 낮아졌다가 다음 세대에 다시 높아지는 U자형 추이를 보이고 있다고 한다.[1]

이것은 교육이 지금까지처럼 사회계층의 이동 사다리로 기능하기보다는 오히려 계층 대물림의 통로가 되고 있고, 과거에서와 같이 "위대한 균형추(the great equalizer)"로 역할하고 있지 못하다는 것을 반증한다. 즉 오늘날 한국사회에서 교육정의는 한없이 손상되고 있으며, 이제 젊은 세대들 스스로의 노력에 대한 믿음은 점점 더 희박해지고 있는 것이다. 교육을 받아도 좋은 학교를 나오지 않으면 좋은 일자리를 얻을 수 없으며, 좋은 학교에 가려면 부모의 경제력이 뒷받침되어야 하는 악순환이 증대되고 있기 때문이다.

이러한 교육에서의 빈익빈 부익부 현상의 증가와 더불어 한국사회공동체 삶의 근간을 흔드는 더 근원적인 해악은 사람들 사이의 신뢰와 관계가 심하게 훼손되고 있는 것이다. 핵가족으로까지 축소된 가족적 삶에서도 기승을 부리는 자아중심주의와 개인주의는 모든 사람을 각자의 섬으로 만들고 있다. 정의(正義)라고 하는 것은 가장 기초적으로 이 세상에 나 이외의 상대방이 있으며, 이웃이 있고, 다른 사람이 있다는 것을 인정하고 거기에 합당한 의무와 도리를 행하는 것이다. 오늘날 한국사회에서 이 당연한 관계의 도가 자연스럽게 이루어지는 것을 기대할 수 있는 곳이 어디이고 그러한 관계가 어느 곳에 남아 있느냐고 묻지 않을 수 없다. 사람들 사이의 '선한' 관계가 주된 관심인 종교를 살펴보아도 오늘날 한국사회의 종교계

는 사람들로 하여금 생명과 사람과 이웃을 무조건적인 정의와 관계의 대상
으로 보게 하는 데 실패했다. 오히려 종교 자체가 깊은 불의의 수렁에 빠지
고 있어서 사회의 걱정거리가 되고 있다. 법의 경우에도 상황이 다르지 않
다. 지난 이명박 정부 시절부터 가장 많이 외친 것이 법치였고, 법을 통해
사회질서와 정의를 세운다는 것이었지만 아무도 그 말이 진실 되게 실행되
었다고 여기는 사람은 없다. 대신 한국사회는 점점 더 법을 부리는 사람들
의 횡포와 불의가 판을 치는 것을 볼 수 있고, 법이라는 이름 아래서 저질
러지는 악이 지금까지 한국사회가 겪어 보지 못한 수준에서 그리고 이때까
지 모두가 인간적 상식(common sense)이라고 여기며 살아왔던 보편의 의식
까지 적나라하게 깨부수는 수준까지 도달했다.

그렇다면 교육이 그러한 사회의 현실에도 불구하고 앞으로의 세대들을
정의의 감각으로 키우고 있고, 그런 의미에서 교육이야말로 사회정의의 믿
을 만한 토대가 된다고 할 수 있겠는가 하면 그렇지 않다는 것이다. 이미
언급했듯이 오늘날 한국교육은 점점 더 심화되는 빈익빈 부익부의 현실 속
에서 그 영역과 대상이 점점 더 확장되고 가중되는 사교육의 횡포 아래 깊
이 신음하고 있다. 미래의 경제적 부와 안정만을 추구하는 교육속물주의가
판치고 있으며, 그러한 무한경쟁의 각축장에서 아이들과, 청소년들과, 가
족공동체가 죽어 가고 있다. 그 일로 인해 공동체에서 힘없는 노인 세대가
멀리 뒷전으로 밀려나 그들에게 합당하게 돌아가야 하는 인간적 자부심이
나 품위는 한갓 꿈이 되었다.

그렇다면 이러한 한국사회의 현실에서 벗어날 수 있는 출구와 돌파구를
어디서, 어떻게 찾아볼 수 있을까? 종교와 정치와 법과 교육이 모두 그렇게
한없이 추락했고, 인간공동체적 삶을 기초적으로 가능케 하는 믿음과 신뢰
가 무너진 상황이라면 우리는 어디에서 다시 시작해야 하는 것일까? 그래도

인간의 기본인 믿음과 신뢰의 능력을 다시 회복하도록 하는 일이야말로 가장 긴요한 일이 되는 것이 아닐까? 그렇다면 그 일을 어떻게 가능하게 할까? 오늘날 현실적으로 참으로 심각한 민생문제가 되었고, 광범위하게 사람들을 죽을 정도로 힘들게 하는 현실의 교육과 공부로부터 그 일을 위한 돌파구를 찾아낼 수 있을까? 사람들을 심각하게 종속시키고 노예화하는 오늘의 교육 현실을 근본적으로 변화시키는 관건은 무엇일까? 이러한 질문들이 이번 성찰의 주요 물음들인데, 이것은 결국 우리 공동체의 정의 물음과 교육정의 물음의 핵심을 최종적으로 '믿음(信)'과 '인간성' 회복의 문제로 보는 것이고, 교육의 문제를 그 제도나 체제 등의 외부적 관건에 대한 문제라기보다는 우선으로 인간주체성과 자발성, 내적 고유성의 회복문제로 보는 것을 말한다.

탈학교사회(deschooling society)와 교육정의

2015년 어린이날을 기해서 〈한겨레신문〉이 기획 탐사한 "부끄러운 기록 '아동학대'"에 나타난 한국 어린이의 인권 실태는 경악을 금치 못하는 수준이다. 미래 한국사회의 가장 큰 위기 요소로 연일 세계 최저의 출산율(2012년 여성1인당 1.30명)이 회자되지만, 막상 탄생한 많은 아이의 정황은 부모를 포함한 주위 가까운 어른들의 학대와 구타, 방임과 성적 학대 등으로 목숨조차 부지하기 힘든 수준이다. 그러나 이와는 반대로 다른 한편에서는 아이들의 생명과 삶을 점점 더 하나의 '기획(project)'으로 보고서 컨트롤하며, 아직 걷는 것과 말하는 것조차 서투른 영유아 시절부터 사교육을 위해서 천문학적인 비용을 쓰고 있다. 최근 국책 육아정책연구소의 한 연구(영유아 교육·보육비용 추정연구)에 의하면 2014년 한국 영유아의 총 사교육비 규모는 3조 2289억 원으로 2013년보다 5874억 원(22.2%) 증가했다. 영아(0~2세)의 사교육비도 5175억 원으로 전년에 비해서 3.5% 늘어났고, 이러한 영유아 사교육비의 증가는 그 증가 폭이 초중고 학생 1인당 평균에 비해서 10배 이상인 것이라고 한다.[2] 그런데 이렇게 근년에 들어서 인생의 첫 시기인 영유아기에서조차 사교육비가 크게 증가하고 있다는 것은 한국의 교육이 그만큼 비싸지고 있다는 사실을 말해 준다. 그것은 교육이 특별히 경제적 부에 종속되는 것을 말하고, 그에 비례해서 우리 삶과 교육의 자립과 자율이 점점 더 손상되는 것을 말한다. 여기에 더해서 이미 직장인과 성인이 된 사람들의 계속교육을 위해서도 엄청나게 비용이 증가하고 있는데, 이러한 모든 현상은 우리 삶의 또 다른 형태의 노예화, 특히 '교육'과 '학교'와 '제도'에의 종속이라는 문제를 야기한다.

1960~70년대부터 이미 이러한 주지주의적 시대에서의 교육과 배움, 학교에의 종속문제를 줄기차게 지적해 온 사상가가 서구 신학자이면서 교육가, 교육운동가, 급진적인 문명비평가였던 이반 일리치(Ivan Illich, 1926~2002)이다. 그는 인간의 자율, 특히 가난한 민중들의 자율과 자립, 정신적이고 신체적인 독립과 건강을 무척 중시했는데, 산업시대 이래로 인류 근대문명에서 인간을 제일 옥죄고 노예화하고 종속하는 것이 바로 앎과 지식, 학교와 배움 등의 영역에서 일어나는 것을 간파했다. 1960년대에 가난한 남미의 가톨릭 사제와 대학 행정가로 일하면서, 이미 당시에는 대부분의 사람이 인류 근대문명의 진보적 쾌거로 생각했던 국민의무교육제가 그 안에 심각한 전체주의적 폭압과 인간 자연적 힘의 낭비를 담고 있는 것을 알아챈 것이다. 그는 앞으로의 인류 삶에서 가난한 민중들의 삶이 교육과 학교 때문에 더 가난해지고, 대신 학교와 대학과 지식의 전문가는 그

지식과 배움을 독점함으로써 더욱 부해지고 착취자가 될 것임을 지적했다. 이렇게 배움과 지식과 자격의 독점은 예전 마을공동체 안에서의 자유로운 경험의 공유와 교환, 각자가 필요한 것을 스스로 배우고 스스로 타고난 힘을 사용할 수 있는 능력을 잃어버리게 한다. 대신 사람들로 하여금 철저히 외재적인 체재나 기구, 거기서 생산되는 유무형의 생산물에 종속되게 만든다는 것이다. 일리치는 이러한 일을 "가치의 제도화(institutionalization of value)"라고 명명하며 "공생적 도구"와 "조작적 도구"의 차이를 구분한다. 그러면서 이러한 가치의 제도화와 독점을 통해서 새로운 근대적 방식("빈곤의 근대화")으로 사람들을 가난하게 만들고, 이 현상이 단지 학교나 교육의 일에서만 일어나는 것이 아니라 의료, 수송, 복지와 문화 등, 현대적 삶의 전 영역으로 확장되는 것을 밝혀 준다.[3]

그에 따르면 오늘날 학교는 생산성 향상과 소비욕의 재생산에 방향을 맞추고 있는 산업자본주의사회에서 소비욕을 재생산시키는 주범이다. 또한 학교야말로 가장 성공적으로 이익을 창출하는 이익집단이고 모든 고용주 중에서 최대의 고용주이다. 학교에서의 공부가 소비를 계속할 수 있게끔 돈을 벌어들이는 자격증 취득의 일이 되었고, 학교는 거기서 교육과정을 팔면서 앞으로의 모든 소비생활의 표준과 기준을 마련하는 기구가 되었기 때문이다. 그래서 "의무제의 공교육이 필연적으로 소비사회를 재생산한다는 것을 먼저 이해하지 않으면 우리들은 소비자사회를 극복할 수 없다"고 말하며 제도화된 학교기구와 교육체제를 급진적으로 비판한다.[4] 그에 따르면 우리가 학교교육 등을 통해서 가치의 제도화를 밀고 나가면 이 지구의 집은 반드시 "물질적인 환경오염의 생태위기"와 "부자와 빈자로서의 사회의 계층화와 분극화", 그리고 "사람들의 심리적 불능화와 무기력화"를 초래한다. 그 세 가지를 "지구의 파괴와 현대적인 의미에서의 불행을 가져오게 하는 세 개의 기둥"이라고 지적하는데, 그래서 오늘날 우리가 잘 보듯이 사회 전체가 학교화 되는 것을 경계하고, 제도로서의 학교가 배움과 교육을 독점하는 것을 더 이상 받아들이지 말자고 강론한다.

"학교는 근대화된 무산계급의 세계적 종교가 되고 있고 과학기술시대의 가난한 사람들에게 그들의 영혼을 구제해 줄 것을 약속하고 있기는 하지만, 이 약속이 결코 실현되는 일은 없을 것이다. 국가는 학교를 이용하여 전 국민을 각기 등급화된 면허장과 결합된 등급 지어진 교육과정 속에 의무로서 끌어들이기는 했으나, 그것은 지난날의 성인식 의례나 성직자 계급을 승진시켜 나가는 것과 다름이 없다."[5]

이 언술에서도 잘 드러나듯이 일리치는 인류 근대 산업문명을 일으킨 서구의 역사에서 중세를 지배하던 기독교 교회와 성직자 그룹을 근대문명에서의 학교와 지식인과 전문가 그룹과 비교한다. 그러면서 세계가 중세를 넘어서 세속화되고 탈주술화되었듯이 근대적 학교라는 신화와 그곳의 독점적 기득권도 무너질 것이라고 예측한다. 그래서 탈학교사회의 건립을 "제2의 종교개혁"으로 빗대고 서구사회가 16세기의 종교개혁을 통해서 억압적인 교회와 소수의 특권계급으로부터 해방되었듯이, 오늘날의 민중도 그들을 끝도 없이 힘들게 하는 독점화된 배움과 교육제도로부터 벗어나리라 예견한다. 그에 따르면 훗날 역사는 오늘의 시장집중과 성장제일주의시대를 "전문가들을 통해서 사람을 불구로 만들어 버리는 시대", 유권자들이 교수들에 이끌려서 자신의 권한을 기술자들에게 위임한 "정치가 소멸의 시대", "학교의 시대"로 기억할 것이라고 한다. 그래서 그렇게 무기력하고 수동적인 소비자가 되어 버린 인간은 인간적 존엄과 품위는커녕 "삶과 생존을 구별하는 능력"도 잃어버리게 된다. 오늘날 한국사회에서 공공탁아소에 맡긴 아기들이 죽어 가는 줄도 모르고 그 아기들의 양육비, 사교육비를 벌기 위해서 밖으로 일하러 가는 엄마들, 몸과 마음이 깊게 병들어서 신음하며 죽어 가는 줄도 모르고 더 많은 사교육과 입시공부를 위해서 그 아이들을 힘껏 쥐어짜는 부모들, 표준화된 자격증을 취득하게 하려고 학생들을 죽음의 위협이 점점 커지는 학교 폭력의 현장으로 밀어 넣으려는 눈먼 교사와 어른들, 자녀를 외국의 '더 좋은' 학교에 유학 보내기 위해서 기러기 엄마·아빠로 생활하면서 겪는 가족 해체의 고통은 말할 것도 없고, 그에 더해 그들에 의해서 다시 착취되는 한국의 노동자와 이주민 노동자들, 이런 모든 일이 삶과 생존의 경계가 한없이 무디어진 오늘의 교육 공간에서 파생하는 일들이다.

한계를 모르고 가중되는 이러한 교육불의에 대해서 'no'라고 하면서 거슬러 올라가려는 움직임들이 한국사회에서도 나타나고 있다. 큰 반향을 얻지는 못했지만 몇 년 전 〈녹색평론〉의 김종철 대표는 농촌에서 대학 보내지 않기 운동을 제안했다. 농민들이 자녀들의 대학교육비를 벌기 위해서 더 많은 산출을 얻어야 하므로 더 많은 농약을 사용하여 땅과 사람의 생존이 함께 위협받는 현실 앞에서 그러한 교육운동을 제안한 것이다. 사실 우리가 지금 이야기하는 교육정의도 근본적으로는 그러한 생태정의가 담보되지 않고서는 지속 가능하지 않다. 그러므로 그와 같은 근본적인 타개책에 대한 제안은 시사하는 바가 크다. 이와 더불어 지난 2010년 한국사회와 대학사회에 크게 경종을 울린 사건이 당시 고려대 경영학과 재학생이었던 김예슬 양의 대학교육 포기선언이었다. 그녀는 "오늘 저는 대학을 그만둡니다. 아니, 거부합니다. 진리도 우정도 정의도 없는 죽은 대학이기에"라는 선언과 함께 오늘날 한국 상아탑이 얼마나 뼛속까지 천민자본주의의 노예가 되어서 취업이라는 최상의 과업을 위한 전쟁터로 화했는지를 지적했다. 그녀는 그러면서도 결국 '무직, 무지, 무능'의 3無의 세대만을 양산하는 한국의 대학교육에 대해서 그것은 단지 "자격증 장사 브로커"의 일뿐이라고 일갈했고, 오늘날 "서민과 노동자와 비정규직이 제대로 된 저항도 하지 못한 채" 빨려 들어가는 "탐욕의 포퓰리즘"에 저항하는 젊은이로서 참된 큰 배움(大學)을 찾아 나선다고 선언하였다.[6]

일리치는 "끊임없이 수요가 증대되는 세계는 단순히 불행이라는 말로써는 다 표현할 수가 없다. 그것은 바로 지옥"이라고 말한다. 또한 "제도는 사람들에게 만족을 가져다준 것보다 훨씬 빨리 필요를 만들어 냈고, 또한 필요를 충족시키려는 과정에 있어서 지구를 소모시키고 만다"라고 일갈한다.[7] 그리하여 그는 학교와 사회, 배움과 생산, 교육자와 피교육자, 인간에 의한 교육과 사물을 통한 학습 등 지금까지의 학교제도가 유지해 온 전통적인 경계를 해체할 것을 주창한다. 대신에 인간사회적 삶을 일종의 자유로운 '학습망'으로 구성하여 보다 자유롭고 평등하게 서로 가르치고 배우는 우정으로 협력하는 공동체를 만들자고 제안한다. 그것을 "인간과 환경과의 사이에 새로운 양식의 교육적 관계를 만들어 내는 일"이라고 명명하고, 그것이야말로 "모든 것이 교육에 도움이 될 수 있는 세계로 만들어 내는 유일하면서도, 아마도 가장 비용이 들지 않는 일일 것이다"라고 갈파한다.[8] 오늘날 세계적으로 더욱 확산되고 있는 여러 형태의 온라인교육이나 원격교육, 그리고 최근 한국사회에서 많이 선보이고 있는 협동조합식 학습공동체운동 등을 예견한 것이라고 할 수 있다. 그러나 그 자신도 마지막에는 지적한 대로 탈학교운동을 포함한 사회정의와 교육정의의 물음이 근본적으로는 새로운 인간이해와 그 구원과 해방론의 물음과 긴밀히 연결되는 것을 부인할 수 없다. 특히 오늘날 모두가 가지기를 원하는 힘과 가치가 특히 '지(知)'와 '지식'의 문제와 밀접히 관련되는 것이라면, 그 지식의 물음은 모두 인간 인식력의 물음이라는 점에서 인간 인식론에서의 새로운 전환이야말로 우리 공동체의 정의를 이루기 위한 초석이라고 하지 않을 수 없다.

교육정의의 핵심과 인간 내면의 신뢰-믿음(信)
-할 수 있는 힘-믿음(信)

　어떻게 하면 이상적인 인간공동체를 이룰 수 있을까를 시종일관 탐색하던 플라톤은 그의 『국가론』에서 정의를 한 사회를 썩지 않게 하는 방부제에 비유하며, 그 "금덩어리보다도 더 귀한" 정의를 "일인일사(一人一事)"로 규정했다. 즉 모든 구성원 한 사람 한 사람이 자신의 할 일과 직분을 가지고 있는 사회를 말한다. 플라톤의 다른 저서 『메논』은 덕(德)이란 무엇이고, 그것이 가르쳐질 수 있는지에 대해서 물으면서 덕과 지식의 관계, 지식(知)과 지혜(智)의 차이, 지식공부의 본질이 무엇인지 등을 묻는다. 오늘의 교육과 지식교육에 관한 질문을 잘 선취하는 것으로 여겨지는데, 그는 우리가 무엇인가를 아는 것이 어떻게 가능한가라는 질문에 대해 그 대답을 "학습은 곧 회상"이고, "인간의 영혼은 불멸"이라고 대답한다. 그리고 그 증거로서 기하학에 대한 가르침을 한 번도 받아 본 적이 없는 한 노예소년을 등장시켜서 자신에게 주어지는 질문만을 경청하면서 그가 어떻게 정사각형의 넓이에 관한 기하학적 물음들을 풀어 가는지 보여 준다. 플라톤에 따르면 그것이 가능한 이유는 "그의 영혼이 언제나 지식을 가진 상태에 있다는 것을 말해 주는 것"이고, 그래서 학습은 삼라만상에 대해서 이미 학습한 영혼

이 상기하고 회상하는 것이라고 한다.[9]

나는 이러한 플라톤의 언술이 오늘날에도 중요한 의미를 지닌다고 생각한다. 비록 탈신화화된 오늘날 그 언어를 문자 그대로 모두 받아들이기는 힘들다 하더라도 플라톤이 학습을 '상기'와 '회상'이라고 한 것은 우리의 모든 교육활동에서 그 출발점을 무엇으로 삼아야 하는지를 잘 지시해 준다. 즉 우리의 교육은 그 출발점에서 우리가 본래 보유하고 있는 선천적 가능성과 근거에 주목해야 함을 말하는 것이다. 또한 본래의 그 가능성과 조건을 영혼이나 영혼불멸 등의 신화적 언어로 표현했다는 것은 그 본래성을 단순히 이 세상적인 조건만이 아니라 그보다 더 깊게 '존재론적인', 또는 더 높게 '초월적인' 기원으로 보자는 것이라고 생각한다. 그것은 지금의 현실적 정황과 조건을 넘어서는 것으로, 칸트의 언어로 하면 정언적이고, 선험적으로 존중해야 하는 어떤 '영적' 기반으로 보는 것을 말한다. 사회정의와 교육정의를 말하는 일도 결국 각 존재와 타자를 그러한 초월적 기반에 근거한 '거룩(聖)'으로 다시 보는 일이어야 하겠는데, 그것만큼 실천적인 힘을 주는 규정이 어디 있을까 생각한다. 오늘날 탈신화화와 유물론의 시대에 우리의 시대정신이 여러 방면에서 다시 존재의 선성(善性)과 윤리성을 밝혀내기 위해서 고투하고 있지만, 나는 종국에 그것의 '거룩성(神/聖)'을 다시 말하는 일이야말로 참된 출구가 되지 않을까 생각한다. 즉 존재의 궁극성(the ultimate)과 초월성(the transcendence)을 묻는 영적(종교적) 물음을 불러오는 것을 말한다. 그러나 여기서 말하는 초월성은 지금까지의 일반적인 종교의식처럼 세계 밖의 출세간적(出世間的) 초월성이 아니라 간(間)세간적 또는 세간적 초월을 말하는 것이고, 이것으로서 세계와 존재의 내적 초월성(immanent transcendence)을 지시하려는 것이다. 그렇게 정의의 물음도 마침내 '믿음(信)'과 '존숭(敬)'의 질문이 되어서 어떻게 내 앞에 마주하고 있는 존재를 그 자체의 존귀함과 거룩함(聖)으로 받아들이는가(믿는가) 하는 일과 관계됨을 말하는 것이다.

앞에서 근대 산업자본주의의 '팍스 오이코노미카(pax euconomica)'가 가치를 독점하면서 '자급'을 비생산적인 일로, '자율'을 비사회적으로 '전통적인 것'을 저개발된 것으로 낙인찍는다고 비판한[10] 이반 일리치도 그렇게 한없이 사람들을 경제와 물질과 독점화된 지식에 종속시키는 일이란 근본적으로는 영적인 물음과 연결되는 것임을 간파했다. 그는 그것이 서구 전통에서의 기독교 신앙 구원론의 배타성과 밀접한 관계가 있음을 잘 지적했다. 즉 서구 기독교가 2천 년 전 유대인 청년 예수 한 사람에게 부활(강생)과 그리스도성(聖)을 존재론적으로 독점하게 함으로써 그 외의 모든 시간과 공간을 속된 것(俗)으로 평가절하했고, 그 고유한 선함과 자발성, 능동성을 탈각시켰다고 지적한다. 그래서 일리치는 그러한 폐쇄적 독단으로부터의 해방과 벗어남을 "강생은 명멸한다"라는 말로 선언하면서 "그리스도 계시의 변동성"을 말하고, 모든 존재의 고유성과 자발적 가능성을 드러내고자 했다.[11] 그가 탈학교사회를 말하고, 더 나아가서 "교육으로부터 보호받을 권리"를 말하는 것은 이렇게 영적으로 근거된 인간 각자의 가능성과 충만함(聖)에 대한 믿음을 가졌기 때문이다. 특히 그는 제도화된 배움과 교육으로 착취당하는 민중들을 보면서 그들의 존재 안에 내재되어 있는 본래의 생명력과 인간성을 어떻게 하면 자연스럽게, 비싸지 않게, 억압하지 않으면서 전개해 나갈 수 있는 길이 있는가를 탐색하였다. 그러한 배움이야말로 참된 가르침과 교육이라고 여긴 것이다.

플라톤이 노예소년이라고 하는 당시 민중 중의 민중을 내세워서 영혼의 선험적 힘으로 인간 인식력의 내재성을 지시한 것과 유사하게, 탈학교사회를 말하는 일리치는 오늘날의 지식의 독점을 멈추게 할 수 있는 궁극적 근거로서 그러한 새로운 기독교 신앙이해와 인간이해를 든 것이다.[12] 이렇게 근본적으로 사회정의와 교육정의의 근거를 찾기 위한 시도를 "성(聖)의 평범성의 확대"라는 말로 표현하고자 한다. 이 일은 과거 신화나 종교의 언어를 그대로 가져와서 인습적으로 답습하려는 것이 아니라 대안적으로 우리 시대에서 다시 영적이고 종교적으로 말하려는 시도이다. 그것은 우리 존재와 삶의 궁극성(聖)에 대한 물음은 다시 그 존재의 내재적 존엄성과 초월성을 회복하기 위해서 피할 수 없는 질문이라고 보면서, 어떻게 그러한 초월적 물음에 근거해서 사회정의와 교육정의의 근거를 찾을 수 있는가 묻는 것이다. 그 물음 안에 교육정의의 핵심 질문이 들어 있다고 보기 때문이다.

이 일을 위해서 나는 20세기 인지학의 창시자 루돌프 슈타이너(Rudolf Steiner, 1861~ 1925)의 '교육예술(Paedagogik als eine Kunst)'이 많은 것을 시사함을 본다. 그는 인류 초유의 제1차 세계대전을 겪고 나서 독일 청소년들에게 인상 깊은 강연을 연속으로 실시했다. 그것이 『청년들을 위한 교육학 강의(Paedagogischer Jugendkurs)』로 나왔고, 한국에서는 『젊은이여, 앎을 삶이 되도록 일깨우라 – 인류 발달에 관한 정신과학적 연구 결과』(최혜경 옮김, 2013, 밝은누리)라는 뜻 깊은 제목으로 출간되었다. 여기서 슈타이너는 오늘날 한국사회가 겪는 것처럼 제1차 세계대전 후의 공동체적 삶의 파괴와 거기서의 끝 모르는 "사고의 무기력"과 허무주의, 물질주의와 감각주의, 관념주의 등에 경도되어 있는, 출구 없이 '무(無)'를 면전에 두고 있는 것과 같은 젊은이들에게 새로운 영적 자각의 앎과 삶의 길을 제시하고자 했다. 그는 이미 1919년 독일 남부 슈투트가르트(Stuttgart) 발도르프(Waldorf)에 담배공장노동자 자녀들을 위한 '자유 발도르프 학교'를 열었는데, 노동자 민중의 자녀들이야말로 누구보다도 더 좋은 교육을 필요로 하고, 그들을 참된 '자유인'으로 키우는 일이 시대를 구하는 길이라고 보았기 때문이다.

그는 당시 시대의 상황을 사람들이 "타인에게 영적으로 다가가려는 욕구가 더 이상 없고", 모두 자신에게만 관심이 있는 "사람들 모두 서로 스쳐 지나가는" 심한 단절과 차가운 개인주의의 시대라고 일갈했다. "인간과 인간 간의 연결 교량을 발견할 수 없다는 그 사실로 인해 현시대에 우리가 병이 듭니다"라고[13] 말하는 그는 그렇다면 "인간이 인간을 잃어버린" 상황을 타개하기 위해서 "네가 미래에 윤리적인 인간이 되고자 하는 경우에 무엇을 가장 필요로 하느냐?"라는 질문을 던진다. 그러면서 그 답으로 우리가 앞에서 지적한 것처럼 다름 아닌 "인간에 대한 신뢰"를 말한다. 즉 그도 여기서 사회정의와 교육정의의 제일 관건이 바로 '믿음', '신뢰', '인간에 대한 신뢰'를 회복하는 일이라고 본 것이다. 그는 앞으로 인류가 미래로 나아가기 위해서는 "신뢰에 방향을 맞추는 교육학"이 긴요하고, "우리를 싸늘하게 만들지 않고 신뢰로 가득 채우는 인간 인식"이 바로 "미래 교육학의 핵심"이 되어야 한다고 또렷한 언어로 지적했다.[14]

그렇다면 이렇게 인류 삶이 지속되도록 하기 위해서 다시금 인간이 인간을 찾아서 "궁극적으로 사람들이 서로 간에 무엇인가가 되어야만" 하는 일을 이루기 위해서, 즉 '신뢰'를 마련하기 위해서 무슨 일이 있어야 하고, 어디서 시작해야 하는가? 여기서 슈타이너는 우선적으로 우리의 시선을 우리 내면으로 향하도록 인도한다. 즉 그는 앞으로 미래의 교육학은 '윤리성'과 '도덕성' 안에서 자신의 일을 발견해야 하고 그 일을 "종교적인 것으로 형상화"해야 한다고 밝히면서,[15] 그곳에서의 종교성이란 바로 "인간 내면에 있는 도덕적 직관"을 "인간 자신의 내면에 있는 초지상적인 것"으로 파악하는 일인 것을 지적한다. 다시 말하면 그것은 우리 내면의 도덕적 직관력을 우리 안의 '초월(聖)'로 파악하는 일인 것이다. 그가 밝히는 교육과 수업에서 윤리성을 종교성으로 환원하는 한 예에 따르면, 교사는 자기 앞의 어린이를 "신적·정신적 힘들이 내려보낸 어린이, 그 어린이를 우리가 풀어야 할 수수께끼"로서 마주 대하고 있는 것이다. 즉, "우리가 신의 신뢰를 마주 대하고" 있는 것으로 보아야 한다는 것이다.[16] 그래서 교사의 일이란 아이들이 자신을 통해서 인간에 대한 신뢰를 거쳐 신에 대한 신뢰로까지 가게 하는 일이라고 밝힌다.

이렇게 미래의 수업에서 인간적 신뢰를 키우는 일을 가장 중요한 과제로 보기 때문에 "종교적 뉘앙스"를 갖추어야 한다고 보는 그에 따르면, 이제 인류 정신의 발달은 어떤 외재적인 초월이나 타율로부터 그 윤리적 행위의 법을 가져올 수 있는 단계를 넘어섰다. 대신에 "자기 존재의 가장 깊은 내면으로부터, 완전히 개인적으로 도덕적 자극으로서 퍼 올릴 수 있는 것에 호소하는 길 외에 다른 방식으로는 윤리가 더 이상 발달할 수 없는 시대"에 이르렀음을 알아야 한다.[17] 그것은 인류의 정신이 그런 타율과 바깥으로부터의 강압에 의해서는 더 이상 행위(정의)를 불러오는 의지와 결단을 키울 수 없기 때문이다. 그는 다음과 같이 말한다: "인간이 세계 수수께끼 자체라고, 돌아다니는 세계 수수께끼라고 느끼면서 타인을 조우해야 합니다. 그렇게 하면 우리가 한 인간을 마주 대할 때 우리 영혼의 가장 깊은 저변으로부터 신뢰를 이끌어 올리는 그 느낌들을 발달시키는 것을 배우게 됩니다."[18] "우리는 영혼의 가장 깊은 곳에서, 가장 내면에서 빛을 찾아야만 한다. 무엇보다도 우리는 깊고 깊은 정직성과 깊고 깊은 진실성에 대한 감각을 얻고자 애써야만 한다."[19] 이렇게 슈타이너에게 있어서도 사회정의와 교육정의의 핵심은 인간 내면에 대한 집중이며, 그것을 단순히 이세상의 물질적 집합으로 보는 것이 아니라 '영혼(soul)'으로, 생적 의지(生意)의 '정신(Geist/spirit)'으로, 곧 우리 속의 "신성(聖)"으로 보는 것을 말한다.

이론선

그런데 사실 동아시아의 전통은, 특히 우리의 주제가 되는 정치와 교육과 긴밀히 연결된 유교 전통은 이러한 인간 내면의 초월에 대한 의식을 서구 전통에서보다도 더 세밀하게 전개시켜 왔다. 인간 자체를 지시하는 '인(仁, 仁者人也)'을 "인간에 대한 사랑(愛人)"으로 간단히 표현했고, 각 주체의 개별적 본성(性)을 "하늘의 소여(天命之謂性)"로 보는 공자에 이어서 맹자는 "선(善)이란 무엇이고, 믿음(信)이란 무엇인가?"라는 질문에 "선(善)은 내가 원하는 것(可欲之謂善)"이고, "믿음은 내게 있는 것(有諸己之謂信)"이라고 대답했다.[20] 즉 인간은 본성적으로 선을 지향하는 존재이고(良知, 良能), 믿음이란 밖에서 오는 것이 아니라 오히려 내 안에 이미 그 뿌리를 가지고 있는 것이라는 지적이라고 할 수 있다. 그래서 그 가능성의 씨앗을 잘 기르고 신장시키는 일을 통해서 인간에 대한 신뢰와 정의가 가능해짐을 밝히는 것이다.

이렇게 앞의 슈타이너가 강조한 것과 유사하게 오늘 우리 시대에 긴요한 인간과의 사이를 다시 연결하기 위한 신뢰와 믿음을 우리 마음에 내재한 힘에 근거해서 이루고자 하는 맹자는 「진심장(盡心章)」에서 다음과 같이 밝혔다.[21]

"구하면 얻고 버리면 잃어버리는데, 이 구함은 얻을 경우에 유익한 것이니, 그것은 내 안에 있는 것을 구하기 때문이다. 구하는 데 방법이 있고 얻는 것이 운명에 좌우되는 것이 있는데, 이 구함을 얻을 경우에는 무익한 것이니 밖에 있는 것을 구하기 때문이다."

당시 맹자는 고자(告子)와의 논쟁에서 '인(仁)은 내 안에 있지만 의(義)가 바깥에 있다(仁內義外)'고 주장하는 고자와는 달리 '인의(仁義)가 모두 내 안에 있다(仁義內在)'는 논의를 폈다.[22] 그것은 사람이 사람다워지고 의를 행할 수 있는 근거는 내 안에 내재하여서 진정으로 인의를 가능케 하는 길이란 밖에서 억지로 그 인의에 대한 객관적인 정보나 지식을 가져오는 것이 아니라고 밝힌 것이다. 대신에 자신의 내면으로부터 깨닫고 생각하여서 그러한 깨달음들이 잘 쌓일 수 있도록(集義) 하라는 가르침이다. 그렇게 할 때 그 행함과 배움이 참다운 이득이 된다는 것이다.

앞에서 오늘날 한국사회와 교육정의를 말하면서 사람들이 엄청난 사교육비로 인해서 극도로 피폐화되었고, 거기서 발생하는 교육불의가 참으로 심각함을 지적하였다. 그렇게 윤리적 물음을 넘어서 더 직접적으로 생존의 물음까지 된 교육불의 앞에서 동서 전통은 하나같이 인간 내면에 다시 집중할 것을 강조하고, 그것의 생래적인 힘을 출발점으로 삼아서 교육과 정치를 시작할 것을 주창한다. 오늘날 탈세속화와 포스트모던의 시대에 우리는 이러한 내면의 인간적 가능성을 '내재적 초월'(天命, 聖)로 명명하며 사회정의와 교육정의를 이루기 위한 핵심으로 보고자 한다. 이미 2500여 년 전에 맹자는 "인(仁)은 사람의 마음이요, 의(義)는 사람의 길이다"라고 하면서 "귀하고자 하는 것은 사람들의 공통된 마음이고 각자가 자신에게 그 귀한 것을 가지고 있지마는 그것을 생각지 않을 뿐이다"고 하였다.[23] 교육정의의 핵심은 바로 이렇게 사람을 귀하게 만드는 근거가 이미 우리 안에 내재함을 믿고서 거기에 집중해서 이루어 나갈 일인 것이다.

정의로운 공동체를 향한 교육의 길,
어떻게 믿음과 신뢰의 공감을 기를 수 있을 것인가?

플라톤은 『메논』에서 그가 단순한 지식(知)이 아닌 지혜(智)로 보는 덕

이은선

(德)이란, 즉 지금 우리의 논의대로 하면 '정의'로운 사람이 되는 일은 "자연"이나 "가르침"으로 되는 일이 아니라 '신성한 기운의 시여(施與)'에 의해서 되는 일이라고 최종적으로 밝혔다. 여기서 신성한 기운의 시여라는 말은 여러 가지로 해석될 수 있겠지만, 우선은 그가 덕과 정의의 문제를 단순하게 이해하는 교육의 문제, 특히 지식교육의 문제로만 바라보지 않는다는 것을 말한다. 그보다는 훨씬 더 포괄적이고 조건적인 일인 것을 받아들이라는 의미라고 할 수 있다. 즉 보다 '공동체적인 일', 단순히 현재의 자아나 한 개인, 또는 머리나 인식의 문제만이 아니라 보다 '긴 시간의 스펙트럼' 안에서, 관계의 장을 통하여, 구체적인 삶 속에서의 '실행의 축적'을 통해, 한 개인에게서도 단순한 지적 교육만이 아니라 몸과 감정, 보다 깊은 정신적·영적 차원도 포괄하는 통합적 작업이라는 것을 이해하라는 힌트라고 생각한다.

　사람의 마음과 길을 인의(仁義)로 이야기한 맹자는 그의 유명한 양지(良知; 생각하지 않고도 아는 것)와 양능(良能; 배우지 않고도 능한 것)을 말하면서 그 인의를 다시 친친(親親; 어버이를 친애함)과 경장(敬長; 웃어른/오래된 것을 공경함)으로 밝혔다.[24] 이것은 인간의 인간성과 사랑할 수 있는 능력이란 윗세대의 사랑과 보살핌을 받는 일을 통해서 이루어짐을 말하는 것이다. 즉 사람이 정의로울 수 있는 것은 그러한 사랑과 배려를 통해서 누구라도 자신의 현존재가 앞선 세대의 수고와 성과에 힘입었다는 것을 아는 '부끄러움'(수오지심, 義)에서 오는 것이라는 가르침이라고 할 수 있다. 여기서 맹자의 의(義)는 일반적인/서구적인 정의개념처럼 동시대적 차원만을 염두에 두며 파악하는 것과는 다르다. 곧 맹자는 과거(長)로부터 그 근거를 가져오는데, 이는 그가 오늘의 우리보다 인간의 삶을 훨씬 더 구체적으로 조건적이고 (conditional) 또는 관계적인(relational) 것으로 이해하는 것을 말한다. 왜냐하면 어느 누구도 자신이 누군가에 의해서 '탄생되었다'라는 사실, '어린 시절이 있었다'는 사실은 부인할 수 없기 때문이다. 이러한 정의 이해가 오늘날 주로 자아나 개체의 자율성 등에 근거해서 그 가능성을 찾으려는 시도보다 훨씬 더 견실하고 보편적이라고 생각한다. 그래서 맹자가 자신의 친친과 경장의 도를 세상 모든 사람에게 "보편적인 것"(無他, 達之天下也)이라고 선언한 것을 잘 이해할 수 있다.

나는 우리 사회에 정의가 크게 흔들리고 있는 것은 바로 여기서 맹자가 밝힌 친친과 경장의 삶이 크게 훼손된 것과 긴밀히 관계된다고 생각한다. 서구에서 프랑스대혁명 전 1762년에 출간된 루소(J. J. Rousseau)의 『에밀』을 보면 당시 상류사회는 자식을 낳아서 스스로 키우지 않고 먼 곳의 유모에게 보내는 풍속에 젖어 있었다. 거기서 생계를 위해 어렵게 살아가는 유모 밑에서 온갖 신체적, 정서적 압박과 억압을 견디면서 영유아기를 지낸아이가 다시 부모에게 돌아올 때는 이미 수없는 죽음의 고비를 넘기고 살아온 것이라고 루소는 지적한다. 오늘 한국사회에서는 예전 프랑스에서처럼 상류사회 가정이어서가 아니라 대부분의 핵가족, 특히 경제적으로 취약한 가정일수록 아이들의 양육을 밖에 맡긴다. 또한 유아와 초등학생까지엄청난 양의 사교육을 감당하느라 집 밖에서 보내는 시간이 늘어나면서 그들의 생활에서 맹자가 말한 친친의 삶, 부모와 가족들과의 친밀한 공동생활은 점점 더 희박해지고 있다. 그런 생활을 하지 못하면 '사랑할 수 있는 능력(仁)'을 기를 수 없다고 했다. 왜냐하면 가족 밖의 삶은, 특히 부모와 자식 간의 관계를 떠나면 조건 없는 친밀함이나 받아 줌보다는 계산과 경쟁, 의식적인 주고받기와 거리 둠이 우세하기 때문이다. 즉 조건 없이 하나 됨을 경험할 수 있는 기회, 누군가가 자신을 온전히 받아 주고 지지대가 되어주어서 그를 충실히 믿고 따를 수 있는 믿음과 신뢰(信)를 체득할 수 있는 기회를 놓치는 것이다.

루소는 『에밀』에서 자기애와 이기심을 구별했다. 그러면서 온전히 자신만을 위해 존재하는 자연인인 유아 시절에 자기애가 충족되지 못한 아이는 나중에 남을 위해서도 존재할 수 없다고 했다. 그런 사람은 전 생애를 걸쳐서 두 개의 힘과 싸우고 두 개의 힘 사이에서 방황하여 자신과 일치하지 못하고, 결국 자기를 위해서도 남을 위해서도 이바지하지 못하고 생을 마감할 뿐이라고 한다. 그리하여 어려서 행복한 시간을 많이 보낸 아이가 만족을 느끼지 못한 아이보다 이기심을 잘 극복할 수 있다고 하면서 "불확실한 미래를 위해 현재를 희생시키는 그 야만적인 교육을 도대체 어떻게 생각해야 할까?"라고 질문한다.[25] 이런 정신을 이어받아서 프랑스대혁명 이후 서구교육을 민중교육으로 전환시킨 페스탈로치는 특히 가정교육과 어머니의 역할을 강조한다. 인간에게 사랑과 믿음(Liebe und Glaube)을 가능케 하는 "신의 중보자"라고까지 표현한 "어머니의 거룩한 배려(heilige Muettersorge)"는 어린 시절 아이에게 모든 인간적 덕의 기초를 놓지만, 반대로 그 어린 시절의 "안정과 여유"가 깨어졌을 때 거기서부터 모든 악의 발생이 시작됨을 밝힌다. 다음과 같은 페스탈로치의 생생한 언어는 오늘날 한국사회가 진정으로 필요로 하는 정의의 감각이 어떻게 가정과 같은 좁은 삶의 반경 안에서 친친의 실행 속에서 가능해지는지 잘 보여 준다.

"어머니가 울어대는 아이에게 자주 그리고 불규칙적으로 부재했을 때, 또한 필요 속에서 고대하는 아이가 자주 그리고 오랫동안 기다려야 할 때, 그래서 고통과 절망과 아픔의 감정이 생길 때까지 내버려졌을 때, 그때 바로 악한 불안정의 씨앗이 생기고, 거기서부터 모든 동요가 따라온다. … 이 요람의 처음 시기에 생겨난 불안정은 그 후 모든 동물적인 폭력성과 부도덕과 불신의 씨앗들을 펼친다."[26]

그런 의미에서 루소는 "빈곤도, 일도, 세상에 대한 체면도, 자기 아이를 직접 양육해야 하는 의무에서 벗어날 수 있는 이유가 되지 못한다"[27]라고 강론한다. 나는 이 말을 우리 시대에도 쉽게 놓쳐서는 안 되는 긴요한 교육 명제라고 생각한다. 그래서 모든 것이 돈과 경제로 환원되는 사회 속에서 어떻게 이 자연의 길을 따라갈 수 있을까 깊이 고민해 볼 일이다. 물론 오늘날 한국사회에서 이 명제는 단순히 어떤 개인, 또는 여성과 어머니의 힘만으로는 지켜내기 어렵고, 사회공동체 모두 함께 머리를 맞대고 풀어야 하는 숙제이다. 그런 맥락에서 현재 많은 논란을 야기하고 있는 2013년 5월부터 시행된 무상보육제도도 새로운 시각에서 검토해야 할 것이다. 원래의 의도는 저출산과 여성 경제활동을 장려하고 보편적 복지서비스를 증진하는 것이었지만, 그 시행과정에서 국가가 모든 부모와 가정을 대신해서 '유모(nanny state)'가 되는 현상이 나타났다. 공공탁아소에 맡기는 것을 우선으로 하는 시행으로 인해 여성들이 너나없이 위탁양육을 선택함으로써 전통의 친밀한 가족공동체가 무너질 위기에 처하게 된 것이다. 하지만 여기에 대한 개선책으로서 여성들의 취업 여부를 가리는 일보다는 근본적으로 영유아 시기 교육에 대한 발상의 전환이 필요하다. 또한 여성과 어머니, 가족적 삶에 대해서도 철저히 경제적 이익과 노동력의 차원에서만 생각하는 것을 벗어나서 장기적인 측면에서 인간공동체의 지속과 질을 먼저 생각하여야 할 것이다. 선진국의 복지란 바로 그런 방향으로 나가는 복지를 말하고, 한국사회에서 그러한 인간적인 성장이 오직 특권층의 전유가 되지 않도록 하기 위해서는 보육바우처제도나 아이를 낳고 육아를 담당하는 가족과 그 구성원에게 직접적으로 지원을 하는 제도 등을 살펴보아야 한다.[28]

또한 여기에서 모성을 전통적으로 생물학적인 성으로 좁게 한정하는 일도 많이 지양되어야 할 것이다.

　오늘날 한국의 교육 현실에서는 영유아의 경우에도 엄청난 사교육비의 지출과 함께 지적 교육이 강행되고 있다. 아이들의 놀이와 현재의 시간이 온통 노동이 된다. 그중에서도 특히 미래의 성과를 위해 이른 시기부터 아이들의 체력과 정신력의 한계를 넘는 많은 시간을 지적 수업으로 쓰고 있다. 여기에 반해서 동서의 교육 고전들은 하나같이 그 폐해와 폭력성을 지적하고 있다. 루소는 영유아기(0세~5세) 이후 아동기(5세~12세)에 대해서 말하기를 아이들이 의무와 과제와 미래의 목표로 내몰려서는 안 되고, 충분히 '현재'에서 살 수 있어야 한다고 강조한다. 그래서 여유를 가지고 항상 힘이 남아서 그 주변과 자연과 세상의 아름다움을 발견하고 즐거워하며 그와 더불어 하나가 되어서 살아가야 한다는 것이다. 그런 의미에서 이 시기는 사람과 사물의 구분도 하지 말라고 하는데, 감각기능의 발달과 감성교육이 위주가 되어야 하는 유아기와 아동교육은 그러므로 "시간을 아끼라는 것이 아니고 낭비하라는 것이다", "초기에는 시간을 낭비하라. 그러면 나중에 이자가 붙어서 되돌아올 것이다"라고 역설한다.[29] 그에 따르면 우리의 불행은 "욕망과 능력의 불균형"에서 오고 불행은 결핍 그 자체에 있는 것이 아니라 "결핍감을 느끼게 하는 욕망 속에 있는 것"이다. 그러므로 어린 시절에 아이들에게 그들의 능력을 한없이 초과하는 과한 과제와 의무를 주고서, 거기에 도달하지 못하는 결핍감과 과도한 욕망을 일찍 심어 주는 교육은 아이들을 큰 불행과 두려움에 빠뜨리는 일이다. 그 일을 통해서 평생 흔들리고, 주변을 믿지 못하게 하고, 시기와 질투에 시달리며 자존감을 훼손하고 열등감을 심어 주는 교육이 되는 것이다. 그래서 우리가 잘 알듯이 그는 이 시기에 이루어져야 하는 교육을 '소극적 교육'으로 특징지었다.

여기서 특히 오늘날 한국사회에서 영아 때부터 앞다투어 시행하고 있는 영어조기교육에 대해서 생각해 보고자 한다. 우리가 태어나서 처음 배우는 언어를 '모국어(mother tongue)'라고 하는 데서도 드러나듯이 어린 시절 아이의 언어와 더불은 첫 만남은 자연스럽게 강압적이지 않고, 머리를 써서 하는 일이 아닌 온몸과 삶에서 물 흐르듯이 부드러운 모방을 통해서 이루어진다. 그런데 그런 자연스러운 모국어 습득과정이 채 무르익기 전에 강압적으로, 아이의 추상력과 사고력을 쥐어짜 내는 방식으로 외국어교육을 강요하는 것은 그 아이로 하여금 일찌감치 두려움과 불신, 거짓, 허황됨 등을 경험하게 하는 일이다. 세계에 대한 구체적인 몸의 감각과 느낌 없이 단지 추상적 단어로만 강요되는 세계는 아이에게 삶의 튼실한 토대가 되지 못한다. 그런 아이가 신뢰를 가지고 극한 상황을 맞이했을 때도 자신의 인간성을 잃지 않으며, 또한 나중에 성장해서—당장 눈에는 보이지는 않지만—어떤 뜻과 의미를 가지고 어려운 일을 지속해 나갈 수 있는 인간적 행위의 위대성을 기대하기 어렵다.

20세기 나치의 인간 말살 악행을 피해서 미국으로 망명한 여성정치철학자 한나 아렌트는 한 대담에서 자신에게(인간에게) 마지막까지 남는 것은 "언어/모국어"라고 했다. 한 사람의 외적 지위나 외모, 옷, 심지어는 신체적 특징까지도 없애 버릴 수 있지만 언어는 살아남아서 그 사람의 고유성을 드러내 주는 마지막의 특성이 된다는 것이다. 그러므로 그와 같은 인간적 확실성의 마지막 기반도 제대로 갖추지 못하게 하는 한국교육이 대신 얻으려고 하는 것이 무엇인지 묻지 않을 수 없다. 일찍이 자신의 조국 인도의 "잘못된 탈인도화 교육"에 대해서 신랄하게 비판하는 마하트마 간디도 아이들의 교육이 모국어로 행해지지 않고 외국어로 이루어질 때 그것은 단지 "모방자"만을 키울 뿐이라고 지적했다. 그러한 사람은 자신의 뿌리로부터 유리되고, 결국 자신의 나라에 적이 되는 사람이 될 뿐이라고 한다. 당시 인도의 과도한 영어에 대한 집착을 지적한 그는 결국 그러한 교육은 나라 안에서 교육받은 계층과 민중 사이의 깊은 골을 초래하고, 어느 나라도 그러한 모방자들을 가지고는 결코 자립할 수 없다고 경고했다.[30]

초등학교에 들어가기 전에 가장 중요한 교육은 아동의 몸의 감각을 일깨우는 일이다. 그것은 주변의 모방을 통해서 아이들의 몸과 감각을 건강하게 일깨우고 더불어 의지력을 키우는 일이다. 명령과 복종의 언어로 세상을 모방하려는 아이들의 의지력을 심하게 좌절시키는 일은 이기적인 인간의 씨앗을 심는 일이라는 것이다. 아이들의 자연과 성장에 비해 과중한 과제를 하게 하면 명령의 언어를 쓸 수밖에 없고, 또한 가정 밖에서 집단적으로 이루어지는 공공보육과 사교육은 더욱더 그러하다. 그렇게 무턱대고 서두르는 교육을 통해서는 노예인 동시에 폭군을 키울 뿐이라는 것이 교육 고전의 지혜이다.

앞에서 언급한 슈타이너에 따르면 사춘기가 시작되기 전까지 아동기의 교육은 사고와 의지의 중간 작용으로서 '감정'을 위주로 하는 교육이 되어야 한다. 그는 인간 감정의 두 힘을 크게 '공감(Sympathie)'과 '반감(Antipathie)'으로 표현하는데, 공감은 주로 의지활동을 주관하고, 반감은 표상활동(인지/사고활동)을 주관한다. 어린 시절에 지적 교육을 과도하게 강조하여 개념 위주로 기르는 교육은 아이들로 하여금 공감할 수 있는 능력, 우리의 맥락에서 말하면 신뢰하고 믿을 수 있는 능력을 차단하는 일이다. 그에 따르면 이러한 과도한 지적 교육의 폐해는 단지 감정의 손상만이 아니다. 인간 마음의 일이 물질계에서 인간의 몸과도 결합되어 있기 때문에 공감·판타지(Phantasie)·상상(Imagination)의 의지활동이 혈액과 결합되어 있고, 반감·기억·개념의 사고활동이 신경조직과 연결되어 있다는 점에서 과도한 지적 교육은 아이의 혈액에 탄산가스를 늘려서 "육체를 경화시키는 일", 즉 "그를 죽이는 일"이 된다.[31] 오늘 아이들이 나이에 비해서 몸이 일찍 굳고, 2차 성징이 일찍 나타나는 일 등이 모두 이와 관련되어 있음을 알 수 있다. 대신에 공감의 일은 '상상력(imagination)'을 발달시킨다. 타인과 더불어 하나 됨을 느낄 수 있는 능력, 현재를 넘어 보이지 않는 것을 그려 볼 수 있는 상상력은 어린 시절에 의지와 공감력의 신장과 더불어 일깨워진다. 이 능력은 과도한 지적 조기교육으로 심각하게 손상을 입을 수 있고, 그런 의미에서 타인의 입장을 상상을 통해서 재현하면서(represent) 의(義)를 실천하는 행위의 사람이 되기 어렵다는 것을 유념해야 한다.

그래서 이 시기에는 아직 이 세상과의 관계에서 나름의 견고한 판단 원칙을 얻지 못한 시기이므로, 즉 이성과 사고보다는 흔들리는 감정 위주이므로 아이를 잘 인도할 '권위'가 필요하다. 슈타이너는 7세 이전의 아이들이 모방을 통해서 언어 등을 배워 가는 것처럼 이 시기의 아이들은 "마음 밑바닥부터 '권위'를 구하고 있다는 것을 항상 잊지 말아야 한다"고 강조한다. 공감의 능력이 일깨워지는 데 제일 관건이 되는 것은 건강한 권위를 만나는 일이다. 초등학교 시절의 아동은 자신이 깊게 공감할 수 있는 어른과 교사를 만나면서 그의 권위에 마음으로 순종할 수 있을 때 공감능력이 잘 신장된다. 그러므로 이 시기의 교사는 진실되고, 공정하고, 편파적이지 않고, 아이들과 더불어 현재의 삶을 즐기고 감동할 수 있는 사람이어야 한다. 이 시기에 지독한 반감을 일으키는 교사를 만나거나, 급우들로부터 소외를 당하거나, 목적에 사로잡힌 교육으로 인하여 아이들의 감정이 과부하 될 때 공감의 능력은 크게 훼손된다. 이에 반해서 교사 등을 통한 윗세대의 참된 권위를 경험하면서 "경외"의 감정을 느끼도록 하는 일은 앞으로의 지적 공부를 위해서도 초석을 놓는 일이 된다.

슈타이너는 그리하여 자신의 교육은 교육기술이나 체계가 아닌 "교육예술"이라는 것을 강조한다. 그는 "아름다움을 통해서 진실을 정복하기"를 말한다. 또한 "교육자나 교사가 지닌 인간 천성의 신선함과 설득력 때문에 청소년이 그 사람을 믿고, 그 믿음을 통해서 진실을 건네받도록 할 수 없는 경우에 그 사람은 자신이 해야 할 가장 성스러운 의무를 등한시했다고 자책했을 것입니다"라고 교사의 역할과 의무를 정리한다.[32] 우리가 이러한 슈타이너의 전문적인 이야기를 모른다 하더라도 이 세상에 "늦게 온 (belated)" 자로서 아이교육은 아이가 낯선 세상에 늦게 와서 온전히 적응하고 발을 붙여서 자신 나름대로 판단하며 살아갈 수 있도록 조심스럽고 부드럽게, 먼저 친밀감을 느끼도록 소개해 주고 안내해 주는 것이 맞다. 이러한 교사의 살아 있는 권위가 죽어 버린 한국교실에서의 난장판을 생각하면 그런 가운데서 우리가 어떻게 진실을 사랑하고, 타인을 신뢰하며, 옳은 것을 위해서 행위할 수 있는 사람을 기대할 수 있겠는지 안타깝기만 하다.

이런 슈타이너의 이야기는 앞에서 말한 맹자의 경장(敬長)으로서의 의(義)와도 잘 통한다. 즉 어른에 대한 경외, 그의 진실된 권위에 대한 경험이 기초가 되어서 자아를 삼갈 줄 알고, 타자를 존중하며, 옳은 것에 대한 의지와 실천력을 키울 수 있게 된다는 의미에서이다. 이렇게 어린 시절의 가족적 삶에서 자연스럽게 어른에 대한 경외와 공경을 체득하는 일을 통해 정의를 구현할 수 있는 힘을 배우게 된다는 맹자의 정의개념은 참으로 실질적이고 구체적이다. '의(義)'의 한문 글자가 '자아(我)'를 순한 '양(羊)'으로 만드는 일에서 나온 것이라는 해석처럼, 참된 권위를 경험하는 일이 바로 그러한 일일 것이다. 오늘날 차세대의 교육과 가르침은 참된 권위를 통해서 공감 속에서 이루어지는 은혜와 축복의 일이라기보다는 차가운 돈의 거래가 되었고 공리적 타산이 우선이 되었다. 그렇게 강압과 억지의 거짓

권위가 판치게 된 상황에서 어느 날 갑자기 정의로운 사회, 서로 신뢰할 수 있는 사회를 기대한다는 것은 어불성설이다.

정의로운 행위를 불러오는 믿음의 판단력, 지식교육의 새로운 지평

정의는 타자와 세계를 신뢰하는 마음의 구체적인 실행이고, 신뢰하는 감정(심정)과 행위 사이에는 판단(judging)이 있다. 믿을 신(信) 자(字)가 인간의 '인(人)' 자와 말씀 '언(言)' 자가 합해져 이루어진 것에서도 드러나듯이 믿음이란 우선적으로 인간이 언어를 가지고 '보이지 않는 것(invisible)'과 '바라는 것'을 지금 이곳으로 불러오고 약속하는 능력과 관계된다. 그런데 그 능력은 지적인 측면과 감정적 측면, 그리고 의지적인 차원을 모두 포괄하고 판단력이라는 인간의 행위도 마찬가지 경우이다. 유교적 개념으로 시비지심(是非之心)으로 지칭되는 판단력은 단순한 지식(知)이 아니다. 하지만 지혜의 '지(智)'가 지식의 지(知) 자를 포함해서 이루어지는 것처럼 판단력은 인간의 지적이고 인식적인 능력과 밀접히 관계되어 있는 것을 부인할 수 없다.

그런데 오늘 한국교육이 그렇게 몰두하는 것이 지식교육이라면 왜 그처럼 많은 수고와 노력을 들이고서도 한국사회는 시비지심의 지혜와 판단력이 건강하게 작동하지 못하고, 정의가 제대로 실행되지 못하며, 지와 행의 간격이 그처럼 요원한 것일까? 앞 장에서 먼저 살펴본 대로 영유아 시기부터의 강압적인 주입식 교육과 현재의 감정과 필요를 무시하고 미래의 물질적 성과를 위해 강요되는 반감의 지식교육이 그 뒤에 있는 것을 알 수 있다. 그렇다면 우리 사회의 해악이 그처럼 지적 교육과 지식교육과 관계되는 것이라면 우리 교육에서 그 지식교육을 내려놓아야 하는 것이 아닐까? 하지만 맹자도 지적한 것처럼 그렇게 할 수 없는 것이 우리 인간됨의 핵심은 바로 우리 정신의 지적 활동에 있는 것이고, 그는 그것을 우리 마음의 생각하는 일(思)로 보았다. 그에 따르면 우리가 다 같은 사람이지만 마음(心, 大體)을 따르는 사람은 대인이 되고, 귀와 눈의 욕심(小體)을 따르는 이는 소인이 되는바, "마음의 기능(心之官)"은 "생각하는 일(思)"이다.[33] 바로 인간의 인간됨과 그 지향은 마음의 생각하는 힘을 통한 대체의 사람이 되는 것이라는 지적이다. 유교 『중용』의 마지막 부분에 가면 "선을 선택해서 놓지 않는 일(擇善固執)"을 지극히 행해서(至誠) 성인(聖人)과 대인(大人)의 경지에 오른 사람들에 대한 이야기가 많다. 거기서 성인은 "그의 덕이 넓은 것이 하늘과 같고, 깊고 근원적인 것은 연못과 같으니 나타남에 백성이 공경하지 않는 이가 없고, 말함에 믿지 않는 이가 없으며, 행하면 기뻐하지 않은 이가 없다"라고 했다. 그는 "지극한 진실됨(至誠)"으로 자신의 본성을 실현할 수 있을 뿐 아니라 다른 사람과 사물의 본성도 실현하면서 "천지의 화육(변화와 생장)을 도우며 천지와 함께 한다." 성인은 "천하의 위대한 근본을 세울 수 있으며, 천하의 변화와 육성을 알 수 있다."

우리 시대 주지주의의 폐해만큼이나 심각했던 중국 명나라의 학문 풍토와 정치·사회적 타락에 맞서서 새로운 공부법과 교육으로 나라와 민생을 구하고자 했던 16세기의 왕양명은 그의 교육 이상을 "대인(大人)"으로 표현한다. 그 대인이란 "하늘과 땅과 우주의 만물을 한 몸으로 보기 때문에 천하를 한 가족으로, 땅 전체를 한 나라로 파악하는 사람(大人者以天地萬物爲一體者也, 其視天下猶一家, 中國猶一人焉.)"이라고 밝혔다. 그래서 그 대인은 자신 어버이와의 사이에서 인(仁)이 충실히 행해지도록 노력하지만 이웃과 세상 사람들의 가정에서 인이 충실히 행해지지 않으면 그것도 바로 자신의 부족함으로 여기면서 그 성취의 길을 찾기 위해서 여러 가지로 고민하는 사람이라고 그렸다. 그러한 양명은 자신의 삶에서도 깊이 실천되던 세상에 대한 책임의식과 우환의식을 세상이 조롱하며, 그것은 너무 과하고 미친 짓이라 비난하자, 말하기를 "천하 사람들 가운데 미친 사람이 있는데, 내가 어찌 미치지 않을 수 있겠는가?"라고 했다. 즉 천하 사람들의 아픈 마음이 모두 자신의 마음이라고 응수한 것이다.[34]

그렇다면 어떻게 해서 이러한 큰마음과 덕의 사람이 될 수 있을까? 플라톤은 덕은 가르쳐질 수 없고 신성한 기운의 시여로 그렇게 되는 것이라고 했고, 맹자는 줄기차게 "생각하면 얻게 되고, 생각하지 않으면 얻지 못한다(心之管則思. 思則得之 不思則不得也.)"고 하면서 '내 안에 있는 것을 구하면 이익이 되지만 외재하는 것을 구하면 무익하다'라고 주창했다. 즉 우리의 의미로 하면, 내 안에 이미 인간적 지성의 힘으로 놓여 있는 사고할 수 있는 능력에 집중하고서 그 내재적 기반 자체를 닦는 일에 힘을 쏟을 일이지 바깥의 정보나 낱개의 지식들을 주워 모으는 일을 지식공부로 여기며 그 일에 시간과 공력을 허비하지 말라는 의미이겠다. 그런 외재적인 일을 통해서는 결코 스스로가 사고하고 판단해서 선을 택하고 악을 피할 수 있는 윤리적인 사람이 되지 못한다는 것이다. 오늘날 그렇게 많은 지적 공부의 양에도 불구하고 우리 사회에 자주적으로 사고할 수 있는 사람, 공적 감각을 가지고 도덕적으로 살아가는 사람, 타인에 대한 배려심과 정의로운 마음이 일깨워진 사람이 드문 이유가 바로 한국교육의 오래된 병폐인 강압적인 주입식 학교교육과 무관하지 않은 것을 유추해 볼 수 있다.

양명은 당시 대학(大學)공부가 본래 의미인 큰 사람을 키우는 큰 학문의 뜻을 잃고서 다만 경전의 문구를 외우고, 그 문자와 주석의 시시비비를 따지며 명문장을 쓰는 일 등의 잡다한 지식공부와 과거시험공부로 전락한 것

{이은선}

을 보고서 그렇게 낱개의 지식들을 모으는 일이 되어 버린 격물(格物)공부를 새롭게 성의(誠意)공부로 재발견할 것을 요청했다. 즉 바깥의 정보에 대한 지식축적이 아니라 내 안의 사고능력, 그와 연결되어 있는 선을 지향하는 마음의 의지, 그것을 지체 없이 실행하는 자발적인 행위력 등의 신장을 위한 공부를 말하는 것이다. 그런 주체적이고 근본적인 인간 마음의 힘을 기르는 교육이 참공부이고 참된 지적 공부라는 것이다. 오늘날 우리 교육의 현장에서 혁신학교를 통해 공교육을 개혁하고, 자기 주도적 학습을 강조하며, 논술과 토론수업, 주체적 글쓰기, PBL(problem based learning) 수업 방식 등이 강조되는 이유가 모두 이러한 숙고와 관련된 것이며, 나 또한 그 성과를 기대한다.

하지만 나는 여기서 『중용』이 "신(神)과 같으며(如神)", "하늘과 짝하는 사람(配天)"의 마음이라고 표현했고, 맹자가 선(善)을 원하는 우리의 마음이 믿음(信)과 아름다움(美)과 위대함(大)의 단계를 넘어서 참으로 성스러워서(聖) 신(神)의 단계에까지 도달하는 것이라고 표현한[35] 인간 마음의 차원은 오늘의 학교교육에서 단순히 이해하는 지적 합리성의 차원을 훨씬 능가하는 것이라고 말하고자 한다. 양명은 대인의 만물일체의 마음은 길거리에 흩어져서 나뒹구는 하찮은 기와조각에서조차 자신과 동류를 느끼는 깊은 인(仁)의 마음이라고 했는데, 나는 우리의 지적 공부와 이성교육도 이러한 차원을 회복하고 지향해야 함을 말하고자 하는 것이다. 앞의 슈타이너도 자신의 교육학을 '교육예술'이라고 표현하며 우리 시대가 '물질주의'와 '과학'의 단계에 도달해서 그것을 부정하는 것은 정당하지도 않고 무의미한 일이지만, 그러나 인간 지성의 힘을 그 차원에 한정해 두는 일은 마치 살아있는 인간이 아닌 "인간 시체"와 관계하는 일과 같다고 강론했다.[36] 그런 맥락에서 그는 자신의 『자유의 철학』에서 칸트 인식론의 한계를 지적했는

데, 칸트가 인간 인식력의 선험적 구조를 밝혀내서 그 자율성과 능동성을 한껏 드러내는 일에 기여했지만, 그가 밝혀낸 인간 이성의 능동성은 이미 세상에 존재하는 대상과만 관계를 맺을 뿐이지 거기서 더 나아가서 스스로가 세계를 창조하지는 못한다고 지적했다.[37] 슈타이너는 그것을 서구 지성사가 20세기에 도달한 절벽과 무(無)라고 보았다. 20세기에 들어와서 인류가 겪은 세계대전도 그 "사고의 무기력"이 근본원인이라고 보는데, 이 "정신적인 빙하기"를 뚫고 나가기 위해서는 "인간 자신의 내면에 있는 초지상적인 것, 초감각적인 것, 정신적인 것"에 주목하고 그것을 높은 정신적인 도덕적 직관의 창조력으로 일깨우는 교육이 긴요하다고 본 것이다. 그것이야말로 인간 지적 교육이 나아가야 할 방향이라고 생각한 것이다.

이러한 일깨움에 관한 일은 지금까지의 표피적인 지식교육이나 차가운 이론만을 위한 이성주의로는 가능하지 않다. 앞에서 지적한 대로 "정신 본성에 대한 지성주의의 관계는 인간에 대한 인간 시체의 관계와 같다"라는 것이 그 통찰이다. 공자는 "인(仁)이 어찌 멀리 있는 것이겠는가? 내가 인을 행하고자 하면 곧 인이 다가온다(子曰 仁乎遠哉 我欲仁 斯仁 至矣)"(『논어』, 「술이」, 29)고 했다. 또한 그는 그 인을 행하는 방법으로서 "능근취비(能近取譬)"(가까운 데서 취해서 다른 것을 유추할 수 있는 능력, 『논어』, 「옹야」, 28)를 말했는데, 슈타이너가 교육의 예술적인 차원과 종교적인(영적인) 차원을 강조하면서 인간의 감정과 의지라는 인식구조의 구체적이고 직접적인 차원을 그 사고와 인식력 교육에 깊이 연결하고자 하는 방식과 잘 통한다고 본다.

사춘기까지 진실과 공감의 마음을 가진 교사의 권위에 의해서 여러 예술적 감각의 체험과 더불어 세상의 아름다움(美)과 질서를 마음(감정)으로 깨닫게 된 아이는 거기서 더 자라 이제 본격적으로 생각하는 사람, 정신의 존재, 능동적인 사고와 창조적 행위인으로 거듭나야 한다. 그런데 우격다

짐으로 낱개의 정보를 외우고, 주입식의 이론적 정보를 통해서만 세상과 관계해 온 아이는 그 세계 뒤에 있는 이치(理)와 의미(善)를 잘 통찰해 내지 못한다. 아이의 내면적 직관력이 일깨워지지 못했고, 그래서 존재가 본래 관계성(relatedness)이고 "삶의 연관성"이라는 것을 보지 못하기 때문이다. 그래서 서로 믿고, 의지하고, 사랑하기 어렵다는 것이다. 내면의 의지적 상상력을 통해서 새로운 세계를 창조하는 창조력과 행위력이 전개되지 못했기 때문에 아이의 세계는 닫혀 있다. 그래서 보수주의에 경도될 수밖에 없고, 물질주의에 사로잡혀서, 배우면 배울수록 더욱 이기적이고 편파적이 되어서 결국 허무에 빠질 수밖에 없다는 통찰이다.

슈타이너는 근대사회와 교육이 인간을 머리로 축약시켰다고 지적한다. 인간에게 머리가 가장 중요하다는 믿음에 도달했지만, 거기에 과부하가 걸린 것이다. 그런 사람은 결코 행복해지거나 선해지기 어렵다. 오늘날 젊은 시절에 이미 대머리가 되고 머리카락이 희게 센 사람이 많은 것이 신체적으로 드러난 증거라고 한다. 그러므로 "추상적인 단어가 아니라, 정신 안에서의 내적인 활동을 위한 경향을 우리 내면에서 발달시키기 위한 선한 의지가 우리에게 흐르도록 하는" 교육이 절실하다.[38] 그것은 아이들의 신체적 삶을 억압하지 않는 것이며, 현재의 감정을 일깨워서 구체적이고 현실적으로 타자와 세계를 경험하게 하는 일이고, 스스로 독립적인 생각의 습관을 길러 줌과 동시에 뜻을 묻고, 새로운 세계를 꿈꾸는 의지교육과 상상력교육을 활성화하는 일과 관련된다. 공자는 15세에 입지(立志)를 말했고, 맹자는 우리의 뜻을 높이는 상지(尙志)교육을 말했으며, 우리나라의 율곡은 어머니 신사임당이 돌아가신 후 겪은 깊은 정신적인 방황을 접고서 20세 때에 '자경문(自警文)'을 지어서 참된 삶의 뜻을 세우는 입지를 공부의 제1 조항으로 삼았다. 여기에 비해서 오늘날 한국교육의 청소년들에게는 당장 표피적인 지식공부를 위해서 머리로 외우고 익혀야 하는 것이 산더미같이 쌓여 있다. 그리고 그 공부도 철저히 남을 배제하고 자신의 성취만을 목표로 하는 것이므로 거기서 신뢰와 정의와 만물일체의 직관적 정신력이 키워지기를 기대하는 일은 매우 어렵다. 슈타이너에 따르면 우리의 사고력이 순수하게 길러지면 그것은 곧바로 의지로 전환된다.[39] 의지로 전환되어야만 행위가 나오는 것이므로 지식교육이 의지교육, 뜻을 묻고, 신뢰를 훈련하고, 내적 상상력으로 다른 사람의 처지를 미루어 짐작하는 도덕적 상상력을 키우는 교육과 함께 가는 일은 매우 중요하다. 여기서 양명의 '지행합일'의 주장이 생각나고, "아름다움을 통해서 진실을 정복하기"라는 슈타이너의 교육방식은 칸트의 '미감'으로서의 판단력을 확장시키는 일을 상기시킨다. 미감이야말로 가장 직접적이고 개인적인 인간 판단력이므로 그것은 세계의 진실을 생동하는 진실로 느끼게 해 주고, "예술은 실재적인 정신성의 체험에 관한 문제"이고, 그렇게 될 때만이 그 진실의 감각으로부터 의지가 흘러나오기 때문에 지적 교육에서 예술교육이 간과될 수 없는 일이라는 것은 분명하다.

슈타이너는 "믿으라고 억지로 주입시키지 않아도 형성된 예술적 분위기를 통해서 … 믿을 수 있어야 합니다"라고 하고, 청년들의 자발성과 그들 지성의 창조성을 회복시키려는 청년운동은 "그런데 그것은 우선 의지의 문제입니다. 느낌상으로 체험하는 의지의 문제입니다"라고 지적한다.[40] 공자도 '작은 일들을 배움으로써 높은 뜻에 도달하고(下學而上達)', '매일의 삶에서의 판단을 배움으로써 높은 경지에 도달한다(極高明而道中庸)'는 방식을 말했듯이 참된 판단력의 행위인을 기르기 위한 공부란 단순히 이론적 지식축적의 문제가 아니라는 것을 말해 준다. 시비지심의 판단력을 가리키는 '지혜(智)'라는 글자도 단순한 지식(知)이 아니라 거기에 날 일(日) 자가 더해져서 매일의 구체적 실천과 판단의 행위가 쌓여야지만 얻게 되는 명철(明徹)함인 것을 가르쳐 준다. 한나 아렌트가 나치 전범의 정신세계를 탐색한 『예루살렘의 아이히만』에서 밝힌 "악의 평범성"이란 바로 다른 사람의 입장에서 생각할 수 있는 상상력의 부재가 가져온 결과라는 것을 지적한 점을 상기시킨다. '사고한다(思)'는 것의 핵심은 단순히 우리의 인지(cognition)나 지능(intellect)이 가르쳐 주는 사실적 진리에 머무는 것이 아니라 그것을 뛰어넘어 거기에 남긴 뜻(meaning)을 찾는 행위라고 할 수 있는데, 여기에 상상력이 많이 관계되고 이 상상력은 어린 시절의 공감과 의지와 밀접히 연결된 것을 본다. 그러므로 단순히 지능과 인지능력의 신장만을 추구하는 지적 교육은 결국 아이히만 같은 사람을 만들어 낼 수밖에 없고, 이기적이고 자신만을 생각하고, 그래서 불의를 쉽게 행하는 사람을 양산할 뿐이라는 가르침이다.[41]

수동적으로 세상과 관계하는 지성이 아니라 스스로 능동적이 되는 의지, 그 의지가 사고도 능동적으로 만들고 거기서 밝게 일깨워진 사고가 의지를 다시 힘차게 불러오는 일이 중요하다. 그와 같은 배움은 바로 "머리로만이 아니라 전체 인간으로 생각하기를 배우고 세계를 체험하는" 일이며, 성장하는 인간은 바로 그러한 능동적인 배움을 내면으로부터 깊이 요청한다는 것이다. "인간 전체로 주변을 체험하기", 그러면서 사고를 정화해서 의지로 만들고 그 의지가 다시 사고를 심화시키는 통전적 배움, 『중용』21장은 그런 교육과 배움의 과정을 "성실함(誠-의지의 일)으로 밝아지는 것(明)을 '사고(性)'라 하고, 밝아짐으로 성실해지는 것을 '교육(敎)'이라 하니, 성실하면 밝아지고 밝아지면 성실해진다(自誠明 謂之性, 自明誠 謂之敎, 誠則明矣. 明則誠矣.)"라는 표현으로 참으로 적실하게 표현해 주었다. "인간은 성장할 수 있어야 합니다."[42] "내면에 성장력을 지닌다는 것은 인간에 속하는 가장 중요한 요소 중의 하나입니다."[43] "신체적인 삶의 핏속으로 활기 있게 흘러드는 영적인 피로 가득 채우는 교육학", 이런 이야기들이 지금까지 우리가 살펴본 대로 우리 내면의 "초월적 본심"을 지시하고, "구체적인 보편"의 교육방식을 말하는 유교의 영성과 슈타이너가 우리 시대를 위해서 제시하는 새로운 지적 교육의 방식들이다.

이러한 모든 이야기는 인간 간의 관계가 심하게 어긋나 있고, 모든 것을 머리로 이끌어 가기 때문에 나머지 유기체적 삶에 대해서는 둔감하고, 마음은 차갑고 팔다리는 뻣뻣하게 굳어 있는 시신 같은 사람들, 그렇기 때문에 삶은 점점 더 두려움이 되어 가고 외롭게 느끼며 이기적이 되어서 현재를 살지 못하고, 미래를 물질의 축적만으로 보장받을 수 있다고 생각하는 사람들과 한국사회와 인류문명에 주는 좋은 메시지들이다. 그것은 인간 내면의 생명력과 성장력에 대한 깊은 믿음을 가지고 세계와 타자를 바로 그러한 믿음으로 믿게 하는 참으로 귀한 교육이다. 그러나 그 교육은 결코 비싸지 않다. 바로 우리 내면의 보물에 주목하기 때문이다. 나는 이렇게 죽어가는 생명을 살리는 교육, 생명을 살리는 능력을 키워내는 교육을 "천지생물지심(天地生物之心)"의 교육이라고 부르고자 하고, 그것이 오늘 우리 사회의 교육불의에 대한 좋은 처방전이 될 수 있다고 생각한다. 그런 천지생물지심의 교육이 그 중요한 토대로 삼고 있는 맹자는 "만물이 나에게 모두 갖추어져 있으니 자신을 되돌아보아 성실하면 기쁨이 이보다 큰 것이 없고, 타인을 헤아림을 힘써서 실천하면 인(仁)을 구하는 것이 이보다 더 가까울 수 없다"[44]고 지금으로부터 2300여 년 전에 언술했다. 이 말이 여전히 오늘 우리 사회의 정의나 인간다움을 위해서도 두뇌처가 될 수 있다고 믿는다.

이 글을 쓰는 동안 주간신문인 〈여성신문〉에 아주 의미 있는 기사가 실렸다. "무재산, 무경쟁, 무권위 … 파티로 학교를 다자인하다"라는 제목의 파주 타이포그래피학교(PaTI·파티)에 대한 소개와 그 학교의 안상수 교장에 대한 이야기이다.[45] 그 글을 읽으면서 나는 지금까지 앞에서 우리가 한국사회의 정의와 교육정의를 회복하기 위해서 탐색한 많은 내용들이 이 디자인학교에서 나름대로 훌륭하게 실행되고 있는 것을 보면서 감동을 받았다. 안상수 교장은 얼마 전까지 홍익대 시각디자인과 교수였는데 정년을 몇 년 앞두고 새 길을 가기 위해서 '탈학교'를 한 경우였다. 기사에 의하면 그는 기존 대학 시스템을 철로나 열차에 빗대고 학점이나 학칙, 교수 승진 등 치밀하게 짜인 제도가 너무도 공고해서 "완전히 새판을 짜야 한다는 열망"으로 그 선로에서 내려왔다고 한다. 2013년 2월 파주 출판도시에 작은 현대식 도제 디자인학교 파티를 시작한 것이다.

그는 나에게 매우 독창적이고 창조적인 사람으로 다가왔다. 특히 한글에 대한 의식이 뛰어나고 명민해서 대학원은 '더 배우는 학교'라는 뜻으로 '더 배곳'이라고 명명했고, 4년제 대학은 '큰 학교'라는 뜻으로 '한배곳'이라고 하면서 예전 주시경 선생의 아이디어를 되살렸다고 한다. 그는 파티를 "빈손으로 출발해 경제적으로 어렵지만" 새롭게 시작한 독립 다자인학교라고 소개한다. 즉 그의 생각하는 힘은 그때까지 세상에 존재하지 않던 '파티'라는 새로운 학교를 창조한 것이고, 그의 표현대로 하면 "한글을 디자인하듯 학교를 새롭고 멋지게, 누구도 시도하지 않은 방법으로 멋 짓는 것"을 통해서 세계의 실제를 확대한 것이다. 그는 거기서 교육방법으로도 파티는 "삶에 밀착된 디자인교육"을 지향한다고 밝힌다. 학생들에게 계속 "눈높이를 낮추어 삶에 밀착하라"고 권하고, 다른 학교들과는 달리 "경쟁교육"을 하는 것이 아니기 때문에 "두 발로 딛고 선 땅에 밀착된 디자이너를 기르는 것이 목표"임을 밝히면서 그 모토가 바로 "생각하는 손"이라고 한다. 앞에서 우리가 특히 맹자나 양명, 슈타이너의 언어로 이야기한 의지와 사고가 하나 된 교육, 감정과 예술이 전체의 분위기를 밑받침해 주고 있는 교육 방식과 잘 상통한다. 그는 그것을 "일이 놀이"가 된 것으로 표현하고, 독일 전통의 바우하우스 디자인학교의 사고와도 잘 통한다고 지적하며, "몸으로 체험할 때 상상력은 더 극대화된다"는 말도 덧붙인다. 그 스스로가 그렇게 배우고 실행하면서 몸으로 체득한 진실이 아니라면 말할 수 없는 지혜라고 여겨진다.

그는 "돈과 명예에 묶이지 않은 눈높이가 낮은 곳에서 창의력이 발현된다"고 하면서 파티의 세 가지 무(無), 즉 "무재산, 무경쟁, 무권위"가 그것이라고 한다. 그래서 건물이나 땅을 갖지 않으며, 성적표도 없고, 선생은 스승이고 학생은 배움이며, 교장은 배움이나 스승들에게 날개를 달아 주는 역할을 한다고 한다. 앞에서 일리치가 교사는 학습망사회에서 그 학습공동체가 잘 기능하도록 하는 매니저 역할이라고 한 말을 연상시킨다. 대학원생들인 성인들의 교육에서는 권위가 크게 요청되지 않는다는 점에서 수긍이 가는 방식이다. 그는 특히 한글의 정신이 '무권위'라고 하면서 백성과 민중을 위한 글자였던 한글의 정신을 귀히 여기고, 그런 맥락에서 "큰 디자이너 세종"의 정신을 섬기면서 한글 글씨체를 창조적으로 개발해서 이미 '안상수체'를 발명했다. 이렇게 파티는 비싸지 않은 교육이지만 그 학습공동체의 망에 스승으로 함께 하는 사람들은 국내외의 뛰어난 창조적 예술가들이 많다고 한다. 그는 스스로를 "한글전도사"라고 하는데, 외래어인 '디자인'이 그를 통해서 "멋 지음"이라는 우리말로 새로 태어났다. 여기서 그는 '짓다(create)'라는 말에 주목하고 그 단어가 예를 들어 '밥 짓다, 집 짓다, 옷 짓다' 등, 우리 전통의 의식주가 모두 '짓다'(창조하다)라는 말로 서술되어 왔다고 지적하며, "'짓다'라는 말이 사람한테서 가장 중요한 동사입니다" 라고 말한다. 우리가 앞서 살펴본 것처럼 그는 인간 정신의 궁극성의 표현을 결국 '창조성', 새로 시작할 수 있는 능력, 지금까지 실재하지 않던 것을 새로이 존재로 부르는 힘, 정신과 사고의 힘으로 본 것이다. 그에게 디자인 은 "멋을 짓는 일"이다.

참으로 놀라운 통찰들이다. 이러한 이야기를 듣고, 또 그의 학교가 구체적으로 이루어져서 진행되고 있는 것을 보면서 그것은 그의 사고와 꿈이, 직관과 상상과 이상이 현실에 구체적으로 실현된 것임을 본다. 그리고 그것은 그의 사고와 의지가 하나가 되었기 때문에 가능한 일이었다는 것을 다시 상기하면서 앞서 우리가 탐색한 새로운 학교와 교육에 대한 여러 이상이 결코 허황된 것이 아니라는 생각을 더욱 하게 된다. 여성정치철학자 한나 아렌트는 20세기까지의 서구 정치문명의 결론이 된 전체주의를 이해하기 위해서 『전체주의의 기원』을 쓰면서 그 마지막 말로 어거스틴의 말을 빌어서 "시작이 있기 위해서 인간이 창조되었다. … 이 시작은 모든 새로운 탄생을 통해서 보증된다. 참으로 모든 인간은 시작이다"[46]라고 언표하였다. 그것은 인간이 과거의 모든 그러함에도 불구하고 다시 시작할 수 있고, 새롭게 창조할 수 있으며, 그 창조성의 가능성을 바로 인간 누구나가 탄생한다는 "탄생성(natality)"의 보편적인 조건에서 본 것이다. 그런 의미에서 이 '탄생성'이야말로 그녀에게 있어서 하늘이 조건지어 준 모든 인간 안의 '내재적 초월(immanent transcendence)'이다.

우리는 누구나 탄생한다. 그러므로 탄생했다는 조건 속에 이미 새롭게 시작할 수 있고, 새로운 세계를 창조할 수 있는 능력을 가지고 있다는 것이므로 이 조건에 주목하면 교육이 비싸질 이유가 없다. 그것은 누구나의 보편적 조건이기 때문이다. 나는 이 탄생과 더불어 담지하고 있는 인간의 조건에 주목하는 교육을 통해서 오늘 교육이 한없이 비싸졌고, 그래서 교육 불의가 하늘을 찌르는 상황을 개선할 수 있는 가능성을 본다. 이제 비싼 밖으로부터의 사교육에 매달리는 것을 내려놓고, 거짓되고 허황된 욕망만을 부추기는 경쟁 위주의 입시교육을 재고하면서 참된 사고력과 행위력을 키우는 교육을 위한 새 길을 찾아나가야 한다. 그러기 위해서는 아이들에게 다시 여유를 돌려주고, 가족적 삶과 여성적이고 모성적인 가치의 의미를 되새기고, 청소년들의 몸과 감정과 의지의 상황을 배려하는 교육, 단순히 먹고 사는 문제에만 매달리게 하는 교육이 아닌 인간적인 높은 이상과 뜻을 갖게 하는 교육, 이런 일들을 우리가 이루어 내야 할 것이다. 특별히 지적 교육의 영적인 차원을 회복하여 도덕적 직관력과 공통감적 상상력의 교육을 통해서 인간이 인간에게 살아 있는 의미로 다가오게 하는 일 등이 그 안에서 핵심적인 일이다. 아렌트는 그렇게 인간 탄생성의 보편적인 조건에 주목하면서 사실 소크라테스가 아테네의 교사로서 진정으로 관심한 것도 어느 특정한 사람의 '진리(truth)'감각보다는 오히려 모든 시민들의 '의견(opinion)'을 구성하는 일이었다고 해석해 낸다. 그녀에 따르면 소크라테스의 철학적 산파술의 실행은 "하나의 정치적인 행위"(a political activity)였다. 그래서 인간정치의 모든 그러함에도 불구하고 다시 "정치의 약속"(the promise of politics)을 말하는데, 왜냐하면 "만약에 정치의 일, 궁극적으로 이 세상을 다른 사람들과 같이 나누는 것을 의미하는 일인 정치에 덜 참여할수록 폭력과 테러리즘에 대한 유혹은 더욱 커질 것이라는 사실을 분명히 인식하고 있었기" 때문이다.[47] 오늘 한국사회에서 정치에 대한 혐오는 점점 더 증가하고, 교육과 학교의 일은 정치와 상관이 없다고 하면서 개인적

이론선

안위와 안정만을 추구하는 교육적 속물주의가 판치고 있다. 그런 경우 우리 사회의 미래도 결코 밝지 못하다는 것을 잘 지시해 준다.

오늘날 청소년 자살률 1위의 나라, 자식을 잃고서 깊은 절망과 시름에 잠겨 있는 이들에게조차 조롱과 무시와 폭력을 일삼는 일베충이 기승하는 나라, 지금 우리 사회는 어느 때보다도 전체주의와 파시즘의 위협 앞에 노출되어 있다. 최근 유엔이 펴내는 '세계행복 보고서'에서 2012년과 2013년 연속 1위를 차지했고, OECD가 발표한 '2015년 더 나은 삶 지수'에서 삶의 만족도 1위를 차지한 덴마크에 대한 연구에 따르면 덴마크가 그렇게 최고의 복지국가로 유지되는 비결로 '신뢰'를 꼽는다고 한다. 다른 나라 평균(25%)의 3배가 넘는 국민 78%가 이웃을 신뢰하고, 정부에 대한 신뢰도도 84%나 되었다고 전한다.[48] 하지만 그렇게 신뢰를 가능하게 하는 정치의 일도 결코 교육과 종교와 나뉘어서 고립적으로 진행되는 일이 아니다. 그래서 페스탈로찌는 "나의 정치의 시작과 끝은 교육이다", "삶이 곧 교육이다"라는 말로 프랑스혁명 이후의 유럽사회의 갈 길을 제시했다. 나는 이 말이 오늘 21세기 우리 사회의 갈 길을 위해서도 한 중요한 지침이 된다고 생각한다.

미주

1 김희삼, 「사회 이동성 복원을 위한 교육정책의 방향」, 『KDI FOCUS』 2015년 4월 29일(통권 제54호), 1-8쪽.
2 양미선 지음, 『영유아교육·보육비용추정연구』, 육아정책연구소, 2013.

3 이반 일리치, 『성장을 멈춰라 – 자율적 공생을 위한 도구(Tools for Conviviality)』, 이한 옮김, 도서출판 미토, 2004.

4 이반 일리치, 『학교 없는 사회(Deschooling Society)』, 심성보 옮김, 도서출판 미토, 2004, 72쪽.

5 같은 책, 27쪽.

6 김예슬, 『김예슬 선언 오늘 나는 대학을 그만둔다, 아니 거부한다』, 느린걸음, 2010, 60쪽.

7 이반 일리치, 『학교 없는 사회(Deschooling Society)』, 심성보 옮김, 도서출판 미토, 2004, 181, 182쪽.

8 같은 책, 143쪽.

9 플라톤, 『메논』, 김안중 옮김, 양은주 엮음, 『교사를 일깨우는 사유』, 문음사, 2007, 95쪽.

10 이반 일리치, 『과거의 거울에 비추어 – 현대의 상식과 진보에 대한 급진적 도전』, 권루시안 옮김, 느린걸음, 2013, 58쪽.

11 데이비드 케일리 대담 엮음, 『이반 일리치의 유언』, 이한/서범석 옮김, 이파르, 2009, 73쪽.

12 이은선, 「한국 페미니스트 그리스도론과 오늘의 기독교」, 「한국 생물生物 여성영성의 신학 – 종교聖 · 여성性 · 정치誠의 한 몸짜기」, 도서출판 모시는 사람들, 2011, 82쪽 이하.

13 루돌프 슈타이너, 『젊은이여, 앎을 삶이 되도록 일깨우라 – 인류 발달에 관한 정신과학적 연구 결과』, 최혜경 옮김, 2013, 밝은누리, 198쪽.

14 같은 책, 134–137쪽.

15 같은 책, 139쪽.

16 같은 책, 138쪽.

17 같은 책, 101쪽.

18 같은 책, 133쪽.

19 같은 책, 99쪽.

20 『孟子』, 「盡心下」 25: "何謂善? 何謂信?, 曰: 可欲之謂善, 有諸己之謂信."

21 『孟子』, 「盡心上」 3: 求則得之 舍則失之 是求有益於得也 求在我者也 求之有道 得之有命 是求無益於得也 求在外者也.

22 『孟子』, 「告子上」 4.

23 『孟子』, 「告子上」 11, 17: 仁人心也 義人路也.; 孟子曰 欲貴者 人之同心也. 人人有貴於己者 弗思耳.

24 『孟子』, 「盡心上」 15: 親親, 仁也; 敬長, 義也. 無他, 達之天下也.

25 루소, 『에밀』, 민희식 역, 양은주 엮음, 같은 책, 175쪽.

26 J. H. Pestalozzi, Saemtliche Werke, Kritische Ausgabe, begruendet von A. Buchenau, E. Spranger, H. Stettbacher, Berlin/Zuerich 1927ff. Bd. 13, p.63.

27 루소, 같은 책, 167쪽.

28 1980년대에 스위스에서 두 명의 아이를 낳아서 기른 본인은 그때 이미 그곳 거주민 모두에게 지급되는 모유수당을 받았고, 시에서 운영하던 보육바우처제도를 통해서 두 명의 아이를 공공탁아소에 보내기보다는 안정된 스위스 가정의 양육모에게서 키울 수 있었다. 그렇게 선진국의 보육제도는 어떻게 하든지 우선하여 전래의 가족적 가치를 소중히 하는 방향으로 나가고자 하고, 그 일들을 이제 사회보장제도로 가능하게 하려는 것이다.

이은선

29 루소, 같은 책, 183쪽.

30 여기서의 나의 이러한 성찰은 이중모국어를 부정하는 의미가 아니라 오늘 한국에서의 조기영어교육
처럼 영어를 모국어로 배우는 것이 아닌 외국어로 배울 때의 경우를 말하는 것이다. 아기들이 이중
모국어를 배울 수 있는 가능성과 이점에 대한 주장을 반박하는 것은 아니다.

31 루돌프 슈타이너, 『교육의 기초로서의 일반인간학』, 김성숙 옮김, 물병자리, 2007, 55쪽.

32 루돌프 슈타이너, 『젊은이여, 앎을 삶이 되도록 일깨우라』, 밝은누리, 2013, 192쪽.

33 『孟子』, 「告子章」 上, 15: 心之官則思. 思則得之 不思則不得也.

34 왕양명, 『전습록』 권中, 180쪽.

35 『孟子』, 「盡心章」 下, 25.

36 루돌프 슈타이너, 『젊은이여, 앎을 삶이 되도록 일깨우라』, 밝은누리, 2013, 96쪽.

37 이은선, 「어떻게 행위하고 희락할 수 있는 인간을 기를 수 있을 것인가?」, 『생물권 정치학시대에서의
정치와 교육 - 한나 아렌트와 유교와의 대화 속에서』, 도서출판 모시는 사람들, 2013, 302쪽 이하.

38 루돌프 슈타이너, 『젊은이여, 앎을 삶이 되도록 일깨우라』, 76쪽.

39 같은 책, 109쪽.

40 같은 책, 229, 184쪽.

41 한나 아렌트, 『예루살렘의 아이히만』, 김선욱 옮김, 한길사, 2006; 이은선, 「한나 아렌트의 탄생성의
교육학과 왕양명의 치량지의 교육사상」, 146쪽.

42 루돌프 슈타이너, 『젊은이여, 앎을 삶이 되도록 일깨우라』, 250쪽.

43 같은 책, 276, 277쪽.

44 『孟子』, 盡心章 上, 4: 孟子曰 萬物皆備於我矣. 反身而誠 樂莫大焉. 强恕而行 求仁莫近焉.

45 〈여성신문〉, 2015.4.28.

46 Hannah Arendt, *The Origins of Totalianism*, A Harvest/HBJ Book 1973, p.479.

47 Elisabeth Young-Bruehl, *Why Arendt Matters*, Yale university press, New Haven & London 2006,
p.52.

48 〈한겨레신문〉 2015.6.4., "우리도 덴마크 사람들처럼…".

글쓴이
-
이은선(세종대학교 교육학과 교수)

지구의 동서에서 불문학, 신학, 한국 철학을 공부했다. 기독자교수협의회 회장과 한나 아렌트학회
회장을 역임했고, 현재 한국 유교학회, 양명학회 부회장을 맡고 있다.
저서로는 『한국교육철학의 새지평』, 『유교, 기독교 그리고 페미니즘』, 『잃어버린 초월을 찾아서 -
한국 유교의 종교적 성찰과 여성주의』, 『생물권 정치학시대에서의 정치와 교육 - 한나 아렌트와
유교와의 대화 속에서』등이 있다.

이
한
구

정의로운 사회를
어떻게 만들 것인가?[1]

사회정의에 대한 규정과 논의의 범위

플라톤의 『국가론』에서 소크라테스가 "정의란 무엇인가"라고 물은 이후 부터 정의는 철학의 가장 중심적인 물음 중의 하나였으며, 정치학자, 사회학자, 경제학자들이 공통으로 관심을 갖는 주제였다.

정의는 지금도 논란의 대상이 되는 다의적인 개념이지만, 그럼에도 불구하고 기본적으로 두 개의 핵심적인 의미를 갖는 것으로 이해된다. 하나는 같은 경우는 같이 대접해야 한다(treating equals equally or treating similar cases similarly)는 동등한 대우의 원리이고, 다른 하나는 사회적 재화와 의무를 모든 사회 구성원들에게 공정하게 분배해야 한다(distributing the goods fairly or giving to each person his due)는 공정한 분배의 원리이다.[2]

　동등한 대우는 법률의 집행과정에서 주로 문제시되는 정의의 측면인데, 모든 사람은 신분이나 귀천과 관계없이 법에 따라 동일한 대접을 받아야 한다는 것이 중심적인 내용이 된다. 그러므로 집행과정에서 차별대우가 나타난다면 그 법률의 집행과정은 정의롭다고 할 수 없을 것이다. 정의의 여신 디케가 눈을 가리고 있는 것은 정의의 이런 무차별적인 평등을 상징한다고 할 수 있다. 모든 사람을 한낱 수단으로 대우해서는 안 되고 그 자체를 목적으로 대우해야 한다는 칸트의 정언명법 역시 이런 정의의 원리를 표현한 것으로 해석되기도 한다.

　공정한 분배는 법률적 측면이 아닌 사회경제적 측면에서 논의되는 정의라 할 수 있다. 우리는 언제나 재화의 결핍 상태에서 살아간다. 말하자면 다른 생명체들과 마찬가지로 재화의 공급보다는 수요가 많은 상태 속에서 사는 것이다. 그리고 하나의 사회가 유지되기 위해서는 많은 노력과 수고가 뒷받침되어야 한다. 이런 상황에서 재화와 의무, 이익과 불이익을 사회 구성원들 모두가 동의할 수 있게 공정하게 분배하는 일은 한 사회 구성원들 모두의 일차적인 관심사라고 할 수 있다. 이런 이익과 의무의 공정한 분배를 우리는 간단히 사회정의(social justice)나 혹은 분배적 정의(distributive justice)라 부른다.[3]

　사회정의에 대한 이러한 규정은 자연적으로 사회정의가 논의되는 상황에 대한 다음과 같은 몇 가지, 보다 자세한 설명을 요구하게 된다. 첫째로, 그것의 할당이나 분배가 사회정의의 주된 관심거리가 되는 이익이나 의무란 구체적으로 무엇인가? 둘째로, 사회정의가 결국 공정한 분배라면 누가 이런 분배를 주도하는가? 셋째로, 사회정의가 논의되는 사회란 어떤 사회인가? 이런 예비적인 물음들에 대한 검토가 있은 후에야 우리는 공정한 분배의 "공정함"이 과연 어떤 것인지 논의할 수 있을 것으로 보인다.

먼저, 사회정의의 대상이 되는 이익이 물질적 재화에 국한된다고 생각할 필요는 없을 것이다. 이익의 목록 표에는 다음과 같은 것들이 포함되어야만 한다.[4] 즉, 돈과 생활품들, 재산, 직업과 직책들, 교육, 의료혜택, 어린이 보상과 혜택, 명예와 상, 개인적 안전, 주거, 교통, 및 여가 기회 등. 그리고 이런 이익의 목록 표와 함께, 군대 복무, 힘들고 위험한 작업, 노인들에 대한 보살핌과 같은 의무나 불이익도 사회정의의 대상으로서 병기되어야 할 것이다. 이들이 사회정의의 대상이 되는 이유는 그들이 가치 있는 재화이면서, 혹은 의무의 경우는 부정적 가치를 가진 재화이면서, 동시에 그것의 할당이 중요한 사회적 제도에 의존해 있기 때문이다.

다음으로 분배를 담당하는 주체에 대해 생각해 보자. 구성원들에게 이익과 의무를 공정하게 분배한다고 해서 분배를 전적으로 책임지는 어떤 중앙 기관을 반드시 전제해야 하는 것은 아니다. 분배의 기능과 관련하여 우리의 관심대상이 되는 것은 사회의 골격을 구성하는 제도들이다. 롤스(John Rawls)는 이를 사회의 기본구조라고 명명했다.[5]

이런 사회의 기본구조가 일차적으로 국가의 조직이라는 것은 의문의 여지가 없다. 국가는 우리가 앞에서 가치 있는 것으로 분류한 대상들이나 또 부정적 가치로서 분류한 의무의 할당에서 결정적인 영향력을 행사할 수 있다. 국가는 재산법이나 조세법을 비롯한 온갖 종류의 입법을 통해 여러 문제를 통제할 수 있다. 그리고 국가는 자율적인 민간기관들에 대해서도 간접적인 영향력을 미칠 수 있다. 우리가 사회정의를 논할 때 헌법을 비롯한 국가의 근간 골격을 주된 검토의 대상으로 삼는 것은 이러한 이유 때문이다.

그럼에도 불구하고 국가의 기본적인 제도들만이 분배에 영향을 미치는 것은 아니다. 돈과 생활품들은 시장을 통해서 자연스럽게 분배된다. 시장은 정보가 교환되는 장소며, 교환과 거래가 자발적으로 이루어지는 곳이다. 그러므로 완전한 자유경쟁시장이 형성되어 있는가 아닌가 하는 문제는 분배의 문제와 깊은 연관이 있다고 할 수 있다.

그뿐만 아니라 시민사회의 성숙에 따라 국가 내의 공동체의 영향력도 무시할 수 없게 되었다. 여기서 공동체란 지역공동체나 직장공동체, 민간단체 등을 모두 포괄한다. 어느 정도의 규모와 자치력을 확보한 지역공동체나 민간단체들은 국가의 입법과정에 영향력을 행사하여 자신의 이익에 반하는 법률의 제정에 제동을 걸기도 한다. 이것은 공동체도 분배의 문제에 능동적으로 관여할 수 있는 주체 중 하나라는 것을 의미한다. 여기서 우리는 결국 국가·시장·공동체가 모두 분배에 관여하는 주체라는 결론에 이른다.[6]

사회정의가 문제 되는 사회에 대해서도 자세하게 규정할 필요가 있다. 지금까지의 사회정의는 대체로 독립적인 정치공동체를 전제로 한 것이었다. 그러므로 한 사회의 구성원들에게 이익과 의무를 공정하게 분배한다고 할 때, 그 구성원들이란 바로 하나의 독립적인 정치공동체를 함께 구성하고 있는 사람들을 의미하는 것이었다. 이때 다른 정치공동체의 구성원들은 배제될 수밖에 없다. 말하자면 다른 정치공동체의 구성원은 사회정의의 적용대상이 아닌 것이다.

물론 오늘날 같이 세계가 하나의 지구촌이 된 상황에서 사회정의는 한 국가 내에서만 논의될 문제가 아니라 국제적인 관점에서 세계정의로서 논의되어야 한다는 주장도 제기되고 있다. 더 나아가 사회정의는 인간사회뿐만 아니라 동물의 세계까지 확장되어 논의되어야 한다는 주장도 있다. 그렇지만 사회정의에 관한 이러한 확장은 한 국가 내의 사회정의론보다 더욱 많은 논의를 필요로 할 것이다. 이 글에서는 사회정의의 범위를 한 국가 내

이
한
구

에 국한해 다루고자 한다.

사회정의의 세 가지 모형

분배의 문제가 제기되는 것은 불평등이 존재하기 때문이다. 특히 경제적 불평등은 근대 자본주의가 전통적인 생산양식을 대체한 이후부터 더욱 심각한 사회적 문제로서 대두되었다. 자본주의의 발전은 그 이전에는 상상할 수도 없었던 부의 생산과 축적을 가능하게 해 주었고, 이것이 결과적으로 극심한 빈익빈 부익부의 현상을 초래했기 때문이다. 역사적으로 보면 이런 빈익빈 부익부의 현상에 대해 크게 두 가지 처방이 있었던 셈이다. 자유주의사회 내에서의 복지국가의 등장과 노동자의 권익과 평등의 이념을 내건 사회주의의 출현이 그것이다. 지금까지 논의된 정의의 대표적인 유형들을 정리해 보면 다음과 같다.

① 정의는 법 앞의 평등이다.
② 정의는 실질적인 기회균등이다.
③ 정의는 절차의 공정이다.
④ 정의는 결과의 공평이다.
⑤ 정의는 결과의 평등이다.

정의에 대한 이 다섯 유형은 내용이 약한 것부터 강한 것으로 배열된 것이다. 첫 번째 법 앞의 평등은 법만 제대로 집행되면 정의가 실현되는 것으로 보는 입장이다. 말하자면 법의 공정한 집행 자체가 정의라고 할 수 있다. 이 입장은 배분적 정의에 대해서는 각자가 정당하게 획득한 재화를 안전하게 지키는 것이 정의라고 볼 뿐, 국가나 다른 힘에 의해서 인위적으로 재분배하는 일 자체를 자유에 대한 침해라고 본다. 이것은 자유방임의 정치체제에서 채택되는 정의다.

반면에 다섯 번째의 정의는 모든 재화의 평등한 분배를 주장하는 가장 강력한 입장이다. 이 입장은 사유재산제도와 시장경제를 인정하지 않고 모든 것을 국가가 계획하고 통제하는 공산주의체제에서 채택되는 정의다. 첫번째의 정의가 자유주의의 진화과정에서 설득력이 떨어진 것과 마찬가지로 다섯 번째 정의 역시 공산주의체제의 붕괴와 더불어 현실성이 극히 약화되었다고 할 수 있다.

이렇게 되면 결과적으로는 실질적인 기회균등으로서의 정의와 절차적 공정으로서의 정의, 그리고 결과적 공평으로서의 정의만 남게 된다. 이 글에서는 이 세 가지 유형의 정의를 중심으로 논의를 진행하려고 한다.

● 정의란 실질적인 기회균등이다

정의에 대한 이런 규정은 자유주의적 평등의 이념을 나타낸다. 이것은 고전적 자유주의에다 사회적 평등이념을 추가한 것이다.

고전적 자유주의자들은 자유를 인간의 양도할 수 없는 기본적인 자연권 중 하나로 본다. 그러므로 그것은 어떠한 것에 의해서도 침해받을 수 없다. 로크(John Locke)는 다음과 같이 말한다. "정치적 권력을 이해하기 위해서 그리고 그것을 그 원천에서 도출하기 위해서 우리는 다음과 같은 자연 상태를 이해해야 한다. 즉 자연 상태는 완전한 자유의 상태인데, 여기서는 사람들이 자연법의 범위 안에서, 다른 사람의 허가를 받거나 다른 사람의 뜻에 따라서가 아니라 자신이 적합하다고 생각하는 대로, 마음대로 행위하

이한구

고 그들의 소유물과 일신을, 마음대로 처분할 수 있는 상태이다"(4항).[7] 이후 자유주의의 핵심적인 근거가 된 이 4항이 의미하는 것은 자연법에 저촉되지 않는 한 누구든 다른 사람의 간섭을 받지 않고 마음대로 행위할 수 있다는 것이다. 또한 동시에 그의 소유물과 일신도 마음대로 처분할 수 있다는 것이다. 여기서 자연법이란 모든 사람은 평등하고 독립적이므로 아무도 다른 사람의 생명과 건강과 자유와 소유물을 침해해서는 안 된다는 자연의 규범적 이법(理法)을 의미한다.

이때 우리가 분명하게 해 두어야 할 사항은 평등과 소유권에 관한 것이다. 자연 상태에서의 평등은 경제적 재화의 평등이 아니다. 그것은 아무도 다른 사람을 지배하거나 심판할 우월한 권력이나 우월한 사법권을 갖고 있지 않다는 의미이다. "모든 권력과 사법권이 호혜적인 평등한 상태에서는 아무도 다른 사람보다 더 많은 것을 갖고 있지 않다. 같은 종류의 피조물은 자연의 같은 이점을 갖고, 같은 능력을 사용하도록 구별 없이 태어났으므로 다른 것에 예속되지 않고 서로 평등하지 않으면 안 된다."[8] 이것은 현대적으로 말한다면 법 앞의 평등, 즉 법률적 정의라고 할 수 있다.

자유주의자들에게는 소유권도 자연권의 하나이다. "지구와 모든 하등 동물은 모든 사람의 공동소유이지만, 각자는 자기 자신의 일신에 대한 소유권을 가진다. 어떤 사람도 그 자신 이외에 이에 대한 권리를 갖지 못한다. 그의 육체의 노동과 그의 손 작업은 정당하게 그의 것이라고 할 수 있다. 그러므로 그가 자연이 제공하여 준 상태로부터 무엇을 변화시키든지 그가 그의 노동을 투여하여 그 자신의 것인 어떤 것을 그것에 첨가한다면, 그것은 그의 소유가 된다"(27항).[9] 소유권의 발생을 설명하는 이 27항이 기초하고 있는 것은 누구든 자신의 일신은 그 자신의 소유라는 것이다. 자신의 노동을 투여한 자연을 자신의 소유로 만들 수 있다는 주장의 근거도 여기에 기초하고 있다. 일단 자연의 일부가 어떤 사람의 소유로 되면 처음에는 아무리 공유재산이었다고 할지라도 이에 대한 다른 사람의 권리는 배제된다.

로크의 이런 고전적 자유주의를 계승한 사람이 바로 로버트 노직(Robert Nozick)이다. 노직은 다음과 같이 주장한다.[10]

① 어떤 보유물을 획득의 과정에서 정의의 원칙에 맞게 획득한 사람은 그 보유물의 소유권을 갖는다.
② 어떤 보유물을 이전의 과정에서 정의의 원칙에 맞게 그 보유물의 소유권을 가진 다른 사람으로부터 획득한 사람은 그 보유물의 소유권을 갖는다.
③ 어떤 사람도 1항과 2항의 (반복적인) 적용 없이는 어떤 보유물의 소유권을 갖지 못한다.

이때 정의의 원칙에 맞는다는 것은 현실적으로는 실정법을 어기지 않는다는 것을 의미하며, 더욱 근본적으로는 로크가 말한 자연법을 어기지 않는다는 것을 의미한다. 그러므로 결국 다른 사람에게 해를 끼치지 않고 나의 노동의 대가로서 어떤 것을 획득했거나 혹은 그것을 임의로 처분할 수 있는 권리를 가진 다른 사람으로부터 합법적으로 물려받았다면, 그것에 대한 소유권은 정당화될 수 있다는 결론이 도출된다.

그렇지만 여기에는 반드시 짚고 넘어가야 할 문제가 하나 있다. 27항 단서 조항이 그것이다. 그 단서 조항은 다음과 같다. "적어도 양질의 토지가 다른 사람들에게 충분히 남겨져 있는 한에서"[11]

로크는 단서 조항을 진지하게 다루지 않았다. 당시의 상황에서는 그것은 심각한 문제가 아니었기 때문이다. 오늘날의 상황에서 단서 조항은 현실적으로도 중요한 문제로 부각되었을 뿐만 아니라, 논리적 측면에서도 검토되어야 할 문제이기도 하다. 논의를 단순화시켜 a, b, c 세 사람이 차례로 지구상의 모든 토지를 선점했다고 해 보자. c까지는 문제가 야기되지 않을 수 있다. 그렇지만 d가 등장했을 때, 충분한 양질의 토지가 존재하지 않았으므로, d는 c의 점유가 부당하다고 항의할 수 있다.

항의를 받은 c는 b의 점유 때문이라고 변명해야 할 것이고, b는 다시 a 때문이라고 항변할 수 있겠지만, 어쨌든 d의 등장은 결과적으로는 c의 점유를 부당하게 만들며, 이런 부당성은 c-〉b-〉a순으로 소급되어 누구의 점유도 정당하지 못하다는 결론에 이른다.

노직은 로크의 27항 단서 조항까지도 소유권을 확대하는 관점에서 해석하고자 한다. 즉 자연의 상태에 내가 어떤 노동을 가해 그것을 나의 소유물로 만들 때, 반드시 이와 같은 동질의 양이 충분히 없다 해도 그것을 이용할 수 있는 이용권을 나머지 사람들에게 허용하는 한, 나의 소유권은 정당화될 수 있다는 것이다. 이것은 소유권에 대한 제한을 최대한으로 없애려는 더욱 적극적인 소유권주의의 해석이라 할 수 있다.[12]

고전적 자유주의 사회는 경제적 측면에서의 양극화를 초래할 가능성이 크다. 그리고 양극화는 기회의 균등마저 형식화시킬 수 있다. 말하자면 기회의 균등이 말로만 존재할 뿐 실질적으로는 아무런 의미도 갖지 못할 수 있다. 예컨대 탁월한 재능을 타고났지만 가정 형편이 어려워 아무도 그렇게 강제하지는 않지만 고등교육을 받을 수 없고, 그 결과 자신의 재능을 발휘할 기회를 얻지 못할 수 있다. 이를 시정하려는 이념이 자유주의적 평등이다.

자유주의적 평등은 우연이라 불릴 수 있는 사회적 여건의 불평등이 인간의 운명에 끼치는 영향을 무효화하려는 이념이다. 말하자면 누구든 태어난 집안의 빈부나 귀천 때문에 인생의 성패가 갈라져서는 안 된다는 것이다. 예컨대 100의 재능을 타고났는데도 태어난 사회경제적 여건의 불리함으로 인해 10의 재능을 타고난 자보다도 더 성공할 기회가 적다면, 이것은 사회적 여건이 만들어 낸 불평등이라 해야 할 것이다. 그동안 자유주의자들이 '정의'의 이름으로 이런 불평등을 교정하기 위해 기울인 노력의 목표는, 비슷한 능력을 가진 자들이 그들이 처한 사회적 여건의 유리하고 불리하고에 관계없이 비슷한 인생의 성공을 기대할 수 있어야 한다는 것이었다. 말하자면 실질적으로 균등한 기회가 모든 사람에게 보장되어야 한다는 것이었다.

● 정의는 절차적 공정이다

공정으로서의 정의는 평등한 자유의 원칙과 차등의 원칙을 함께 주장한다. 평등한 자유의 원칙은 자유가 모든 사람에게 균등하게 분배되어야 한다는 것이며, 차등의 원칙은 사회의 최소 수혜자에게 최대의 이익이 될 때만 최대 수혜자의 이익이 정당화된다는 것이다. 이것은 민주주의의 평등을 대변한다.

롤스가 제시한 공정으로서의 정의론은 정치적 자유주의와 시장경제체제를 전적으로 수용하면서도 분배의 문제를 본격적으로 다룬 이론이다. 그는 정의의 문제를 윤리적 문제의 전면에 부각했다. 롤스는 다음과 같이 말한다.

"사상체계의 제일 덕목이 진리라고 한다면, 정의는 사회제도의 제일 덕목이다. 이론이 아무리 정치하고 간명하다고 할지라도 그것이 진리가 아니라면 배척되거나 수정되어야 하듯이, 법이나 제도가 아무리 효율적이고 정연한 것이라 할지라도 그것이 정당하지 못하면 개혁되거나 폐기되어야 한다. 모든 사람은 전체 사회의 복지라는 명목으로도 유린당할 수 없는 정의에 입각한 불가침성을 가진다. 그러므로 정의는 타인들이 갖게 될 보다 더 큰 선을 위해서 소수의 자유를 뺏는 것이 정당화됨을 거부한다. 다수가 누릴 보다 큰 이득을 위해서 소수에게 희생을 강요해도 좋다는 것을 정의는 용납할 수 없다."[13]

정의론의 첫 장을 장식하는 이 구절은 기본적으로 공리주의에 대한 비판을 함축하고 있다. 제러미 벤담(Jeremy Bentham), 존 스튜어트 밀(John Stuart Mill), 빌프레도 파레토(Vilfredo Pareto) 같은 공리주의자들과 아서 피구(Arthur C. Pigou), 아브람 베르그송(Abram Bergson), 폴 새뮤얼슨(Paul Samuelson) 같은 복지 경제학자들은 사회 전체의 유용성을 극대화하는 데만 초점을 맞추고, 이러한 유용성이 사회 구성원들 간에 어떻게 분배되어야 하는가 하는 문제에 대해서는 거의 관심을 두지 않았다. 오히려 공리주의는 다수가 누릴 보다 큰 이익을 위해서 소수에게 희생을 강요해도 좋다는 입장을 함축하기까지 하는 것이었다. 이에 반대하는 롤스의 정의론은 총체적 유용성의 극대화에 초점이 맞추어져 있는 것이 아니라, 공정한 사회계약의 조건에 초점이 맞추어져 있다.

롤스에 의하면 정의의 일차적 주제는 사회의 기본구조(the basic structure of society)가 된다. 보다 정확하게 말한다면, 사회의 주요 제도가 권리와 의무를 분배하고 사회협동체로부터 생긴 이익의 분배를 정하는 방식이 된다. 이렇게 하여 사회정의는 일차적으로는 사회의 기본구조가 갖는 분배적 측면을 평가할 기준을 제공하는 것이다.

사회의 기본구조에 대한 성의의 원칙들은 평등한 원초적 입장(original position)[14]하에서 시민들에 의해 채택된 원칙들이라고 롤스는 말한다. 이때 평등한 원초적 입장이란 전통적인 사회계약론이 가정한 자연 상태(state of nature)에 해당하는 것이다. 이 원초적 입장은 역사상에 실재했던 어떤 상태도 아니며, 문화적 원시 상태로 생각해서도 안 된다. 그것은 어떤 정의관에 이르게 하도록 규정된 순수한 가상적 상황으로 이해된다. 이 원초적 상황이 갖는 본질적 특성은 무지의 장막(veil of ignorance)이라 불리는 것인데, 말하자면 계약당사자 중 아무도 자신의 사회적 지위나 계층 상의 위치를 모르며, 누구도 자기가 어떤 소질이나 능력, 지능, 체력 등을 천부적으로 타고났는지 모른다는 것이다. 정의의 원칙들은 이런 무지의 장막 속에서 선택된다.

왜 이런 무지의 장막이 요청되는가? 무지의 장막이 보장하는 것은 무엇인가? 무지의 장막이 필요한 것은 공정성을 확보하기 위해서이다. 무지의 장막에 의해 아무도 타고난 운수의 결과나 사회적 여건의 우연성으로 인해 유리해지거나 불리해지지 않는다. 그러므로 무지의 장막 속에서 채택된 정의의 원칙들은 공정한 성격을 가질 수 있다. 롤스가 말하는 '공정으로서의 정의'는 바로 정의의 원칙이 공정한 원초적 상황에서 합의된 것이라는 것을 의미한다.

이런 원초적 입장에서 도출될 수 있는 정의의 두 원칙을 롤스는 일차적으로 다음과 같이 제시한다.[15]

첫째, 모든 사람은 다른 사람들의 유사한 자유와 양립할 수 있는 가장 광범위한 기본적 자유에 대해서 동등한 권리를 가져야 한다.

둘째, 사회적·경제적 불평등은 다음 두 조건을 만족시키도록 조정되어야 한다.

　a. 그 불평등이 모든 사람에게 이익이 되리라는 것이 합당하게 기대되고,

　b. 그 불평등과 연관된 직위와 직책은 모든 사람에게 개방되어야 한다.

　여기서 첫 번째 원칙은 시민의 기본적 자유—즉 정치적 자유 및 언론과 집회의 자유, 양심과 사상의 자유, 재산권과 신체의 자유, 부당한 체포 및 구금을 당하지 않을 자유 등—가 모든 사람에게 균등하게 분배되어야 한다는 것이며, 두 번째 원칙은 소득 및 재산의 분배와 권한, 책임 및 소득의 분배가 반드시 균등해야 할 필요는 없지만 그것은 모든 사람에게 이익이 되도록 이루어져야 하며, 동시에 권한을 갖는 직위와 명령을 내릴 수 있는 직책은 누구나 접근 가능해야 한다는 것이다. 이런 두 개의 정의의 원칙은 "모든 사회적 가치들—자유, 기회, 소득, 재산 및 자존감의 기반—은 이들 가치의 전부 또는 일부의 불평등한 분배가 모든 사람에게 이익이 되지 않는 한 평등하게 분배되어야 한다"는 일반적 정의관의 특수한 경우로 이해될 수 있다.

　보통 평등한 자유의 원칙이라 불리는 첫 번째 원칙은 두 번째 원칙보다 우선적인 위치에 있다. 이것은 부와 소득의 분배 및 권력의 계층화는 동등한 시민권의 자유와 기회균등을 보장하는 한에서만 생각할 수 있으며, 자유의 불평등은 사회적·경제적 불평등에 의해서 정당화되거나 보상될 수 없다는 것을 의미한다.

　차등의 원칙(difference principle)이라 불리는 두 번째 원칙은 "모든 사람에게 이익이 된다"는 문제와 "모든 사람에게 개방된다"는 두 개의 문제를 포함하고 있으므로 보다 자세한 설명이 요구된다. 롤스는 이를 다음과 같이 설명하고 있다.[16]

	'모든 사람에게 이익이 됨'	
'모든 사람에게 열려 있음'	효율성 원칙	차등의 원칙
재능이 있으면 출세할 수 있다는 식의 평등	자연적 자유체제	자연적 귀족주의
공정한 기회균등으로서의 평등	자유주의적 평등	민주주의적 평등

이 도표가 의미하고 있는 것은 '모든 사람에게 이익이 됨'과 '모든 사람에게 열려 있음'은 모두 두 가지 방식으로 해석될 수 있지만, 정의의 원칙은 '모든 사람에게 이익이 된다'는 것을 효율성의 원칙이 아니라 차등의 원칙으로 해석하며, '모든 사람에게 개방된다'는 것을 재능이 있으면 출세할 수 있다는 식의 평등이 아니라 공정한 기회균등으로서의 평등으로 해석한다는 것을 보여 주고 있다. 이렇게 해서 정의의 두 번째 원칙은 결국 민주주의적 평등을 의미하는 것이 된다.

자연적 자유체제는 효율성의 원칙과 재능이 있으면 출세할 수 있다는 형식적 기회균등을 결합한 것이다. 효율성의 원칙은 파레토의 최적의 원칙을 의미하는 것인데, 여기서는 생산이나 분배의 개별적인 몫이 문제되는 것이 아니라 언제나 총량의 극대화에 초점이 맞추어져 있다. 예컨대 일정량의 상품을 몇몇 개인들에게 효율적으로 분배했다고 할 경우란 그 사람들 중 다른 사람을 불리하게 만들지 않으면서 최소한 한 사람의 처지라도 향상해 줄 다른 분배의 방식이 더 이상 없을 때이다. 이런 효율성의 원칙과 형식적 기회균등을 수용한다면, 소득과 부의 분배는 사회적 우연성과 선천적 자산의 누적된 결과로서 나타나게 된다.

자유주의적 평등은 실질적인 의미를 가진 공정한 기회균등에다 초점을 맞추어 형식적 기회균등의 부정의를 시정하고자 한다. 말하자면 자유주의적 평등은 유사한 능력과 재능을 가진 사람들은 그들이 태어난 소득, 계층

이
한
구

과 관계없이 동일한 성공의 전망을 가져야만 한다는 것이다. 이것은 사회적 우연성이 분배의 몫에 미치는 영향의 무효화를 의미한다. 그렇지만 아직도 천부의 재능이나 자질이 소득과 부의 분배에 미치는 영향은 그대로 허용되고 있다. 앞에서 다룬 정의가 이런 유형이다.

자연적 귀족주의는 형식적 기회균등 이상으로 사회적 우연성을 교정하려고 하지는 않지만, 귀족에게는 귀족으로서의 의무가 있다는 관념(노블레스 오블리주)을 수용하는 것이다. 따라서 자연적 귀족주의에 따르면, 보다 큰 천부적 재능을 가진 자들의 이익은 낮은 부류의 이익을 증진시키는 한에서만 정의로운 것으로 간주된다.

롤스의 해석에 의하면 이들 세 이론은 모두 불완전하다. 왜냐하면 이들 중 어느 것도 사회적 우연성과 자연적 운수가 분배에 미치는 영향을 철저하게 차단하지 못하기 때문이다. 무지의 장막 속에서 채택될 정의의 원칙은 사회적 우연성과 자연적 운수를 완전히 배제하는 것이다. 그러므로 민주주의적 평등은 공정한 기회균등과 함께, 사회의 최소 수혜자에게 최대의 이익이 될 때만 최대 수혜자의 이익을 용인하는 차등의 원칙을 결합한다. 이런 차등의 원칙은 자연적 귀족주의에서는 하층의 이익을 증진시키는 한에서만 귀족의 이익이 정당화되는 형태로 나타난 것이다.

롤스의 이런 정의론이 갖는 최대의 특징은 '공정성'이라고 할 수 있다. 우리가 느끼는 불평등은 크게 두 가지로 나눌 수 있다. 하나는 사회적 여건에서 오는 불평등이며, 다른 하나는 자연적 운수에서 오는 불평등이다.

평등을 추구하는 자유주의자들도 자연적 운수의 우연성에 대해서만은 어쩔 수 없는 것으로 생각했다. 타고난 능력이 다르다면 사회적 기여도 다를 것이며, 그에 따라 보상도 다르게 받을 수밖에 없는 것으로 해석되었기 때문이다. 하지만 자연적 운수는 분배의 문제에 엄청난 영향을 끼칠 수 있다. 아무리 사회적 여건의 우연성을 배제한다고 할지라도, 재능을 우수하게 타고난 자가 과실을 독점할 수도 있을 것으로 보이기 때문이다. 예컨대 어떤 자는 100의 재능을 갖고 태어나고 어떤 자는 10의 재능밖에 타고나지 못했다면, 자유경쟁에서 100의 재능을 가진 자가 우승하여 과실을 독점하리라는 것은 쉽게 상상할 수 있는 일이다. 이것은 자연적 운수의 우연성에서 오는 불평등이라 할 수 있다.

우리가 이런 불평등의 여건들을 모두 우연성으로 규정하는 것은 아무도 그런 조건을 반드시 가져야만 될 필연성은 존재하지 않기 때문이다. 우연성은 교정의 대상이 될 수 있다. 롤스의 정의론을 공정성과 평등에로의 지향적 성격을 갖는 것으로 특징지을 수 있는 것은 사회적 여건의 우연성뿐만 아니라 자연적 운수의 우연성 때문에 귀결되는 불평등까지도 이 정의론은 정의롭지 못하다고 판단하기 때문이다.[17]

롤스의 정의론에 따르면, 모든 사람을 동등하게 취급하기 위해서는 다시 말해서 모든 사람에게 진정한 기회균등을 제공하기 위해서는, 보다 불리한 사회적 지위에서 태어난 자와 보다 적은 천부적 자질을 가진 자에게 더 많은 관심을 가져야 한다. 이것은 '보상의 원칙'[18]이라고도 불리는데, 이런 명칭은 출생에 의한 사회적 불평등이나 천부적 재능의 불평등은 어떤 식으로든 보상되어야 한다는 것을 주장하고 있기 때문에 붙여진 것이다. 이것은 결국 천부적 재능을 한 사회의 공동의 자산으로 생각하고 이 재능이 산출하는 이익을 구성원들이 함께 나누자는 것이라고 할 수도 있다. 누구이든 간에 천부적으로 보다 유리한 위치에 있는 자는 그들이 재능을 많이 타고 났다는 바로 그 이유만으로는 이득을 볼 수 없으며, 아주 불리한 위치에 있는 자의 여건을 향상해 준다는 조건에서만 그들의 행운에 의해 이익을 볼 수 있다는 주장은 평등에로의 지향을 극명하게 보여 준다.

기회가 실질적으로 균등하게 주어지거나 절차가 공정하다고 해서 완전히 정의롭다고 할 수 있을까? 사회주의적 정의는 이런 차원과는 다르게 결과의 공평함을 정의로 규정한다.

고전적 마르크스주의는 자본주의사회의 불평등에 대해 '소외'와 '착취'의 이론을 통해 설명하고자 한다. 1844년 『경제학철학 수고』에서 카를 마르크스(Karl H. Marx)는 자본주의 경제체제하에서 노동자는 철저하게 소외되어 있다고 주장했다. 그가 말하는 노동자의 소외란, 생산을 통제하고 관리하는 중요한 의사결정과정에서 노동자가 배제되어 있음을 의미한다. 말하자면 노동자는 그가 종사하는 작업의 과정이나 분야를 주체적으로 선택할 수도 없고 그가 만들어 낸 생산물의 유통이나 분배에 대해서도 어떤 발언권을 행사하지 못하는 상태에 있으며, 거대한 생산공정과정의 기계적인 작업을 수동적으로 반복할 뿐이라는 것이다. 이런 소외된 노동의 과정을 통해서는 노동자는 전혀 노동의 즐거움을 누리지 못하며 그의 자아를 실현할 수도 없다.

이런 소외 상태와 대비해서 마르크스는 공산주의사회에서의 노동자의 모습에 대해 다음과 같이 말하고 있다. "아무도 배타적인 활동의 영역을 가지고 있지 않고 각자가 그가 원하는 어떤 분야에서 일할 수 있는 공산주의 사회에서는, 사회가 일반적인 생산을 규제함으로써 나는 오늘 이 일을 하고 내일 다른 일을 하는 것이 가능하다. 즉 내가 항상 사냥꾼이나 어부나 목자나 비평가가 되지 않고 마음 내키는 대로, 오전에 사냥을 하고 오후에 고기를 잡는 것이, 저녁때 가축을 돌보고 저녁 식사 후 비평을 하는 것이 가능하다."[19]

소외가 기본적으로 자본주의 경제체제의 분업에서 발생하는 문제라면 착취는 가치의 문제와 연관되어 있다. '노동가치설'에 의하면 가치는 노동에 의해서만 창출된다. 노동 이외의 다른 어떠한 것도 가치를 산출하지 못한다. 그러므로 노동자만이 가치의 창조자인 셈이다. 착취란 바로 이 노동자가 창출한 가치를 자본주의체제의 지배계급이지만 가치를 창출하지 않은 자본가가 부당하게 빼앗아 간다는 것을 의미한다.

마르크스의 이론에서 보면 자본주의사회는 자신의 노동을 파는 노동자계급과 생산력을 소유한 자본가계급으로 양분된다. 이것은 자본이 중심이 되는 사회에서 자본의 소유 유무가 사람들의 위치에 결정적인 영향력을 행사하기 때문에 나타나는 필연적인 과정이라 할 수 있다. 이런 상황에서 자본가와 노동자 사이에 불평등한 거래가 이루어진다. 자본가는 생산력을 소유하고 있으므로 생산공정을 조직하고, 생산과정을 통제하며, 기업의 경영규칙을 정하고, 잉여가치를 분배할 때 결정적으로 유리한 위치에 있다. 그뿐만 아니라 자본가는 지배적인 정치세력으로 군림하면서 국가기구를 통해 자본주의체제의 안정과 재생산을 구축한다. 이에 반해 노동자는 이에 대항할 만한 어떤 효과적인 수단도 갖고 있지 못하므로 출발부터 불리한 위치에 있다. 자본주의체제의 부익부 빈익빈 현상은 이렇게 해서 심화된다.

전통적 마르크스주의는 이런 불평등과 소외를 종식하기 위해 혁명을 통해 다음과 같은 변혁들이 필요하다고 주장했다.

① 사유재산권제도를 폐기하고 공공재산권이나 국가재산권제도를 만든다.
② 시장경제체제를 폐기하고 중앙집권적 계획경제체제를 수립한다.
③ 이런 반자본주의적인 경제적 대안들을 감행할 노동자계급의 일당 독재
　　정치체제를 구축한다.

이런 혁명적 변혁은 무엇을 추구하고 있는가? 이것이 노리는 목표는 무엇인가? 한마디로 말해 그것은 평등한 사회라고 할 수 있다. 평등은 마르크스주의가 추구하는 사회정의이며, 최고의 사회규범이기도 하다. 물론 마르크스주의가 의미하는 평등은 만인이 법 앞에 평등하다는 법률적 평등이나 만인에게 성공의 기회가 평등하게 부여되어야 한다는 형식적 평등에 머물지 않고, 경제적 재화는 모든 사람에게 평등하게 분배되어야 한다는 경제적 평등에 초점이 맞추어져 있다.

롤스가 주장하는 사회정의는 평등에로의 지향성을 띠고 있음에도 불구하고 본질적으로는 사적 소유권의 인정과 그 범위 안에서의 공정성에 기초하고 있다. 말하자면 사적 소유권의 틀이 크게 파손되지 않는 범위 내에서의 공정으로서의 정의가 문제인 것이다. 이와는 대조적으로 사회주의자들은 처음부터 평등과 정의를 동일한 것으로 간주했으며 사적 소유권을 처음부터 인정하지 않았다. 이런 평등으로서의 사회정의가 구체화된 것이 "각자는 그의 능력에 따라 일하고 그의 필요에 따라 분배받는다"[20]는 원칙이다. 이 구절은 카를 마르크스가 고타 강령 비판(Critique of the Gotha Programme)에서 사용한 후부터 사회주의의 사회정의를 규정하는 원칙이 되었다.

이러한 이념을 계승한 시장 사회주의자들 역시 정의란 바로 평등이라고 규정한다. 이들은 사회정의가 실현되기 위해서는 재산이나 복지, 기회, 자격 등에서 모든 사람이 동등한 권리를 누려야만 한다고 생각한다. "우리는 사람들이 똑같이 대우받아야 된다는 관점을 정의의 문제로서 나타내기 위해 규범적 의미에서 평등이라는 말을 사용한다."[21]

평등으로서의 사회정의라는 이념을 계승하면서도 시장 사회주의는 전통적 사회주의의 이론들을 수정하고 재정식화(再定式化) 하고자 한다. 사회주의 종주국인 러시아와 동유럽의 붕괴는 불가피하게 전통적 사회주의이론에 대한 반성과 수정을 요청하고 있기 때문이다. 시장 사회주의(market socialism)란 어떤 것인가? 시장 사회주의이론을 대표하는 존 로머(John Roemer)는 이를 다음과 같이 규정한다.[22]

① 기업이나 회사가 공공소유로 되는 정치경제체제
② 국가가 경제에 대해 상당 부분 통제함
③ 모든 사적 재화는 시장에서 거래됨
④ 경제적 잉여생산물의 사회적 사용에 대한 민주주의적인 통제가 가능함.

로머는 실패한 사회주의의 특성을 기본적으로 ① 생산수단의 공공소유나 혹은 국가소유, ② 비경쟁적인 정치체제(일당 독재), ③ 자원과 생활품의 행정 명령적인 할당으로 규정한 후, 사회주의의 실패는 이 세 항 중 ②항과 ③항에 원인이 있다고 분석한다. 이렇게 해서 그는 일당 독재의 비경쟁적인 정치체제 ②는 민주주의적이고 경쟁적인 정치체제로 바꾸고, 자원과 생활품을 중앙집권적으로 할당하는 계획경제 ③은 자원과 상품들이 시장을 통해 분배되는 시장경제체제로 바꿀 것을 제안한다. 그러면서도 기본적인 생산수단의 공공소유는 그대로 유지하자는 것이다. 이러한 수정은 결국 무엇을 의미하는가? 이것은 정치적으로는 민주주의체제를 수용하고, 또 경제의 활성화를 위해 시장경제를 인정하면서도 사회정의를 위해 사적 소유권은 제한될 수밖에 없다는 것을 의미한다. 이것이 바로 전통적 사회주의를 수정한 시장 사회주의의 골격이다.

시장 사회주의는 왜 시장경제를 용인하면서도 투자의 수준이나 부문에 대해 국가가 통제해야만 한다고 생각하는가? 그것은 시장 사회주의가 시장의 기능을 인정하면서도 그것만으로는 충분하지 못하다고 생각하기 때문이다. 자유주의이론은 시장을 개인의 선호가 형성되는 기제로서 간주한다. 말하자면 시장은 다양한 재화와 다양한 고용기회 가운데서 선택할 기회를 제공하고 다양한 삶의 양식 중에서 선택할 기회를 제공함으로써, 시장이 단지 존재하는 선호를 충족시키는 도구가 아니라 선호를 형성하는 광장이라는 것이다. 이런 관점에서 보면 시장은 개인들의 충돌하는 욕구까지도 조절하는 '보이지 않는 손'으로 작용하고 있다. 이에 반해 시장 사회주의는 시장의 이런 기능을 모두 인정하기보다는 분배의 문제를 효율적으로 해결할 수 있는 도구로서만 이해하고자 한다. 그러므로 시장 사회주의에서도 경제에 대한 국가의 간섭은 불가피한 셈이다.

시장 사회주의는 시장경제의 불완전한 사례로서 다음과 같은 것을 든다.[23]

① 교육에 대한 투자는 장기적인 투자이고 단기간에 이익을 올릴 수 있는 사업이 아니기 때문에 시장경제에만 맡긴다면 교육이 제대로 안 될 수도 있다.
② 많은 투자들은 어떤 보완적 투자가 이루어질 때만 상승효과를 낼 수 있는데, 시장경제는 이것을 불가능하게 할 수도 있다.
③ 보다 일반적으로 투자가 아주 적게 이루어지는 시장의 실패도 가능하다.

시장의 이런 불완전성 때문에 시장 사회주의는 시장에 대한 국가의 간섭이 불가피하다고 보지만, 전통적 사회주의와는 달리 시민들에 의해 생산되고 소비되는 소비재나, 생활품과 임금, 노동의 분배, 기업의 생산고 등에 대해서는 시장에 맡겨도 좋은 것으로 판단한다.

전체적으로 볼 때 공정으로서의 사회정의는 사유재산제도를 수용하면서 소득의 평형을 추구하는 데 반해, 평등주의의 사회정의는 소득의 평형뿐만 아니라 근본적으로 사유재산권의 정당성을 인정하지 않음으로써 재산의 공평까지도 추구한다고 할 수 있다.

[사회정의의 실현주체]

사회정의의 원리를 검토해 본 지금 이제 남은 과제는 정의를 실현하기 위해 어떤 방법들이 동원되고 있는가를 살펴보는 일이다. 이미 우리가 서론에서 보았듯이 분배에 관여하는 주체는 국가와 시장, 그리고 시민사회라고 할 수 있다. 이 중에서도 국가와 시장이 분배의 문제에서 전통적으로 가장 중요한 역할을 수행해 온 주체이다. 그러므로 이 두 이론이 국가와 시장의 기능을 어떻게 보는가에 따라 전략은 달라진다.

우선 우리는 국가나 시장이 공정한 분배의 기능을 효율적으로 수행하고 있는지 아니면 효율적으로 수행하지 못하는지 하는 두 관점에서 각각 해석할 수 있다. 이를 종합하면 다음과 같은 도식이 된다.[24]

분배의 문제에서 국가와 시장을 모두 효율적이라고 보는 입장 ①은 전

경제 국가	시장 효율	시장 비효율
국가 효율	① 자유방임과 국가 계획은 최선의 분배를 유지할 수 있다.	③ 케인스식의 간섭이나 다른 국가 간섭은 최선의 분배를 유지할 수 있다.
국가 비효율	② 자유방임과 최소 국가는 최선의 분배를 유지할 수 있다.	④ 시장, 국가, 공동체는 상호보완해서 차선의 분배를 유지할 수 있다.

통적인 신고전 학파인데, 이러한 견해에 따르면 시장이 붕괴되는 특별한 경우가 아닌 한 자유방임과 국가 계획은 최선의 분배를 약속할 수 있다. 그리고 국가의 계획이란 자유경쟁시장을 유지하는 데 필요한 조치들에 국한된다. ②는 시장은 효율적인 반면 국가는 비효율적으로 판단하여 국가의 기능은 최소한으로 줄이고 모든 것을 시장 기제에 맡겨야 한다고 보는 신자유주의의 입장이다. ①과 ②는 모두 시장의 효율성을 믿기 때문에 국가에 의한 인위적 분배정책을 반대한다.

이와 반대로 ③과 ④는 모두 분배의 문제에서 시장이 비효율적이라고 판단하기 때문에 어떤 식으로든 보완을 요청하는 입장이다. ③은 국가를 효율적이라고 보기 때문에 국가에 의한 간섭을 필요하다고 보는 반면, ④는 국가도 효율적이 아니라고 보기 때문에 새로운 대안을 모색하려고 한다. 여기서 우리는 롤스의 사회정의론은 ③에 해당한다고 할 수 있고, 시장사회주의의 정의론은 ④에 해당한다고 할 수 있다. 이리하여 결국 1) 국가정책에 의해 사회정의를 실현하려고 하는 입장과 2) 국가와 공동체가 함께 연대해서 사회정의를 실현하려는 입장으로 나누어진다고 할 수 있다.

국가정책에 의해 사회정의를 실현하려는 입장에서는 불평등한 분배를 교정하기 위해 조세정책에 초점을 맞추게 된다. 이때 주로 사용하는 정책이 소득세나 재산세에 단순 비례세가 아닌 높은 누진세율을 적용하거나 상속세나 증여세의 세율을 최대한으로 높이는 방안들이다. 또한 부가가치세에서도 수혜자부담 원칙을 철저하게 적용하거나 일정한 수준 이하에서는 소득세나 재산세를 면제시키거나 경감시키는 방안들도 사용될 수 있다. 그뿐만 아니라 일정 수준 이하의 소득자에게는 의료보험료나 교육비를 면제시키거나 극소화하는 방법들도 논의될 수 있다. 간단히 말해 복지국가에서 사용해 온 여러 가지 방법들은 모두 고려의 대상이 될 수 있다.

국가의 정책적 간섭을 통해 성의를 실행하려고 하는 입장에는 어떻게 해서 정의로운 국가조직을 만들어 낼 것인가 하는 문제가 선결문제로서 가로놓여 있다. 더욱 구체적으로 말한다면, 먼저 헌법체계를 정의롭게 다듬어야 하고 조세법과 재산법, 소득세법, 노동법 등 분배에 관계되는 모든 법률을 정의의 원칙에 맞게 고쳐야 한다. 이러한 일은 현재와 같은 자유민주주의의 정치체제 아래서는 국회의 입법활동을 통해서만 가능하다. 그런데 이러한 법률의 제정이 과연 가능할 것인가 하는 것은 현실적인 정치상황뿐만 아니라 국민의 관심사와 의식 수준에 달린 것으로 보인다. 동시에 이러한 입장은 국가의 지나친 간섭에 의해 생산성이 떨어지고 시장경제가 위축될 수 있다는 위험 부담을 안고 있다.

평등주의의 새로운 모형을 모색하는 사무엘 보울즈(Samuel Bowles)와 허버트 진티스(Herbert Gintis)는 시장의 실패를 국가가 완전히 보완할 수 있을 것으로 보지는 않는다.[25] 국가의 기능도 한계를 가질 수밖에 없다고 보기 때문이다. 자유경쟁의 다당제 정치체제 아래서는 정강정책이 제각기 다른 정당들이 존재하며 이들이 중요한 문제에 관해 어떤 통일된 의견을 갖기란 쉬운 일이 아니다. 그뿐만 아니라 집권당이라 해도 야당의 동의가 없는 한 마음대로 법률을 제정하거나 바꿀 수 없다. 특히 유권자들의 이해관계가 직접적으로 연관된 문제들에 대해서는 각 정당이 다음 선거의 표를 의식하면서 행동할 수밖에 없을 것이다. 이런 상황에서 사회정의의 문제가 대다수 유권자의 관심사가 아니라면 그것을 위해 국가가 어떤 의미 있는 조치를 취하리라고 기대하기는 어려울 것이다.

여기서 국가, 시장, 공동체가 상호보완해서 분배의 문제를 해결하는 모형이 제안되고, 이들 각각이 제 나름의 장단점을 가진 것으로 평가된다.[26] 이러한 평가에 따르면 시장은 두 가지의 매력적인 속성을 가진다. 경쟁시장의 첫 번째 매력은 개인들이 갖고 있는 경제와 연관된 사적 정보를 공공화하도록 유도하는 광장이라는 점이며, 다른 또 하나의 매력은 시장경쟁은 부적당한 자는 벌하고 적절하게 행위하는 자에게는 보상하는 비교적 규율적인 기제를 제공한다는 점이다. 이러한 매력들은 시장이 존재하지 않는 상황과 비교해 보면 쉽게 알 수 있다. 중앙집권화된 비시장체제에서는 생산자들은 생산의 할당을 적게 받기 위해서 그들의 생산능력을 줄여서 말하고자 하며, 같은 논리로 소비자들은 물품의 배당을 많이 받기 위해서 그들의 필요를 높여서 말하는 경향을 가진다. 이것은 효율적인 경제와는 거리가 멀다고 할 수 있다. 반면에 시장경제에서는 잘못 말해진 능력이나 욕구는 손실로 직결되어 나타날 뿐 이익이 되는 일이 별로 없다. 왜냐하면 시장에서는 누구나 비용을 지불하지 않고 자신의 선호를 표현할 수는 없기 때문이다. 그러므로 시장에서는 누구나 손실을 줄이고 이익을 극대화하기 위해 자신의 정보를 최대한으로 활용하여 최선의 효율적인 선택을 하려고 노력하게 된다. 그렇지만 시장은 불평등을 교정할 어떤 수단을 제공하지는 못한다.

한편으로 국가의 상대적인 장점은 법률 제정의 독점권을 갖고 있다는 데 있다. 말하자면 국가만이 개인 간의 상호교류를 규제하는 경기의 규칙을 만들 수 있다. 이를 통해 국가는 재산권에 대한 정의를 내리고 재산권의 양도를 가능하게 하며 재산권을 집행할 수 있다. 그리고 국가는 공공재를 공급하며 환경과 독점 및 거시경제를 규제하고 여러 종류의 보험을 제공할 수 있다. 이외에도 개인들의 갈등을 조정하기 위해 국가는 필요한 여러 입법적 행정적인 조치들을 내릴 수 있다. 그렇지만 국가는 소비자와 생산자가 가진 정보에 쉽게 접근할 수 없다는 약점과, 동시에 국가 안에서 일하는 사람들이 가진 정보에 유권자나 시민들이 쉽게 접근할 수 없다는 약점을 가진다. 또한 개인들의 선호를 일관된 사회 선택의 기준으로 집결시키는 민주적인 방법이 없기 때문에 국가의 행위가 민주적인 형태로 되는 데는 난점이 있다.

공동체의 특성은 그 구성원들이 어떤 규범체계를 공유하면서 얼굴을 맞대고 자주 교류하는 데 있다. 한 공동체 안에서는 오늘 교류하는 사람들이 내일도 교류할 가능성이 매우 크다. 따라서 미래에 자신에게 되돌아올 앙갚음을 피하기 위하여 공동체 안에서는 구성원들이 모두 합리적으로 행위할 가능성이 아주 크다. 또한 공동체의 구성원들은 같은 규범을 공유하기 때문에 구성원들 간의 갈등을 조정하는 일이 보다 용이할 수 있다. 이런 특성에 의해 공동체는 국가가 행정적 통제로서 하기 어려운 협력의 문제를 쉽게 해결할 수도 있다. 공동체의 성공적인 사례들로는 관개시설과 다른 공동자원의 협력적 관리, 상호신용조합, 우리사주기업들을 들 수 있다. 하지만 공동체가 시장과 국가를 대신하지는 못한다. 어려운 협력 문제를 푸는 바로 그 요인이 더욱 큰 범위에서의 협력을 방해할 수도 있기 때문이다. 지역이기주의나 집단이기주의가 바로 그 병폐이다. 그리고 공동체 안에서는 경쟁이 치열하지 못하므로 공동체는 새로운 혁신을 방해할 수도 있다.

사회정의의 구체화 방안들

실질적 기회균등을 정의로 보는 진보적 자유주의는 정의를 실현하기 위해 구체적으로 어떤 일들을 수행해야 하는가? 자유주의의 평등은 비슷한 재능을 타고난 자는 비슷한 성공을 기대할 수 있어야 한다는 것이었다.

이런 관점에서 보면 무상교육의 연한을 최대한으로 늘리면서 누구나 원하기만 하면 고등교육까지 받을 기회를 실질적으로 제공하는 것이 정의를 실현하는 가장 중요한 일로 생각된다. 누구든 타고난 재능을 사장하지 않고 발휘하기 위해서는 가정 형편과는 관계없이 충분히 교육받을 필요가 있다. 좋은 직장이 세습 비슷하게 된다는 이야기는 균등한 기회의 원칙에 어긋난다. 개천에서 용 난다는 신화가 계속되는 사회가 정의로운 사회다.

두 번째로 고려할 사항은 의료문제이다. 정의로운 사회에서는 누구든 사회적 신분에 관계없이 치료를 받을 권리를 누릴 수 있어야 할 것이다. 세 번째 사항은 취업에서의 공정한 게임이다. 사회적 불평등이 취업에 어떤 영향을 끼쳐서도 안 되며, 여성 차별이나 지역 차별도 공정한 게임의 원칙을 벗어난다.

절차적 공정을 정의로 규정하면서 민주주의적 평등을 추구하는 입장에서는 더욱 심화된 복지정책을 추구할 수밖에 없을 것이다. 지난 반세기 동안 불평등문제를 연구해 온 앤서니 앳킨슨(Anthony B. Atkinson)은 그의 저서 『불평등을 넘어(Inequality)』에서 불평등을 줄이기 위한 열다섯 가지 조치를 제안했다.[27]

제안 1: 정책 결정자들은 기술 변화의 방향에 분명히 관심을 기울여야 하며, 근로자들의 고용 가능성을 높이고 서비스 제공의 인적 측면을 강조하는 형태의 혁신을 장려해야 한다.

제안 2: 공공정책은 이해관계자 간 적절한 힘의 균형을 목표로 삼아야 한다. 이를 위해 (a) 경쟁정책에 뚜렷하게 분배적인 측면을 도입하고, (b) 노동조합들이 대등한 조건으로 근로자를 대변할 수 있도록 허용하는 법적 체계를 보장하고, (c) 사회경제협의회가 아직 존재하지 않는 나라에서는 사회적 동반자와 다른 비정부기구들이 참여하는 협의회를 설립해야 한다.

제안 3: 정부는 실업을 예방하고 줄이기 위한 명시적인 목표를 채택하고 원하는 이들에게 최저임금을 주는 공공부문고용을 보장해 줌으로써 이 목표를 뒷받침해야 한다.

제안 4: 두 가지 요소로 이뤄진 국가 차원의 임금정책이 있어야 한다. 법령에 따라 생활임금으로 정해진 최저임금과 최저임금 이상의 보수에 대한 실행 규칙이 그것이며, 이는 사회경제협의회와 관련된 '국민적 논의'의 일부로 합의된 것이어야 한다.

제안 5: 정부는 일 인당 보유 한도를 둔 국민저축채권을 통해 저축에 대한 플러스 실질금리를 보장해야 한다.

제안 6: 모든 성인에게 지급되는 기초자본(최소한의 상속)이 있어야 한다.

제안 7: 기업과 부동산에 대한 투자 지분을 보유함으로써 국가의 순자산을 축적하는 것을 목표로 삼고 국부펀드를 운영하는 공공투자기관이 설립되어야 한다.

제안 8: 우리는 개인 소득세에 대해 더 누진적인 세율구조로 돌아가야 하며, 과세대상 소득 구간에 따라 한계세율을 65%까지 올리면서 이와 함께 과세 기반을 넓혀야 한다.

제안 9: 정부는 개인 소득세에 근로소득 첫 구간에 한해 근로소득공제를 도입해야 한다.

제안 10: 상속받은 재산과 생존자 간 증여 재산에는 누진적인 평생 자본 취득세체계에 따라 과세해야 한다.

제안 11: 최근 시세로 평가된 부동산 가치를 바탕으로 하는 비례적인 재산세 또는 누진적인 재산세를 시행해야 한다.

제안 12: 모든 어린이에게 상당한 금액의 자녀수당을 지급해야 하며 이를 소득으로 보아 세금을 물려야 한다.

제안 13: 기존 사회적 보호제도를 보완하고 유럽연합 전역의 어린이 기본 소득으로 확대될 수 있도록 나라별로 참여소득을 도입해야 한다.

제안 14: 사회보험을 새롭게 해 급여 수준을 늘리고 적용대상을 넓혀야 한다.

제안 15: 부자 나라들은 공적 개발원조 목표를 국민총소득의 1%로 올려야 한다.

기본 소득 자본주의를 주장하는 필리페 반 파레이스(Philippe van Parijs)는 평등한 분배를 위해서는 사회적으로 이익이 가장 적은 자에게 제일 먼저 이익을 얻거나 손실을 피하는 우선권을 주는 원리인 최소 수혜자 우선 원칙이 실현되어야 한다고 주장한다. 이 원칙에 의하면 첫 번째 우선순위는 가장 열악한 개인의 이익을 극대화하거나 손실을 극소화하는 일이다. 그다음 우선순위는 다음으로 열악한 개인의 이익을 극대화하거나 손실을 극소화하는 일이다. 물론 이런 일은 최악의 위치에 있는 자를 더욱 나쁘게 하지 않는 범위 내에서 이루어져야 한다. 같은 논리로 우선순위는 그다음으로 열악한 자의 차례대로 사회 구성원의 마지막 사람에까지 진행된다.

기본 소득에 대해 반 파레이스는 모든 시민은 무조건 매월 보장된 소득 보조금을 받아야 된다고 말한다. 보조금은 최소한 기본적 욕구를 충족시킬 수 있는 정도가 되어야 하며, 이것에 필요한 재원은 소득과 유산이나 증여에 대한 세금으로 충당된다. 그는 이러한 경제체제를 "기본 소득 자본주의"(basic income capitalism)라고 부른다.[28]

반 파레이스는 구성원들 모두가 진정으로 자유를 누리는 자유로운 사회를 위해서는 다음과 같은 세 가지 조건이 충족되어야만 한다고 주장한다.[29]

① 잘 시행되는 권리들의 구조가 존재한다.(안전)

② 이 구조는 각자가 자신의 주인이 되는 그런 것이다.(자기소유권)

③ 이 구조는 각자가 자신이 하고자 원하는 바를 할 수 있는 가장 큰 가능한 기회를 갖는 그런 것이다.(최소 수혜자 우선 기회)

반 파레이스에 의하면 형식적 자유가 아닌 실제적인 자유가 보장된 사회만이 정의로운 사회이다. 이런 정의로운 사회는 사회가 확립한 법적 권리에 관계되는 시민 각자의 기본적 안전을 보호해야 하며, 시민 각자의 자기소유권을 존중해야 한다. 안전과 자기소유권이 보장되는 범위 안에서 최소 수혜자 우선 기회의 조건이 충족되어야 한다. 이 원칙은 불행한 자연적 운수에 의해 무능하게 된 자들에게 보상해야 된다는 윤리적 이념을 함축하고 있다.

브루스 애커먼(Bruce Ackerman)과 앤 알스톳(Ann Alstott)은 반 파레이스의 기본 소득과는 약간 다른 형태로 사회적 지분 급여(Social Stakeholder Grants) 지급 모형을 다음과 같이 제안한다.[30] 미국 시민으로서 누구나 성인이 되면 8만 달러의 보조금을 받는다. 이 사회적 지분급여는 국가의 부에 대한 연간 2%의 세금으로 충당된다. 사회적 지분급여는 무료이다. 각자는 그가 선택한 목적을 위해서 이 돈을 쓸 수 있다. 이 돈으로 사업을 하든, 학업을 계속하든, 집을 사든, 결혼자금으로 쓰든, 미래를 위해 저축하든 마음대로이다. 그렇지만 그 결과에 대해서는 성공하든 실패하든 스스로 책임을 진다. 그리고 죽을 때 이 돈은 반납해야 하며, 반납하는 자원이 축적됨에 따라 사회적 지분급여의 규모는 늘릴 수 있다.

이러한 구상은 복지국가의 모형과는 다르다고 할 수 있다. 이 모형은 사회적으로 열악한 자에게 최소한도의 인간다운 생활을 할 수 있도록 도와주는 것이 아니라, 자유와 평등한 기회를 만인에게 제공하자는 데 초점이 맞추어져 있다. 말하자면 이것은 원조의 개념이 아니라 권리의 개념 위에 기초하고 있다. 이런 일들은 모두 국가에 의해 추진될 수밖에 없다. 기본 소득이나 사회적 지분급여를 위한 재원은 국가만이 마련할 수 있을 것이기 때문이다.

시장 사회주의는 기업이 창출한 이익의 분배에 대해 사회정의에 기초하여 정치적으로 규제하고자 한다. 시장 사회주의에 의하면 기업의 이익은 그 기업에 종사하는 모든 세대에게 균등하게 배분되어야 한다. 오스카 랑게(Oscar R. Lange)는 "이익의 분배는 필요의 대리로서 가족의 수에 따라 이루어져야 한다"고 말한다. 로머는 사회주의 윤리적 강령의 핵심을 사회정책과 사회제도의 창안에서보다는 불리한 자에게 우선권을 주는 '평등주의'로 이해한다. 이런 주장들은 시장 사회주의가 전통적 사회주의를 시장경제체제에 맞게 수정하려고 하면서도 사회정의를 평등주의로 해석하는 사회주의의 윤리적 이념만은 그대로 유지하고 있다는 것을 보여 준다.

평등주의자들은 공동체의 역할을 매우 중시하는데, 이것은 중요한 생산재의 공공소유라는 그들의 주장과 깊은 연관이 있다. 평등주의자들이 공동체 모델로서 들고 있는 것은 이스라엘의 키부츠, 노동자 협동조합, 19세기 유토피아 사회주의자들의 실험 공동체, 여러 종교적 공동체, 우리사주 형태의 기업체 등이다. 이들 중 어떤 것은 사기업체와의 경쟁에서도 뛰어난 경쟁력을 갖추고 있다.

정의, 자유, 그리고 지속 가능성

사회정의를 다룰 때 언제나 문제 되는 것은 자유와의 충돌을 어떻게 해결할 것인가 하는 점이다. 자유주의자들도 사회정의의 주장에 신경을 곤두세운다. 자유와 사회정의가 상충할 수 있다는 것을 그들도 잘 알기 때문이다.

고전적 자유주의자들이 주장하는 자유의 의미가 소극적 자유라는 것은 분명하다. 즉 다른 사람에게 직접적인 해악을 끼치지 않는 한 누구든 자기 마음대로 행위 할 수 있고, 그가 투여한 노동의 대상에 대해 소유권을 주장할 수 있다는 것이다. 그리고 정의는 누구나 똑같은 대우를 받아야 한다는 법률적 평등을 의미할 뿐이다. 이런 관점에서 보면 어떤 정형에 맞추어 노동의 결과를 재분배한다는 것은 자유에 대한 심대한 침해가 된다.

이런 자유주의의 치명적인 약점은 우수한 자들만이 자유를 누릴 수 있고 열등한 자들은 실질적으로 자유를 누릴 수 없다는 데 있다. 말하자면 열등한 자들은 형식적으로 자유가 주어져 있다 해도 자신의 생명을 유지할 재산을 확보하는 자유경쟁에서 패배할 가능성이 크기 때문에 자신의 일신을 자유롭게 독립적으로 유지하기가 어려운 것이다. 자신의 일신도 자유롭게 생존할 수 없게 하는 이런 소극적 자유의 문제를 보완하기 위해 제기된 것이 적극적인 자유의 개념이다. 이것은 어떤 사람에게 속박을 가하지 않는 것에 만족하지 않고 어떤 사람의 욕구를 적극적으로 충족시켜 주어야 한다는 것이다. 이것은 다음과 같이 대비된다.[31]

A가 X를 행할 '소극적' 자유를 가진다.= 어떤 것도 A가 X를 행하는 것을 방해하지 않는다.

A가 X를 행할 '적극적' 자유를 가진다.= A는 그가 X를 행하기 위해서 필

요로 하는 것은 무엇이나 그가 원하는 대로 가진다.

이를 권리와 연관 지어 재정식화하여 보면 다음과 같이 된다.

A가 X를 행할 '소극적' 권리를 가진다.=누구도 A가 X를 행하는 것을 방해해서는 안 된다.
A가 X를 행할 '적극적' 권리를 가진다.= 다른 누군가가 A에게 그가 X를 행하기 위해서 필요로 하는 것은 무엇이든시, 그가 그것을 가지고 있지 않다면, 제공해야만 한다.

사회정의를 강력하게 주장하는 사람들은 적극적 자유를 극대화하려고 한다. 그래야만 모든 사람에게 실질적으로 자유가 보장되고 사회정의가 실현된다고 보기 때문이다. 복지국가의 이념도 결국 적극적 자유의 확대에 있다고 할 수 있다. 그렇지만 적극적 자유를 확대하는 데는 한계가 있을 수밖에 없다. 적극적 자유를 더욱 크게 보장하려고 하면 할수록 재원의 마련을 위해 국가는 소득이 많은 자들에게 더욱 많은 세금을 거두어들여야 할 것이고, 이러한 조치는 결과적으로 능력 있는 자들로 하여금 열심히 일하지 않으려는 풍토를 조성할 가능성이 있다. 혹은 시장 사회주의자들이 주장하는 것 같이 모든 중요한 생산재를 공공소유화하고 모든 사람에게 똑같은 기본 급료를 준다고 한다면, 유능한 자들이 열심히 일하지 않으려 할 가능성은 더욱 커질 것이다. 이러한 사태의 결과는 결국 생산성의 저하를 가져와 보다 자유로운 사회체제와의 경쟁에서 패배할 가능성이 커질 것이다. 사회주의의 몰락이 이런 사태의 단적인 실례라고 할 수 있디.

일시적으로 정의로운 사회를 만들더라도 그 사회가 지속 가능하지 않고 단명하게 끝날 수밖에 없다면, 우리가 추구하는 정의로운 사회일 수 있을까? 예컨대 A와 B 두 사회가 체제경쟁의 관계에 있다면, 일단 살아남는 체제를 선택할 수밖에 없을 것이다. 정의를 논의할 때 지속 가능성을 염두에 둘 수밖에 없는 이유가 여기에 있다. 일단 경쟁력에서 이겨 살아남는다면 앞으로 정의로운 사회를 만들 희망이라도 품겠지만, 설사 정의로운 사회라 해도 경쟁에서 패한다면 그것으로 끝나고 말기 때문이다.

적극적 자유의 극대화는 소극적 자유의 침해로 나타날 수 있다. 그리고 소극적 자유를 지나치게 침해하는 것은 인권에 대한 침해로 간주될 수 있다. 이것이 바로 적극적 자유를 무차별적으로 확대할 수 없는 이유이다. 여기서 우리는 적극적 자유의 확대, 즉 사회정의의 실현은 소극적 자유를 함부로 침해하지 않으면서 생산성의 경쟁력을 가질 수 있는 범위 안에서 추진될 수밖에 없다는 결론에 이른다.

미주

1   이 글은 『철학과 현실』 2009년 봄호에 실린 「정의의 실현은 어떻게 가능한가?」 논문을 수정 보완한 것이다.

2   Brenda Almond, *Exploring Philosophy* (Oxford: Blackwell, 1995), p.70 이하.

3   Matthew Clayton, Andrew Williams (ed.), *Social Justice* (Oxford: Blackwell, 2004) 참조.

4   John Rawls, *A Theory of Justice* (Cambridge, Mass: Havard University Press, 1971), 황경식 역, 『사회정의론』, 서광사, 1985, 113쪽 이하.

5   『사회정의론』, 29쪽 참조.

6   David Boucher, Paul Kelly (ed.), *Social Justice: From Hume to Walzer* (London:Routledge, 1998) 참조.

7   Jone Locke, *Second Treatise of Government* (Cambridge: Hackett Publishing Company, 1980), 존 로크, 『통치론: 시민정부의 참된 기원, 범위 및 그 목적에 관한 시론』, 강정인 외 번역, 까치, 1996, 제 2장 11쪽.

8   같은 책, 11쪽.

9   같은 책, 34쪽.

10   Robert Nozick, *Anarchy, State, and Utopia* (Basic Books, 1974), 남경희 역, 『아나키에서 유토피아로』, 문학과 지성사, 1983, 193쪽 참조.

11   At least, where there is enough, and as good, left in common for others.

12   Robert Nozick, *Anarchy, State, and Utopia* (Basic Books, 1974), 남경희 역, 『아나키에서 유토피아로』, 문학과 지성사, 1983, 225쪽 참조.

13   John Rawls, *A Theory of Justice* (Cambridge, Mass: Havard University Press, 1971), 황경식 역, 『사회정의론』, 서광사, 1985, 25쪽 이하.

14   같은 책, 33쪽 이하.

15   같은 책, 81쪽 이하.

16   같은 책, 86쪽 이하.

17   같은 책, 95쪽 이하.

18   같은 책, 119쪽 이하.

19   K. Marx, F. Engles, *Die Deutsche Ideologie, Marx–Engels–Werke 3*, p. 35, pp.74–75 참조.

20   From each according to his ability, to each according to his needs!, Critique of the Gotha Programme, *Marx/Engels Selected Works*, Volume Three(Moscow: Progress Publisher, 1970), pp. 13–30.

21   존 로머, 『새로운 사회주의의 미래(*A Future for Socialism*)』, 고현욱 외 역, 한울, 1996, 24쪽 이하 참조.

22 같은 책, 65쪽 이하 참조.

23 같은 책, 74쪽 이하 참조.

24 Samuel Bowles 외, "Efficient Redistribution: New Rules for Market, States and Communities," Samuel Bowles and Herbert Gintis, *Recasting Egalitarianism*, in Erik Olin Wright(ed.) *The Real Utopia Project Vol 3*(London: Verso, 1998), p.9 참조.

25 같은 책, p.10 참조.

26 같은 책, p.23 참조

27 앤서니 B. 앳킨슨, 『불평등을 넘어(*Inequality*)』, 장경덕 역, 글항아리, 2015, 331-332쪽 참조.

28 Philippe van Parijs, "Basic Income Capitalism," *Ethics* 102(3), 1992, p. 465-484 참조.

29 Philippe van Parijs, *Real Freedom for All*(Oxford: Clarendon Press, 1995), p. 25.

30 Bruce Ackerman, *The Stakeholder Society*(Yale University Press, 1999), Part I The Basic Proposal p.21 이하 참조.

31 권리와 관련시켜 소극적 자유와 적극적 자유를 다음과 같은 식으로 정식화하는 것이 정당한가 하는 문제는 제기될 수 있지만, 여기서 나는 이런 정식화의 기초 위에서 논의를 전개하려고 한다.

글쓴이
–
이한구

경희대학교 석좌교수, 대한민국 학술원 회원.
저서로는 『역사주의와 반역사주의』(2010), 『역사학의 철학』(2007), 『지식의 성장』(2004) 등이 있으며, 역서로는 칼 포퍼의 『열린사회와 그 적들 Ⅰ』(2002), 『객관적 지식』(2013), 이마누엘 칸트의 『영구 평화론』(2006) 등이 있다. 대한민국 학술원상, 삼일문화상, 열암학술상, 서우철학상 등을 수상했다.

이
한
구

주
형
일

옳은 언론을 위한
정의의 기초

【 문제 제기 】

자유, 민주. 이들은 독재에 맞선 투쟁으로 점철된 한국의 현대사를 관통하면서 가장 애타게 추구되던 가치들이다. 이들은 또한 한국언론이 그토록 쟁취하고자 노력해 왔던 가치들이기도 하다. 1971년 당시 〈동아일보〉 기자들의 '언론자유수호선언'으로부터 촉발된 자유언론운동, 1984년 '민주언론운동협의회'의 발족으로 구체화된 민주언론운동은 각각 박정희와 전두환으로 대표되는 독재정권의 언론탄압과 길들이기에 맞선 언론인들의 저항이었다. 1970년대의 언론자유운동이 독재정권의 간섭과 통제에서 벗어나 언론활동의 자유를 쟁취하고자 하는 투쟁으로서 정치권력에의 저항이란 성격을 갖고 있었다면, 1980년대의 민주언론운동은 정치권력에 대한 저항뿐만 아니라 언론사주로 대표되는 자본의 통제에 맞서는 성격도 갖고 있었다.

언론자유, 언론 민주화는 현재까지도 한국언론이 획득해야 하는 일차적 가치들로 자리매김하고 있다. 그 이유는 한국언론이 여전히 정치권력의 간섭에서 벗어나지 못하고 있으며 나아가 자본에 의한 통제마저도 심해지고 있기 때문이다. 2010년 미디어 관련법의 개정으로 출범한 종합편성채널은 정치권력과 자본이 언론을 어떻게 장악하고 선전·선동수단으로 이용하는지를 보여 주는 대표적 사례이다.

과거 독재정권하에서는 정부기관이 직접 언론사에 연락해 기사 내용과 게재 여부를 지시했을 뿐만 아니라 심지어 기관원이 언론사에 상주하면서 기사 제작에 일일이 관여했다. 저항해야 할 대상과 벗어나야 할 억압이 너무나 분명했기에 당시의 언론자유와 언론 민주화를 위한 투쟁이 지향하는 것에 대한 이견은 없었다. 정치권력의 부당한 간섭으로부터, 그리고 정권과 한통속인 언론사주의 압력으로부터 벗어나는 것이 언론자유와 언론 민주화에 이르는 길이라는 것은 명백했다.

하지만 1987년 이후 민주화운동이 일정한 결실을 거두고 형식적인 민주주의가 정착되면서 언론자유와 언론 민주화의 의미가 모호해지기 시작했다. 직접적 간섭과 탄압을 일삼던 정권과 자본이 어두운 장막 속으로 모습을 감추고 마치 언론의 자유로운 활동이 보장된 듯한 분위기가 만들어졌기 때문이다. 이 과정에서 언론자유와 언론 민주화라는 개념이 그동안의 공적인 가치를 잃어버리고 사적 이익을 공적인 것으로 포장하기 위해 이용되는 핑계거리로 전락하는 경우가 생기고 있다.

2008년 미국산 쇠고기 수입 관련 촛불시위가 전국적인 규모로 진행됐을 때 당시 광화문에 있던 시위 군중들은 〈동아일보〉와 〈조선일보〉 사옥 앞에서 이 신문들이 왜곡 보도를 하고 있다면서 신문을 폐간하라고 요구했다. 당시 〈동아일보〉는 사설을 통해 이 사건이 '민주언론운동시민연합'에 의해 주도됐다고 주장하면서 "민주주의와 언론자유의 본질을 짓밟는 어떤 세력에도 굴하지 않고 당당하게 언론자유를 수호할 것임을 다짐한다"고 밝혔다. 민주주의와 언론자유 달성을 목적으로 하는 대표적 시민단체인 '민주언론운동시민연합'에 맞서 신문사가 언론자유를 수호하겠다고 다짐하는 이상한 상황이 벌어지는 지경에 이른 것이다.

과거에 당연히 정당한 것, 절대적으로 옳은 것, 마땅히 지향해야 할 목적으로 인식되던 언론자유, 언론 민주화라는 가치가 이제는 사적 이익이나 정파적 이익을 위해 이용되는 수단이 돼 버렸다. 모든 언론이 언론자유라는 말로 자신의 행위를 정당화하고 옹호하는 상황이 된 것이다. 과거에는 권력으로부터 간섭받지 않고 독립된 평가와 의견을 표현할 수 있는 자유로 인식된 언론자유가 이제는 아무 말이나 해도 되는 자유라는 의미로 사용된다.

사회에서 일어나는 중요한 사건들에 대해 알리고 그 의미를 해석하며 나아가 해결 방안까지 제안해야 하는 언론에게 있어서 이제 모든 것은 관점에 따라 허용 가능한 것이 돼 버렸다. 개별 언론은 정치적, 사회적, 문화적 이익관심이 서로 다른 집단의 대변자로 기능할 뿐이다. 문제는 이런 상황이 다양한 의견과 사상의 자유로운 교환과 평등한 참여를 바탕으로 한 공론장을 형성하면서 더 나은 사회, 더 옳은 사회를 만들어가는 데 기여하는 것이 아니라 오히려 불평등한 권력관계 안에서 일방적으로 선전·선동을 부추기며 사회를 악화시킨다는 데 있다.

각 집단에게 자신의 이익관심을 대변하는 언론은 '좋은 언론'이다. 예를 들어 〈TV조선〉의 시사프로그램을 보면서 출연자들이 질러대는 격양된 소리에 화응하는 사람들의 눈에 〈TV조선〉은 국가의 안위를 걱정하는 '좋은 언론'이다. 그러나 이런 '좋은 언론'의 문제는 특수한 집단의 이익관심을 전체 사회의 공공선인 것처럼 포장함으로써 결국 사회적 불의를 확대시킨다는 점에 있다. 각 언론이 내세우는 특수한 이익관심들 사이에서 길을 잃지 않고 옳은 것을 발견하기 위해서는 정의와 불의를 판단할 수 있는 규범적 기준이 필요하다. 우리는 보편적 정의에 입각해 언론활동을 판단해야만 한 집단에 '좋은 언론'이 아니라 사회 전체를 위한 '옳은 언론'을 구별해 낼 수 있다.

언론자유가 '좋은 언론'의 불의한 활동을 방조하는 평계로 전락한 상황에서 우리에게 시급한 것은 옳은 언론을 판별하기 위한 규범적 기준을 찾는 것이다. 이런 문제의식을 갖고서 나는 한국언론에서 그동안 중요하게 다뤄진 개념들이 갖는 문제점을 지적하고 옳은 언론을 구별하는 기준이 될 보편적 정의에 대한 생각의 단초를 제공하고자 한다.

진실과 거짓

옳은 언론과 그릇된 언론을 구별하는 기준으로 가장 오래전부터, 그리고 가장 많이 언급되는 것은 바로 '진실을 말하는가?'라는 기준이다. 진실을 말하는 언론이 바로 옳은 언론, 정의로운 언론이라는 것이다. 과거는 물론이거니와 현재의 많은 언론, 특히 기존 언론의 문제점을 비판하고 대안을 제시하고자 언론들은 '진실을 말한다'는 것을 가장 중요한 존재 이유로 내세운다.

언론자유에 대한 경전으로 간주되는 밀턴(Milton)의 『아레오파지티카』에서는 언론자유를 보장해야 하는 근거를 '진실은 반드시 거짓을 이긴다'는 원리에서 찾았다. 1644년에 출간된 이 책에서 밀턴은 인간에게 내재된 이성이 진실과 거짓을 판단할 수 있는 능력을 갖고 있기 때문에 결국 진실을 말하는 자가 승리한다고 봤다. 하지만 그렇다고 해서 아무나 모든 것을 자유롭게 말하게 돼서는 안 된다. 언론자유는 보장돼야 하지만 이미 거짓으로 판명된 것을 표현할 자유는 없는 것이다.

밀턴에 따르면, 언론자유란 아무것이나 말할 수 있는 자유가 아니다. 진실인지 아닌지 확실하지 않은 것들은 자유롭게 표현돼야 한다. 그래서 사람들이 이성에 따라 어떤 것이 진실인지 판단할 수 있는 기회를 줘야 한다. 하지만 이미 진실이 아닌 것으로 판정된 것, 즉 거짓인 것을 말할 수 있도록 해서는 안 된다. 이런 밀턴의 생각에 따르면 언론은 무엇이나 자유롭게 말할 수 있지만 거짓을 말해서는 안 된다.

한국에서 일제 식민정권에 의해 철저히 통제받았던 언론은 해방 직후 무정부 기간에 일시적인 자유를 경험했다. 수많은 신문과 잡지들이 우후죽순으로 생겨났다. 1946년 3월 23일 자 〈동아일보〉 기사는 이를 다음과 같이 전한다. "신문이 쏟아지고 잡지가 밀린다. 삐라가 깔리고 포스터가 덮인다. 쓰는 대로 글이 되고 박히는 대로 책이 된다. … 홍수도 터짐 즉하리라. 입이 있어도 말을 못하였고, 붓이 있어도 글을 못씀은 40년 동안 통한이 뼈에 사무쳤거든, 자유를 얻은 바에야 무엇을 꺼릴 것인가?"

당시 신문, 잡지들은 압제적인 식민지배권력이 사라진 상황에서 새롭게 만들어가야 할 국가가 어떤 모습을 가져야 할 것인지에 대해 각각 다양한 의견들을 대변하는 성격을 가진 정론지(政論紙)들이었다. 이 시기 언론인들은 진정한 언론활동이란 진실을 말하는 것이라고 생각했으며 진실을 말할 수 있느냐는 것을 언론자유의 정도를 가늠하는 척도로 봤다. 1945년 10월 23일 열린 '전조선 신문기자대회'에서 기자들은 '조선신문기자회'를 결성하기로 하고 선언문에서 다음과 같이 밝혔다. "우리들 붓을 든 자 진실로 우리의 국가건설에 대한 제 장애물을 정당히 비판하여 대중 앞에 그 정체를 밝힘으로써 민족 진로의 등화가 될 것을 그 사명으로 한다. … 진정한 언론의 자유를 확보함으로써만 민족의 완전독립에의 길이 열릴 것이다. 신문이 흔히 불편부당을 말하나 이것은 흑백을 흑백으로써 가리어 추호도 왜곡지 않는 것만이 진정한 불편부당인 것을 확신한다. 엄정중립이라는 기회주의적 이념이 적어도 이러한 전민족적 격동기에 있어서 존재할 수 없음을 우리는 확인한다.”

당시 언론인들이 보기에 진실을 말한다는 것은 중립적인 입장에서 이 생각, 저 생각을 모두 알려 주는 것이 아니라 올바른 관점에서 시시비비를 가려 옳은 것을 알려 주는 행위이다. 그런데 옳은 의견을 알려 주는 언론이 있다면 반드시 잘못된 생각을 전달하는 언론도 있을 수밖에 없다. 따라서 올바른 언론활동이란 잘못된 언론에 맞서 싸우고 진실을 알리는 것이다. ‘조선신문기자회’는 자신들의 활동이 진실을 밝히는 올바른 언론활동이라고 주장했다.

그런데 1947년 8월 10일 ‘조선신문기자회’에 맞서 새로운 단체인 ‘조선신문기자협회’가 결성됐다. 이 협회는 선언문에서 “반민족적 언론기관이 그 다수를 악용하여 조선공론의 정체를 왜곡시킬 뿐만 아니라 조선의 운명을 국제신탁관리 하로 끌고 가서 자파의 세력과 정권 획득에 온갖 불순한 행동을 다하고 있으니 예를 들어 해방 하 언론계가 걸어온 그 모습과 과정을 살펴보라. … 이에 본 기자협회는 언론정신의 통일을 위하는 무수한 노력과 희생에도 불구하고 민중을 위하고 국가를 위한 진정하고 자유로운 보도의 건설적 사명을 수행하고 나아가서는 자주독립과 동시에 인류평화를 위하여 일체의 독재적 반동모략과 허위선전을 분쇄하고 보도의 원리를 세우고저 이에 만난을 무릅쓰고 결성되는 바이오니 강호제현의 부단한 편달과 애호가 있기를 바라마지 않는 바이다"고 밝히면서 "일체의 허위보도와 모략선전을 배격함"을 강령의 하나로 내세웠다.

여기에서 "조선공론의 정체를 왜곡시킬 뿐만 아니라" "자파의 세력과 정권 획득에 온갖 불순한 행동을 다하고 있는" 언론계라고 지칭되고 있는 것은 다름 아닌 '조선신문기자회'가 주축이 된 언론인들이다. 언론자유를 확보하고 진실을 말함으로써 민족을 인도하는 횃불이 되겠다고 주장한 언론인들이 다른 언론인들에 의해 왜곡, 허위, 모략을 일삼는 자들이라고 공격을 받은 것이다. 이쯤 되면 우리는 '과연 언론자유는 무엇이며 언론이 말하는 진실은 무엇일까?' 하는 의문이 생기지 않을 수 없다.

밀턴의 경우, 말할 자유를 부여받을 수 없는 것은 진실이 아닌 허위로 판결 난 것이다. 예를 들어 밀턴은 교황을 정점으로 하는 가톨릭교의 교리는 거짓된 것이기 때문에 표현의 자유를 부여받을 수 없다고 주장했다. 밀턴이 이렇게 말한 것은 물론 그가 프로테스탄트교를 지지하면서 프로테스탄트교가 진실에 가까운 종교라고 평가했기 때문이다. 당시 프로테스탄트의 입장에서 가톨릭은 용납될 수 없는 것이었다. 하지만 오늘날의 관점에서 본다면, 과연 이것이 진정한 언론자유일까?

다시 해방 후 한국으로 돌아가 보자. 해방 후 남한을 지배한 미 군정은 언론자유를 허용한다고 포고했다. 하지만 밀턴의 사례와 마찬가지로 그 언론자유에는 하나의 단서가 붙어 있었다. 바로 거짓을 말하는 언론에게는 자유를 허용하지 않는다는 것이다. 미 군정 최고사령관 하지는 1946년 8월 31일 다음과 같은 담화문을 발표했다.

"조선인에게 허여한 언론자유, 출판자유, 집회자유를 역용하여 조선민족을 원조하는 미국의 노력에 부당한 공격을 가하며 미국 원조의 목적과 자기 민족을 원조하려는 그 노력에 협력하고 있는 성의 있는 조선 애국자의 목적에 대하여 전연 허위의 진술을 선전하고 있다. 이러한 민주주의적 자유의 역용은 언론, 출판, 집회의 자유의 근본 원칙을 남용하고 위반하는 것이며 극악의 경우에는 포고 제2호의 위반이라고 밖에는 달리 간주할 수가 없다."

미 군정은 언론자유를 보장한다고 주장했지만 미 군정이 보기에 허위와 거짓을 말하는 언론에는 말할 자유가 부여되지 않았다. 오직 미 군정이 보기에 진실을 말하는 언론에만 자유가 보장됐다. 따라서 미 군정 내내 강력한 기사검열과 통제가 실행됐다. 신문의 정간, 기자의 투옥 등이 끊이지 않았다. 하지만 미 군정의 관점에서 보자면 진실을 말하는 것은 자유롭게 허용됐기 때문에 언론자유가 보장된 셈이었다.

남북분단, 한국전쟁, 군부독재를 거치면서 언론은 철저히 통제됐고 '사상의 자유시장'이 열린 적은 한 번도 없었지만, 정권의 주장에 따르면 공식적으로 한국에서는 항상 언론자유가 보장돼 왔고 언론은 진실을 말해 왔다. 소수의 사이비 언론이 존재하긴 했지만 허위를 말한 언론은 징벌을 받아 교화됐기 때문에 언론에서는 항상 정의가 승리해 왔다는 것이다.

이런 역사적 사례들을 반추해 보면 우리는 절대적 의미에서의 언론자유, 절대적 의미에서의 진실을 발견하기가 무척 어렵다는 것을 알게 된다. 밀턴은 국가가 간섭하지 않고 내버려둬도 진실이 반드시 승리하기 때문에 언론자유를 보장해야 한다고 주장했다. 하지만 그가 말한 언론자유도 이미 근본적으로 한계가 있는 것이었다. 왜냐하면 지배집단이 거짓이라고 단정한 것은 표현될 자유를 부여받지 못했기 때문이다. 진실에 도달하기 위해 언론자유가 보장돼야 한다고 말하면서 정작 진실이 아니라고 판정된 것에는 말할 자유를 주지 않은 것이다. 그런데 진실이 무엇인지 모른다면 거짓이 무엇인지도 알 수 없다. 따라서 거짓이기에 언론자유가 제한된다는 말은 진실이기에 언론자유가 제한된다는 말과 같다. 문제는 이 진실이란 것이 그 자체로 접근할 수 없는 것이란 점이다.

진실은 항상 저 너머에 있다. 과거에 진실은 저 너머에 있는 신의 의지, 우주의 섭리였다. 그것은 인간이 어찌할 수 없는 것이었고 단지 주술사, 사제 등 특수한 능력을 가진 사람들만이 그 편린을 잠깐 엿볼 수 있는 것이었다. 근대 이후 사람들은 인간의 이성을 통해 저 너머에 도달할 수 있는 길을 만들 수 있을 것이라 믿었다. 밀턴의 생각도 그런 믿음에서 비롯된 것이다. 하지만 지난 500여 년 동안 우리는 인간의 이성이 역사적, 사회적 한계를 결코 뛰어넘을 수 없다는 것만을 확인하고 있을 뿐이다.

진실은 인간의 이성으로 도달할 수 없는 저 너머에 있다. 우리에게 진실이라고 제시되는 모든 것은 단지 한정된 시간 동안만 통용될 수 있는 평계, 이유, 변명이다. 그것들이 진실로서 통용되기 위해서는 그럴듯하게 구성돼야 한다. 이렇게 구성된 진실은 그것이 거짓이란 것이 밝혀지기 전까지 진실의 지위를 부여받을 뿐이다. 따라서 엄밀한 의미에서의 진실은 저 너머에 있을 뿐 지금 여기에는 없다. 진실을 찾는 모든 작업은 사실은 그럴듯한 거짓을 발견하는 작업일 수도 있다.

언론에서의 진실도 마찬가지다. 진실은 항상 저 너머에 있기에 우리는 진실을 말하는 언론을 발견할 수 없다. 보다 정확히 말하자면 언론이 말하는 것이 진실인지를 알 수 없다. 다만 사실이 아닌 허구의 이야기를 꾸며내는 언론을 식별할 수 있을 뿐이다. 그러나 이마저도 어려운 경우가 많다.

언론이 말하는 것이 진실인지 거짓인지 알기 어려운 이유는 그것을 확인하는 것이 어렵기 때문이다. 우리는 흔히 진실과 사실을 혼동한다. 사실은 실제로 존재했거나 존재하는 것이다. 그래서 사실은 확인 가능한 사건이다. 사실에 대한 진술은 실제 사실과 일치하는지 확인될 수 있다. 반면 진실은 사실에 대한 평가, 혹은 사실의 원인에 대한 진술이다. 이런 진술이 사실과 일치하는지는 확인되기 힘들다.

예를 들어 세월호 관련 보도에서 가장 많은 비판을 받은 것 중 하나는 사건 발생 초기에 탑승객이 전원 구조됐다고 한 보도와 대대적인 구조 작업이 진행되고 있다고 한 보도였다. 이 보도들은 실제로 일어난 일에 대한 정보를 제공하는 내용이었다. 그런데 실제로 벌어진 일은 보도의 내용과 일치하지 않았다는 것이 밝혀졌다. 따라서 이것들은 사실을 전달하기는커녕 일어나지도 않은 일을 허구로 꾸며낸 심각한 오보라는 것이 드러났고 이런 보도를 한 언론들은 큰 비판을 받아야 했다.

그런데 왜 이런 오보들이 쏟아졌을까? 그 이유를 어떤 사람들은 특정 언론들이 정권과 기득권 집단을 옹호하고 그들과 유착관계에 있었다는 것에서 찾는다. 대통령과 정권에 불리한 정보를 전달하는 것을 꺼리는 언론들의 이익관심이 반영된 오보라는 것이다. 쉽게 말하자면, 정부에게 부담을 주고 싶지 않고 정부의 활동을 긍정적으로 홍보하고 싶은 언론의 욕망이 전원 생환과 대대적 구조 작업이라는 허구를 계속 보도하게 하였다는 것이다.

우리는 이런 평가가 사실과 일치하는지 알 수 없다. 왜냐하면 이것은 사실에 대한 진술이 아니라 그런 사실이 발생한 이유에 대한 추론이기 때문이다. 따라서 이런 진술 앞에서 제기되는 질문은 이것이 사실이냐, 허구이냐가 아니라 진실이냐 거짓이냐 하는 것이다. 다시 말해 이 진술은 사실과의 일치 여부에 의해서가 아니라 얼마나 그럴듯한 설득력을 갖고 있느냐에 따라 진위가 평가된다.

사실과 진실은 이처럼 다른 차원의 개념이기 때문에 사실을 보도한다고 해서 반드시 진실을 말하는 것이 아닌 상황도 있을 수 있다. 따옴표 보도가 대표적이다. 사건관계자의 말을 따옴표로 처리해 보도하는 것은 사실 보도라는 미명으로 진실을 가공하는 데 이용된다. 한편 허구의 일을 전달함으로써 진실을 알릴 수도 있다. 예를 들어 문학은 기본적으로 허구의 이야기를 만드는 작업이다. 하지만 우리는 흔히 '문학은 진실을 말한다'라고 한다.

다시 해방 직후 시기로 돌아가 보자. '조선신문기자회'와 '조선신문기자협회'는 모두 조국과 민족의 자주독립을 위해 공정하고 불편부당한 언론활동을 할 것이라고 다짐한다. 하지만 이들은 상대방을 향해 왜곡 보도를 일삼으면서 조국과 민족을 파탄의 구렁텅이로 몰아넣는 언론이라고 비난했다. 그 이유는 그들이 이념적으로 대립하는 집단이었기 때문이었다. '조선신문기자회'는 좌익계 언론인이 주축이 된 반면에 '조선신문기자협회'는 우익계 언론인에 의해 결성된 것이었다.

이들은 해방 초기부터 특히 신탁통치문제를 앞에 두고 극한 대립을 했다. 신탁통치에 대한 논란은 사실상 〈동아일보〉의 오보로부터 촉발됐다. 〈동아일보〉는 모스크바 3상 회의 결정이 공식 발표되기 하루 전인 1945년 12월 27일 '소련은 신탁통치 주장, 미국은 즉시독립 주장'이란 제목의 기사를 내보냈다. 하지만 실제로 모스크바 3상 회의에서 신탁통치를 주장한 것은 미국이었고 소련은 독립국가 재건을 위한 임시정부 수립을 주장했다. 신탁통치는 미국의 일관된 입장이었다. 미국 대통령 루스벨트는 알타회담에서 한국은 40년의 신탁통치를 받을 필요가 있다고 주장하기까지 했다. 그러나 3상 회의에서는 소련의 안이 대부분 관철됐다. 회의의 결정 내용은 미소공동위원회를 설치하여 조선임시정부를 수립하고 독립국가 건설을 준비하기 위해 최대 5년간의 신탁통치를 시행한다는 것이었다.

그런데 〈동아일보〉의 오보가 다른 언론들에 의해서도 복사돼 반복 확산되면서 신탁통치 문제가 초미의 관심사로 떠올랐다. 〈동아일보〉를 중심으로 한 우익계 언론은 신탁통치를 식민지배로 규정하고 격렬한 반대 의견을 개진했고 신탁에 찬성하는 사람을 소련의 사주를 받은 반민족 행위자로 낙인찍었다. 반면에 좌익계 언론은 신탁통치를 독립국가 건설을 위한 강대국의 원조협력이라고 보고 찬성 의견을 냈다. 신탁통치가 식민지배라는 말이 진실이었을까? 아니면 강대국의 원조협력이란 말이 진실이었을까?

적어도 당시 남한에서는 신탁통치는 식민지배다란 말이 더 그럴듯하게 들렸다. 신탁통치를 식민지배로 보는 것이 진실이라고 여겨진 것이다. 하지만 반탁운동을 주도한 언론들의 기사는 사실을 왜곡하고 있었다. 언론은 사실을 알리지 않았지만 그들의 말은 사람들에게 진실로 받아들여졌다. 남한의 경우 대부분의 사람이 신탁통치에 반대했다. 신탁통치에 찬성하는 의견을 가진 소수 사람은 좌우를 막론하고 민족 반역자로 몰려 암살, 폭행, 위협을 당해야 했다. 결국 미소공동위원회의 결렬로 신탁통치 문제는 없었던 일이 돼 버렸기 때문에 반탁운동이 성공한 것이라고도 볼 수 있다. 진실이 승리한 것인가? 반탁운동을 끊임없이 부추긴 〈동아일보〉는 비록 사실은 왜곡했지만 진실을 말한 옳은 언론이었나?

위의 질문들에 긍정이든, 부정이든 선뜻 답하기란 쉽지 않다. 그 이유는 지금 여기에서 우리가 마주하는 진실이란 것이 부동의 실체가 아니라 언제든지 변할 수 있는 구성물이기 때문이다. 진실은 역사적, 사회적으로 구성된다. 시대가 변하고 사회가 바뀌면 진실의 내용도 달라질 수 있다. 진실은 사실 확인의 영역이 아니라 가치판단의 영역에 속한 것이기 때문이다. 따라서 '진실을 말하는가'라는 기준에 의해 옳은 언론과 그릇된 언론을 구분하는 것은 자의적인 행위가 될 것이다. 오늘 여기에서 옳은 언론으로 평가되는 것이 내일 저기에서는 그릇된 언론으로 인식될 수 있다. 심지어 지금 여기라는 동일한 시공간을 공유한 사람들조차도 어떤 관점을 갖고 있느냐에 따라 진실에 대한 의견이 달라진다.

자신의 말은 거짓이고 행동은 정의롭지 못하다고 주장하는 사람은 없다.

사기꾼도 자신이 진실을 말한다고 한다. 현재 우리 사회에서 여러 이슈에 대해 극명하게 대립하면서 싸우는 언론들은 모두 자신이 하는 말이 진실이며 옳은 것이라고 주장한다. 진실이 구성되는 것인 이상 우리는 이들 언론 사이에서 누구의 손도 들어 줄 수 없다. 진실을 말한다는 것을 판단 기준으로 해서 정의롭고 옳은 언론을 발견할 수는 없는 것이다.

[사실과 허구]

진실은 저 너머에 있는 것이거나 구성되는 것이기 때문에 옳은 언론을 판별해 내는 기준이 될 수 없다. 그렇다면 존재 유무를 확인할 수 있는 사실과의 관계를 판단 기준으로 삼아 옳은 언론을 판별해 낼 수 있지 않을까? 즉, 옳은 언론이란 사실을 전달하는 언론이라고 말할 수 있지 않을까?

진실을 말한다는 것이 주관적 의견의 영역에 속한다면 사실을 전달한다는 것은 객관적 묘사의 영역에 속하는 것이다. 주관적 의견의 진위는 판단하기 어렵지만 객관적 묘사의 일치 여부는 비교적 쉽게 판단할 수 있다. 최소한 누가 허구를 말하는지는 확실히 알아낼 수 있다는 것이다.

언론은 기본적으로 뉴스를 전달하는 기구이다. 뉴스란 새로운 정보이다. 이 뉴스의 가치는 일차적으로 사실의 전달에서 발생한다. 사실이 아닌 새로운 정보도 나름의 가치를 갖지만 그것은 뉴스가 아니라 이야기로서의 가치이다. 실제로 벌어진 일에 대한 정보를 주는 것이 뉴스인 것이다. 따라서 언론이 사실을 전달하지 않는다면 그것은 규정상 이미 언론이 아니다. 세월호 참사 초기에 쏟아진 언론의 오보에 대해 가차 없는 비판이 가해진 것은 이 때문이다.

그런데 신탁통치와 관련된 〈동아일보〉의 오보에 대해서는 별다른 비판이 없었다. 오히려 그 보도는 다른 언론들에 의해 재생산됐다. 신탁통치는 미국이 제안했다는 것이 밝혀진 후에도 오보를 문제 삼는 일은 없었다. 왜 그랬을까?

그것은 당시 언론에 있어서 사실을 전달하는 것이 아주 중요한 일은 아니었기 때문이다. 언론에 중요한 것은 진실을 말하는 것이었다. 언론은 스스로를 조국의 자주독립을 위한 길을 제시하는 등불이라고 인식했다. 자주독립을 위해 옳다고 생각되는 의견을 제시하는 것이 언론의 사명이라 생각한 것이다. 그렇기에 언론은 자신이 말하는 것은 "진정한 불편부당인 것"이고 반대 의견은 "반동모략과 허위선전"이라고 주장할 수 있었다. 언론은 특정 정파의 정치적 이익을 극대화하기 위해 활동했다. 사실의 전달은 승리하기 위해 일차적으로 고려해야 할 점이 아니었던 것이다.

남북분단, 한국전쟁을 겪고 군부독재기에 들어서면서 한 목소리만 내는 언론만이 남았다. 비유하자면 자장면 외에 다른 중국음식에 대해서는 생각할 수도 말할 수도 없는 상황에서 언론이 할 수 있는 일이란 고작 자장면에 고춧가루를 넣는 게 좋은가 오이채를 넣는 게 좋은가에 대해 의견을 개진하는 것이었고, 그나마 자장면에 머리카락이 빠져 있다는 말을 하면 조사를 받아야 했다. 진실이 무엇이고 거짓이 무엇인지는 집권세력이 일일이 알려주고 있었다. 이제 언론이 할 수 있는 일은 사실의 전달에 집중하는 것밖에 없었다. 더 이상 정치적 목적을 위해 싸우는 투사가 될 필요가 없었던 언론은 뉴스를 팔아 돈을 버는 기업으로 생존하는 데 전력하기 시작했다.

언론의 임무를 사실 전달에 한정시키면서 객관성이란 가치가 중요하게 부각됐다. 잘 알려져 있듯이 언론의 객관성이란 개념은 19세기 중반 이후 언론이 상업화되면서 만들어졌다. 최대한 많은 사람에게 최대한 많은 상품

주형일

을 팔아 이윤을 얻기 위해 언론은 하나의 특정한 정치적 의견만을 강하게 주장하는 논평 기사보다는 사건 사고 위주로 벌어지는 사실을 특별한 논평 없이 객관적으로 전달하는 기사의 비중을 높이는 전략을 사용하기 시작했다. 특정한 정치적 관점이 드러나는 것을 최대한 숨기면서 사실을 객관적으로 전달하는 것을 언론의 사명으로 내세웠고 이를 통해 정치적 견해와 관계없이 폭넓은 대중을 소비자로 확보할 수 있었다. 보도의 객관성을 내세우면서 대중적인 상업언론이 탄생한 것이다.

한국에서는 1964년 언론윤리위원회법 파동을 계기로 언론의 상업화가 가속화됐다. 군사정권의 탄압 때문에 정권에 대한 찬양 외에는 다른 정치적 의견을 말하기 힘들게 된 언론은 인간적 흥미를 불러일으킬 수 있는 일상생활 속 사소한 사건들과 오락거리들에 대한 정보를 전달하는 데 치중하기 시작했다. 이런 순종에 대한 반대급부로 정권은 언론에 경제적 특혜를 베풀었다. 언론은 대출금리, 세금, 차관 등에서 큰 혜택을 받으면서 기업으로 성장하기 시작했다. 정권의 억압 속에서 자율적이고 정치적인 의견을 말할 수 없게 된 언론은 사실의 전달에 치중하면서 상업적 이윤추구에 전력하게 됐다. 그리고 이런 활동에 대해 정당성을 부여하기 위해 객관성 개념을 적극적으로 내세우기 시작했다.

언론에서 객관성은 일반적으로 사실과 의견의 분리에서부터 출발했다. 즉, 사실과 의견을 분리하는 것이 가능하며 의견을 배제한 채 사실을 전달하는 것이 객관성을 실천하는 방법이라는 것이다. 따라서 객관성을 얻기 위해서는 기사를 사실기사와 의견기사로 구분하고 이를 명시해 알려 줄 필요가 있었다. 또한 다른 여러 의견을 동일한 비중으로 정리, 전달하는 것도 객관적 보도 태도로 인식됐다. 객관적 보도는 현실을 있는 그대로 알려 줌으로써 대중이 현실에 대한 지식을 얻을 뿐 아니라 현실의 문제를 판단하고 해결할 수 있도록 하는 행위라고 여겨졌다. 그래서 객관적 보도를 하는 언론은 대중의 알 권리를 충족시키면서 사회적 책임을 다하는 언론으로 포장될 수 있었다. 이처럼 객관성 이데올로기를 통해 언론은 자신의 경제적 이윤추구라는 사적 목적을 사회적 책임이라는 공적 목적으로 포장하는 데 성공했다.

그런데 언론의 객관성 이데올로기가 가진 가장 큰 문제는 객관성을 실현하는 것이 불가능하다는 것에 있다. 언론은 메시지를 전달하기 위해 언어를 사용할 수밖에 없는데 그 언어는 그것이 말이든, 문자이든, 영상이든 가치로부터 자유로울 수 없다. 언어에는 특정한 가치가 부여돼 있다. 다시 말해 모든 언어는 편견을 내포한다. 그렇기에 언어를 사용하는 한 이 세상에 객관적 언론은 없다.

2014년 4월 17일 자 〈조선일보〉 1면에 "침몰까지 140分… 눈뜨고 아이들 잃는 나라"라는 제목하에 실린 기사의 첫 단락은 다음과 같다. '경기 안산 단원고 2학년 학생 325명 등 승객과 승무원 462명을 태우고 인천에서 제주도로 가던 여객선이 전남 진도 앞바다에서 16일 오전 침몰했다. 사고 후 175명이 구조됐으나, 5명은 숨지고 282명이 실종됐다. 실종자 중 200여 명이 단원고 학생들이다. 이번 사고는 1993년 292명이 사망했던 서해 훼리호 사고 이후 최대의 해난 사고로 기록될 것으로 보인다.'

같은 날 〈동아일보〉는 "277명이 저 아래…"라는 제목하에 다음과 같은 문장으로 기사를 시작했다. '16일 오전 전남 진도군 조도면 병풍도 북쪽 약 3.3km 해상에서 462명을 태운 여객선 '세월호'가 침몰했다. 17일 오전 1시 현재 179명이 구조됐지만 6명이 사망하고 277명이 실종됐다. 사고 현장에선 한 명의 생명이라도 더 살리기 위한 필사적인 구조가 계속됐다.'

〈경향신문〉의 1면 제목은 '여객선 침몰 290명 실종… '골든타임' 놓쳤다'였고 기사 첫 단락은 이렇다. '제주도 수학여행에 나선 고교생 등 459명을 태운 여객선이 전남 진도 해상에서 침몰, 5명이 숨지고 290명이 실종되는 대형참사가 발생했다. 여객선 운항사는 배가 침몰하고 있음에도 승객들에게는 30분 동안이나 "가만히 있으라"며 구조 조치를 제대로 취하지 않은 것으로 드러났다.'

마지막으로 같은 날 〈한겨레신문〉의 1면을 보자. '어디 있니, 얘들아…'라는 제목하에 첫 단락은 이렇게 시작했다. '들뜬 마음으로 수학여행 길에 올랐던 꽃다운 10대들이 차디찬 바닷물 속으로 사라졌다. 여객선과 함께 생때같은 자식을 집어삼킨 바다를 속절없이 바라보며 엄마 아빠는 가슴을 쥐어뜯었다.'

네 신문은 모두 객관적으로 사실을 전하고 있는가? 네 신문이 이처럼 1면을 비롯한 많은 지면을 할애해 보도하게끔 만든 어떤 일이 16일 아침에 벌어졌다는 것은 확실하다. 〈동아일보〉에 따르면 그 일은 여객선 '세월호'가 침몰한 일이며 사고 현장에서 '필사적인 구조'가 계속된 일이었다. 〈조선일보〉에 따르면 그 일은 서해 훼리호 사고 이후 '최대의 해난 사고'로 기록될 여객선 침몰 사고였다. 〈경향신문〉에 의하면 그 일은 구조 조치가 제대로 취해지지 않아 5명이 숨지고 290명이 실종된 '대형참사'였다. 마지막으로 〈한겨레신문〉에 따르면, 그 일은 '들뜬 마음으로 수학여행 길에 올랐던 꽃다운 10대들이 차디찬 바닷물 속으로 사라'진 일이며, '여객선과 함께 생때같은 자식을 집어삼킨 바다를 속절없이 바라보며 엄마 아빠가 가슴을 쥐어뜯은' 일이었다.

동일한 일이 어떤 신문에 의해서는 '필사적인 구조'로, 다른 신문에 의해서는 '최대의 해난 사고'로, 또 다른 신문에는 '대형참사'로, 네 번째 신문에는 '꽃다운 10대들이 차디찬 물속으로 사라진 일'로 묘사됐다. 이런 표현들은 벌어진 일에 의미를 부여하고 그 일을 특정한 방식으로 이해하도록 만든다.

'필사적인 구조가 계속됐다'는 것은 후에 실제로는 일어나지 않았던 일로 밝혀졌기 때문에 이미 그 자체로 객관적 보도가 아니라 허구보도였다. 하지만 그것을 차치하더라도 '구조 작업이 진행됐다'고 하는 것과 '필사적인 구조를 계속했다'고 하는 것은 완전히 다른 의미를 갖는다. '최대의 해난 사고'과 '대형참사'도 서로 다른 의미를 갖고 있다. 어떤 일을 사고로 보는 것과 참사로 보는 것은 그 일에 대해 다른 방식으로 접근하도록 만든다. 또, '고등학생들이 실종됐다'라고 말하는 것과 '꽃다운 10대들이 차디찬 물속으로 사라졌다'고 말하는 것도 그 일을 받아들이고 이해하는 태도를 다르게 만든다.

구조 작업이 필사적 구조보다, 사고가 참사보다, 실종이 차디찬 물속으로 사라지는 것보다 더 객관적 표현이라고 말할 수 없다. 왜냐하면 각각의 표현들은 이미 특정한 방식으로 사건을 이해하고 그 일에 대처하도록 만들기 때문이다. 예를 들어 세월호 침몰을 해난 사고로 이해하면 사고에 따른 피해 보상을 하는 것이 당연히 가장 중요한 사후대처방법으로 제시된다. 반면에 참사로 이해한다면 참사의 원인을 밝히고 재발방지를 위해 노력하는 것이 가장 중요한 일로 대두된다.

언론들은 스스로 객관적 보도를 하고 있으며 적어도 객관적 보도를 위해 노력하고 있다고 말한다. 나중에 허구였음이 명백히 밝혀지는 보도를 하지 않는 한, 언론의 객관성은 유지될 수 있거나 혹은 달성될 수 있는 가치라고 주장하는 것이다. 하지만 실제로 벌어진 일에 대해 보도한다고 하더라도 언론이 사용하는 언어 자체가 이미 편향돼 있기 때문에 언론은 어떤 방식으로든 사실을 객관적으로 보도할 수 없다. 언론이 이런 근원적 편향성을 객관성 개념으로 포장해 은폐하는 데 성공할수록 언론의 정치적 영향력은 커진다. 왜냐하면 언론은, 요즘 유행하는 단어를 사용한다면, '팩트'

를 전달한다고 여겨지기 때문이다.

객관성에 대한 믿음은 '팩트의 신화'를 만들어 낸다. 한국에서 팩트는 모든 논쟁과 모든 가치판단에 있어서 특정 의견의 진실성을 보장하고 그 의견이 다른 모든 의견을 압도하고 우위에 서도록 하는 마법의 지팡이처럼 사용된다. 이런 상황에서 팩트를 전달한다고 여겨지는 언론의 기사 한 줄, 단어 하나는 마치 성경의 문구처럼 인용된다.

팩트에 대한 과도한 집착이 열병처럼 퍼진 이유는 무엇이 진실이고 무엇이 거짓인지를 알 수 없는 상황이 지속되면서 진실은 저 너머에 있음이 점점 확실해지고 있기 때문이다. 진실이 저 너머에 있다면 믿을 수 있는 것은 바로 여기에서 발견되는 사실, 즉 팩트뿐이라는 결론에 도달한 것이다. 하지만 팩트는 언어를 통하지 않고서는 구체적으로 드러날 수 없다. 언어로 표현된 모든 팩트는 언어의 편향성에 의해 오염될 수밖에 없다. 따라서 언어로 표현된 팩트는 엄밀한 의미에서 팩트가 아니다. 팩트는 현실에 존재했었고 존재하는 것이지만, 언어를 통해 그것을 있는 그대로 표현할 수 있는 방법은 없다. 따라서 팩트는 언어적 묘사를 촉발하는 최초의 원인으로서만 작동한다. 팩트에 대한 서로 모순되거나 상반되는 수많은 언어적 묘사들이 있는 것은 어찌 보면 당연한 것이다.

진실은 언제든 바뀔 수 있는 구성물이다. 사실은 단순한 구성물이 아니라 우리에게 영향을 주는 구체적 실체이다. 언어를 통하지 않고서는 사실을 묘사할 수 없다는 점에서 언론이 사실을 객관적으로 보도하는 것은 불가능하다. 따라서 사실의 객관적 보도라는 관점에서 옳은 언론을 구별해 내는 것은 가능하지 않다. 우리는 허구보도를 구별해 내고 그런 보도를 하는 언론을 비난할 수는 있지만 어떤 언론이 사실을 객관적으로 보도한다고 칭찬할 수는 없다.

[정의의 기초]

현대사회에서 진실은 사람들에 의해 구성된다고 여겨진다. 그런데 문제는 여기에서 사람들이란 사회 구성원 전부가 아니라는 것이다. 모든 사람에게 공통된 동일한 하나의 진실은 없다. 집단, 계급 등 다양한 사람들의 모임마다 만들어 낸 나름의 진실이 있다. 결국 사회에는 수많은 진실이 있으며 그중에는 서로 유사한 것들도 있지만 적대적이고 양립 불가능한 것들도 있다. 이처럼 적대적이고 양립 불가능한 진실들을 믿는 집단들이 상호존중하며 공존하는 것이 사회의 다원성이 실현되는 가장 이상적인 모델이다.

자유의 보장은 이런 다원성이 인정되고 실현되기 위한 기반이다. 그런데 단순히 모든 진실을 자유롭게 허용하는 것은 사람들에게 상처를 주고 사회를 혼란에 빠뜨릴 수 있다. 이것을 막기 위해 필요한 것이 바로 정의이다. 자유를 보장하되 그 자유가 상호인정과 존중을 통해 구현되기 위해서는 무엇이 옳고 그른 것인지를 판단할 수 있는 기준이 있어야 한다. 바로 보편적 정의라는 기준이 필요하다.

일반적으로 정의에 대한 논의는 칸트 이후 주로 인간의 이성에 기대 정의를 규정하는 방식으로 진행됐다. 예를 들어 롤스(Rawls)는 선천적으로 이기적인 인간이 어떻게 자신이 손해를 볼 수도 있는 공정한 사회계약에 동의함으로써 사회적 정의를 이룰 수 있는가를 설명하기 위해 '무지의 장막'을 상상했다. 그는 사람들이 자신의 능력이나 인종, 사회적 신분 등을 전혀 알 수 없는 상태에서 합리적으로 생각하고 토론할 경우, 모두에게 기본적 자유와 동등한 기회를 보장하는 데 동의할 것이라고 봤다.

그런데 이처럼 합리적 사고능력을 갖춘 개인들이 자유롭고 평등한 토론을 통해 사회의 공공선에 대해 의견일치를 보고 보편적 정의를 실현하는 것을 현실에서 보기란 지극히 어렵다. 다른 의견을 가진 사람을 이성에 호소하면서 논리적으로 설득하는 것은 불가능에 가깝다. 왜냐하면 이성(reason)은 기본적으로 이유(reason)를 만들기 때문이다. 이성은 다른 의견을 이해하고 받아들이기보다는 자신의 의견과 행동을 정당화하고 합리화하는 이유를 찾는 데 더 자주 사용된다. 지난 역사에서 대립되는 의견을 가진 사상가들이 논쟁을 통해 설득되고 합의에 이른 것을 본 적이 있는가? 인질을 공개 처형하는 이슬람 무장단체 IS도 자신의 행동에 대한 확실한 논리적인 이유를 갖고 있다. 합리적 토론과 논리적 반박을 통해 IS의 태도를 바꾸는 것은 불가능할 것이다. 심지어 부모를 살해한 자식도 나름대로 이유를, 즉 이성을 갖고 있다.

　이성에 호소하면서 정의를 구상하고 말하는 것은 현실에서 정의를 구현하는 데는 별다른 도움을 주지 못한다. 그것은 법조항에 논리적 이유를 제시하는 수단에 머물거나 기껏해야 논쟁만을 일으킬 뿐이다. 왜냐하면 그 정의가 자신의 이익을 감소시킬 거라 생각하는 사람들은 반드시 반대할 이유를 찾아낼 것이기 때문이다. 따라서 사람들의 이기적 행동을 합리화하기 위해 찾은 이유를 무력화시킬 수 있는 정의의 기초를 확립할 필요가 있다. 그 기초는 이유를 만들어 내는 이성이 아니라 인간의 삶 자체를 가능하게 만드는 보편적 감정에서 찾아야 할 것이다. 정의의 기초가 세워진 후에 비로소 이성의 힘을 이용해 구체적인 정의의 규범들에 대해 논의할 수 있다.

　인간의 삶을 가능하게 만드는 보편적 감정은 무엇인가? 그것은 자식을 키우는 부모의 감정이다. 자식을 낳고 기르는 것은 부모에게 희생을 강요하는 행위이다. 부모는 자신이 고통받고 심지어 죽을 수도 있는 위험을 감내하면서도 자식을 해하지 않고 그를 행복하게 만들기 위해 노력한다. 자식에 대한 사랑은 인간뿐만 아니라 다른 동물들에서도 발견되는 감정이다.

그런데 인간은 이 감정을 가족의 범위를 넘어서 모든 인간에 대해 갖는 보편적 감정으로 확장할 수 있다. 이것이 가능한 이유는 모든 인간이 피할 수 없는 공통의 운명 앞에 서 있다는 것을 알기 때문이다. 바로 죽음이다. 우리는 모두 자신이 언젠가 죽는다는 것을 안다. 그런데 이 죽음은 오직 타인의 죽음을 통해서만 경험될 수 있다. 우리는 이런 경험을 통해 나와 타인이 동일한 인간이란 것을 깨닫는다. 바로 이 깨달음에서 인간애가 생성된다, 인간애는 죽음을 공유한 동료에 대한 사랑, 즉 죽음에 대한 인식에 기반을 둔 동료애이다. 부모와 자식 사이의 가족애가 전 인류에 대한 동료애로 확장되는 것이다.

죽음을 공유하는 타인에 대한 동료애, 이것은 공자가 인(仁)이라 한 것이고 맹자가 측은지심(惻隱之心)이라 부른 것이며 쇼펜하우어(Schopenhauer)가 동정심이라 명명한 것이다. 나는 이런 감정을 공감애라고 부르고자 한다. 이것은 이유나 목적이 없는 것이다. 맹자가 말했듯이 어린아이가 우물에 빠지려는 것을 보고 마음이 아프고 안타까운 생각이 드는 것은 어떤 이유나 목적이 있어서가 아니다. 하루를 굶어 허기진 사람이 애써 얻은 빵 한 조각을 사흘 굶은 옆 사람에게 줄 수 있는 것도 어떤 이유나 목적이 있어서가 아니다. 사람을 죽이지 않아야 하는 것도 어떤 이유나 목적이 있어서가 아니다. 그것은 오로지 타인의 고통과 행복을 나의 것처럼 느끼기 때문이다. 공자는 '내가 원하지 않는 것을 남에게 하지 않는 것'이 인이라 했다. 타인을 자기로 인식함으로써 하나가 되는 것이 인이다. 이기심을 경제활동의 원천으로 봤던 애덤 스미스(A. Smith)도 타인의 고통에 공감하면서 타인의 행복을 지켜보는 기쁨 외에는 아무 것도 얻지 못한다 해도 그의 행복을 바라는 것이 인간 본성에 내재된 원리라고 했다. 인간이 다른 인간에 대해 갖는 공감애가 보편적 감정이란 것을 이해한다면 우리는 공감애를 바탕으로 정의의 기초를 세울 수 있을 것이다.

인간사회는 오랜 옛날부터 권력과 부를 가진 소수의 강자가 다수의 약자를 착취하고 지배하는 구조로 지속돼 왔다. 정의란 개념이 고안된 것은 약자에게 최소한의 인간다운 삶을 보장할 수 있는 방법을 찾기 위해서였다. 정의는 강자의 실제적 권력과 지배에 맞서 약자의 권리를 보호할 수 있는 담론이었다. 따라서 우리가 공감애에 기반을 두고 정의의 원칙들을 이야기할 때 강자나 약자나 똑같이 선하다든가, 똑같이 악하다는 식의 경계 흐리기에 빠져서는 안 된다. 그것은 정의 자체를 말할 수 없게 만든다. 정의는 선악의 문제가 아니기 때문이다. 또한 시혜를 베푸는 강자와 이에 감사하는 약자의 정서적 교감이란 차원에서 공감애를 이해해서는 안 된다. 그것은 공감애를 정의의 기초가 아닌 단순한 개인적 선행의 차원으로 축소시키고 만다. 공감애가 정의의 기초가 될 수 있는 것은 그것이 권력과 부의 불평등한 분배로 인한 사회적 고통을 해결하는 데 기여할 감성적 토대가 될 수 있기 때문이다.

인간은 이기적이기 때문에 생존할 수 있다. 따라서 나의 이익관심을 추구하는 것 자체가 불의한 것은 아니다. 오히려 그것은 자연스러운 일이다. 불의는 나의 이익관심을 추구하는 일이 타인을 해치는 일이 될 때 발생한다. 나의 이익을 위해 타인을 해치는 것은 가장 일차적 불의이다. 따라서 '남을 해치지 마라'는 정의의 제1원칙이자 규범이 될 것이다. 보편적 정의를 추구하는 국가라면 법에 의해 이 제1원칙에 강제성을 부여한다. 그런데 이 원칙에 의해 구현되는 것은 소극적 정의이다. 우리가 진정으로 정의로운 사회를 만들기 위해서는 단지 남을 해치지 않는 소극적 정의를 넘어 적극적 정의를 추구할 필요가 있다.

'남을 해치지 마라'의 쌍이 되는 적극적인 정의의 원칙이 있다면 그것은

'남을 행복하게 하라'가 될 것이다. 단순히 남을 해치지 않는 것에 머무는 것이 아니라 남의 불행을 방지하고 남에게 행복과 기쁨을 제공하는 행동을 하는 것은 정의를 구현하는 적극적 방식이다. 이 적극적 규범을 따른다면 우리는 궁극적으로는 나의 고통을 감내하면서까지 남의 행복을 증진하고자 하는 지고한 도덕의 경지에까지 이를 수 있다.

왜 남을 해치지 말고 행복하게 해야 하는가? 그것은 바로 남과 내가 죽음을 공유한 동료이기 때문이다. 내가 인간에 대한 사랑, 공감애를 갖고 있기 때문이다. '남을 해치지 않는다'는 소극적 의미의 정의와 '남을 행복하게 한다'는 적극적 의미의 정의는 공감애를 바탕으로 도출된다. 그리고 이 정의의 원칙들이 우리가 옳은 언론을 구별해 내는 보편적 기준이 될 것이다.

내가 한국언론에서 정의로운 언론, 옳은 언론을 구별해 내기 위한 기준을 이성에 근거한 정의개념에서 찾지 않고 감정에 기반을 둔 정의개념에서 찾고자 하는 또 다른 이유는 한국사회의 특징을 고려할 때 그것이 더 실질적 효력을 가질 것이라 판단했기 때문이다. 한국사회를 특징짓는 집단주의문화는 인간의 이성적 능력을 전제로 한 합리적 토론을 불가능하게 만든다. 한국인은 갈등상황이 발생했을 때 이성을 바탕으로 한 합리적 토론을 통해 해결 방안을 찾기보다는 내가 속한 집단의 힘을 이용해 갈등을 해결하려 한다. 한국인은 생존을 위해 항상 집단으로만 존재하려 한다. 그 집단이 강한 집단이면 금상첨화이다. 권력이 강한 집단에 속하지 못하는 것이 경쟁에서의 패배로 이어진다는 것은 경험을 통해 너무 잘 알고 있기에 모든 수단을 동원해 강한 집단과의 연결고리를 만들려 노력한다. 이런 상황에서 한국인은 이성적 개인이 자유롭고 독립된 상태에서 동등한 개인들과 합리적 토론을 벌이는 방식이 아니라, 이익관심을 공유하면서 감정적으로 동일시되는 집단이 다른 이익관심을 가진 집단을 말살시키면서 생존하는 방식으로 사회적 갈등을 해결하려 한다.

한국의 집단주의문화는 리퍼트 미국대사 피습 사건에서 극명하게 드러난다. 한 무리의 사람들은 대사를 공격한 김기종을 '종북'으로 명명된 집단의 일원으로 인식하면서 종북집단의 척결이 문제 해결의 열쇠라고 주장한다. 하지만 동시에 한국인 집단에 속하는 김기종의 행위를 같은 한국인으로서 사과하기 위해 한복을 입고 미국 대사는 물론 미국에 머리를 조아리는 퍼포먼스를 벌인다. 이런 퍼포먼스에 비판적인 사람들은 '외국인들이 이런 모습을 보고 어떻게 생각할지 같은 한국인으로서 부끄러움을 느낀다'고 말한다. 이 사건에서 합리적으로 사고하는 자유롭고 독립된 개인은 나타나지 않는다. 한 집단에 속한 채 다른 집단에 대해서 감정적으로 반응하는 사람들만이 있을 뿐이다.

이처럼 집단주의문화가 강한 한국사회에서 사람들이 편협한 이익관심에 사로잡힌 집단에서 벗어나도록 할 수 있는 가장 효과적인 방식은 작은 집단에서 벗어나 인류라는 큰 집단 안에서 세상을 보도록 하는 것이다. 이를 위해서는 공감애라는 보편적 감정에 호소해야 한다. 집단의 벽에 갇힌 사람들에게 합리적이고 논리적인 설명과 해설은 반대 논리를 강화하고 정교하게 만드는 데 필요한 좋은 재료들일 뿐이다. 그들의 굳어 버린 생각에 균열을 일으킬 가능성이 있는 것은 보편적 감정에 대한 호소뿐이다.

집단주의에 사로잡힌 사람들의 논리는 다음과 같다. '나와 너는 다르다. 나는 사람이다, 따라서 너는 사람이 아니다.' 이런 논리를 가진 사람들은 거리낌 없이 약자를 증오하고 소수자 집단을 말살하는 데 죄의식 없이 동조할 수 있다. 이 논리에 틈을 만들고 의심하는 마음이 생기도록 하는 유일한 방식은 너와 내가 같은 사람이란 것을 느끼도록 하는 것이다. 그 느낌은 너의 죽음 속에서 나의 죽음을 볼 때 가장 분명히 얻을 수 있다. 너와 나는 모두 죽음을 공유하는 동등한 인간일 뿐이기 때문이다.

공감애를 가진다고 해서 사회적 갈등이 사라지지는 않는다. 하지만 공감애가 정의의 기초로서 인정된다면 이익관심이 다른 집단을 관용할 수 있고 서로 다른 이익관심을 가진 집단들이 공존할 수 있다. 왜냐하면 '남을 해치지 않는다'는 정의의 제1원칙에 모두 동의할 수 있기 때문이다. 이런 동의를 바탕으로 '남을 행복하게 한다'는 정의의 제2원칙이 실천된다면 모든 사람이 인간다운 삶을 영위할 수 있는 최소한의 조건이 마련될 수 있다.

옳은 언론은 바로 이런 보편적 정의를 실현하는 데 기여하는 언론일 것이다. 우리 사회에는 특수한 집단의 이익관심을 위해 봉사하는 '좋은 언론들'이 넘쳐난다. 그들은 자신의 활동을 정당화하기 위해 때로는 진실을 말한다고 우기고 때로는 사실만을 보도한다고 주장한다. 하지만 그들 중 상당수는 자신의 이익관심에 유리하게 가공된 정보를 제공하고 심지어는 약자를 해치면서까지 이익과 권력을 탐하고 우월한 지위를 유지하려 한다.

언론은 스스로 언론윤리강령 같은 것을 만들어서 특수한 이익관심에 의해 편향되지 않고 공공의 이익을 위해 봉사하는 사회적 공기라는 점을 분명히 밝히고 있다. 다시 말해 언론은 사적인 이익관심보다는 보편적 정의를 실현하는 데 기여하는 것이 자신의 존재목적이라고 공공연히 명시하고 있는 것이다. 비록 이 윤리강령의 문장들이 구체적 의미가 없는 껍데기뿐인 단어들로 구성돼 있어서 실질적인 구속력이 전혀 없거나 오히려 강자의 이익관심을 추구하는 데 필요한 핑계로 전락했다는 비판을 듣기는 하지만 명목상 언론은 사회의 공기로서 보편적 정의에 따라 행동하는 것처럼 행세한다. 이처럼 정의를 실현할 것을 표방하는 언론이 불의를 저지를 때 사람들의 비판과 실망은 더 클 수밖에 없다. 쇼펜하우어는 이런 불의를 '이중의 불의'라고 부르며 가장 혐오스러운 행위라고 했다.

공감애를 바탕으로 한 정의의 원칙에 따른다면 옳은 언론을 어떻게 구별해 낼 수 있는가? 예를 들어 한 언론이 특정한 정당이나 정치인을 지지하고 그에 유리한 방식으로 사건을 해석한다고 해서 옳지 않은 언론이라할 수는 없다. 그것은 물론 정의로운 행위는 아니지만 정의롭지 않은 행위인 것도 아니다. 그것은 단지 생존하기 위한 이기적 행위일 뿐이다. 하지만그 행위가 단순히 이기적인 차원을 넘어 남을 해치기 위해 허구의 정보를유통할 경우에는 불의를 저지르는 것이다. 소수자 집단이 불의를 저지르지도 않았는데도 단지 나와 다르다는 이유만으로 그 집단을 증오하고 제거하고자 하는 것도 정의의 원칙에 위배된다. 이런 활동을 하는 언론은 불의한언론이며 혐오스러운 언론이라 할 수 있다.

　　공감애에 기반을 둔 정의의 원칙들을 실천하는가에 따라 옳은 언론을구별해 냈을 경우, 옳지 않은 언론, 그릇된 언론에 대해서는 어떤 태도를취해야 할 것인가? 정의와 실정법이 반드시 일치하는 것은 아니다. 예를들어 한국에서는 인종, 성, 출신 등이 다른 소수자들을 비하하고 멸시하는증오 행위가 사회적 범죄로 분류되지 않는다. 개인이 명예훼손 등을 이유로 고소하지 않는 한 그런 행위는 처벌되지 않는다. 따라서 불특정 사회적소수자에 대한 증오 행위가 인터넷 공간이나 언론을 통해 아무 문제 없이자행될 수 있다. 언론은 기호를 이용해 언술 행위를 하기 때문에 언론의 불의란 물리적 해코지가 아니라 대개 상징적 차원에서의 비방 행위인 경우가대부분이다. 이처럼 정의에 반하는 활동을 하는 언론을 법적으로 처벌하기는 쉽지 않다. 대부분의 경우, 불의를 저지르는 언론에 대해 우리가 할 수있는 일은 도덕적 비난을 가하는 것에 그칠 수밖에 없다. 불의한 언론은 부끄러움을 모르는 혐오스러운 존재이지만 단지 그런 이유만으로 그를 물리적으로 제거할 수는 없는 것이다.

옳은 언론을 판별할 수 있는 규범으로서의 정의에 대해 말하는 것이 갖는 문제는 이것이 항상 언론자유와 충돌할 가능성을 갖는다는 점이다. 왜냐하면 이 정의는 아무것이나 말할 수 있는 자유를 제한하기 때문이다. 모두에게 절대적이고 완전한 자유가 주어진다면 그 사회에서는 결국 강한 자가 마음대로 권력을 휘두르는 힘의 논리만이 지배할 것이다. 자유란 강자에 맞서 약자의 권리를 보장하기 위해 사용될 때만 가치가 있다. 따라서 자유는 근본적으로 자유를 제한하는 속성을 가진다. 자유를 보장하기 위해 자유를 제한한다는 것은 자유개념이 원천적으로 내포한 모순이다. 자유를 위해 자유를 제한하는 데 필요한 기준이 바로 정의의 원칙이다. 우리는 진실이란 말로 포장된 특수한 이익관심이 아니라 보편적 감정에 기반을 둔 정의의 원칙이 제한하는 자유 속에서 진정으로 자유로울 수 있다.

〔 맺으며 〕

'좋은 언론들'이 창궐해 특수한 이익관심을 위해 전력투구하는 어지러운 상황에서 과연 우리가 옳은 언론을 발견할 수 있을 것인가? 바로 이 질문에 답하기 위해 이 글이 작성됐다. 나는 언론이 사용하는 기존의 여러 개념이 사실은 '좋은 언론들'이 자신을 마치 옳은 언론인 것처럼 가장하기 위해 사용하는 핑계이자 구실이란 것을 밝혔다. 그리고 옳은 언론을 구별해 내기 위해서는 무엇보다도 보편적으로 옳은 것, 정의로운 것이 무엇인지를 규정할 필요가 있다고 주장했다. 인간의 이성적 능력에 근거해서 세워진 정의의 원칙들이 결국 이성을 도구적으로 사용하는 환경에서는 실질적으로 효력을 발휘하기 힘들다는 것에 우리가 동의한다면 정의의 원칙은 인간의 보편적

주
형
일

인 감정인 공감애를 바탕으로 세워져야 한다는 것을 이해할 것이다.

현실의 언론활동에서는 서로 상충되는 다양한 진실들과 가치들이 충돌한다. 어떤 판단을 내리는 것이 옳은 것인지 혼동되는 상황들이 무수히 많이 존재한다. 내가 여기에서 제시한 공감애를 바탕으로 한 정의의 원칙과 규범은 포괄적인 것이기 때문에 이것이 실제 갈등상황에서 어떤 식으로 적용될 수 있을 것인지에 대해서는 많은 생각과 논의가 필요하다. 하지만 적어도 우리 언론이 걸어야 할 길은 공감애를 바탕으로 한 정의의 길에서 벗어나지 않아야 한다는 것에는 동의할 수 있어야 한다. 그 길은 인간에 대한 사랑을 품고 부끄러움을 아는 사람만이 갈 수 있는 정의의 길이자 도덕의 길이다.

글쓴이
-
주형일

서울대학교 언론정보학과, 프랑스 파리 5대학교 사회학 박사. 현재 영남대학교 언론정보학과 교수. 저서: 『이미지를 어떻게 볼 것인가?』, 『사진: 매체의 윤리학, 기호의 미학』, 『영상매체와 사회』, 『내가 아는 영상기호분석』, 『랑시에르의 무지한 스승 읽기』, 『미디어학교: 소통을 배우다』, 『문화연구와 나』, 『이미지가 아직도 이미지로 보이니?』 등이 있다.

홍
승
용

정의롭지 못한 사회와
진보운동

---

[1]

　훌륭한 이념들을 지배이데올로기로 악용하는 일은 흔히 벌어진다. 인권을 내세워 제국주의 침략을 정당화하거나, 국익의 이름으로 수많은 사람의 인권을 짓밟을 수도 있고, 녹색을 표방하면서 환경을 망치는 대형 토목사업으로 이권을 챙길 수도 있다. 정의 역시 예외가 아니다. 심지어 정의는 어느 이념보다 더 무자비한 폭력행사에 동원될 수 있다. '눈에는 눈, 이에는 이'라는 그 원형부터가 살벌하기 그지없다. 흔히 잊고 살지만 12.12 하극상과 5.18 광주학살로 정권을 장악한 신군부 독재의 간판도 '정의사회구현'이었다. 그래서 정의에 대해 논할 때는 매우 조심스러워야 할 듯하다.

우선 정의라는 이념과 떼어놓기 어려운 도덕적·정치적으로 '올바른 것'의 실질적 내용과 관련해 범사회적 동의와 공감이 이루어질 가망이 희박해 보인다. 물론 정의문제만 아니라 인식문제에서도 진위를 놓고 무궁무진한 논쟁을 벌일 수 있고 상대주의나 회의주의 혹은 독단론이 스며들 여지가 얼마든지 있다. 하지만 진위문제와 연동하여 이에 대한 정치적 도덕적 해석과 평가 그리고 실행의 변수를 함께 계산해야 한다는 점에서, 또 크고 작은 이해관계나 심지어 생사문제가 좀 더 직접적인 형태로 끼어든다는 점에서 정의문제는 인식 내지 진리문제보다도 훨씬 더 복합적이고 다층적인 갈등과 충돌을 유발할 수 있다.

누구나 선뜻 동의하고 공감하는 보편적 도덕률 혹은 법규 따위를 받아들이고 이에 대한 개별 사례들의 위반 여부를 확인하여 그에 합당한 조치를 취하는 데에 머문다면 문제는 비교적 단순할 것이다. 하지만 좀 더 현실적이고 근본적인 문제 해결을 원한다면 그러한 위반을 부추기는 사회적 조건들을 살펴야 할 뿐 아니라, 그 도덕률이 어떤 사람들을 위한 것이고 어떤 사람들의 희생을 요구하는 것인지, 나아가 그것이 실제로 보편적인 도덕률이 맞기는 한지 따져야 할 것이다. 이런 문제들을 진지하게 다루자면, 불평등과 과도한 억압이 개개인을 짓누르고 있는 현실, 곧 정의롭지 못한 사회 자체를 비판할 수밖에 없고, 또 이에 따르는 불편과 위험을 감수할 수밖에 없다.

〔 2 〕

일반적으로 부당한 억압과 착취관계를 근절하여 자유롭고 평등한 사회를 만들어 가는 일을 사회적 정의의 핵심 사안이라고 생각할 수 있다. 하지

홍승용

만 이러한 생각의 세부 내용을 살펴보면 어느 한 가지도 간단하지 않다. 자유나 평등을 말하면 토를 달지 않으면서 그 실현의 실질적 조건이자 내용인 억압과 착취의 근절이라는 말에는 적대반응을 보일 사람들도 적지 않을 것이다. 이는 지배이데올로기의 부수효과라고 이해할 수 있다. 하나 지배이데올로기를 떠나서도, 모든 문명은 승화 곧 본능에 대한 억압을 전제한다는 프로이트의 주장을 받아들인다면, 억압의 근절을 논하는 것이 간단하지 않다. 이 경우 마르쿠제처럼 문명의 유지를 위해 불가피한 필요억압과, 비합리적 지배관계를 만들어 내고 유지하기 위한 과잉억압을 구분하여, 후자를 근절하면 된다고 볼 수 있다. 그러나 두 가지 억압 사이의 경계는 그다지 선명하지 않다. 각별히 의식하고 노력하지 않는 한, 대부분의 인간은 자신보다 타인에 대한 억압에 훨씬 더 너그러운 태도를 취하기 때문에, 억압의 과잉성에 대한 감각은 개인마다 많은 편차를 보일 것이다. 사회적 억압과 직접 관련되는 정치문제를 감안하면 그 편차는 그냥 존중할 수 있는 다양성이 아니라 개개인의 운명을 좌우하는 적대적 모순의 문제로까지 발전할 수 있을 것이다. 특히 정당성이 허약한 지배권력은 누가 자신을 향해 손가락질만 해도 그 손을 자르고 싶어 하면서 이를 사회질서 유지를 위해 불가피한 일이라고 강변하기 일쑤다. 반면에 지난날 온 국민의 마음을 위축시키고 노예근성을 다져 온 대대적 공안몰이, 길거리 검문, 기나긴 금서목록, 보도지침 따위가 우리를 문명인으로 만드는 데에 필수적이었다고 믿지 않는 사람들은 얼마든지 있을 것이다.

분배 내지 평등의 문제, 특히 합법적으로 이루어지는 착취의 근절과 관련해서도 개인이나 집단 사이에는 긍정과 부정의 편차가 극에서 극으로 벌어질 수 있다. 누구도 공공연히 불평등을 옹호하기는 어렵겠지만, 불평등 구조를 통해 이익을 더 많이 얻고 있다고 자부하는 사람들은 평등한 관계를 확대하기 위해 자신이 가진 것을 아무것도 내놓고 싶어 하지 않을 것이다. 즉 실질적으로 평등한 관계를 원하지 않을 것이다. 그동안 우리 사회의 지배세력은 양극화를 적극 조장하여 자신의 권력을 키우고 다져 왔다. 이를 제어하지 못하는 만큼 우리 사회는 정의롭지 못하다. 처벌·속죄·참회·용서 등과 맞물리는 개별 범죄나 부정부패는 합법적으로 이루어지는 불평등의 심화, 곧 정의롭지 못한 범사회적 사태에 비하면 사회구성원들 각자에게 끼치는 영향의 측면에서 한참 부차적이거나 지엽적인 문제라고 할 수 있다. 참여정부는 양극화의 극복을 주요 과제로 인식했다는 점에서 지배적 흐름에 거스르는 면을 보였다. 하나 성과는 미미했다. 그 이후로는 아예 양극화 극복이라는 문제의식조차 사라졌다. 그것을 대체한 경제 민주화라는 온건한 표현도 선거철에 잠시 쓰이다 폐기된 상태다. 이제 양극화 혹은 불평등구조의 심화는 거침없이 진행되고 있다. 그로 인해 괴로움을 겪는 다수의 사회적 약자들이 평등을 원하는 것은 당연해 보인다. 또 진보운동은 원칙적으로 평등을 지향하며 그래서 기존의 지배권력과 갈등할 수밖에 없다.

하지만 불평등구조와 억압이 장기화되면 그 피해자들도 불평등에 익숙해져 차별을 자연스러운 삶의 조건 혹은 숙명으로 받아들이고, 누군가 이를 바꾸려 하면 그것을 거들기보다 오히려 불편을 느끼고 올바르지 못한 일이라고 막으려 들 공산이 크다. 약자·피해자·피지배자들이 자신의 실질적 권익과 반대로 강자·가해자·지배자를 얼마나 지지하는가, 억압적 지배관계를 얼마나 자발적으로 받아들이는가도 사회적 억압 수준의 한 가지 지표가 될 수 있을 것이다. 이 점에서 대중들의 자발적 욕구나 의식은 결코 한 사회에 대한 도덕적·정치적 판단의 준거점이 될 수 없다. 오히려 대중들이 자발적으로 무엇을 원하게 만들어갈 것인가가 정치투쟁의 주요 과제다. 물론 자발성의 형식을 비판적으로라도 존중하지 않는 어떤 운동도 이

홍승용

미 실패를 예약한 바나 다름없다. 대중들의 자발성은 절대화해서도 안 되지만 무시해서도 곤란한 정치투쟁의 전장이다.

　대중들의 자발성만 아니라 진보운동주체들의 자발성 역시 따지고 들면 정의로운 평등지향적 욕망과 의식으로 충만해 있다고 보기 어렵다. 불평등한 사회구조는 그것에 맞서는 사람들의 체질 속에도 스며든다. 억압적 지배권력과 사투를 벌이기 위해서는 자신의 정당성을 확신해야 할 것이며, 이러한 확신은 적과 아군을 엄격히 나누는 이분법적 사고방식 혹은 독선적 사고방식의 습관화를 초래하기 쉬울 것이다. 그럴 경우 자신을 정의로운 존재로, 상대를 악의 축으로 단정하고 인간의 다면성·복잡성·가변성을 인정하기 어렵게 된다. 그 결과 현실감각과 유연한 사고능력을 상실하고, 자신의 문제점을 비판하고 상대로부터 배울 것을 배우기 어려워지며, 개별 실패에 담긴 교훈과 성공 속에 포함된 위험요소를 감지하는 데에도 게을러지며, 이에 따라 운동의 고립을 초래하기 쉽다. 그뿐만 아니라 저항과정에서 자신의 정당성을 절대화하면서 어떤 형태 어떤 크기의 권력이라도 손에 잡게 되면, 불의에 맞서 효과적으로 싸우기 위해서가 아니라 자신의 권력을 잃지 않기 위해 무엇이라도 감수할 자세를 취할 수도 있다. 거대 악과의 싸움판 속에서 내심 군소 영주로서 자신의 자리를 굳히기를 원할 수 있는 것이다. 이로 인해 껄끄러운 내부비판을 회피하고 함께해야 할 사람들을 적으로 만들기 쉽다. 이는 바깥으로 진보운동 내부의 치졸한 패권 다툼으로 비치며, 기득권을 유지하려는 보수세력에게 공격의 타겟을 만들어 주고, 진보운동에 대한 대중들의 환멸과 정치허무주의를 유발할 것이다. 그렇다면 이 까다로운 사태 속에서, 현실사회주의체제의 붕괴와 잔존 사회주의체제의 급속한 자본주의화를 목격하고도, 우리는 아직 자본주의적 불평등구조 너머를 현실성 있게 꿈꿀 수 있는가. 자유롭고 차별 없는 사회, 정의로운 사회를 만들기 위해 진보운동은 무엇을 어떻게 해야 할 것인가. 진보운동이 가능하긴 한 것인가.

[3]

자유와 평등, 억압으로부터의 해방과 착취의 근절은 근본적으로 지배관계 내지 사회구조 및 이와 상호작용하는 주체들의 범사회적 의식, 무의식, 욕망구조, 행위 차원과 함께 풀려야 한다. 그것은 개인의 영역에서 개인들의 노력만으로 해결될 수 없다. 이 때문에 체제, 구조, 환경, 토대, 객관적 조건 등이 개인 혹은 주체의 의식과 욕망과 활동을 기계적으로든 중층적으로든 결정한다는 사고와 그 세부 결정과정들에 대한 분석들이 주체에 대한 과학의 지위를 독점하다시피 했다. 그러한 결정과정들에 대한 이론들은 현재의 정의롭지 못한 지배관계를 깊이 이해하여 이를 바꾸고 좀 더 자유롭고 평등한 사회를 만드는 운동과정에 본질적으로 기여할 수 있을 것이다. 그러나 구조, 체제, 토대 등의 객관적 조건들이 주체를 규정하는 측면에 대한 분석들을 절대화할 경우, 여차하면 '주체의 사망'이나 '주체 없는 과정' 등의 이론적 과장과 이에 따른 실천적 난관에 빠져들 수 있다. 물론 그와 반대로 주체를 절대화하여 객관적 조건을 주체로 환원할 경우, 과학의 포기와 주의주의 내지 결단론으로 귀결될 가능성이 크다. 이는 운동에 따르는 희생을 최소화해야 할 이론과 전략의 책무를 포기하는 것이나 다름없다. 주체를 살려낸다고 해서 과학을 포기하거나, 과학을 위해 주체를 죽일 이유는 없다. 객관적 조건 속에 주체적 요인을 포함해 파악함으로써, 우리는 주체냐 아니면 구조냐 하는 양자택일로 인한 진퇴양난을 무의미하게 만들 수 있다. 주체적 요인이 배제된 객관적 사태·구조·체제·토대라는 추상물은 주체적 실천의 지침 이상으로 그 장애물이 되기 쉽다. 마찬가지로 객관적 사태에 의해 규정받지 않는 주체는 없다. 양자는 근본적으로 서로 매개되어 있다. 변혁을 위한 과학은 주체의 가능성을 포함한 객관, 주체 자신의 이론적 발언이 야기할 변화까지 계산에 넣은 객관적 상황을 면밀히 파악하려는 거의 해결 불가능한 난제와 씨름해야 한다. 이 점에서 '주체와 무관한 객관'이라는 레닌주의 인식론의 공식을 액면 그대로 단순하게 과학적 사유의 전제로서 받아들여서는 곤란하다. '의식이 존재를 규정하는 것이 아니라, 사회적 존재가 의식을 규정한다'는 유물론의 기초 역시 단순히 받아들일 수 없다. 사회적 존재에는 당연히 의식도 포함되며, 따라서 의식이 부분적으로 다시 의식을 규정하는 부분적 시차적 재귀성을 간과할 수 없기 때문이다.

주체와 객체의 이러한 관계에 근거해 보면, 지금 고정불변의 객관적 실체처럼 보이는 지배관계도 무수한 개인들의 매우 유동적인 실천의 중간 산물들을 현시점에서 파악한 추상물일 뿐이다. 따라서 당연히 개별주체들의 의식·욕망·활동방식이 달라지면 지배관계도 달라질 수밖에 없다. 기존의 지배관계는 어떤 빈틈도 취약부도 없는 철벽이 결코 아니다. 또 그것이 바뀌는 것은 자동으로 어떤 필연의 섭리나 법칙에 따라 이루어지는 것이 아니라, 그것을 이루는 주체들의 실천적 활동의 변화에서 비롯될 뿐이다. 이때 변혁적 실천의 주체로는 궁극적으로 개인주체를 떠나 생각할 수 없다. 물론 지배관계를 개인의 노력만으로는 근본적으로 바꿀 수 없지만, 또한 개인들의 노력 없이 바꿀 수도 없다. 거대한 운동도 대중들이 어느 한순간 갑자기 동시에 만들어낼 수는 없으며, 처음에는 특정한 개인 혹은 소수의 개인들이 불확실한 전망 속에서 실패를 무릅쓰고 시작해야 할 때가 많을 것이다. 개인주체 혹은 소수에 의해 시작되어 그저 미미해 보일 뿐인 변혁적 실천, 의식과 욕망과 활동의 근본적 변화가 지금의 정의롭지 못한 사회체제에 어떤 틈을 내서 누수 현상을 만들고 그것이 지배체제의 댐을 무너뜨리는 계기가 될 가능성은 얼마든지 있다.

그래서 과잉억압과 불평등구조를 통해 지배권력을 누리는 세력은 지배관계에 약간의 흠집이라도 낼 수 있는 어떤 움직임에도 민감히 대응하는 경향을 띤다. 엔첸스베르거의 지적처럼 지배자들은 피지배 대중 모두를 잠재적 반역자로 보는 것이다. 그래서 지배세력은 지금의 지배관계를 영속화하기 위해 필요하다면 활용할 수 있는 모든 수단을 동원한다. 기존 지배관계의 불변성에 대한 믿음을 대중들 사이에 퍼뜨리고 다지는 것도 그 일환이다. 지금의 지배관계가 바뀔 수 없다고 믿는다면, 진보운동은 아예 불가능할 것이다. 그러나 이제까지 대부분의 시대에는 당대의 지배관계가 난공불락의 철벽으로 여겨졌지만, 장기적으로 보면 모든 지배관계가 무너지고 새로운 질서가 형성되어 왔다. 인류의 이러한 역사적 경험이 변혁의 필연성을 입증해 주지는 않겠지만, 적어도 그 가능성 내지 개연성은 말해 준다. 현재의 정의롭지 못한 지배관계는 삶의 전 영역에서 변혁의 필요성·불가피성을 반복하여 상기시킬 수밖에 없다. 또 이 점이 진보운동의 존재근거이기도 하다.

4

진보운동의 난제 가운데 한 가지는 기존의 지배관계가 무너지고 새로운 정권이나 체제가 등장해도 여전히 다수 민중은 을의 위치에 놓이리라는 예단이 매우 광범하게 일반화되어 있다는 점이다. 이를 보수언론이나 제도교육을 통한 지배권력의 이데올로기 공세 탓으로만 볼 수는 없을 것이다. 그러한 회의의 뿌리는 매우 깊다. 마르크스와 엥겔스, 레닌과 트로츠키 등은 부르주아독재에 맞선 프롤레타리아독재의 불가피성과 동시에 장기적으로는 국가의 소멸을 전제했다. 마르크스는 프롤레타리아독재의 모델이 되는 파리코뮌에서 이미 국가소멸의 맹아를 확인했다. 그러나 현실사회주의 국가들은 국가소멸 단계인 공산사회로의 진입이 임박했음을 공언하면서도 국가소멸을 향해 한 걸음도 나아갈 수 없었다. 그 주요 원인으로는 파시즘과의 전쟁, 냉전기 자본주의국가들과의 군비 경쟁 등 끊임없는 체제위기를 생각할 수 있다. 하지만 관료가 주도하는 권력기구로부터 국민이 점차 소외되어 온 현상 또한 근본적인 문제였을 것이다. 물론 토니 클리프처럼 구소련을 국가자본주의라고 단언하는 데에는 무리가 있어 보인다. 관료들을 자본가들과 동일시하는 것도 설득력은 없다고 여겨진다. 국유화된 생산수단과 자본가의 처분에 맡겨져 있는 사적 소유물로서의 생산수단은 분명히 다른 성격을 지닌다고 할 수 있다. 그러나 국가자본주의론의 문제의식은 진지하게 받아들일 필요가 있다. 즉 사회주의의 근본적인 의의가 지배자를 바꿔놓는 것이 아니라, 사적 소유의 폐지 내지 생산수단의 사회화를 통해 지배관계 자체를 해체하여 잉여가치 착취를 근절하고 소외된 노동구조를 극복하자는 데에 있다고 한다면, 과연 생산수단의 국유화가 이러한 방향으로 얼마나 전진했는지 돌아볼 필요가 있는 것이다. 이 경우 노동자들이 주요 의사결정에 얼마나 적극적으로 참여하여 자신의 의지를 관철할 수 있었느냐, 즉 정치적 경제적 문화적 제반 업무들을 자신의 것으로 받아들일 만했느냐, 아니면 중앙의 결정에 수동적으로 따르며 남의 일처럼 대해야 했느냐가 핵심 사안이라 할 수 있다. 그런데 레닌이든 트로츠키든 이들을 비판하는 토니 클리프든 권력 장악을 위해 불가피한 권력 엘리트 중심의 변혁운동 모델을 고수하며, 그다음 단계로의 진행, 즉 권력의 사회화를 통한

국가사멸을 향해서는 몇 걸음 나아갈 수 없었다. 물론 국가사멸은 프롤레타리아독재가 장구한 시간 진행된 먼 훗날의 과제라고 미뤄 놓을 수도 있다. 그러나 어떤 체제가 권력의 사회화를 지향하느냐 아니면 소수에 의한 권력의 독점을 고수하느냐는 근본적인 차이라고 보아야 할 것이다. 권력을 장악한 소수가 자본가가 아니라 관료든 군부든 아니면 테크노크라트든 권력을 좀 더 사회화하기 위해 어떤 실효적 조치를 취하고 이로써 대중들이 경제적·정치적·문화적 의사결정의 전 과정에 얼마나 자발적으로 적극 참여하도록 만드느냐가 궁극적으로 진보운동의 미래를 규정한다고 볼 수 있다. 이때 권력을 꼭 자본에 한정할 이유는 없다. 경제권력이든 정치권력이든 지식권력이든 문화권력이든 그 독점적 행사를 통해 타인의 삶을 좌우할 수 있다면 사회화의 문제에 부딪치는 것이다. 국가자본주의론은 자본권력과 정치권력을 동일시하는 문제를 안고 있지만, 현실사회주의 내에서 권력이 사회화되지 못한 면에 대해 비판하는 점에서 정당한 셈이다. 대중들의 자발적 참여를 가로막는 장벽은 자본주의만 아니라 생산수단이 국유화된 사회주의사회에서도 만들어질 수 있는 것이다. 이를 극복하는 운동 곧 진보운동은 프롤레타리아독재체제 혹은 사회주의체제 속에서도 계속되어야 하며, 또 그것은 체제변혁 이전에도 필요하고 가능하다. 체제변혁 이전부터도 주요 의사결정에 참여하는 일에 대중들이 익숙해질수록 향후의 체제변혁과 그 이후의 정의로운 질서가 정착되는 과정이 성공할 가능성도 커진다. 이로써 자유로운 개인들의 연합이라는 장기 목표와 프롤레타리아독재라는 험난한 수단이 이제까지의 진보운동에서처럼 따로 놀지 않고 최대한 접근하는 진보운동의 길이 열릴 수 있을 것이다. 적어도 프롤레타리아독재가 프롤레타리아를 향해서도 독재적이라는 오명을 쓸 필요는 없게 될 것이다. 또 이로써만 사회를 바꿀 수 없다는 절망적 고정관념보다 더 까다로운, 바꿔도 다를 게 없다는 냉소주의를 극복할 길이 열릴 수 있을 것이다.

그에 비하면 경제성장이나 물질적 풍요의 증대는, 상대적 빈곤이 확대되는 한, 사회적 정의를 위해 별 도움이 되지 못한다. 생산력의 증대가 기존 생산관계 혹은 지배관계를 무너뜨리기보다 오히려 더욱 강화하는 현상이 얼마든지 벌어질 수 있는 것이다. 우리 사회는 성장과 경쟁력이라는 절대명령에 대해 어떤 반론도 제기하기 어려운 풍토를 만들어 왔다. 그동안 우리는 더 좋은 학교, 더 좋은 직장, 더 좋은 집을 위해 이미 유아 시절부터 경쟁체질을 익히고 이 흐름에 맞서는 일은 꿈도 꾸기 어렵게 길들여져 왔다. 변혁운동의 주체로 존중받아 온 노동자계급 내부에서조차 경제주의를 넘어선 변혁적 사고는 발언권도 얻기 어려운 지경이다. 우리 사회의 미래를 짊어질 학생들의 운동에 대한 관심은 등록금 문제에 국한되다시피 했다. 학계는 정부의 평가와 지원금에 혼을 파느라 비판과 대안 모색으로부터 한참 멀어져 왔다. 그렇게 우리는 고에너지 고성장 산업구조와 그 산물이자 동력인 경쟁적 패권주의적 욕망구조가 지배하는 사회, 사람의 목숨보다도 눈앞의 사적 이익을 우선시하는 야만사회에 저항하기보다, 무한경쟁의 사다리에 매달려 위만 쳐다보며 한 계단이라도 더 기어오르기 위해 소중한 것들을 수없이 희생해 왔다. 어디까지 가야 드디어 옆도 뒤도 돌아볼 것인지, 혹은 마의 사다리를 아예 무너뜨리고 싶어 하게 될지 아직은 예측하기 어렵다. 어쩌면 어지간히 강력한 외부 충격도 미친 듯한 오늘의 이 흐름에 제동을 걸지 못할지도 모른다. 진보운동이 이와 경쟁하며 좀 더 풍족한 물적 조건을 눈앞에 그려 보이는 방식을 택해서는 안 될 것이다. 예컨대 공황을 몰랐다거나 노동자들의 삶이 윤택해졌다는 이유로 스탈린체제를 옹호하기도 어렵거니와, 원시축적 시기를 방불케 하는 중국의 자본주의적 경제 대국화를 선망할 까닭도 없을 것이다. 생산력의 증대가 마침내 자본주의적 생산관계를 뒤엎으리라고 기다릴 것이 아니라, 오히려 해방적 평화적 성격의 생산력을 키우고 억압적 파괴적 성격의 생산력을 억제하기 위해 생산관계의 변화를 추구하는 방향으로 나아가야 할 것이다. 소수의 이익과 권력이 아니라 전체 민중의 생존권·행복추구권을 밑받침하고, 인간의 탐욕으로 인한 자연 전체의 파괴를 최소화하기 위한 과학기술과 생산력을 발전시키는 방향으로 생산관계를 바꾸고자 해야 할 것이다. 이는 생산력 발전 자체를 죄악으로 보고 좋았던 상상 속의 과거 황금시대로 돌아가자는 낭만주의적 반자본주의가 아니다. 설혹 동물권까지 옹호하지는 않더라도 인간을 위해 자연을 온당하게 대하기 위해서는 자연에 대한 과학적 이해와 적합한 기술이 필요할 것이다. 호르크하이머나 아도르노 등이 주장하듯이 현재의 생산력이면 지구를 지금 이 자리에서 낙원으로 바꿀 수 있는지는 불확실하다. 지금의 생산력으로, 나아가 지금의 고에너지 고성장지향 산업구조가 아니라 저에너지 친생태적 생산력으로 지구를 낙원으로 바꾸기 위해서는 현재의 자본과 권력에 봉사하는 과학기술과는 다른 방향으로 과학기술이 비약적으로 발전해야 할 것이다. 또한 지배관계의 근본적 변화와 결합하는 욕망구조의 재구성도 불가피하다.

(5)

지배관계의 근본적 변화, 곧 평등한 인간관계의 실현이라는 진보의 주요 목표는 단순한 과제가 아니다. 우선 '자유로운 개인들의 연합'이라는 마르크스의 핵심이념을 근거로 진보의 핵심은 평등이 아니라 자유라는 반론이 제기될 수 있다. 그러나 경제적·정치적 평등을 전제하지 않는 자유는 공허

하다는 점에서, 자유와 평등을 별개의 가치로서 맞세워야 할 까닭은 없다. 실제로 자유를 누리기 위해서는 그럴 만한 권리와 능력을 갖추어야 하는데, 이는 평등이라는 조건을 떠나 성립되지 않는다. 또 개인마다 모두 다른 자질과 능력을 지니는데 평등은 이를 존중하지 않고 획일화한다는 반론 역시 진보를 추구하는 사람들 사이에서도 흔히 제기된다. 진보운동은 지금 개개인이 지니는 차이를 부정하는 획일화를 받아들이지 않는다. 하지만 그 차이를 만들어 낸 불공정한 사회적 조건을 근본적으로 바꿈으로써 각자가 모두 소중한 존재로 변모할 수 있다고 믿는다. 즉 진보운동은 누구나 인류사회를 위해 가치 있는 잠재력을 무궁무진하게 지닌 존재인데도, 차별과 억압으로 인해, 소외된 노동으로 인해, 궁핍과 생존의 압박으로 인해, 한마디로 정의롭지 못한 사회적 조건으로 인해 그 가치 있는 자질들을 충분히 발현시키지 못한다고 본다. 진보운동은 기회균등이라는 면피 장치로 만족하지 않고, 그러한 긍정적 잠재력을 실질적으로 존중하는 사회를 만들고자 한다.

이와 관련해서도 평등이 보편화되어 노력과 능력의 차이가 정당하게 보상되지 않는다면 정의롭지도 못할 것이며, 또 그로 인해 경쟁이 없어진다면 사회발전도 없을 것이라고 반론을 제기할 수 있다. 물론 각자의 노력과 능력의 차이를 부정할 수 없다. 그러나 그 차이가 비대해지고 사회구조적 제도적 요인들을 통해 타인의 노력과 능력 발현을 억누를 수 있게 되는 사태는 막을 필요가 있다. 예컨대 정규직과 비정규직, 남성과 여성, 고용주와 피고용자 등의 노력과 능력의 차이가 두 배, 열 배, 백 배 혹은 천 배씩 되지는 않는데 임금이나 수익차가 두 배, 열 배, 백 배, 천 배씩 되어 양자 사이에 부당한 갑을관계가 형성되고 그것이 대물림될 수 있는 구조는 결코 엄정하지도 공정하지도 않다. 이때 분배의 문제는 생산물의 분배만 아니라 생산수단의 분배와도 관련된다는 점을 망각해서는 안 될 것이다. 진보운동은 특히 생산수단과 관련해서도 현재의 분배구조가 영구불변으로 고정되어야만 정당하다고는 보지 않고, 역사적·가변적 관점에서 분배구조가 어떻게 바뀌어야 좀 더 인류의 행복한 공존에 보탬이 될 것인지 함께 고민할 것을 요구한다. 진보운동이 모든 문제에 대한 해답을 깔끔하게 마련해 놓은 것은 아니며 진보운동주체들 간에 온갖 견해차가 있지만, 적어도 지금보다는 훨씬 더, 혹은 근본적으로 더 평등한 관계가 필요하다는 관점은 공유하며 이러한 관점을 버리면 진보를 포기하는 것이라고 할 수 있다. 그렇다고 경쟁이나 사회발전 자체를 죄악시하는 것은 아니다. 다만 지금의 승자독식구조, 타인을 짓밟고 올라서야 살아남는다고 믿는 패권주의나 성장절대주의는 절대다수의 인간을 불행으로 몰아간다고 믿을 뿐이다. 또 경쟁의 완화 내지 부재가 그대로 사회의 침체로 이어질 필요는 없으며, 타인의 잉여노동을 착취할 수 있는 사유재산의 축적이 불가능해지더라도 즐겁고 뜻있는 일들에 열성적으로 종사할 길은 얼마든지 있다고 본다. 이를 위한 전제조건은 그 일이 남의 일 곧 소외된 노동이 아니라, 자기 일 곧 자발적이고 의미 있는 활동이어야 한다는 것이다. 따라서 활동의 공공성을 강조하는 것만으로는 문제가 해결될 수 없다. 공적인 일을 자신의 일로 받아들일 수 있도록 하는 민주적 참여구조가 필요한 것이다. 진보운동은 이처럼 자발적 활동의 영역이 확대될 수 있고 사회적으로 존중될 수 있는 산업구조 및 노동구조를 추구한다. 그 최상의 모델은 노동이 곧 즐거운 놀이이자 사회적으로 의미 있는 활동이 되는 상태를 만드는 것이라 할 수 있다. 하지만 분업화되고 전문화된 현대사회에서 그러한 모델이 실현될 수 있는 영역은 매우 제한되어 있다. 현실적으로 대부분의 노동은 문명사회를 유지하는 데에 필요하지만 즐거운 놀이와는 거리가 있고 고된 성격을 띤다. 따라서 잉여노동시간을 없애 가고 나아가 필요노동시간도 과학기술 발전 및 효율성 증대를 통해 최소화함으로써, 누구나 자유로이 정치적·창조적·사교적 활동 등에 활용할 수 있는 시간을 증대하는 방안이 차선책이라 할 수 있을 것이다. 이로 인해 생산성이 떨어질 것이냐 증대할 것이냐에 대해 논쟁하는 것은 다시 경제주의에 의지하는 쪽으로 돌아가는 길이다. 지표상으로 생산성이 떨어진다는 전제하에 이로 인해 각 개인에게 파급될 경제적 손실을 능가하는 삶의 질 향상에 대해서도 고려하고, 어느 길이 인류에게 더 바람직한지 따질 필요가 있다. 진보운동의 선택은 명확하다. 물적 풍요의 증대와 자유로운 활동 가능성의 확대가 서로 충돌할 경우, 후자가 더 가치 있다고 주저 없이 판단한다. 이때 성장이 둔해지거나 심지어 하강곡선을 그리면 진보운동이 설 땅도 없으리라고 예단할 필요는 없다. 이미 오래전에 체르노빌과 후쿠시마는 언제까지 고에너지 고성장 모델을 끌고 갈 것이냐 하는 문제를 전 인류를 향해 던져 놓았다. 기존의 지배권력은 이 문제를 억누르고 시한부 생명을 이어가고 있으며, 대중들 또한 지배적 욕망구조에서 벗어나지 못하는 한에서 함께 눈 감고 있는 셈이다. 진보운동은 인류의 이성적 판단능력이 공멸의 가능성을 줄일 수 있다고 믿는다.

오늘날 자본의 리듬과 멜로디에 맞춰 단련되는 욕망구조를 고정불변이라고 착각할 필요는 없다. 우리의 욕망은 그 대상들과의 관계에서 일정한 논리성 내지 일관성을 지니는 점에서 구조라는 꼬리표를 달 수도 있지만, 그 구조는 매우 느슨하고 유동적이다. 그것은 어떤 사회적 대상들·조건들·관계들과 어떻게 부딪치느냐에 따라 변할 수 있다. 진보운동은 인간에게 지금의 경쟁적 패권주의적 욕망구조를 공존과 공유, 평등과 평화를 지향하는 욕망구조로 바꿀 능력이 있다고 전제한다. 적합한 조건이 만들어지면 자신과 이웃과 환경을 함께 긍정적으로 변화시키는 에로스적 본능이 누구에게나 내장되어 있다고 보는 것이다. 이때 토대 혹은 생산관계의 근본적 변화만으로, 예컨대 생산수단의 사회화만으로 누구나 이웃과 더불어 행복을 누리고 자유로이 창의적 활동을 펼칠 수 있는 사회, 즉 정의로운 사회가 정착되리라고 단정할 수는 없다. 토대의 변화와 동시에 혹은 이와 앞뒤로 맞물리며 대중들의 욕망구조가 근본적으로 변화하여 그러한 토대를 자발적으로 긍정하는 단계에 이르러야 비로소 정의로운 미래사회는 지속 가능해질 것이다. 이 점에서 국가소멸론이나 영구혁명론에 담긴, 체제변혁 이후의 지속적 변화라는 문제의식을 살려내야 할 뿐 아니라, 그것을 먼 훗날의 숙제로 미뤄 둘 것이 아니라 진보운동과정 자체 속에서 실현 가능한 한 적극적으로 구현할 필요가 있다.

토대 내지 체제의 변화가 욕망구조의 변화에 끼칠 영향은 심대하겠지만, 의식적 실천적 노력 없이 자동으로 욕망구조의 변화가 바람직한 방향으로 진행될 수는 없다. 환경이나 사회구조만 아니라, 의식 내지 사고방식과 실천활동의 변화 하나하나가 기존의 욕망구조와 서로 영향을 주고받는 점을 생각하면, 지금 활용할 수 있는 정치, 교육, 예술, 종교, 대중매체 등 전 분야에서 의식구조 변화를 위해 다각도의 노력을 기울일 필요가 있다. 이 경우 자본과 권력에 대한 의존도가 상대적으로 낮은 영역일수록 자유로운 변화의 공간을 좀 더 쉽게 확보할 수 있을 것이다. 이 점에서 예술, 특히 문학의 중요성을 간과할 수 없다. 좋은 문학은 대중들의 미감을 획일화·탈정치화하고 역사의식을 퇴화시키는 지배적 대중문화에 맞서는 데에 적극 기여할 수 있다. 물론 문학이나 여타의 예술이 기존의 욕망구조를 더욱 강화하는 데에 앞장설 수도 있다. 이 점에서 예술영역은 정치영역과 마찬가지로 갈등과 투쟁의 현장이 되며 본질적으로 정치적이다. 그러나 예술은 인간에 대한 깊이 있는 탐구를 통해 조잡하고 협소한 실용주의나 기능주의를 넘어서는 해방적 기능을 수행할 수 있다. 무엇보다 예술은 성장절대주의적 패권주의적 욕망구조로 인해 끊임없이 경쟁하며 노예노동에 자발적으로 참여하지 않고도 풍부하고 의미 있는 삶을 누릴 수 있는 길이 얼마든지 있음을 체험시키는 데에 도움을 준다. 그러나 자본과 정치권력에 대한 예술적 저항은 개별 예술가들의 악전고투를 통해 수공업적으로 진행되는 것이 일반적인 현상이다. 비록 가능성 차원에서 예술의 대중적 영향력을 부인할 수 없더라도 훌륭한 예술이 그러한 효력을 발휘한다는 보장은 없다. 대중적 영향력의 측면에서는 대중매체나 제도교육과 종교 등의 영역이 훨씬 더 큰 의미를 지닐 것이다. 그래서 이 영역에서는 지배권력의 직간접적 통제가 더욱 집요하기도 하다. 진보운동은 이 영역들을 방치할 수 없다. 이 영역에서의 효과적 활동에는 변증법적 내재비판의 논리가 유용할 수 있어 보인다. 즉 제도교육이 추구한다고 주장하는 민주시민 양성이나 기독교가 내세우는 이웃사랑 혹은 대중매체들이 표방하는 공익성 등의 잣대를 그 영역 내부에서 실제로 구현하도록 밀고 나아감으로써 그렇게 표방된 주장들의 허구성 내지 신빙성과 아울러 지배권력의 정의롭지 못한 속성을 면밀히 평가하고 민주주의나 박애정신 혹은 공공성의 의미를 더욱 구체화하고 확대하는 것도 진보운동의 중요한 방법이 될 수 있을 것이다.

〔 6 〕

더 중요한 것은 진보운동주체들 자신이 정의로운 인간관계의 모델을 만들어 가는 것이다. 이를 위해서는 주체들의 사고방식부터 도식적이거나 독선적이어서는 안 되고 변증법적이어야 할 것이다. 가변적이고 무궁무진한 현실을 주관적 공식에 꿰맞추고 대상에 대해 면밀히 사고하지 않는 관료적이고 행정적인 사고습관에 빠지는 것은 현실인식 차원에서도 문제이지만, 정의롭지도 못할 것이다. 또한 개별적인 세부인식에 매몰되어 전체와의 관계에 대한 인식, 곧 총체성을 추구하는 사고를 버려서도 안 될 것이다. 물론 지배자와 피지배자, 강자와 약자, 자본가와 노동자, 정규직과 비정규직, 남성과 여성, 제국과 식민지 등 여러 차원에서 갈등과 적대적 모순으로 인해 범사회적 불행과 위기가 끊임없이 재생산되고 있는 현실에서 적과 동지의 구분은 불가피하다. 평등한 사회적 관계를 지향하는 진보운동은 단호하게 약자 내지 피지배자의 편에 선다. 각자의 차이를 인정하자는 식의 상대주의는 현재의 지배관계를 그대로 유지하자는 지배논리로서, 그것이 진보운동에 들어설 자리는 별로 없다. 하지만 그러한 구분을 가로지르는 다양한 현실적 문제들과 아울러 긍정적 에너지들에도 주목하고 그 경계선의 유동성·가변성과 각 개인에게 담긴 가능성들을 존중하는 사유가 필요하다. 그러한 가능성과 가변성이야말로 진보운동의 전제조건이기도 하다. 이 경우 운동주체 자신의 가변성 역시 고려해야 하며, 정의로운 대의에서 출발한 운동이 타락하여 경직된 권력을 형성하는 데에 만족할 위험을 늘 경계할 필요도 있다.

운동의 경직화를 막기 위해서는 운동 내부에서 전면적으로 민주적인 관계를 형성해 가야 할 것이다. 이런 관점에서는 소수가 정보를 독점하고 이를 통해 영향력을 키우고자 하는 것보다는, 운동주체들 모두가 정보를 공유하고 이에 대해 논쟁하고 타당성을 검증하는 가운데 합당한 결론을 얻어내고 함께 실천하는 방식이 바람직할 것이다. 레닌시대나 군사독재시대에 운동조직의 생존을 위해 불가피했던 비밀주의를 고수하기보다는 지식과 정보가 권력의 핵심이라는 관점에서 정보를 적극적으로 나누고 그 발판 위에서 당면 과제에 더 합당한 새로운 지식의 생산을 추구하자는 것이다. 이러한 진보운동은 엄격한 규율에 의지하기보다는 폭넓고 깊이 있는 공통의 사태인식에 근거해 뜻을 같이하고 흔쾌히 자발적으로 움직이는 방식을 선호할 것이다. 물론 지식과 정보를 수용하는 데에는 개인차가 있고, 경우에 따라 현실적으로 공유하기 어려운 것들도 있다. 그러나 각자가 활용할 수 있는 지식과 정보의 격차를 운동 내부의 권력형성에 이용하는 것과, 극복해 가야 할 과제로 보는 것은 진보운동이 추구하는 미래 사회의 성격을 바꿀 수 있는 차이일 것이다.

이런 사고방식에 근거한 진보운동은 당이나 국가 등의 중앙집중적 권력구조를 궁극목표로 삼지 않는다. 물론 현실적으로 당을 비롯한 운동조직이나 국가의 역할을 부정할 이유는 없다. 특히 제국주의적인 억압과 차별이 엄존하고 국가 단위로 저항하는 것 역시 불가피한 단계에서 국가의 억압성만을 부각하는 것은 균형감각에 심각한 문제가 있다. 국가의 억압적 성격은 고정되어 있지 않으며 심화될 수도 있고 완화할 수도 있다. 따라서 국가권력을 획득하고 국가의 성격을 바꿔 가는 일은 진보운동의 주요 과제일 수밖에 없다. 그러나 그것은 유일한 과제도 최종과제도 아니다. 다양한 분야, 다양한 성격의 억압과 착취가 존재하는 한 진보운동도 다변화될 필요가 있다. 다양한 분야의 진보운동이 모두 당 건설과 국가권력 획득 및 체제변혁이라는 중심 목표만을 위해 존재할 이유는 없다. 그러나 각 부문의 진보운동이 그 본연의 과제를 근본적으로 풀기 위해서는 다른 분야의 운동들, 특히 국가권력 및 체제문제와 관련을 맺지 않을 수 없다. 각 운동 사이의 관계를 어떻게 적절하게 만들어갈 것인가는 진보운동의 성과를 좌우하는 중대 사안이다. 관계가 너무 느슨하여 지리멸렬한 상태에서 지배권력에 의해 각개격파되어서도 안 되지만, 반대로 개별 운동들의 독립성 내지 자율성을 죽일 만큼 어떤 특권적 운동의 중심성을 내세워도 별 성과를 거둘 수는 없을 것이다. 각 운동이 자체의 과제에 충실한 가운데 과제 해결을 위해서도 여타 부문들과의 적극적 결합이 불가피함을 받아들이는 한에서 유기적 연대가 가능할 것이다. 예컨대 정당운동이나 노동운동, 여성운동이나 환경운동이 각자 자신을 중심으로 모두 헤쳐모일 것을 아무리 역설해도 현실적 성과는 기대하기 어렵다. 그러나 노동운동의 궁극적 과제가 경제 조건의 개선이 아니라 인간해방이라는 점을 진지하게 받아들인다면 여성에 대한 차별과 억압도 묵과할 수 없다는 점에서 여성운동과 함께 가지 않을 수 없다. 또 자연과의 적합한 관계를 떠나 인간사회의 존립기반 자체가 무너진다는 점을 감안하면 환경운동에 무관심할 수 없다. 이 운동들은 모두 본질적으로 정치운동의 성격을 지니게 될 것이다. 여타 진보운동들의 경우에도 사정은 다르지 않다. 따라서 진보운동 분야들은 사안에 따른 일시적 연대가 아니라, 좀 더 근본적인 결합을 향해 다가가야 마땅하다.

그러나 현실적으로는 진보운동들의 일시적 연대조차 종종 어려움을 겪는다. 그중 가장 중요한 요인을 운동주체들의 패권주의적 욕망구조에서 찾는다면 진보운동에 대한 명예훼손이 될지도 모르겠다. 그러나 진보운동의 주체들도 성자들은 아니며, 기존 지배질서 속에서 갈등하며 새로운 욕망구조를 만들고자 노력하고 있는 과정에 있다고 할 수 있다. 현실인식 상의 부분성이나 편협성, 경우에 따라서는 왜곡 등으로부터 완전히 자유로울 수도 없다. 그럼에도 정의롭지 못한 권력구조에 맞선다는 점에서 자신은 정의롭다는 확신을 버리기 어렵다. 그러한 확신 없이는 운동을 시작하는 것도 어려울 것이다. 이러한 확신은 자신의 운동을 절대화하도록 부추기곤 한다. 이 경우 작은 견해차를 본질적인 차이로 과잉 해석하여, 함께 해야 하고 또 함께 할 수 있는데도 분열에 분열을 거듭하기 일쑤다. 적까지도 동지로 만들어야 사회가 바뀔 터인데, 동지들까지 적으로 만들면서 자신의 정통성·순수성을 부르짖어서는 운동이 한 발도 나아갈 수 없다. 자신을 뺀 나머지를 모두 개량주의·수정주의·기회주의로 낙인찍으면서 대중들에게 진보운동의 매력을 체감시킬 방법은 없어 보인다. 그렇다고 비판도 논쟁도 모두 그만두어야 한다는 것은 아니다. 오히려 비판과 논쟁은 뜨겁게 활성화될수록 좋다. 다만 논쟁과정에서 상대의 논리에 설득당할 가능성을 아예 차단하고 상대를 처음부터 설득과 견인의 대상으로만 설정한다면, 논쟁의 생산성을 기대할 수 없고 그저 독백과 고성이 오가고, 다시 역학관계에 따라 지배와 복종으로 묶이거나 아니면 아예 남남으로 갈라설 것이다. 이는 행복한 진보운동에서 멀어지는 길이다. 진보운동이 이성적 논쟁에서 구사할 주요 무기는 어떤 형이상학적 원리 원칙이나 신성한 고전문헌들이 아니라 현실 속의 억압과 불평등에 대한 구체적 인식과 효과적 극복 방안들이다. 이는 어떤 원론적 지침·처방·강령만으로 마련될 수 없고, 그동안의 역사적 체험을 응축해 놓은 이론·원칙 등에 비추어 현실의 구체적인 문제들과 씨름하는 가운데 운동의 주체들 각자가 얻는 창의적 해답들의 형태로 나타날 것이다. 현실 문제에 대해 스스로 사유하고 해결을 위해 자율적으로 실천하는 주체들이 고투 끝에 얻어내는 이러한 해답들이 이론만 아니라 진보운동의 흐름까지 결정적으로 바꿔놓는 국면은 언제라도 만들어질 수 있다. 진보운동의 미래는 본질적으로 개별 운동주체들의 그러한 적극성을 살려내는 데에 달려 있다.

〔 7 〕

아무리 합리적이고 유익한 문제의식과 해결 방안이라도 대중들에게는 외면당하기도 한다. 누구라도 '네 주장이 맞는 것은 아는데, 싫다'는 식의 냉소적 반응 앞에서 좌절감을 맛볼 수 있다. 이 경우 어떤 과학적 정세분석도 전략도 공허해질 듯하다. 이 난관을 간편하게 넘어설 수 있는 묘수는 따로 없어 보인다. 단지 무제한의 절대적 헌신과 노력으로 다져지는 신뢰관계를 통해서만 조금씩 냉소의 벽을 허물 수 있을 것이다. 헤겔은 변증법적 사유를 위해 지난한 개념의 운동·노동·노고를 역설했지만, 진보운동이 처한 난관 앞에서는 개념만 아니라 몸을 통한 무한 노고 이외에 뾰족한 해법은 없다. 억압과 차별을 없애고 좀 더 정의로운 사회를 만들려는 진보운동의 가치를 실제로 받아들인다면, 그 실현을 위한 노고 자체에서 삶의 의미를 찾을 수 있을 것이다. 패권주의적 욕망구조에서 벗어난 사람들에게는 그 노고가 대중적 인정과 미래 권력으로 보상되느냐, 땅에 묻혀 보이지도 않으면서 진보의 거름이 될 뿐이냐는 별 의미 없는 차이일 것이다.

왜 억압과 차별을 없애야 하는지 따질 필요를 느끼지 않고 자유와 평등의 가치를 그냥 믿는 점에서 진보운동은 종교체험과 접한다. 루카치는 스탈린체제와 불편한 관계를 겪으면서도 파시즘과의 대결국면에서 '옳든 그르든 나의 당'이라는 입장을 고수했다. 이에 대해 과학적 사회주의를 표방하는 마르크스주의자에게 어울리지 않는 신앙고백이라고 비판할 수도 있다. 또 현실사회주의사회의 성격에 나름으로 영향을 미칠 위치에 있던 인물로서는 무책임한 태도였다고 나무랄 수도 있다. 그러나 그의 태도에서는 사회주의를 이론적으로만 옹호하는 것이 아니라 온몸으로 지키려는 자의 고뇌도 함께 느낄 수 있다. 포스트모더니즘의 공세를 겪을 만큼 겪고 알 만큼 아는 이글턴이 실재론·본질론·총체성·위계적 사유·진보전통·사회주의와 마르크스를 옹호하면서 동시에 믿음을 강조하는 대목도 눈여겨볼 필요가 있다. 진보의 가치를 머리로 알고 인정하는 데에 그치는 것이 아니라 실제로 믿는다는 것은 진보를 위해 몸을 던져 지난한 노고를 감당하고 필요하면 지젝이 말하는 '사라지는 매개자'가 되는 것도 불사한다는 것이다.

이는 진보운동에 헌신해온 대다수의 활동가들에게 이미 상식이라 따로 주문할 필요도 없을 것이다. 그러나 자신의 헌신이 지니는 객관적 의미에 대해 수시로 돌아보고, 희생과 헌신이 특권으로 뒤바뀌는 메커니즘을 자각하자고 주문할 필요는 있어 보인다. 이러한 메커니즘을 차단하는 최상의 방법은 진보의 가치를 믿고 구현하고자 헌신하는 자유로운 개인들의 연합을 정권교체나 체제변혁 이후의 먼 훗날로 미루지 않고 지금 자신의 자리에서 모델 수준에서라도 만들고 확대해 가는 것이다. 우리 사회는 세계사적 진보전통의 부끄러운 오류와 함께 감격스러운 성과들까지 성급히 파묻으려 했다. 이런 대세에 눌려 진보의 역사를 망각해서도 안 되겠지만, 오늘의 진보운동이 전통과 원칙의 보호막 아래 지난날의 실패까지 되풀이할 이유는 없다. 그래서 진보운동에는 더 자유롭고 적극적인 사유, 조금 더 집요하고 겸손한 헌신이 필요한 것이다.

글쓴이
–
홍승용

서울대 대학원에서 독문학을 전공했고, 대구대 독어독문학과에서 교수로 재직하다 퇴임했다. 현재는 현대사상 연구소를 운영하며 『현대사상』 편집을 책임지고 있다.
저서: 『비판과 해방의 철학』(공저)이 있다.
논문: 「루카치 리얼리즘론 연구」, 「아도르노의 미학이론과 반영이론」, 「내 몸 속의 식민지」, 「에로스와 억압」, 「변증법적 유물론 소고」, 「진실 말하기」, 「유물변증법적 주체 객체」 등이 있다.
역서: 『문제는 리얼리즘이다』, 『미학서설』, 『미학논평』, 『미학이론』, 『부정변증법』, 『프리즘』, 『현대의 미적 커뮤니케이션』, 『변증법 입문』 등이 있다.

정의감은 어떻게 완성되는가?

– '충분히 좋은 엄마' 또는 '사회적 국가'의 필요성

[정의의 부재와 불평등이 우리 사회문제의 핵심이다.]

오늘날 우리 사회에서 살아가는 것이 불편하고 절망스러운 이유는 아무리 노력해도 무언가 나아질 기미가 보이지 않는다는 데 있다. 한국사회의 문제를 비판하는 많은 담론이 쏟아져 나오고 있다. 모두가 알고 있는 우리의 현주소라 일일이 그 내용을 열거하는 것조차 진부하다고 느끼는 상황이 되었다. 정치와 경제, 사회, 문화 전반에 걸쳐 도덕성이 무너졌다. 이를 해결하는 유일한 방법은 사회 전반에 걸쳐 정의로운 공적 질서를 회복함으로써 잘못된 것을 바로잡고 더 늦기 전에 정의로운 사회를 만드는 것이다. 자살률, 이혼율, 노인빈곤율, GDP에서 복지지출이 차지하는 비율 등 사회병

리의 척도가 되는 지표가 OECD 국가 중 최고인 나라, "한국 떠나렵니다…내 인생 '을'로 끝날까 불안해서"라는 최근 중앙일보 기사가 말하고 있듯이 청년들은 이 땅을 떠나려 하고 있다.

우리나라의 문제점을 가장 잘 표현하는 개념은 아마도 피케티(Thomas Piketty)가 『21세기 자본』에서 이론화한 세습자본주의(세습사회)라는 개념이 아닐까 한다. 피케티는 (신)자유주의의 영향으로 서양 선진국들에서도 불평등이 매우 심화되었음을 통렬하게 고발했지만 그에 따르면 그럼에도 그 나라들이 아직 완전히 세습자본주의 국가가 된 것은 아니다.(하지만 그는 동시에 조세제도를 포함해 정의로운 공공정책과 공적 제도를 수립하지 않는다면 21세기를 지나면서 과거 벨 에포크시대의 유럽처럼 다시 세습자본주의화할 것이라고 경고한다.)

하지만 불행히도 우리나라는 이미 세습자본주의화한 사회가 되었다. 모건 스탠리는 우리나라를 대표적인 상속, 세습형 국가로 분류한다. 잘 알려져 있듯이 우리나라에서는 100대 부자 중 약 85%가 상속을 통해 부유층이 되었다. '개천에서 용 나는' 시대는 지나갔다. 또한 최근 통계에 따르면 우리나라에서 상위 10%의 부유층이 가져가는 몫도 세계 최고 수준이다.

세습자본주의화를 막아야 하는 이유는 분명하다. 불평등한 상황만큼 사람들을 좌절시키는 것은 없기 때문이다. 그것은 심리적으로 인간을 고갈시키며 불안과 분노, 절망, 또는 공격성으로 빠뜨린다. 그것은 각 개인이 발전할 수 있는 모든 기회를 박탈한다. 우리나라에서는 흔히들 성공을 위해서 진정으로 필요한 것은 노력이 아니라 '아버지를 잘 만나는 것'이라고 한다. 요즘은 한술 더 떠 '할아버지를 잘 만나는 것'이라고 말하기도 한다. 우리 모두는 이러한 말이 단지 우스갯소리가 아니라는 것을 잘 알고 있다. 마이클 샌델(Michael J. Sandel)의 『정의란 무엇인가』가 100만 부나 팔렸다고 하니 우리나라만큼 정의에 관심을 갖는 나라도 드물다고 말할 수 있을 것이다. 하지만 역으로 이는 우리 사회에 정의가 부재한다는 것을 가장 극명하게 보여 주는 표지로 받아들일 수도 있다. 결국은 같은 이야기지만 말이다.

〔 정의란 무엇인가 〕

정의에 대한 광범위한 철학적 논의를 다시 정리할 여유는 없으므로 아리스토텔레스부터 논의를 시작해 보자. 아리스토텔레스는 『니코마코스 윤리학』 제5권에서 정의에 관한 플라톤의 작업을 세속화하고 발전시켰다. 아리스토텔레스는 종교나 형이상학에 의존하지 않으면서 정의에 대한 논의를 전개했다. 정의에 관한 논의에서 아리스토텔레스의 가장 중요한 공헌은 그가 정의를 덕 중의 덕, 즉 '특수한 정의'라는 관점에서 발전시켰다는 것이다. 아리스토텔레스 이전에 플라톤도 정의를 사주덕(용기, 절제, 지혜, 정의) 중 하나로 분류했고, 특히 그 중 정의가 질서를 유지하는 고유한 과제를 담당하기 때문에 그것을 최고의 덕으로 간주했다. 하지만 아리스토텔레스는 여기에서 한 걸음 더 나아간다. 그는 추상적 정의로부터 특수한 정의에 관한 논의로 정의에 관한 논의를 발전시키는 가운데, 이 (특수한) 정의를 분배와 교환의 조절하는 덕목으로 파악했다는 점이 중요하다. 바로 그것이 그를 현대정의론의 선구자로 만들었다. 아리스토텔레스의 정의에 관한 논의는 매우 현대적인 것으로 오늘날 현대철학과 법학, 사회과학에서 반드시 참조해야 하는 고전이 되었다.

그의 정의에 대한 분류 중 분배적 정의, 교환적 정의, 보상적 정의개념이 특히 중요하다. 분배적 정의는 명예, 돈, 자기보존, 권력의 분배에 관한 문제를 관할한다. 교환적 정의는 자발적 교환, 상거래 또는 구매, 판매, 대여,

보증과 같은 민법적 행위를 조절한다. 보상적 정의 또는 시정적 정의는 형법적으로 다루어야 할 비자발적 교환과 관련되어 있다.

아리스토텔레스에 따르면 형법을 규제하는 보상적 정의에서는 평등의 원리가 지배하며 분배적 정의는 불평등을 허용한다. 타인에게 범죄를 저지른 사람은 그의 사회적 지위나 재산 상태와 무관하게 다른 이들과 동등한(평등한) 처벌을 받아야 한다. 또한 보상적 정의는 어떤 사람에게 피해를 입힌 행위자는 그가 타인에게 가한 손실과 같은 크기만큼의 처벌(손실)을 받을 것을 요구한다. 이렇듯 보상적 정의는 산술적 동등성의 원리를 따른다. 반면 아리스토텔레스는 모든 사람에게 평등한 부나 명예, 지위가 주어지는 것이 아니라는 의미에서 분배적 정의의 차원에서는 불평등을 허용한다. 더 큰 덕과 자격을 갖춘 사람은 그렇지 못한 사람에 비해 더 큰 명예나 부를 얻어야 한다. 분배적 정의는 산출적 평등이 아니라 비례적 정의의 원칙을 따르며 이러한 비례의 원칙에 어긋나는 분배방식은 정의롭지 못하다.

이렇듯 아리스토텔레스는 다양한 정의개념을 제시하지만 그에 따르면 정의는 근본적으로 '같은 경우들은 똑같이 다루어야 한다'는 평등의 계명에서 시작한다. 이는 분배적 정의에도 적용된다. 2배의 능력을 갖고 있는 사람이 2배가 아니라 예를 들면 5배의 부와 명예를 얻는다면, 그것은 아리스토텔레스의 분배적 정의의 기준에 따를 때 정의의 원리를 위반하는 일이다. 평균인의 반도 안 되는 인격과 덕성을 가진 사람이 자신의 돈을 이용해 평균적인 사람들이 얻을 수 있는 것보다 5배의 명예와 권력을 얻는 경우도 마찬가지다. '평등으로서의 정의'를 가장 잘 보여 주는 이미지는 눈을 가린 유스티시아 여신의 모습일 것이다. 그것은 남자든 여자든 가난하든 부유하든 힘이 세든 약하든 모든 사람이 법에 따라 똑같은 대우를 받아야 함을 상징한다.(하지만 불행히도 현실에서는 예를 들면 '유전무죄' 혹은 과도한 빈부 격차라는 현상이 엄연히 존재한다.)

[애덤 스미스의 보이지 않는 손: 교환적 정의의 보증인]

그렇다면 아리스토텔레스가 분배적 정의를 관철하기 위해 허용할 수 있는 불평등의 정도는 어느 수준일까? 사실 이 질문은 대답하기 쉽지 않아 보인다. 하지만 분명한 것은 고결한 철학자로서 아리스토텔레스가 분배적 정의에서 허용하는 불평등 역시 어떤 동등성의 원리에 따라, 즉 '평등한 방식으로' 관철되어야 한다고 생각했다는 것이다. 아리스토텔레스가 오늘날 최저임금을 얼마로 책정하는 것이 분배적 정의에 부합할 것인지 질문받는다면 매우 당혹해 할 것이다. 하지만 분배적 정의에 관한 아리스토텔레스의 논의는 그 자체로 큰 의미가 있다고 충분히 긍정할 수 있다.

무대를 근대사회로 바꾸어 애덤 스미스(Adam Smith)에게 이러한 질문을 던진다면 그는 어떻게 대답했을 것인가? 아마도 애덤 스미스는 더욱 당혹해 했을 것이다. 그의 이론에는 최저임금을 인위적으로, 즉 정책적으로 책정한다는 사상 자체가 존재하지 않기 때문이다. [오늘날 (신)자유주의자들은 마지못해 최저임금제에 동의하지만 최저임금을 '최저 수준'으로 유지하고자 노력한다.] 완전경쟁시장을 통해, 혹은 '보이지 않는 손'에 따라, 즉 교환적 정의(등가교환의 원리)를 구현하는 보이지 않는 손의 도움으로 노동자도 정의로운 임금을 받게 될 것이라는 말 이외에 애덤 스미스가 달리 할 수 있는 말은 없다.

요컨대 애덤 스미스의 자유주의 정치경제학에는 아리스토텔레스가 서술한 분배적 정의라는 고전적인, 그러나 매우 현대적인 개념이 존재하지 않았다는 것이다. 『도덕감정론』 그리고 『국부론』을 보면 애덤 스미스가 정의를 교환적 정의 또는 보상적 정의로만 국한시키고 있다는 것을 알 수 있다. 애덤 스미스는 완전경쟁시장을 통해 등가교환의 원리가 지켜질 때 사회적 갈등이 해소되고 공공의 이익이 증진된다고 보았다. 물론 이것으로부터 그의 자유방임주의이론도 도출된다. 애덤 스미스에 따르면 타인의 권리를 침해하지 못하도록 법률을 제정하고 문제가 발생했을 때 행위자를 처벌하는 것도 정의의 원리에 부합한다(보상적 정의). 그러나 애덤 스미스 스스로 말하고 있듯이 그는 자신이 말하는 정의가 어떤 적극적인, 즉 칭찬받을 만한 무엇을 만들어 내는 것이 아니라는 것을 알고 있었고 또 그것에 흔쾌히 만족했다.

"물론 정의의 실천에는 일종의 적정성이 존재한다. 따라서 그것은 적정성이 받아야 하는 모든 시인을 받을 만하다. 그러나 그것은 현실적으로 적극적인 선(positive good)을 창출하지는 못하므로 감사를 받을 자격은 거의 없다. 대부분의 경우에 있어서 단순한 정의는 단지 소극적인 미덕으로서 우리로 하여금 우리의 이웃들을 해치지 못하도록 할 뿐이다. 이웃 사람의 신체, 재산 또는 명예를 침해하지 않는 데에만 그친 사람에게는 어떤 적극적인 공로가 있다고 말할 수 없다."[1]

애덤 스미스에게는 분배적 정의개념이 없었고, 정의는 등가교환을 보증하는 시장 그 자체에 다름 아니었다. 그런데 문제는 우리가 오늘날 글로벌 시대의 경험을 통해 알게 되었듯이 완전경쟁시장은 평등, 즉 정의에 그다지 관심이 없다는 것이다.

홍준기

그렇다면 정의란 무엇인가? 아리스토텔레스를 따라 우리는 정의란 평등에 다름 아니라고 말할 수 있다. 정의는 평등의 이념 없이 결코 존재할 수 없다. 이때 평등은 기계적 평등이 아니라 불평등을 허용하는 평등이다. 이 말이 매우 역설적으로 들릴 수 있지만 1789년 프랑스혁명 당시의 〈인간과 시민의 권리에 관한 선언 제1조〉는 평등과 정의의 원리를 가장 분명하게 전달한다. "사회적 차별은 오직 공익에 바탕을 둘 때만 가능하다." 또는 『정의론』의 저자인 롤스(John Rawls)는 차등의 원리(정의의 두 번째 원리), 즉 최소 수혜자(사회적 약자)에게 최대의 혜택이 돌아가는 한에서 불평등이 용인될 수 있다는 맥스민(maxmin, 최소 수혜자의 최대 혜택) 원리를 제시한다.

　　오늘날 정치철학의 가장 핵심적인 쟁점은 자유와 평등(정의)의 관계에 관한 문제로 요약할 수 있다. 애덤 스미스가 말하는 (경쟁과 시장 논리에 근거한) 소극적 정의와 (애덤 스미스가 인정할 수 없었던) 적극적 정의는 오늘날 이사야 벌린(Isaiah Berlin)을 통해서 각각 소극적 자유와 적극적 자유라는 개념으로 다시 등장한다. 애덤 스미스가 정의의 소극적 측면만을 인정했듯이 이사야 벌린 역시 소극적 자유만을 자유의 고유한 개념으로 받아들인다.

　　많은 사람들은 이사야 벌린이 적극적 자유개념을 주창하고 이를 옹호한 대표적인 인물이라고 생각하지만 놀랍게도 정작 이사야 벌린은 적극적 자유개념, 즉 정의와 평등을 폐기하기 위해 혼신의 힘을 기울인 철학자였다. 이제 이하에서 이사야 벌린의 고전적인 논문, 「자유의 두 개념」에서 개진된 소극적 자유와 적극적 자유(평등, 정의)개념에 대해 살펴보고자 한다.

정의와 평등 없는 자유가 가능한가: 이사야 벌린의 자유론 비판

불평등에 직면하여 각 개인이 취할 수 있는 태도는 다양하다. 예를 들어 어떤 사람은 자신이 당한 불평등을 운명이나 자신의 태생적 무능력 탓으로 돌리거나 잘못된 방식으로 보상받으려고 한다. "난 원래 공부를 못하기 때문에 사는 게 어려운 건 당연한 일이야"라고 말하는 것이 전자의 태도이다. 삶에서 느끼는 불공정함과 부정의에 분노한 나머지 예컨대 '묻지마 범죄'를 저지르거나 비행이나 심각한 일탈로 '원한'을 해소하는 방식이 후자에 해당할 것이다.

관념 속에서 평등을 찾아 공산주의이론으로 회피하는 사람들도 많다. 오늘날 우리 사회에서 지젝을 최고의 철학자로 추켜세우고 그에게 열광하는 '지젝 현상'이 그 대표적인 증상일 것이다. 그의 이론이 앞뒤도 맞지 않으며, 특히 그가 말하는 공산주의가 현실성이 있다고 진정으로 믿지 않으면서도 많은 사람은 지젝(Slavo Zizek)에 열광한다.[2] 물론 어떤 이들은 (꼭 지젝식의 공산주의가 아니더라도) 공산주의가 진정한 답이라고 믿기도 한다. 공산주의이론에도 다양한 형태가 있으므로 각자는 자신의 성격 혹은 '환상'에 맞는 이론을 선택하여 현실의 답답함을 극복하고자 한다. 어떤 이는 여전히 혁명에 희망을 걸고 어떤 사람은 개인주의적 공산주의 혹은 조합주의적 공산주의이론을 신봉하며, 또 다른 사람은 각 '개인'이 '자발적으로' 결합해 하나가 되는 안토니오 네그리(Antonio Negri) 식의 자유로운 공동체(코뮌주의 혹은 코뮌주의적 공산주의)를 꿈꾼다. 물론 불안이나 위선 혹은 비겁함의 등 뒤에 숨거나 말뿐인 공허한 이론으로 도피하지 않고, 자신과 타인을 위해 진정성 있게 투쟁하는 사람도 적지 않다.

불평등을 영구적으로 고착시키기를 원하는 사람은 현존하는 사회적 불평등을 통해 이익을 얻을 수 있는 위치에 있는 사람일 것이다.(물론 예외는 존재한다. 따라서 우리는 그러한 예외적 인물들을 존경한다). 예를 들면 엘리트계층에 속하는 사람은 자신이 가진 인적·물적 자원으로 항상 안락한 삶을 유지할 수 있으므로 불평등을 영구불변한 진리 혹은 당연한 삶의 원리로 믿으며, 이를 다른 사람들에게 설파하고자 한다. 어찌 보면 이러한 위치에 있는 사람들이 그렇게 행동하는 것은 당연할 수도 있다.

　문제는 자신에게 불리한 이론을 오히려 더욱 열심히 믿으면서 사회적 불평등의 당위성을 옹호하는 사람들이 의외로 많다는 사실이다. 어떻게 자기에게 불리한 이론과 신념을 적극적으로 믿고 따르는 일이 가능할까? 사실 이러한 질문 자체가 이미 우문일 것이다. 이 사회 속에는 자신에게 불리한 신념을 자신의 것으로 받아들이도록 은밀하고 교묘하게, 수많은 선량한 사람들을 잘못된 확신으로 몰아가는 (정치적, 경제적, 철학적, 심리적, 종교적) 담론들이 강력한 힘을 발휘하고 있으니 말이다.

　예컨대 그런 담론 중 하나로 신자유주의의 핵심 교리 중 하나인 소위 '낙수효과'이론을 생각해보자. 이 이론에 따르면 부자들과 대기업의 세금을 깎아 주는 방식 등으로 대기업과 상류층에게 돈을 더 많이 몰아주면 투자와 경제성장이 가속화되어 모두가 더 잘살게 될 거라고 한다. 물론 여기에는 직장인들이 가능한 한 적은 돈을 받으면서도(심지어 정규직 일자리를 요구하지도 않으면서도) 열심히 일해야 한다는 전제가 깔려 있다. 빈부 격차를 유발해 불평등을 고착시키며 직장인은 물론 대부분의 사람들의 삶을 피폐하게 만드는 이러한 잘못된 이론이 국민에게 그들을 위한 가장 훌륭한 이론이라고 설파되고 있다. 문제는 여전히 많은 이들이 자신에게 불리한 이론을 믿고 따른다는 사실이다.

　이러한 가운데 우리들의 삶은 곪아 갔고, 이는 세월호 사건, 윤일병 집단

구타 사망 사건 등 최악의 병리적 모습으로 등장해 우리를 경악게 했다. 오늘날 우리 사회는 세월호 사건을 통해 우리 자신과 사회 속에 숨겨져 있는 치부의 끝을 보았다. 자유민주주의라는 이름 아래 숨겨진 불의와 부패, 폭력성, 돈과 권력에 대한 탐욕스런 욕망, 타락, 생명과 인권의 경시, 공무원과 국가 관료들의 뻔뻔스런 책임 회피와 이기적인 당파주의, 그리고 이 모든 것을 묵과하는 수많은 사람들, 그리고 역시 마찬가지로 기회주의적인 야당들… 열거하자면 끝이 없을 것이다.

다시 이사야 벌린의 자유론으로 돌아가자. 그는 자유를 소극적 자유와 적극적 자유로 나누어 설명하는데, 우리의 기대와는 달리 그는 소극적 자유만을 고유한 의미의 자유로 간주한다. 그에 따르면 적극적 자유에서 "적극적"이라는 말의 의미는 "자신의 주인이 되기"를 원한다는 것을 뜻한다. 적극적 자유는, "나는 객체가 아닌 주체가 되고 싶다" 혹은 "하나의 물체, 동물 또는 노예와는 달리 인간으로서의 역할 ―즉 나 자신의 목표 및 계획을 고안하여 그것을 실현시키는 역할― 을 수행할 수 있기를 원한다는 각 개인의 소원에 뿌리를 두고 있다."[3] 이에 반해 소극적 자유란 "다른 사람 어느 누구도 내 활동에 개입하여 간섭하지 않는 만큼 내가 자유롭다"[4]는 것을 의미한다.

그의 글을 읽기 시작할 때, 처음에는 그가 마치 평등이나 적극적 자유를 소극적 자유 못지않게 적극적으로 옹호하는 듯한 느낌을 받지만, 우리들의 기대와는 달리 그의 논의는 정반대의 방향으로 흘러간다. 오히려 벌린은 적극적 자유개념을 비판하는데 그 이유는 더욱 놀랍다. 유명세에도 불구하고 그 논문은 사회적 국가론의 관점에서 볼 때 궤변이라고밖에 할 수 없는 실망스러운 논리를 설파한다. 그에 따르면 적극적 자유는 개인의 자유를 적극적으로 실현한다는 명목 하에 타인의 자유를 억압하는 전체주의 혹은 공산주의로 귀결되는 자유를 의미할 뿐이다. 이런 점에서 이사야 벌린은 진정한 (신)자유주의이론가에 속한다.

그가 범하고 있는 대표적인 오류는 '적극적 자유에 대한 옹호가 반드시 전체주의나 공산주의로 귀결된다'고 주장하는 것이다. 이러한 터무니없는 결론이 나올 수밖에 없는 것은 그가 평등과 자유는 서로 개념적으로 아무런 상관이 없다고 믿기 때문이다. 그는 이렇게 말한다. "하지만 정의, 평등 및 이웃에 대한 사랑을 위해서 내가 포기하는 것은 어쨌든 자유이지 다른 것이 아니다 … 자유를 희생함으로써 자유를 증진할 수는 없는 것이다. 자유는 자유일 뿐 평등, 공평, 정의, 문화, 인류의 행복, 마음 깊은 곳의 양심 등 그 어느 것과도 동등한 것이 아니다."[5] 형식 논리의 극치 아닌가? 자유는 자유이고 평등은 평등이니 자유와 평등은 아무 상관이 없다는 것이다! 또한 이러한 논리를 더 발전시키면, '나는 나의 자유를 지킬 수만 있다면 평등, 정의, 양심을 저버려도 상관없다'는 것을 함축한다. 당연히 벌린은 이러한 주장을 하는 사람으로 낙인찍히고 싶지 않았으므로 단서를 붙이는 것을 잊지 않는다. '개인의 자유가 타인의 자유를 침해하지 못하도록 개인의 자유를 제한할 수 있다는 점도 인정할 수 있다. 그리고 다른 사람의 평등이 심각하게 침해될 때에도 개인의 자유를 제한할 수 있다'고 말이다.

하지만 벌린이 강변하듯이, 만약 자유가 정의, 평등, 양심 등과 아무런 관계가 없다면 왜 내가 정의와 평등, 양심을 위해서, 즉 타인을 위해서 나의 자유를 제한해야 한단 말인가? 평등과 정의, 양심을 위해서 나의 자유를 제한할 수 있다는 벌린의 말이 조금이라도 논리적으로 그리고 현실적으로 설득력이 있으려면, 나의 자유가 '이미 애초부터' 정의와 양심, 평등의 문제와 무관하지 않다고 말해야 하지 않겠는가? 내가 양심도 없고 정의감도 없는 사람이라면 왜 내가 타인을 위해 나의 자유를 제한하려고 하겠는가? 오히려 타인의 권리를 짓밟으면서도 아무런 느낌도 죄책감도 없이, 나의 자유가 실현되었다고 쾌재를 불러야만 하지 않겠는가?

이번에는 벌린이 그토록 열렬하게 옹호하는 소극적 자유에 대해 생각해 보자. 그는 소극적 자유, 즉 "종교, 의견, 표현, 재산의 자유만은 반드시 자의적 침해로부터 보호되어야 한다"[6]고 강력하게 주장한다. 그런데 그가 그렇게 중시하는 소극적 자유가 과연 정의, 평등과 무관한가? 예컨대 자발적으로 내가 나의 표현의 자유를 억압하는 상황을 생각해 보자. 가령 내가 회사에서 부당한 대우를 받고 있는데, 해고당할 것이 두려워 나는 나의 표현의 자유를 억압한다. 그런데 이때 내가 포기하는 것은 단지 나의 자유만이 아니다. 나는 불안과 두려움 때문에 나에 대한, 나를 위한, 나 자신의 정의감과 양심을 배반하고 있는 셈이다. 벌린이 말하는 소극적 자유조차 정의와 양심, 평등의 문제와 결코 무관하지 않다는 것이다.

하지만 벌린의 논리구조에 따르면 그 상황은 다음과 같이 설명될 것이다. '당신이 표현의 자유를 자발적으로 포기한 것은 양심과 정의, 평등의 문제와는 아무 상관이 없다. 단지 당신은 불안 혹은 두려움 때문에, 더 정확히 말하면 당신의 무능력 때문에, 자유를 지키지 못한 것뿐이다.' 하지만 타인들(예컨대 직장 동료나 상사, 혹은 노동위원회 등)이 거의 일방적으로 고용주 편을 드는 경향이 매우 강한 우리나라 같은 곳에서 내가 살고 있다면, 그리고 더 극단적으로 말해서 대다수 사람들이 정의감이 없거나 양심적이지 못하여 나를 옹호해 줄 사람이 거의 없는 상황에 처해 있다면, 나는 나를 부당하게 대우하는 회사에 맞서 나의 표현의 자유를 관철시킬 수 없다는 것이 당연하다. 다시 말해서 오직 타인들이 나의 자유를 지켜 주고자 하는 정의감과 양심을 갖고 있고 불평등에 대한 분노심을 갖고 있을 때에만, 그들의 도움으로, 그들과의 심리적, 현실적 '연대'를 통해, 나는 두려움을 극복하고 나의 표현의 자유(소극적 자유)마저 스스로 지켜낼 수 있다.

그러므로 '자유는 자유일 뿐이며, 평등과 양심, 정의를 자유와 결부시키지 말라'는 이사야 벌린 식의 자유주의 궤변은, 특히 신자유주의시대에는 사회적 강자를 위해 약자의 자유를 희생시키는 진짜 전체주의적 논리로 귀결된다.

벌린 식의 자유론은 경제발전을 위해서 부자들에게 더 많은 몫을 주어야 한다는 '낙수이론' 같은 궤변을 깔끔하게 정당화할 수 있다. 경제성장이라는 대의를 위해서는 약자의 자유를 제한할 수 있다는 것이다. 그런데 왜 항상 약자들의 자유만 제약되어야 하는가? 벌린 식의 자유주의에 따르면 그 어떤 경우든 강자는 자신의 자유를 자발적으로 제약할 필요가 없다. 왜냐하면 자유는 양심과 정의, 평등의 문제와 아무런 상관이 없기 때문이다. 실제 현실에서 자신의 자유를 관철할 힘이 있는데, 왜 강자가 자신의 자유를 자발적으로 제약하겠는가?

벌린의 자유론은 결국 사회적 강자들만이 —벌린 자신이 전체주의적인 것이라고 비판하는— 적극적 자유를 실현할 수 있다는 것을 사실상 함축하고 있는 이론이며, 이러한 '적나라한 현실'을 옹호하는 것으로 귀결된다. 그리고 바로 이 점이 벌린을 포함한 자유주의이론, 즉 존 로크와 애덤 스미스로부터 출발하여 오늘날의 하이에크와 프리드먼 또는 노직과 같은 신자유주의자들에서 그 절정에 달하는 자유주의철학과 정치경제학의 귀결이다. 이처럼 벌린의 자유론이 갖는 근본적인 한계는 그가 '적극적 자유', 즉 정의와 평등을 아예 인정하지 않는다는 것, 또는 가끔 인정하는 제스처를 취한다 하더라도 결국은 구색 맞추기 용으로 '아주 조금만' 인정한다는 데 있다. 그리고 이 점이 로크 이후로 근대 자본주의사회를 지탱해 온 핵심적 이념으로 지금까지 자리 잡아 온 (신)자유주의철학과 경제이론의 근본적인 한계이다.

도덕감정으로서의 정의감

지금까지 우리는 자유와 정의(평등)의 관계, 그리고 자유주의철학에서 정의론의 한계에 대해 살펴보았다. 이제 한 걸음 더 나아가 도덕감정, 특히 정의감의 문제에 대해 살펴보고자 한다. 어떻게 사람들은 정의감을 갖게 되며 어떤 사람들은 그렇지 않게 되는가? 또한 우리는 자유주의철학과 정치경제학이 씨름했던 대표적인 문제로서 다음 질문에 대해 생각해 볼 필요가 있다. 자유주의철학 또는 정치경제학의 전제에 따르면 모든 인간은 이기적인 존재로서 자신의 생존과 경제적 이익, 욕망실현을 위해 계산적으로 행동하는데 어떻게 이 사회는 도덕적이며 조화를 유지할 수 있는가?

애덤 스미스는 모든 사람이 타인에 대해 공감할 수 있는 능력을 갖고 있기 때문에 그것이 가능하다고 생각했다. 인간이 아무리 이기적인 존재라고 하더라도 공감능력으로 인해 인간은 타인의 운명에 관심을 가지게 되며 타인의 처지에 자신을 대입하는 것에서 기쁨을 얻는다. 행복한 타인을 바라보며 즐거움을 느끼고 고통받는 타인과 공감할 때 같이 고통과 슬픔을 느낄 수 있는 이러한 능력으로 인해 인간은 자신의 이기심을 자제하고 이타적인 행위로 나아갈 수 있다. 애덤 스미스가 『도덕감정론』에서 전개한 바 있는 공감능력과 도덕감정에 관해 상세하게 논의할 여유는 없다.[7] 그러므로 여기에서는 애덤 스미스의 도덕철학과 그의 '공감이론'에 선뜻 동의하기 힘든 이유에 대해서만 간략히 언급하고 지나가고자 한다. 인간에게 공감능력이 있다는 주장 그 자체는 충분히 받아들일 수 있지만 그렇다고 해서 공감능력만으로 결코 정의나 자애로운 사회적 행동, 공익 등과 같은 바람직한 행위나 가치들을 설명할 수 있는 것은 아니다. 애덤 스미스에 따르면 각 개인의 공감능력은 마침내 상상 속에서 하나의 공평한 관찰자

(impartial spectator)를 만들어 내며 이 공평한 관찰자라는 이상적인 도덕적 준거점으로 인해 사람들은 자기반성이나 상호노력을 하게 되어 보편타당한 사회적 도덕이 형성된다.

하지만 우리가 타인과 공감할 때 반드시 도덕적 가치를 가진 대상이나 인물과만 공감하는 것은 아니다. 그리고 각 개인의 공감의 중첩과 교차, 수렴을 통해 형성된다고 하는, 애덤 스미스가 말하는 이상적인 공평한 관찰자도 실제로는 공평한 관찰자가 아닌 경우가 허다하다. 정확히 이것이 애덤 스미스가 알지 못한 것이다. 오히려 우리는 타인이나 심지어 자신을 공격하는 잔인한 사람에게 공감하고 그를 이상적 대상으로 여길 수 있다.

정의로운 기준과 투명성이 사라진 혼란스러운 사회에서는 반드시 이러한 집단적인 병리 현상이 나타난다. 공정한 공적 질서와 공공성이 사라지고 부정부패가 만연한 사회에서는 정의롭게 행동하는 인물이 오히려 집단적으로 따돌림을 받거나 희생자가 되는 것이 더 일반적이다. 프로이트는 『집단심리학과 자아분석』에서 이러한 집단적 병리 현상을 분석한다. 많은 사람이 공평한 관찰자나 타인에게 공감하는 것이 아니라 예를 들면 '돈과 권력이 있는' 타인이나 지도자에게 동일화한다. 애덤 스미스가 공평한 관찰자라고 부른 인간 내면의 도덕적 준거점 혹은 도덕감정의 근원점을 프로이트 정신분석학의 용어로 다시 표현하면, 그것은 자아 이상(또는 이상적 자아) 또는 초자아이다. 프로이트에 따르면 놀랍게도 인간은 도덕적인 자아 이상과만 동일화하는 것이 아니라 비도덕적이고 타락한 자아 이상에 오히려 더 쉽게 동일화(즉 공감)할 수 있는 능력이 있다.

전반적으로 부패하고 도덕성을 상실했으며 부정의와 불평등을 강요하는 사회, 특히 사회지도층이 도덕성을 상실한 사회에서는 각 개인의 도덕감정 전도가 일어난다는 것이다. 도덕적인 행위를 오히려 비도덕적인 행위로 간주하고 반대로 비도덕적인 행위를 우리 모두가 따라야 할 모범적 행위로 간주하는 가치 전도가 발생한다. 그리하여 우리나라처럼 권위에 복종적이고 출세지향적인 사회에서는 옳고 그름의 문제는 중요하지 않은 것이 되고 만다. 이러한 사회에서는 심지어 부정의의 피해자가 오히려 악인이 되고 가해자가 '능력 있는 성공한 인물, 즉 정의로운 사람'으로 칭송받는다. '고결한' 성품의 소유자였던 애덤 스미스가 미처 깨닫지 못했던 점이 바로 그것이었다.

필자가 말하고자 하는 바는 이것이다. 애덤 스미스나 그 밖의 많은 경험론 철학자들처럼 도덕감정이라는 막연한 개념으로 출발할 것이 아니라 개념의 외연을 과감히 좁혀 정의감이라는, '우리가 진정으로 필요로 하는 특정한 도덕감정'으로부터 출발해야만 (신)자유주의철학의 한계와 모호성, 그리고 그것이 낳은 불평등을 넘어설 수 있다.

여기에서 다시 우리는 롤스의 『정의론』을 참조할 수 있다. 롤스도 도덕감이라는 표현을 사용하지만 그의 대표적인 키워드는 '정의감'이다.[8] 그렇다면 롤스에 따르면 어떻게 각 개인에게 정의감이 생겨날 수 있는가? 그는 3개의 심리학적 법칙으로 이를 설명한다. 그의 논리는 분명하다. 가족, 동료, 그리고 사회정치적 차원에서 정의로운 제도와 평등, 그리고 인간관계에서 호혜성과 사랑을 경험한 사람만이 정의감을 가질 수 있다. 제3법칙만을 인용하면 다음과 같다.

"제3법칙: 동료감에 대한 어떤 사람의 능력이 처음 두 법칙에 따른 애착심을 형성함으로써 개발되고 사회제도들이 정의롭고 모든 이에게 그 정의로움이 공적으로 알려질 경우, 그 사람은 자신과 자기가 아끼는 사람이 그 체제의 수혜자임을 알게 됨에 따라 그것에 상응하는 정의감을 갖게 될 것이다."[9]

불평등 속에서 불안한 우리의 심리와 삶: 우리는 왜 "충분히 좋은 엄마" 또는 "사회적 국가"를 필요로 하는가

롤스가 정의감과 그 형성에 관해 심리학적 논의를 깊이 진전시키지 않으므로 이제 롤스에 대해 더 논평하기보다는 이하에서 다른 관점의 논의를 진행하고자 한다. 사회제도들이 정의롭지 못하며 사회영역의 전반에 걸쳐 불평등이 심각해 각 개인이 삶의 안정감을 박탈당하고 불안 속에 휩싸일 때 어떤 일이 발생하는가? 절망한 많은 사람들이 타인을 시기하고 희생자로 삼으며 병리적으로 권위에 복종할 것이며, 궁극적으로 선과 악의 가치 전도가 일어난다. 롤스에서 보았듯이 개인과 사회의 관계는 순환적이다. 개인이 정의로워야 사회도 정의로울 수 있지만 역으로 사회가 정의로울 때만 개인이 정의감을 가질 수 있다는 말도 참이다. 개인과 사회, 또는 개인적 병리 현상과 사회적 병리 현상의 관계를 어떻게 설명할 수 있을까? 개인적 "힐링"과 사회적 "힐링"을 어떻게 연결시킬 수 있을까? 어떻게 우리가 이 사회 속에 존재하는 불평등을 치유해 "평등한 자유"를 누릴 수 있을까?

바로 그것이 오늘날 정신분석학이 대답해야 할 과제이다. 프로이트는 정신분석을 발전시키면서 신경증 혹은 더 넓게 말하면 정신병리 현상이 단순히 개인적 문제가 아님을 역설했다. 개인과 사회의 관계라는 문제는 정신분석학에서는 물론 인문학, 사회과학, 생물학 등 모든 분야에서 항상 논쟁의 핵심이 되는 문제였다. 이러한 문제는 예를 들면, 개인이 먼저인가 사회가 먼저인가? 개인이 병드는 이유는 개인의 책임인가 아니면 사회의 책임인가? 혹은 개인과 사회 중 어떤 것이 더 중요한가? 라는 방식으로 제기되며, 각자는 자신의 성향과 이론적 틀, 혹은 이데올로기적 입장에 따라 나름대로 대답을 제시한다.

프로이트는 사회문제에 대해서도 관심을 많이 가졌으므로 정신분석학은 개인을 논함에 있어 사회문제를 등한시하지 않을 것이라고 우리는 추측할 수 있다. 그런데 공교롭게도 프로이트 이후의 정신분석가들은 주로 개인치료에 집중해 왔다. 주로 사회문제에 관심을 갖는 논자들이 자주 주장하듯이 개인치료 혹은 정신분석 그 자체를 없애야 한다는 말은 물론 아니다. 하지만 특히 미국을 중심으로 발달한 프로이트주의 정신분석은 소위 '자아심리학'(크리스, 하르트만)이라는 이름으로 사회적응 측면에 초점을 맞추어 개인을 치료해 왔다. 그러나 정신분석 내부에서도 이론을 재구성하려는 노력이 없지 않았고 그러한 노력이 이제 정신분석학계에 광범위하게 수용되었다.

분석가 중에서 병리 현상을 일으키는 환경문제에도 주목하고 이러한 문제를 동시에 주목하면서 프로이트 정신분석이론과 임상을 재구성한 사람으로는 멜라니 클라인(Melanie Klein)과 비온(Wilfred Bion), 도널드 위니캇(Donald Winnicott) 등이 있다. 이들은 아이의 성장에서 어머니의 역할, 그리고 환경의 역할에 가장 많이 주목한 정신분석가이다.(물론 이들이 모두 완전히 동일한 입장을 취하는 것은 아니며, 자세히 들여다보면 약간씩 강조점이 달라지는 것을 확인할 수 있다.) 위니캇과 애증관계 속에 있었던 보울비라는 임상가도 아이의 성장에서 애착의 역할에 초점을 맞추어 정신분석이론을 재구성하고자 노력했다. 라캉은 어떠한가? 라캉은 자신의 이론 구성 초기에서부터 헤겔의 욕망이론을 참조하면서 개인과 타자의 관계에 주목한 분석가이다. 라캉은 정신분석에서의 개인주의를 극복하고자 처음부터 타자와의 관계라는 관점에서 인간주체의 구조를 설명하고자 했다. 그에 따르면 '인간의 욕망은 타자의 욕망'인 것이다.

프로이트도 그러했고, 그 이후의 탁월한 분석가들은 궁극적으로 개인과 환경, 사회의 관계에 일정 정도 관심을 가졌다. 그렇다면 무엇이 문제인가? 정신분석은 그 어떤 다른 학문도 주목하지 않았을 뿐 아니라 심지어 경멸해왔던 개인의 환상과 내밀한 무의식에 주목하며 인간해방에 기여했다는 것은 이제 널리 알려진 사실이 되지 않았는가? 그리하여 우리나라에서도 "힐링" 열풍이 불고 있지 않은가?

그럼에도 불구하고 문제는 여전히 정신분석이론이 아직도 우리의 삶과 세계를 설명하기 위해 더 많은 이론과 개념을 필요로 한다는 점에 있다. 정신분석학은 여전히 아직도 "자신의 한계"를 넘어서지 못했다. 오늘날 각광받고 있는 라캉도 예외는 아니다.(그리고 라캉의 영향을 받았거나 그를 가혹하게 비판하는 지젝, 바디우, 들뢰즈, 네그리도 이 점에서는 마찬가지다.) 단적으로 말하면, 필자의 정신분석치료 경험에 따르면 오늘날 적어도 한국사회에서 정신병리의 상당 부분은 사회적 이유로 생겨나는데(예컨대 자살, 우울증, 묻지마 범죄, 일베의 '비인간적' 행위 등), 정신분석학에는 이러한 문제를 설명할 수 있는 개념과 이론이 여전히 부족하다는 것이다. 정신분석학이 개인적 차원은 물론 사회적 맥락에서 개인을 사유하고 치료할 수 있는 개념들과 이론을 발전시킨 것은 사실이다. 하지만 문제는 사회를 이야기한다고 하더라도 그것을 좀 더 명확하고 구체적인 방식으로, 그리고 한 걸음 더 나아가 '예방적 차원'에서 다루고 있지 않다는 데 있다. 예컨대 실업을 당해도 믿을 만한 사회적 안전망이 있다면 자살이나 극단적 우울증에 빠지지는 않을 것이다. 또한 실업을 두려워하지 않으므로 직장이나 사회에서의 불의에 대해 좀 더 용기 있게 대처할 수 있을 것이다.

필자가 여기에서 염두에 두고 있는 것은, 약간 이상하게 들릴지 모르겠지만 '국가'이며 이와 관련된 정신분석이론 및 정치철학의 구성과 정신분석의 '사회적인' 임상실천의 필요성이다. 언급했듯이 이미 정신분석 임상에서도 좁은 의미의 가족이라는 모델을 넘어 보다 넓은 의미의 환경의 중요성(교육기관, 사회, 또래 집단 등)에 주목하고 있는 것은 사실이다. 그런데 왜 또 국가를 논해야 하는가? 정신분석적 관점에서 국가의 문제를 사유해야 할 이론적, 실천적 이유가 있는가?

정신분석학은 여전히 개인주의적 틀 속에서 움직이고 있다는 한계 때문이다. 개인의 고통스러운 심리적 문제를 다루지 않는 치료는 존재할 수 없다는 의미에서 치료라는 임상적 실천, 그 자체를 비판하며 모든 것을 사회 문제로 환원시켜 설명하는 이론(예컨대 공산주의나 사회과학주의)은 잘못이다. 하지만 모든 개인에게 결정적인 영향을 미치는 국가라는 '컨테이너'를 완전히 무시하는 '개인주의적 정신분석학 혹은 치료이론'도 오류이다. 정신분석학이 보다 혁신적인 이론 및 실천으로 기능하기 위해서는 그것이 주로 관심을 가졌던 개인적 차원에서의 치료라는 관점을 유지하면서, 동시에 더 넓은 차원을 고려해야 한다.

그렇다면 개인과 국가를 연결시킬 수 있는 정신분석적 개념은 무엇인가? 그것은 '불안' 그리고 불안을 극복하게 해 줄 '충분히 좋은 엄마'라는 개념이다. 프로이트 이래로 정신분석은 '불안을 이해하기 위한 계속적인 노력'이라고 정의할 수 있을 만큼 불안은 개인과 사회의 병리적 현상을 이해하기 위한 출발점이다.

가장 강력한 불안은 무엇보다도 정신분열증(schizophrenia)을 발생시킨다. 프로이트이론을 발전시켜 정신병적 불안에 대해 가장 주목할 만한 이론을 남긴 멜라니 클라인에 따르면 정신분열증은 '엄마의 부재'를 견딜 수 없는 어린아이가 죽음의 공포를 견딜 수 없을 때 발생한다. 클라인에 따르면 생후 초기에 아이들은 망상-분열적 위치(paranoid-schizoid position, PS)와 우울적 위치(depressive position, D)를 거친다. 망상-분열적 위치(생후 3개월 정도까지)에서 아이들은 엄마를 전체적 대상이 아니라 파편화된 부분적 대상으로 인지한다. 아이는 엄마의 젖을 먹고 있을 때 엄마의 가슴을 완전한 대상으로 느끼고, 일시적으로라도 젖을 떼고 시간이 조금 지나면 엄마의 젖이 완전히 사라졌다고 느끼고 엄청난 불안(죽음의 공포)에 빠진다.

클라인은 이를 박해 불안이라고 부른다. 엄마의 가슴(즉 젖을 주는 '좋은 가슴')의 부재라는 단순한 현상이 너무 오래 지속될 때 생겨나는 결과는 치명적이다. 부재한 가슴이라는 심연이 아이의 환상 속에서 '아이를 조각내고 삼키는 괴물', 즉 '나쁜 가슴'으로 변화한다. 후기 클라인주의자인 비온은 나쁜 가슴을 좋은 가슴의 부재가 박해하는 대상의 현존으로 변화된 것으로 설명한다. 심리적 안정망(엄마의 가슴)의 지속적인 부재는 아이에게 파멸의 불안을 야기하고 아이는 이를 방어하기 위해 대상(엄마) 혹은 타인을 공격하거나 완벽하게 이상화한다.

망상-분열적 위치에 있는 아이는 엄마가 곧 돌아와서 자신에게 젖을 줄 거라는 인식과 확신을 아직 갖고 있지 못하기 때문에, 어머니의 부재가 일정 시기를 넘어서면 박해망상과 죽음의 공포와 불안에 시달리는 정신분열증 환자가 되고 만다. 클라인이 발견한 망상-분열적 위치는 모든 아이들이 생의 초기에 거쳐야 하는 지극히 정상적인 과정이다. 그러나 이 정상적인 과정에서 정상적인 '좋은 엄마'가 존재하지 않을 때 이 아이는 정신분열증 환자가 되고 만다. 클라인은 망상-분열적 위치에서 우울적 위치로의 변화를 '정상적인 주체'로 성장하기 위한 필수적인 과정으로 본다.

우울적 위치란 엄마를 부분대상으로 지각하던 아이가 엄마를 전체적 대상, 안전감을 제공하는 인격적 대상으로 지각하게 되는 시기이다. 반대로 망상-분열적 시기에서 아이는 엄마라는 대상을 자신을 사랑하는 하나의 전체적인 인격적 대상이 아니라 하나의 사물, 예를 들면 젖가슴으로 지각한다. 그리하여 자기에게 젖을 먹이는 가슴은 좋은 대상, 그렇지 않은 가슴은 나쁜 대상으로 지각하고 치명적인 불안에 빠지는 것이다. 망상-분열적 위치에서 우울적 위치로의 변화(PS → D)는 인간발달에서 결정적인 역할을 한다. 아이가 엄마를 전체적 대상으로 지각한다는 것은 엄마를 '신뢰'한다는 것을 의미하기 때문이다. 엄마가 자기에게 일시적으로 젖을 주지 않고 사라져도 아이는 엄마가 다시 돌아올 것을 믿을 수 있기 때문에 자기에게 다시 안전감과 먹을 것, 그리고 따뜻함을 줄 엄마로 인해 치명적인 죽음의 공포와 불안으로부터 자신을 지킬 수 있다. 요컨대, 정신분열증이 발병하지 않는다는 것이다.

중요한 점은, 클라인에 따르면 아이가 이렇듯 우울적 위치로 자신의 심리적 위치를 옮길 수 있기 위해서는 엄마가 아이를 지탱해 주는 따뜻함과 안전감을 제공해 줄 수 있는 "좋은 엄마"(클라인) 혹은 "충분히 좋은 엄마" (위니캇)의 역할을 반드시 수행해야만 한다는 것이다. 우울적 위치는 아이가 엄마의 부재, 즉 가슴의 부재라는 좌절을 견딜 수 있는 주체로 성장해 가는 데 필수적인 과정이라는 것인데, 이렇듯 아이가 좌절을 견디고 홀로서기를 할 수 있는 성숙한 자아를 갖출 수 있기 위해서는 반드시 엄마의 돌봄이 필요하다는 것이다. 좌절을 견디기, 즉 '홀로서기'는 엄마라는 안정감의 바탕 위에서만 가능한 것이다. 성인의 경우에도 정신분열증이 발병하는 이유도 바로 이 시기에 충분하게 좋은 엄마의 돌봄을 받지 못했기 때문이다.

아주 핵심적인 내용만 간단히 서술했지만 멜라니 클라인의 정신분석학은 우리에게 개인은 물론 사회문제를 종합적으로 고찰할 수 있는 이론적 근거를 제공해 준다. 정신분석학에서는 인간의 심리구조를 정신병, 도착증, 신경증으로 나누는데, 도착증과 신경증은 정신병적 불안에 대한 방어로 형성되는 심리구조이다. 물론 도착증은 신경증보다는 여전히 정신병적 불안의 흔적을 더 많이 보유하고 있는 심리구조라고 할 수 있다. 신경증, 예컨대 강박증 역시 정신병적 불안에 대한 방어라는 관점에서 설명할 수 있다는 것이다(이 점을 강조한 것이 멜라니 클라인의 업적 중 하나이다). 강박증자가 갖고 있는 엄청난 불안의 강도를 생각해 볼 때 우리는 이를 잘 이해할 수 있다. 강박증환자가 권위자(예를 들면 아버지나 어머니, 혹은 직장상사)에 대해 갖고 있는 엄청난 불안-처벌, 유기, 축출 혹은 실직 등의 불안 역시 초기 어린 시절, 즉 망상-분열적 위치에서 획득한 불안과 무관하지 않다는 것이다. 다만 강박증자는 우울적 위치를 잘 통과했기 때문에 정신분열증자가 되는 것으로부터 보호되었지만 여전히 박해 불안, 유기 불안, 분리 불안, 파멸의 불안 등 다양한 불안으로 인해 고통 받는 주체이다. 다양한 중독현상(게임중독, 약물중독, 알코올중독 등), 청소년 비행과 범죄 혹은 폭력, 도벽, 그리고 다양한 도착적 현상(성중독 및 성범죄 등)도 정신병적 불안을 완화시키려는—그러나 불행히도 '병리적인'—노력의 결과인 것이다.

클라인은 또한 매우 중요한 (사회이론으로 확대될 수 있는) 정신분석적 진리를 덧붙인다. 망상-분열적 위치를 성공적으로 통과한다는 것은 자신을 홀로 내버려 두는 엄마에 대한 망상적 증오를 극복할 수 있어야 함을 의미한다. 이는 아이가 자신의 '고독'을 받아들일 수 있어야 한다는 것을 함축한다. 물론 이것이 가능하기 위해서는 역으로 엄마가 "좋은 엄마"여야 한다는 것이 필수적이다. 클라인 정신분석은 프로이트 정신분석을 이어받아, 가장 이론적인 방식으로 개인과 환경 사이의 '변증법'을 최초로 정립한 분석가이다. 이러한 클라인이론이 갖는 임상적, 사회이론적 의미는 매우 중요하다. 개인의 자유—자유는 홀로 있음을 견딜 수 있을 때에만 가능하다—는 그 자유의 전제 조건인 (가족적, 사회적) 환경—심리적, 물질적 안정감—을 반드시 요청한다는 것이다. 여기에서 필자는 이 엄마를 국가라는 개념으로 확대할 수 있다는 논제를 제시하고자 한다.

현대사회에는 '홀로 있기를 두려워하는' 수많은 남녀로 가득하다. 클라인이론은 다음과 같은 사회(철학)적 함의를 갖는다. 한 개인의 성숙은 개인적 문제이지만, 그것은 동시에 환경(엄마, 그리고 사회적 안정망)의 문제이다. 그 어느 것도 소홀히 할 수 없다는 것이다. 혼자 있는 시간을 견딜 수 없는 불안하고 우울한 아이는 망상 속에서 자신을 그렇게 내버려 둔 엄마(즉 타인)를 공격 혹은 파괴한다. 이는 성인도 마찬가지다. 자기를 홀로 내버려 둔 엄마를 공격한다는 것은 역으로 엄마가 다시 아이 자신을 공격하고 파괴할 것이라는 박해망상을 불러일으킨다.

클라인이론에서 주목해야 할 또 하나의 중요한 요점은 아이가 망상-분열적 위치를 빠져나와 우울적 위치에 들어갔다고 하더라도, 혼자라는 사실에서 기인하는 우울과 불안을 견딜 수 없다면 다시 '망상-분열적 위치'로 퇴행한다는 것이다. 망상-분열적 단계에서는 엄마라는 대상을 더 이상 전체적 대상으로 지각하지 않으므로 타인을 파괴하고자 하는 공격성을 표출해도 더 이상 죄의식과 우울적 불안을 느끼지 않아도 되기 때문이다. 말하자면 망상-분열증 상태가 우울적 위치보다 '더 편한 상태'가 되는 것이다. 그러나 그는 여전히 불안으로부터 자유롭지 못하다. 정신분열적인 최악의 박해 및 파멸의 불안을 경험하며, 이는 다시금 엄마, 즉 타인을 파괴하는 공격성으로 변화되어 표출된다. 클라인이 우리에게 설득력 있게 보여 주었듯이 이는 임상적으로 확증된 사실이다. 주체는 망상-분열적 위치로부터 벗어나 우울적 위치에 도달해도 여전히 혼자라는 사실 때문에 우울적 불안에 빠진다. 이때 주체는 이를 견딜 수 없어서 '무감각한 상태'인 망상-분열적 위치로 다시 퇴행한다. 죄의식과 우울적 불안 때문에 고통받지는 않아도 되는 '망상-분열적 위치'로 퇴행한다는 것이다. 그러나 그 퇴행의 대가는 더 무서운 박해망상, 파멸의 불안이다. 이러한 불안으로 인해 주체는 이제 피해망상 속에서 속죄양을 찾아 엄마와 타인을 다시 공격한다. 이렇듯 망상-분열적 위치와 우울적 위치는 쉽게 교환된다는 것인데, 비온은 이를 'PS ↔ D'라고 표현한다.

바로 이것이 우리나라 사회의 모습 아닌가? 세월호 사건, 자사고 폐지 문제, 일베의 폭식투쟁 등을 보면서 이제 '도덕적 불감증'이라는 목소리가 나오고 있다. 어떤 네티즌은 '우리나라가 드디어 망조가 들었다'고 말한다. 전적으로 공감할 수밖에 없다. 우리나라는 얼마 전까지 신경증적 사회였다면 이제는 '망상-분열적' 사회가 되었다. 타인에 대해 무관심한 정도를 넘어서 박해망상 속에서 타인을 조롱하고 공격하며, 나만 '좋은 엄마의 젖'을 먹겠다는 망상-분열적 사회가 되었다.

길게 논의할 여유가 없으므로 다음과 정리하고 글을 마치도록 하자. 사회적 차원에서 발생하는 이러한 도덕성과 죄의식의 부재, 타인에 대한 망상-분열적 공격과 착취, 그리고 망상-분열 상태에서 발생하는 극단적인 죽음의 공포와 불안을 이기기 위해서는(그리고 그것의 발생을 예방하기 위해서는) 사회적 차원에서 "(충분히) 좋은 엄마"를 필요로 한다. 물론 그것은 피케티가 말하는 (그리고 전후 사회민주주의가 주창했고 실천했던) 사회적 국가이다. 최근 스웨덴 총선에서 사민당의 승리는 '국민의 집', 즉 충분히 좋은 국가를 복원하려는 국민들의 염원의 승리가 아니겠는가? 비록 근소한 차이로 부결됐지만, 스칸디나비아의 복지국가 모델을 꿈꾸는 스코틀랜드의 독립 염원도 마찬가지로 이해해 볼 수 있다.

오늘날 우리는 아이는 물론 성인들의 건강하고 행복한 삶을 보장해 주는 '윤리적인 국가', 정의로운 사회제도와 공공정책을 필요로 한다. 각 개인들에게 심리적, 물질적 안정감을 충분하게 확보해 줌으로써 불안과 고통, 현재와 미래의 삶에 대한 불확실성, 열등감과 패배의식, 격심한 경쟁, 폭력과 공격성, 기만과 부패 등, 개인과 공동체를 파괴하는 온갖 장애물로부터 우리를 지켜 주는 안전한 엄마와도 같은 국가―"충분히 좋은 국가" "사회적 국가"―를 절실히 요청하는 시대에 살고 있다.

여기에서 필자가 클라인과 위니캇의 개념을 변형해 만든 "충분히 좋은 국가"라는 용어의 사용을 제안하고자 한다. 물론 "충분히 좋은 국가"라는 용어의 의미가 오직 클라인 또는 위니캇의 이론만으로 다 설명된다는 것을 뜻하지는 않는다. 필자는 이 개념이 지닌 정신분석학적, 심리적 함의를 유지하면서도, 동시에 가족관계를 넘어서 '충분히 좋은 엄마와 같은 국가'라는 사회이론적 의미로 확대해 사용할 수 있다고 생각한다. 이 개념은 특히 클라인, 그리고 비온, 프로이트의 정신분석학, 그리고 경우에 따라서는 다양한 정신분석가들의 기여를 비판적으로 종합함으로써만 도출될 수 있는 새로운 '임상적–정치철학적' 개념이다. 물론 이것은 철학적 관점에서는 헤겔과 롤스의 철학과 가장 밀접하게 연관되어 있는 용어이며, 최근 피케티가 다시 논의한 바 있는 사회적 국가에서의 실천 경험에 근거하고 있는 용어이다.

필자는 불안으로부터 출발해 충분히 좋은 국가개념으로 논의를 확대했다. 끝으로 이러한 이론적 전개는 결코 자의적이지 않다는 사실에 대해 간략히 언급하고 논의를 마치기로 하자. 홉스(Thomas Hobbes)로부터 시작해 로크(John Locke), 루소(Jean-Jacques Rousseau), 칸트(Immanuel Kant)에 이르기까지 근대철학자들은 자연법과 사회계약론의 이름으로 국가의 존재를 설명하고자 했는데, 여기에서 불안이 핵심적인 '매개'의 역할을 한다. 잘 알려져 있듯이 홉스는 만인에 대한 만인의 투쟁을 종식해 줄 국가를 요구했다.

홉스의 『리바이어던』에 따르면 국가는 자연 상태에서 각 개인에게 발생하는 생명과 재산의 위협, 즉 가장 근본적인 인간의 불안에 대한 대답이었다. 처절한 서로 간의 투쟁이 야기하는 죽음의 공포와 불안을 잠재우기 위해 각 개인은 국가에 자신의 주권을 양도했다.

물론 홉스는 권위적인 군주제 국가를 염두에 두었고, 이에 대한 비판으로 로크의 국가론이 나왔다. 로크의 국가론과 홉스의 국가론은 겉으로 보기보다 유사성이 훨씬 많다. 로크는 『시민정부론』에서 각 개인이 불안 때문에(즉 생명과 재산을 지키기 위해) 국가를 설립하는 사회계약을 맺는다는 논제를 제시한다. 그런데 그 국가는 재산과 생명의 보호를 위해서만 최소한으로만 개입하는 자유주의 국가이다. 하지만 헤겔은 『법철학』에서 이러한 논의를 비판하면서 국가는 각 개인의 재산과 생명을 지키는 역할은 물론, 보다 적극적으로 개인들의 복지에 관여할 뿐만 아니라 빈부 격차를 해소하는 적극적이고 윤리적인 국가의 필요성을 역설한다(그 점에서 헤겔은 사회적 국가론의 진정한 선구자이다). 자유주의자와 공산주의자들의 오랜 비판에도 불구하고 『법철학』이 헤겔의 저작 중 가장 '영향력 있는' 저작이 되었다는 것은 진정한 역설이 아닐 수 없다. (비록 지금은 많이 쇠퇴했지만 그럼에도 여전히 그 전통을 유지하고 있는) 서유럽과 북유럽의 복지국가는 헤겔이 제시한 국가 모델을 실제로 구현했기 때문이다.

'이성의 간지'는 불안을 매개로 정신분석학과 정치철학이 헤겔이 염원한 민주적인 정의로운 국가, 사회적 국가 속에서 만나고 있음을 입증한 셈이다. 이러한 정의로운, 충분히 좋은 국가야말로 (신)자유주의가 야기한 파국과 불안으로 오랫동안 고통받아 온 우리가 진정으로 필요로 하는 바로 그것이 아니겠는가?

미주

1 애덤 스미스, 『도덕감정론』, 박세일·민경국 옮김, 비봉출판사, 2014, 154쪽. (번역은 필자에 의해 약간 수정.)

2 지젝의 공산주의 이론에 대한 비판으로는 홍준기, "공산주의라는 환상에서 벗어나야", 《르몽드 디플로마티크》, 2013년 12월 호 참조(이 글은 필자의 블로그에서도 찾아볼 수 있다. http://blog.naver.com/today7007).

3 이사야 벌린, 「자유의 두 개념」, 『자유론』, 박동천 옮김, 아카넷, 2006, 360쪽. (번역은 필자에 의해 약간 수정.)

4 같은 책, 344쪽.

5 같은 책, 349쪽.

6 같은 책, 350쪽.

7 애덤 스미스의 도덕철학과 공감능력에 대한 상세한 논의로는 『도덕감정론』 〈부록 1〉. 박세일, 「애덤 스미스의 도덕철학 체계」를 참조.

8 존 롤스, 『정의론』, 황경식 옮김, 이학사, 2006, 제8장 제목 참조.

9 같은 책, 629쪽. 강조는 필자.

글쓴이
–
홍준기 (철학자, 정신분석가)

서울시립대학교 도시인문학 연구소 교수로 재직했으며 현재 프로이트 라캉 정신분석연구소 소장. 저서로 『라캉과 현대철학』(1999), 『오이디푸스 콤플렉스 남자의 성, 여자의 성』(2005), 『피케티의 『21세기 자본』과 사회적 국가』(근간, 2015) 등이 있으며, 『강박증: 의무의 감옥』(2007), 『여자는 무엇을 원하는가』(공역, 2009) 등 다수의 역서와 논문을 썼다.

홍준기

홍
찬
숙

한국형 위험사회에서
사회정의란 무엇인가?

'위험'이라는 말은 뒤늦게 사회과학에 합류한 매우 낯선 용어이다. "위험해!"라는 말은 갓난아기들이 스스로 움직이기 시작할 때부터 귀에 못이 박히도록 들어야 하는 아주 일상적인 말인데도 말이다. 아이들에게 '위험해!'라고 말해야 하는 상황의 성격은 급속하게 변화했다. 과거에는 아이들끼리 어울려 다니다가 길을 잃거나 높은 데서 뛰어내리는 식의 유치한 충동을 걱정했다면, 요새는 아이와 부모들을 유혹하는 온갖 문명의 이기 때문에 아이라는 존재 자체가 위험이 되어 버린 것처럼 느껴진다.

말하자면 과거에 위험은 어떤 종류의 행동을 피하면 되는 것이었다. 그러나 오늘날의 위험은 새로운 정보를 수집하고 전문가의 판단을 비교 및 참고하여, 어떤 것이 위험인지 알아내고 분별하고 정의하고 취사선택해야 하는 '노동'을 요구한다. 문명의 이기들에 내재한 위험성 때문에 전문가가 아닌 일반인들이 과학과 씨름을 해야 하는 상황이 대두된 것이다. 얼마전 물리학 이론을 영화화한 〈인터스텔라〉가 한국에서 크게 흥행해서 놀라움을 주었다. 한국인들이 그렇게 과학에 관심이 높은지 몰랐던 것이다. 그러나 〈인터스텔라〉뿐만 아니라, 일상에서 부닥치는 위험의 선택지들 때문에 과학은 이미 모든 사람의 머릿속을 점령하고 있다.

과학이 이렇게 빠른 속도로 일상을 정복하는 현상은 한국이 여전히 강력한 '유교사회'임을 생각하면 매우 역설적이다. 과거 한국사람은 하늘이 주신, 또는 하늘을 대변하는 부모가 주신 머리카락 한 올도 자르면 죄가 될까 싶어 머리를 땋고 상투를 틀었다. 그런데 이렇게 자연에 대해 예의를 차리고 절제하는 사이에, 자연을 '자원'으로밖에 여기지 않는 서구의 산업화세력 앞에 항복해야 했다. 서구에서도 자연이 '자원'이 된 역사는 그리 길지 않다. 자본주의화 또는 산업화란, 자연을 자원으로 변화시키는 과정이었다. 여기에서 '자연'에는 노동력을 비롯한 인간의 '자연' 역시 포함된다.

한국사회에서 산업화세력이 득세하기까지는 우여곡절이 너무나 많아서, 결국 식민지 신세로 전락하는 패배를 맛보아야 했다. 그러나 해방 후 일단 산업화에 발동이 걸린 다음, 한국의 산업화는 세계에서 그 유례를 찾기 힘들 만큼 거침없이 빠른 속도로 진행되었다. 이것을 흔히 '압축적 근대화'라고 부른다. 압축적 근대화라고 표현되는 산업화의 성공은 한국에서도 과학과 산업이 더 이상 발전이라는 일방통행 도로로 매끈하게 달릴 수만은 없다는 사실을 알려 주었다. 산업화의 열매로 향유하는 크고 작은 문명의 이기들을 통해서, 오히려 생명과 생활이 위협받는 상황이 도래했기 때문이다. 사회학에서는 이것을 '위험사회'라고 부른다.

위험사회와 사회정의

'위험사회'란 결국 자연과 사회의 관계가 다시 한 번 전도된 것을 의미한다. 자연이 산업화로 사회의 자원이 되어 무한성장의 판타지를 생산했다면, 위험사회에 이르러 자연은 더 이상 '자연 그대로'가 아니라 산업문명에 의해 마구잡이로 헤집어진 모습으로 나타난다. 과학은 인간사회를 위해 자연을 이해하고 응용하는 데서 머물지 않고, 자연을 재구성하고 창조하는 방향으로까지 성큼 내디딘 것이다. 예컨대 자연의 재구성은 기후변화를 통해 가장 잘 드러나고, 자연의 창조는 자연 상태에 없는 '세슘' 같은 물질을 통해 설명할 수 있다. 그러나 과학은 이러한 변화의 결과를 아직도 자신의 힘으로 예측하거나 해결할 수 없다. 그리하여 과학문명은 이제 자원으로 활용한 자연뿐만 아니라, 자신의 모태인 인간사회까지도 위협하게 되었다. 위험사회란 결국 산업사회의 부메랑 효과인 것이다.

이렇게 하여 위험사회는 사회정의의 문제를 새로운 차원으로 이동시켰다. 영화 〈인터스텔라〉에서 보여 주는 것처럼 '지구 위의 삶' 또는 '지구 생명'의 지속 가능성이라는 문제를 심각하게 제기하는 것이다. 그러나 영화에서처럼 우주에 식민지를 개척함으로써 사회정의를 실현할 수 있으리라는 '과학적' 기대는 의심스러운 판타지에 불과하다. 할리우드 영화가 판박이 영웅담을 새로운 버전으로 계속 생산하는 것처럼, 우주 식민지는 과거 제국주의시대 식민지 정책의 판박이일 뿐이다. 그리하여 그것이 과학적으로 가능한가라는 문제뿐만 아니라, 더욱 복잡한 사회적 문제들을 야기할 수 있다. 〈인터스텔라〉에서처럼, 우주 개발에 집중하는 사이에 지구는 더 이상 생명을 보전할 수 없는 상태에 이르고 말 것이기 때문이다.

결국 위험사회에서 사회정의의 문제는 지구 위의 삶과 생명을 더욱 존중하고 보장하는 방향으로 귀결될 수밖에 없다. 성장을 제한하고, 생산물을 더 효율적이고 공정하게 나누며, 생태계를 유지해야 하는 것이다. 사실 성장의 제한은 이제 더 이상 '해야 한다' 차원의 문제가 아니다. 미국과 같은 이민자의 사회를 제외하면, 동아시아를 포함하여 성공한 산업사회에서는 그것이 이미 현실로 나타나고 있다. 말하자면 성장을 제한하는 것이 아니라, 성장의 제한을 자연스러운 것으로 받아들이는 것이 '해야 할' 일의 방향이다. 즉 문명의 목표를 성장이 아닌 공존으로 바꾸어야 하는 것은 더 이상 당위가 아니라, 오늘날의 현실이다.

이것을 '생태계와의 조화로운 공존'이라는 점에서 산업화 이전으로의 회귀라고 생각할 수 있을 것이다. 그러나 산업사회를 낳은 근대성 문명을 형성하면서 우리는 자유, 평등, 연대, 민주주의와 같은 새로운 가치가 결코 포기할 수 없는 '선'임을 경험했다. 말하자면 정의로운 문명의 목표가 될 '공존'은 현존하는 모든 가치의 상대주의적 공존이 아니라, 민주적 질서 속에서 다양한 삶과 생명 형태가 공존하는 것을 의미할 것이다. 즉 그것은 자유와 평등의 혜택을 한층 강화하고, 그것을 지원할 새로운 연대의 질서를 창출하는 것이 될 것이다. 이런 의미에서 근대성은 포기되지 않으며, 오히려 성찰적으로 거듭나야 한다. 결국 위험사회에서 사회정의의 문제는 근대성의 성찰적 문제라고 할 수 있다.

한국사회의 근대성

한국사회가 이제 성장이 둔화하고 산업과 과학이 오히려 위험을 생산하는 '위험사회'가 되었다면, 이러한 과정을 이끈 근대성이 어떤 성격을 가진 것인지에 대해 생각해야 한다. 지금까지 사회학에서 근대성은 서구를 모델로 삼아 이해되었다. 무엇보다도 근대성은 자율적 의지를 가진 '개인'이라는 인간 존재양식의 발견을 통해, 인간의 유기체적 특성뿐만 아니라 사회적 특성과 지위가 '분수'나 '본분'이라는 개념으로 유전(세습)되는 숙명적 질서가 허물어진 것을 의미한다.

개인의 발견은 세습적 신분제를 도덕적으로 정당화하며 사회를 총체적으로 지배하던 우주관, 혹은 종교가 속세에서 영향력을 상실하는 과정을 통해 가능했다. 이것을 세속화라고 한다. 말하자면 종교가 다분히 순수하게 피안 또는 영혼을 관장하는 영역으로 축소되면서 세속사회를 지배하는 원리들이 경제, 정치, 법, 과학, 가족 등의 분야들로 분화되기 시작한 것이다. 그리하여 경제 분야에서는 시장 원리가, 정치 분야에서는 대의제 민주주의가, 법의 영역에서는 자유주의 근대법이, 과학의 영역에서는 과학적 지식이, 가족의 영역에서는 사랑이 중심적인 원리로 이해되었다. 말하자면 개인이라는 존재양식의 형성은 동시에 상대적으로 사회가 자율적인 하위 영역들로 분화되는 과정이었다.

종교에 근거한 공동체규범은 개인주의규범으로 대치되고, 동시에 개인주의규범에 기초하거나 대항하면서 새로운 공동체규범이 정치적 갈등 및 결합과정을 통해 형성되었다. 그렇게 하여 형성된 새로운 근대적 공동체는 사적 영역에서는 핵가족, 사회적 영역에서는 계급, 그리고 정치적 영역에서는 입헌민주주의 국민국가이다. 이것이 서구적 경로의 근대화인데, 영국의 식민지로 출발했으며 이주민들의 사회적 용광로인 미국에서는 서구와 달리 계급공동체의 형성이 미약했다.

이와 같은 근대화를 가능하게 한 동력은 전통사회를 압도한 생산력의 비약적 발전이었다. 개인주의, 인간중심주의, 성취주의가 생산력 발전을 저해하는 사회·문화적 장애들을 제거하여 산업화를 촉진했으며, 이것이 다시 근대화를 촉진하는 선순환으로 형성되었다. 그리하여 전통적 사회학에서 산업화와 근대화는 동일한 과정을 지칭하는 것으로 이해되어 왔다. 산업화에 성공하지 못했다면 근대성이라는 문화적 기획 역시 성공하지 못했을 것이고, 또 동시에 근대성 기획이 없었다면 산업화 역시 불가능했을 것이다. 고전 사회학의 거장 막스 베버(Max Weber)는 이와 같은 상호관계를 괴테의 소설 제목을 따서 '선택적 친화성'이라고 불렀다.

한국은 영국, 프랑스 등의 서구와 달리 근대화가 자생적인 산업화에 기초하여 시작되지 못했다. 조선 후기 중인 등에 의해 가능해진 재물축적은 서구에서처럼 자율도시 형성으로 귀결되지 않고, 오히려 양반 신분이 매매되는 방향으로 이어졌다. 부의 축적은 근대성 기획이라는 문화적 단절로 연결되지 못하고, 매관매직 등의 세기말적 현상으로 나타났다. 이와 같은 천민자본주의적 현상은 서구에도 존재했으나, 서구에서는 '개인의 발견'을 주도한 개신교의 종교개혁과 시민정치의 형성을 통해 시장관계와 개인주의 도덕이 결합하여 자본주의 근대사회라는 명실상부하게 '새로운' 사회형태를 구성할 수 있었던 것이다.

현대한국에서 산업화와 근대성은 '선택적 친화성'이 아니라 '강제적 친화성'을 통해 상호강화하는 되먹임 관계가 되었다. 제국주의 열강의 개입 속에서 '동학'이라는 종교개혁 움직임이 부침을 거듭했고, 일제에 의한 부분적 산업화는 문화적 쇄신이 아니라 문화적 억압과 결합된 것이었다. 1960년대에 강력한 군부의 지배로 유교 도덕의 국가주의적, 가족주의적 왜곡을 통해 변질된 유교문화가 자본주의 시장경제와 강제적으로 결합되었다. 그리하여 '효'개념의 자본주의적 세속화를 통해 산업화가 가속화되는 근대화의 독특한 궤도가 형성되었다. 이제 '효'는 우주 조화의 원리가 아닌 시장의 가혹한 경쟁 속에서 가문(또는 가족)의 생존 또는 출세를 보장하는 것으로 탈바꿈했다.

말하자면 한국의 근대성은 베버가 설명하는 바와 같이 '의도하지 않은 결과'로서 산업사회를 출현시킨 것이 아니라, 의도와 계획에 의해 전통규범이 '선택적으로 왜곡된' 결과, 산업사회를 구성하는 데 성공했다. 그리하여 서구와 같은 개인주의 도덕이 아닌, 가족과 혈연, 연고중심의 집단주의 도덕에 기초해서 경제성장 및 합리화에 박차를 가했다. 이것은 한국에서 근대공동체의 형성에 중요한 실마리를 제공했다. 그리하여 도시화를 통해 자생적인 계급공동체가 형성된 것이 아니라, 혈연과 각종 연고를 통해 '자연화'된 가족, 친족, 계보 등의 연고공동체가 형성되었다. 또한 개인주의 도덕과 계급 정체성을 시민권 확대를 통해 화해시킨 국민국가공동체가 아니라, 외세 침입과 국가 폭력에 대한 공포에서 수세적 '감정'으로 고조된 권위주의적 민족국가의식이 형성되었다. 결국 공동체관계 및 의식은 혈연집단이나 연고집단 수준에서만 기대할 수 있게 된 것이다.

그리하여 한국 근대성의 조직 원리는 서구의 직능단체나 계급, 미국의 이해단체 또는 결사체가 아니라, 혈연 및 연고집단이라는 특유의 구성물을 통해 설명할 수 있다. 그런데 사회학에서 이와 같은 한국 특유의 근대적 조직 원리가 본격적으로 주목받은 것은 산업화가 성공한 이후의 일이다. 즉 한국형 위험사회가 관찰되면서부터, 서구의 '보편적' 근대사회가 아닌 한국의 근대성에 대한 관심이 고조되었다.

[한국형 위험사회]

앞서 위험사회란 산업화의 성공을 계기로 자연과 사회의 관계가 전도된 것을 의미한다고 말했다. 그리고 거기서 단순한 '유용성 제공'의 단계를 뛰어넘어, 사회를 위협하는 생산물을 창출함으로써 오히려 불확실성을 증가시키는 과학의 역할 변화가 매우 핵심적이라고 말했다. 한국형 위험사회에서는 과학발전이 초래하는 이런 위험과 그로 인한 자연(또는 환경)의 역습만이 중요한 요소가 아니다. 흔히 '이중 위험사회' 또는 '복합 위험사회'라고 표현하듯이, 한국형 위험사회에서는 과학의 '유용성 제공'에 왜곡을 가하는 사회적 요소들 역시 한국 특유의 위험생산에 큰 몫을 한다. 흔히 '부정부패' 또는 '유착'이라고 표현되는, 뇌물과 은폐를 통한 부정적 의미의 폐쇄적 상부상조는 한국사회에서 과학과 같은 기능영역들이 자율적으로 분화하여 한국사회가 하나의 통합적 단위가 되는 과정을 왜곡했다.

말하자면 서구에서는 정치나 경제 등 타 분야로부터 과학이 자율성을 보장받는 경우에도, 과학이 제공하는 지식의 불완전성으로 인해 과학적 판단의 문제가 정치적 판단의 문제로 전환된다. 즉 과학적 선택은 그것이 부를 수 있는 사회적 결과 때문에, 또는 그 결과에 대한 과학자들 간의 판단 불일치 때문에, 정치적 의제가 된다. 과학의 불확실성이 그동안 '기능적 분화관계'라고 생각되었던 과학과 정치 사이의 엄밀한 경계선을 허물고 있는 것이다.

그러나 한국에서 과학의 정치화는 오히려 그 반대 방향에서 시작된다. 정치와 과학의 관계가 '기능을 주고받는' 수평적 관계가 아니라 지배하거나 종속되는 위계관계를 형성하고 있기 때문이다. 한국에서 모든 문제를 '대통령 책임'으로 돌리는 현상은 과한 측면도 있지만, 한편으로 한국사회의 사회분화에서 '정치권력'이 여전히 매우 중추적 역할을 담당하기 때문이다. 그뿐만 아니라 그런 '중추적' 역할을 하는 정치는 동시에 도덕적으로 채색되어 있다. 자율성을 가진 시민계급의 저성장으로 말미암아, 권위주의적 정치가 가족주의적 도덕과 결합해 있기 때문이다.

이처럼 정치와 도덕이 결합하고 타 영역으로부터 미분화된 상태는 서구의 관점에서 볼 때 전근대적인 현상이다. 그러나 앞서 보았듯이, 한국의 근대성이라는 관점에서 볼 때, 이러한 특성은 어쩌면 한국의 산업화와 근대화를 가능하게 한 '본질적인' 요소이다. 여기서 '본질적'이라는 표현은 '필연성' 보다는 '경로의존성' 개념으로 이해될 수 있을 것이다. 말하자면 역사적으로 그런 경로를 통해서야 비로소 산업화가 가능했기 때문에, 이후에도 한국의 근대성에 지속적인 자취를 남길 수밖에 없다는 것이다. 군사적·권위주의적 정치권력이 유교 문화의 왜곡을 통해 '근면하고 성실한' 전통적 농민문화를 동원할 수 있었기 때문에, 서구와 달리 개인을 발명한 종교개혁 없이도, 또 자율적인 공론장을 창출한 시민계급 없이도, 자본주의가 요구하는 노동윤리를 확보할 수 있었던 것이다.

따라서 한국 위험사회의 문제는 과학의 역할 변화뿐만 아니라, 전통적인 농민문화에 기초한 노동윤리의 유효기간과 관련된 문제이기도 하다. 서구 근대사회의 개인주의규범은 그 이면에서 계급 불평등을 초래했다. 서구 사회에서는 그것을 '사회문제'라고 부르고, 그것을 (다소) 사민주의적인 복지국가의 틀 속에서 해결하고자 했다. 반면에 한국의 왜곡된 유교 집단주의규범은 그 이면에서 부정부패와 유착을 불렀다. 계급갈등은 동유럽에서 사회주의 혁명이 성공함으로써 체제 경쟁의 문제가 되었다. 그리고 서구의 사민주의는 그러한 체제 경쟁 속에서 발전했다. 그러나 부정부패와 유착은 고유한 이념적 경쟁자를 생산하지 못하고, 엄벌에 기초한 권위주의 정치를 통해 통제되었다.

권위주의 정치체제가 산업화의 성공과 함께 민주화의 요구에 굴복하면서, 부정부패와 유착에 대한 통제는 공동화되었다. 권위적 집단주의와 가족주의를 대체할 만한 문화적 혁신이 성공하지 못했기 때문이다. 과거의 조직문화와 생활문화에 반기를 든 문화적 흐름이 형성되고 있었으나, 그러한 흐름이 개인적 욕구나 욕망의 수준을 넘어 시민적 통제나 도덕적 정서의 형성으로까지 이어지지는 못했다. 새로운 문화적 욕구가 일탈이나 팬덤 현상, 이기주의와 '싸가지 없는' 태도 등과 뒤섞여 표출되는 사이에 외환위기를 겪으면서 고성장시대의 도덕에 대한 향수가 밀려들었다. 그러나 고성장시대에 대한 향수는 각종 규제를 완화하는 신자유주의정책으로 연결되면서 부정부패와 유착에 대한 통제를 오히려 약화시켰다.

1990년대 초부터 발생한 각종 폭발 사고와 시설물 붕괴 사고, 전복 사고는 이렇게 부정부패와 유착에 대한 기존의 통제방식이 정당성을 잃고, 새로운 시민도덕에 의해 민주적 통제가 확립되지 못한 상태에서 발생한 '문화적 공백 상태'의 결과물이다. 이런 의미에서, 2014년의 '세월호' 침몰이 야기한 국민적 충격에도 불구하고 현재까지 끊이지 않는 대형 사고들은, 2차 대전 이후 서구에서 출현한 '위험사회'의 현상들보다는 오히려 에밀 뒤르켐(Émile Durkheim)의 '아노미'나 1·2차 대전 사이 나치 전야의 독일상황과 오히려 더 유사하다고 볼 수 있다.

그러나 이러한 초기 근대적 상황뿐만 아니라, 또한 서구의 '위험사회'적 상황 역시 시공간적으로 공존하는 것이 한국형 위험사회의 특징이다. 이런 의미에서 한국의 위험사회는 서구의 '단순근대성'과 구별되는 '압축적 근대성'과 관련된 현상이라고 말할 수 있다. 여기서 '압축적 근대성'을 어떻게 정의할 것인가가 매우 중요하지만, 지면 관계상 여기서는 다루지 않겠다. 이와 같은 한국형 위험사회의 시공간적 압축성을 가장 잘 드러내는 예는 원전 위험이다. 한국에서 원전 위험은 핵 관련 과학기술 자체의 불확실성뿐만 아니라, 원전 역시 '해피아', '관피아' 등 '…마피아'라고 불리는 부정부패의 고리로부터 자유롭지 못하기 때문이다. 초기 근대적인 아노미적 상황은 한국의 원전 위험을 한층 더 위태로운 것으로 만들고 있다.

한국형 위험사회의 특징 및 현상들

앞서 말했듯이, 한국형 위험사회의 특징은 그것이 전형적인 산업사회 형태로 제도화된 '단순근대성'이 아니라, 초기 근대적 상황과 근대화 성공의 상황이 공존하는 '압축적 근대성'의 결과물이라는 것이다. 서구의 위험사회가 서구 산업화의 동력인 '도구적 합리성'의 부작용이라면, 한국형 위험사회는 한국의 산업화를 이끈 '연고적 합리성'의 부작용이라고 말할 수 있다. 한국의 산업화는 개인주의규범이 아닌 집단주의규범에 기초하여, 즉 능력주의가 연고관계에 종속되는 형태를 통해 급속하게 성공했다.

과거에는 한국의 집단주의규범이—문화적 차원에서 나타나는—근대화의 지체라는 의미에서 '문화 지체'로 이해되곤 했다. 그러나 앞서 보았듯이, 그것은 '지체'가 아니라 오히려 한국에서 근대화의 빠른 성공을 가능하게 한 문화적 요소로 이해될 수 있다. '문화 지체'의 관점을 따르면 집단주의문화는 언젠가는 서구 산업사회의 개인주의문화로 대체되어야 한다. 그래야 궁극적으로 서구 근대성의 속도를 따라잡을 수 있는 것이다. 그러나 서구에서 '위험사회'의 관점은 서구 산업사회의 개인주의 역시 일종의 지체된 현상 또는 왜곡된 현상이라고 본다. 과거의 신분제적 질서가 '연고'라는 형태로 근대화하여 한국 집단주의문화의 핵심요소로 장착되었듯이, 서구의 개인주의문화에서도 신분제적 질서가 일정하게 근대화하여 핵심제도로 작용했다는 것이다.

서구에서 근대화한 신분제적 질서 역시 '혈연'과 관련되어 있다. 그러나 그것은 한국처럼 '가문'으로 확대 또는 제한되며 공·사 분리를 막는 것이 아니라, 엄격한 공·사 분리에 기초한 혈연이다. 말하자면 사적 영역에서 그것은 핵가족이라는 혈연공동체를 의미하고, 공적 영역에서는 민족국가라는 혈연적 정치공동체를 의미한다. 미국이나 프랑스처럼 민족주의보다 공화국의 의미를 강조하는 사회에서조차, 혈연은 인종 또는 종족성이라는 형태로 작용한다.

말하자면 서구 '위험사회'의 관점에서는 근대화가 전근대적 신분질서로부터 완벽한 단절이 아니라 '단절과 연속의 변증법적 관계'를 의미한다. 이런 시각에서 보면 한국의 집단주의문화는 단순히 문화 지체가 아니라, 비서구적 형태의 근대화 패턴을 의미한다. 근대화에는 다양한 경로가 가능하다는 것이다. 즉 근대화 과정에서 신분제질서와 산업 합리성은 다양한 요소, 방식, 형태들로 배치될 수 있다. 이렇게 이해하면, 산업사회의 합리성은 그것이 어떤 형태든 모두 다소 도구적이고, 다소 연고적이다. 다만 도구적인 것과 연고적인 것의 패턴 및 상호관계가 다를 뿐이다.

이렇게 '다소 도구적이고 다소 연고적'이라고 재정의할 수 있는 산업사회의 합리성이 국민국가들 간의 성장 경쟁에 기초하여 스스로가 해결할 수 없는 위험을 생산한다고 서구의 '위험사회' 관점에서 비판할 수 있다. 위험은 그것을 생산한 개별 산업이나 국민국가 차원에서 해결될 수 없을 뿐만 아니라, 국경을 무시하고 인류 전체를 위협하는 포괄성을 가진다. 그리하여 의도하지 않은 부작용으로 '세계시민주의' 인식론이라는 해방적 기획을 발생시킨다는 것이다.

'다소 도구적이고 다소 연고적'인 산업사회 합리성의 한국적 패턴에서는 산업의 위험생산이 국가 간 성장 경쟁뿐만 아니라 연고집단들 간의 권력 경쟁을 통해서도 발생한다. 국가 간 성장 경쟁이 연고집단 간의 권력 경쟁을 통해 왜곡되기 십상이다. 한국에서는 국가에 기초한 공적 연대보다 공·사를 뒤얽는 연고집단들의 유착(=부정적 의미의 연대)이 더 강하기 때문에, 연고집단이 생산하는 위험은 일반 국민에게 전가된다. 다시 말해서 한국에서는 인류 위험에 대항하는 '세계시민주의' 인식론보다는, 국민 위험에 대항하는 '민주주의' 인식론이 '위험'의 부작용으로 발생할 확률이 더 높다는 것이다. 또한 실제로 한국에서 위험과 관련된 여론은 대체로 부정부패 척결과 민주적 결정능력 제고, 공적 신뢰의 강화라는 방향으로 모였다.

말하자면 서구에서 위험사회에 대한 논의가 '인류 단위의 연대 및 사회정의'라는 쟁점을 제기했다면, 한국에서는 '국가 단위의 연대 및 사회정의'라는 어찌 보면 매우 고전적인 시민정치의 쟁점을 우선으로 제기한다. 그러나 한국형 위험사회 역시 서구 위험사회와 동시성 속에 존재하기 때문에, 한국에서 '국민국가 단위의 연대'라는 문제는 근대 초기 서구에서처럼 폐쇄적인 민족국가형성의 문제로 이해될 수 없다.

서구 산업사회의 근대성, 한국 산업사회의 근대성

앞서 근대성의 핵심은 '개인'이라는 존재양식의 발견이라고 했다. '개인'이라는 개념은 철학적으로 흔히 자유주의의 요소로 인식되곤 하지만, 역사적으로 볼 때 산업사회 속에서 자유주의보다는 오히려 공리주의적 개념으로 발전해 왔다. 그렇기 때문에 현대 정치철학에서 사회정의론은 무엇보다 공리주의를 공통의 적으로 삼게 되었다.

공리주의철학에서 개인개념은 사실 애매하다. 왜냐하면 자유주의정의론에서 비판하듯이, 공리주의에서는 개인을 목적으로 보지 않기 때문이다. 공리주의철학에서 개인은 다수 속에 묻힌다. 다수의 행복이 곧 사회정의라고 정의되기 때문이다. 말하자면 공리주의의 개인개념은 현실 속에서 경험적으로 관찰되는 개인의 지위에 근거하여 자유주의의 천부인권적 개인개념을 상대화한 것이다. 다수가 지배하는 대의민주주의제도 속에서 개인은 다수의 일원으로서만 권리를 인정받을 수 있다. 그러나 공리주의의 대표적 철학자인 존 스튜어트 밀(John Stuart Mill)이 『자유론』의 저자이기도 하듯이, 다수에 속한 개인들에게 자유는 생명처럼 소중하다.

서구의 근대화 과정을 통해 볼 때, 근대성은 인문학적 기획이자 동시에 사회적 현실이었다. 기획과 현실이 상호작용을 하면서 근대사회의 특성이 형성된 것이다. '산업사회'라는 제도화된 형태가 그러한 변증법적 과정의 결과물이었기 때문에, 사회학과 인문학을 넘나드는 '독일 비판이론'이 등장하기도 했다. 독일 비판이론에서는 인문학적 계몽이 어떻게 산업사회의 도구적 합리성으로 제도화되었는지, 또 그런 과정에서 개인들이 다시 계몽의 주체가 되어 도구적 합리성을 부정할 가능성이 존재하는지를 설명하기 위해 고심했다.

한국의 경우, 앞서 보았듯이 근대화 과정에서 개인주의규범이 출현하지 않았기 때문에 '과연 한국사회에서 근대성을 어떻게 이해할 수 있는가?'라는 문제가 제기된다. 개인주의규범의 부재 속에서 '개인의 발견'을 특징으로 하는 근대성에 대해 논할 수 있는가? 앞서 살펴본 것처럼 한국 산업사회의 특징을 '압축적 근대성'으로 설명할 경우, 한국사회에서도 산업화 과정에서 어떤 방식으로든 개인의 발견이 이루어졌다고 말할 수 있어야 할 것이다.

독일 비판이론에서와같이 산업사회의 근대성을 기획과 현실의 복합체로 볼 경우, 이에 대한 대답은 좀 더 쉬워진다. 한국에서는 개인을 천부인권의 존재로 파악하는 인문학적 기획이 매우 미약했다. 그와 같은 기획이 서학(西學)의 영향 하에 있었기 때문에 정당성에 한계를 가졌고, 일제에 의한 점령으로 이후에는 지극히 약화되었다. 그리하여 1960년대 이후 국가주도의 근대화 과정에서 '개인'의 존재는 시장주체의 형식으로만 수용되었다. 시장관계의 도입으로 과거 공동체관계가 급격하게 재편되었다. 산업화 세대는 농촌공동체로부터의 탈피라는 개인주의적 기획과 '가족주의'라는 개념으로 도농 공간의 관계를 규범적으로 재편한 세대이다. '가족주의'는 농촌공동체를 탈피하려는 산업화 세대의 개인주의적 욕망을 도덕적으로 정당화하는 기제로 작용했다. 탈주의 욕망은 가족집단의 생존을 위한 도구로서만 정당화되었다.

이런 과정에서 개인주의는 도덕적으로 지탄받았고, 개인의 이익을 극대화하는 시장 기제는 집단주의 도덕의 이면에서 선별적으로 작동했다. 그리하여 성공한 또는 성공지향적 개인들을 중심으로 새로운 연고집단과 가족집단 그리고 새로운 연고주의와 가족주의가 형성되었다. 농촌공동체적 관계가 시장관계를 통해 재편되면서 도시화, 근대화한 것이다. 결과적으로 양반 신분이 매매되었던 조선 말기의 규범적 질서(또는 무질서)에서 크게 이탈하지 않은 상황이다.

말하자면 한국 근대성에서 개인은 '시장에서의 개인'으로만 존재했다. 산업화가 빠르게 성공하여 시장질서가 가족중심의 자영업에서 개인중심의 노동시장으로 확대되면서, '시장 개인'의 존재는 더욱 확대되었다. 또한 그럴수록 '개인'을 도덕적 존재양식으로 인정하지 않는 집단주의규범의 내용은 빈약해지고 있다. 각종 위험을 통해 부정부패와 유착의 폐해가 점점 가시화 되는 데 비해서, 가족과 친족중심의 호혜관계는 축소되고 있다. 그리하여 한국에서도 복지국가와 공공보육에 대한 요구가 사회적 의제가 되고, 수입 된 개념에 불과했던 '시민권'이 점점 더 구체적인 내용을 확보하고 있다.

서구의 공리주의는 인문학적 기획인 자유주의와 강한 상호관계 속에서 성립했지만, 한국사회에서 '다수의 이익'을 사회정의라고 말하는 공리주의 는 집단주의 도덕과 결합하였다. 말하자면 존 스튜어트 밀이 없는 공리주 의라고 할 수 있을 것이다. 영국의 공리주의는 전후에 관대한 복지제도의 철학적 기초가 되었지만, 한국사회에서 공리주의는 한결같이 '낙수효과'의 개념으로 이해되고 있다.

앞서 서구 산업사회의 근대성 역시 '혈연'과 관련되어 있으며, 그런 의미 에서 다소 '연고적'이라고 표현했다. 개인을 강조하는 서구에서도 여전히 혈연에 기초한 신분제적 질서가 살아남았기 때문에, 또는 개인의 천부인권 이 모든 개인에게 골고루 인정되지 못했기 때문에, 『위험사회』의 저자 울 리히 벡(Ulrich Beck)은 서구의 근대성을 '반쪽 근대성'이라고 불렀다. 이에 비해, '시장 개인'으로서만 개인의 존재양식을 인정받을 수 있었던 한국 산 업사회의 근대성은 '반의반쪽 근대성'이라고 부를 수 있을 것이다.

말하자면 한국의 집단주의규범 속에서도 '개인'이 완전히 불가능한 존 재양식은 아니었던 것이다. 개인은 정치적 시민 또는 규범적 주체로 존재 하지 못할 뿐, 매매의 당사자인 시장 개인으로서는 존재할 수 있었다.

위험사회와 개인화의 해방적 기획

서구의 위험사회이론에서는 과학기술 위험이 사회의 중심이슈가 되는 새로운 상황이 도래함으로써 제2의 개인화가 진행되고 있다고 설명한다. 산업사회가 제도화됨으로써 생산되는 위험이기 때문에, 정작 생산자인 제도들은 위험을 심각하게 인식하지 못하고 파편화된 '위험성 평가'에 의존해 무시할 뿐이다. 그러나 그러한 위험들은 사회 속에 사는 사람들의 삶을 직접적이고 총체적으로 위협하기 때문에, 개인들은 제도화된 규범에 맞서면서 위험에 대처할 수밖에 없다. 사회제도에 들어맞지 않는 개인들의 주장과 목소리들이 다시 거세게 분출하는 전환기에 들어서게 된 것이다.

한국형 위험사회 역시 이와 유사한 움직임을 보여 준다. 대형 사고들이나 원전문제 등을 통해, 과거 민주화운동과는 달리 '당사자'들에 기초한 사회적 목소리들이 형성되고 있는 것이다. 말하자면 위험의 당사자들은 '계급'이나 '민중'의 개념으로 설명될 수 없다. 그들은 위험에 의해 무차별적으로 '선택'된 일반 시민들이다. 물론 여기에도 사회 불평등의 양상은 존재한다. 예컨대 위험은 사회의 상층보다는 하층에 더 자주 발생하거나 더 큰 해악을 끼치기 쉽다. 그러나 많은 경우 도시형 참사들은 무작위적이다. 그것은 산업사회의 고전적 사회문제인 '재화분배' 패러다임에 비해 몰계급적이다. 마찬가지로 원전 위험과 같이 고도기술 위험과 비리형 위험이 결합한 경우에도 그 결과는 위험의 최전선에 있는 비정규직 원전노동자나 미처 그 지역을 떠나지 못한 가난한 주민들에게만 미치지 않는다. 이런 점에서 '궁핍은 위계적이나 스모그는 민주적'이라고 규정한 벡의 위험 패러다임에 대한 설명이 한국에도 적용될 수 있다.

앞서 보았듯이 서구의 위험사회에서 다시 한 번 중요한 사회적 현상으로 등장하고 있는 '개인화'는 구조적으로 강제되는 현상이지만, 그럼에도 불구하고 벡은 특히 사회의 주류 속에 안정적으로 편입되지 못한 '소수자'들에게는 '해방'의 효과를 부른다고 설명했다. 근대화된 신분제질서에 묶여 제도적 부정합의 모순을 겪던 여성, 산업사회의 가치관에 이물감을 느끼는 생태주의자, 평화주의자 등 다양한 문화적 소수자들, 또 계층 상승의 사다리에서 추락할 위험에 놓인 개인들이, 새로운 사회적 정체성을 요구하고 새로운 생활양식과 사회질서를 실험하고 있기 때문이다. 한국형 위험사회에서 제도에 대항하는 시민들, 즉 위험의 당사자들은 서구의 '(제2의) 개인화'와는 다른 양상을 보인다. 이들 역시 한국 산업사회의 제도들과 경제우선주의 이념에 저항하지만, 그들의 정체성은 소수자의 정체성이라고 말할 수 없다. 그들은 오히려 한국역사에서 '지연된' 또는 '미완의' 시민혁명을 사회 저변에서 수행하는 주체가 되고 있다. '국가란 국민주권을 대변하는 근대적 기관'이라는 사실을 지식을 통해서가 아니라 위험을 통해 삶 속에서 체험함으로써, 몸으로 시민의식을 체득하는 첫 번째 세대라고 볼 수 있을 것이다. 다시 말해서 한국의 위험사회 역시 무차별적인 개인들 및 그 가족들에게 인습적 세계관으로부터의 해방을 초래한다.

벡의 최근의 표현대로, 산업사회의 근대성은 그 부작용으로 위험사회를 부르지만, 위험사회는 그 부작용으로 새로운 해방의 계기를 마련한다고 볼 수 있다. 이렇게 보면 서구든 한국사회든, 위험사회란 '부작용의 변증법'을 통해 산업사회의 형태로 고착화된 근대성으로부터 근대적 가치관과 인식론을 해방하는 구조적 작용을 의미하는 것으로 이해할 수 있다. 여기서도 근대적 가치관과 인식론의 중심에는 '개인'이 존재한다. 서구에서 이 새로운 '개인'은 더 이상 산업사회의 주류를 형성하는 개인을 의미하지 않으며, 한국사회에서 그것은 더 이상 '시장 개인'의 형태가 아닌 '정치적 시민'이자 '도덕적 주체'로서 개인의 형성을 의미한다.

그러나 이것을 '문화 지체'의 사후적 해결이라는 관점으로 보아서는 안된다. 왜냐하면 문화 지체란 산업사회에 적합한 문화로의 진화를 의미하는 데 반해서, 한국형 위험사회에서 새로운 모습으로 탈바꿈하는 '개인화'는 산업사회의 패러다임을 탈피하는 원동력으로 작용할 것이기 때문이다. 말하자면 성찰적 근대성에서 '해방'이란 산업사회 패러다임에 박제된 근대성을 개인들의 정치적 행위와 연대를 통해 '구출'하는 것을 의미한다. 과거 근대성의 발생기에 근대성의 새로운 연대 형태가 인문학적 기획과 사회학적 시대진단을 통해 구축될 수 있었듯이, 마찬가지로 위험사회라는 근대성의 전환기에도 그러한 과정이 요구된다. 새로운 사회적 연대의 형태에 대한 상상력과 실험이 분출할 수밖에 없는 것이다.

위험사회에서 사회정의란 무엇인가

위험사회의 사회정의는 단순히 제도화된 질서를 유지하는 것이 아니라, 또는 그것을 유지하는 방향으로 제도화를 한층 더 세밀하게 분화하는 방향이 아니라, 산업사회가 생산한 위험에 대처하라는 시대적 명령을 제도적으로 수용하는 형태가 될 것이다. 개인이 감지하는 위험이 단순한 개인적 위험이 아니라 결국 사회와 지구의 위험을 의미하기 때문에, 위험에 대처하는 과정은 민주적일 수밖에 없다. 따라서 새로운 시대적 명령은 '지구와 사회의 생명을 유지하기 위해 나와 타자를 포함한 모든 개인의 인권과 양심을 존중하라!'일 것이다.

한국형 위험사회의 경우, 이 새로운 민주화의 명령은 민주적 국민국가 연대의 형성과 동시에 세계시민적 연대의 형성이라는 복합적 방향을 취할 것이다. '개인'이 '시장 개인'이라는 도덕적으로 수세적인 지위를 떠나, 국민국가 단위에서 또 동시에 아시아나 세계의 수준에서 '공적 신뢰'의 구조를 형성하는 능동적 주체로 탈바꿈하는 방향을 취할 것이다. 그렇지 않을 경우, 한국인은 부정부패와 비리가 낳는 제도의 무책임성으로 인해, 그리고 각종 세계 위험을 생산하는 신자유주의 산업사회의 초국화된 무책임성으로 인해, 다각적인 생명의 위협에서 벗어날 수 없을 것이다. 산업사회는 생존을 위한 '합리적' 기획이었는데, 그것의 부작용으로 생명이 위협받는다면 '생존'은 이미 무의미한 목적이 된다. 이제 우리는 이와 같은 비극을 더 이상 소설이나 영화 속에서가 아니라 일상의 삶 속에서 체험한다.

국민국가 단위의 위험과 세계 단위의 위험을 연결하는 가장 가시적인 고리가 인구라는 경제적 요소이다. 인구변동은 위험의 생명위협뿐만 아니라, 위험의 통합적 성격과 불평등 양상 간의 변증법적 관계를 보여 준다. 산업사회 국민국가 내에서 인구변동은 생명생산의 우울한 전망인 저출산 현상으로 나타난다. 반면에 세계 수준에서 인구변동은 위험 분배 및 위험 생산 책임의 불평등이 야기한 인구 이동으로 나타난다. 인구변동을 통해서 국민국가의 국경은 허물어지고 다시 강화되기를 반복한다. 인구변동을 통해서 인류의 생명을 위협하는 산업문명의 위험은 이질적인 문화들의 시공간적 압축 및 문화 간의 직접적 대립으로 전환된다. 생명의 위협이 문화 다양성의 문제로 표출되는 것이다.

이상을 종합해볼 때, 위험사회에서 사회정의의 문제는 두 가지로 요약할 수 있다. 하나는 개인의 천부인권을 나나 내 가족 그리고 타자에게 모두 인정하는 것이고, 다른 하나는 생물학적 종과 문화적 다름을 떠나서 지구상 모든 생명체의 공존을 모색하는 것이다. 그리고 이 두 가지를 가능하게 하는 것은 바로 위험생산의 동력인 산업사회의 합리성을 인권과 공존의 합리성으로 변화시키는 것이다. '생존'에서 '생명'으로 합리성의 패러다임을 변화시키는 것이다. 앞서 보았듯이 여기서 '생명'이란, 단순한 생물학적 생명만이 아니라 문화적 생명이기도 하다. 인구변동을 통해 생물학적 생명과 문화적 생명이 상호전이되기 때문이다.

결국 위험사회에서 사회정의는 다양한 생물학적 생명과 문화적 생명이 상호 공존할 수 있는 정치적 틀을 짜는 문제가 될 것이다. 즉 생명체 및 문화들의 민주적 공존을 보장하는 새로운 사회협약을 만드는 것이 될 것이다. 그러한 사회협약을 위해서는 공론장의 공정성 보장을 위해 핏줄처럼 흐르는 언론의 역할이 핵심적이다.

'분배 대 인정'이라는 이분법을 넘어서

현대 정치철학에서는 사회정의의 패러다임이 '자유주의 대 공동체주의'의 대결로 모아진 데 반해서, 사회철학에서는 '평등 대 차이' 또는 '분배 대 인정'의 대결로 모아졌다. '자유주의 대 공동체주의' 역시 자유지상주의를 논외로 하면 대체로 '분배 대 인정'의 프레임이라고 볼 수 있다. 사회운동의 관점에서 보면, 이것은 '구사회운동 대 신사회운동'의 대결과 맥을 같이한다. 말하자면 산업사회에서는 '모두에게 유익한 재화의 평등한 분배'가 사회적 쟁점이었다면, 2차 대전 이후 산업화가 정점에 달한 이후에는 '다양한 문화적 정체성의 인정'이 더 뜨거운 쟁점으로 등장했다는 것이다.

서구의 위험사회에서 이러한 사회정의 패러다임의 변화는 복지국가체제의 형성과 관련이 깊다. 한편으로는 복지제도를 통해 분배갈등을 일정 정도 해소했기 때문에, 다른 한편으로는 제도적으로 인지되지 않는 새로운 형태의 위험이 등장했기 때문에, 제2의 개인화가 이루어지면서 생활양식이나 문화적 차이, 정체성의 갈등 등이 중요한 사회 의제로 제기되었다는 것이다.

서구에서도 '분배 대 인정의 이원론이냐 아니면 인정 일원론이냐'를 두고 논쟁이 있다. 또 근래에는 사회적 의식이 정체성 인정의 프레임에 몰두해 있는 동안 다시 분배의 문제가 불거지게 되었다고 비판받기도 한다. 예컨대 근래의 신자유주의 세계화는 '분배 대 인정'이라는 대립적 프레임을 해소하고 있다. 신자유주의 경쟁체제에서 복지제도가 위축되면서 새로운 분배 불평등의 양상이 출현하고 있기 때문이다. 지위 불평등과 정체성의 차이가 결합하여 나타나기도 한다. 예컨대 홀로 아이를 키우는 여성이나 외국인 이주민, 노인, 청년층의 경우 불평등 지위와 정체성의 결합이 두드러진다.

한국의 산업사회에서 평등한 분배의 문제는 계급타협에 기초한 복지국가 체제보다는 급속한 경제성장에 의한 노동시장의 확대와 계층 상승 및 가족주의 연대의식에 의해 주로 해결되었다. 한국에서 계급갈등과 노사협상은 1987년 정치 민주화 이후 잠깐 중요한 사회 현상으로 등장했다가 외환위기 이후 급속히 위축되었다. 정치 민주화 이후 한국에서도 서구의 신사회운동과 유사하게 새로운 사회적 의제들이 제기되었다. 서구와 달리 한국의 여성운동, 환경운동, 평화운동 등은 신사회운동으로 이해되기보다는 과거 민주화운동의 연장선에서 이해될 수 있다. 동시에 이 시기 한국에서도 '차이'나 '인정', '정체성'의 프레임이 등장했다. 사회정의에 대한 의식이 '분배' 프레임을 뛰어넘은 것이다.

신자유주의 세계화에 본격적으로 편입되면서 한국의 분배 기제는 급속도로 위협받았다. 서구의 복지제도 축소와 비교가 안 될 만큼 빠른 속도로 노동시장이 위축되고 계층 상승의 가능성이 축소되었으며, 가족주의 연대의식이 파괴되었다. 이처럼 산업화의 성공이 초래한 새로운 사회적 욕구와 문제 제기, 사회규범에 대한 새로운 논의 등이 충분히 공론화되기도 전에 경제구조의 변화가 몰아닥치면서, 한국에서는 다양한 사회적 의제들이 충분히 성찰되지 못하고 경제변동이나 사회 분위기의 변화에 따라 등락을 거듭하는 불안한 상황이 지속되고 있다. 그리하여 모든 종류의 의제들이 봇물 터지듯 일시에 제기되고, '생존 패러다임'에 기초해 그에 대한 비난이 쇄도하는 식의 여론몰이가 반복되고 있다.

신자유주의 세계화로 드러난 생존의 위협과 관련하여 '분배'와 '인정' 패러다임 사이에서 사회정의의 추가 진자운동을 하는 양상은 한국사회의 '냄비 기질'에 기인하는 독특한 문화적 현상이 아니다. 마찬가지로 서구에서도 그와 같은 진자운동이 일어난다. 다만 서구의 경우에는 구사회운동에서 신사회운동으로 전환되는 시기가 길었고 복지제도가 그러한 과정을 매개함으로써, 그와 같은 진자운동이 상대적으로 차분하게 진행되고 있을 뿐이다. 최근의 예로 프랑스의 풍자 주간지 샤를리 에브도 테러 사건에 대한 반응을 보면, 한동안 유행하던 '탈식민지 관점'과 보편주의에 기초한 '공화주의' 관점 사이에서 격렬하게 진자운동을 하는 서구사회의 정의감정을 확인할 수 있다.

산업사회가 위험사회의 형태로 신자유주의 세계화의 풍랑에 밀리면서, 사회정의는 더 이상 '분배'와 '인정' 사이의 '이거 아니면 저거'식 선택사항이 아님이 분명해지고 있다. 핵이나 기후변화 등의 기술문명 위험을 통해서 뿐만 아니라 금융 위험과 근본주의 테러 등 경제 위험과 민주주의의 위험을 통해 한층 더 촘촘해지는 세계 차원의 사회 속에서, 사회정의는 분배의 문제이자 동시에 다양한 정체성에 대한 관용과 공존이라는 민주적 규범의 문제임을 확인할 수 있다. '분배'와 '인정'이 이렇게 상호관련성 속에 놓일 때, '분배'의 문제는 국민국가별로 계급갈등에 기초한 산업사회 분배정의의 프레임을 벗어날 수밖에 없다. 모두에게 유익한 '재화 분배'의 단순한 불평등이 아니라, 재화 분배와 위험 분배의 상관성에 대해 그리고 그 속에서 작용하는 정체성 또는 문화의 문제에 대해 사고해야 한다.

재화 지위의 불평등, 위험 지위의 불평등

산업사회의 근대성이 지구라는 행성 전체의 삶을 위험에 빠뜨린다는 인식이 출현하기 이전에, 사회정의는 계급(또는 계층) 불평등의 문제로 이해되었다. 말하자면 사회 불평등이란 곧 계급(계층) 불평등을 의미하는 것으로 해석되었다. 이 경우에는 위험(risk)이 아니라 위기(crisis)가 구조적인 문제였다. 오히려 위험(risk)은 산업생산을 위해 감수되거나, 또는 보험제도를 통해 사후에 금전적으로 보상될 수 있는 것으로 계산되었다.

케인스주의에 의거하여 '위기 패러다임'에서는 사회 불평등을 구조적으로 조정하는 것이 가능하다고 여겼다. 노동계급의 지불능력을 향상함으로써 자본주의의 구조적 위기인 과잉생산을 예방할 수 있다는 처방이었다. 이러한 처방 하에 2차 대전 이후 산업사회의 '황금기'가 도래할 수 있었다. 그러나 이와 같은 대량생산·대량소비 체제는 화석연료를 비롯한 자연 착취의 무한정성 가설에 기초한 것이다. 이후 화석연료 사용의 제한성에 의해 경기침체가 장기화하고 점차 원자력 에너지로 갈아타면서, 산업사회와 자연과의 관계가 단순한 '착취' 관계가 아니라 '파괴'와 '말살'의 관계로 전환되고 있다. 다시 말해서 사회와 자연 간 관계의 속성이 순환적 성격을 갖는 '위기'에서 종말적 성격을 갖는 '위험(danger)'으로 변화된 것이다.

지구행성의 자연을 '생명'이라고 정의한다면, 산업사회에 의한 자연 말살의 위협은 두 방향에서 일어났다. 하나는 생태계에 대한 위협이고, 다른 하나는 노동력의 세대적 재생산에 대한 위협이다. 생태계의 위험은 국제 관계 속에서 오히려 빈곤한 저발전 국가들로 전이될 수 있었으나, 저출산의 위험은 산업사회 자국 내부에 한정된 현상으로 나타났다. 국경 안팎으로 적재되는 이러한 위험으로 인해서 노동 이주, 결혼 이주, 난민 등과 같은 이주의 흐름이 형성되었고, 고전적 사회 불평등에 더하여 새로운 위험 불평등의 격차가 세계적 차원에서 형성되었다. 신자유주의 세계화는 이렇게 형성된 새로운 불평등에 가속을 위한 엔진을 달아 주었을 뿐이다.

이렇게 출현한 '위험 패러다임'에서 불평등의 문제는 더 이상 소유나 재화 분배와 같은 경제적 격차의 문제로만 한정되지 않는다. 불평등은 인종, 종족, 성, 연령과 같은 '귀속적' 범주들을 활성화하며 매우 복잡한 형태로 확대되었다. 미국의 공동체주의 정치철학자 마이클 왈저의 표현을 빌리면, 사회정의가 더 이상 모두에게 유익한 '사회의 기본재화'의 분배문제로만 이해되는 것이 아니라, 문화적으로 구성되며 동시에 긍정적·부정적 양면성을 갖는 '사회적 재화'의 분배문제로 복잡해진 것이다. 말하자면 위험사회에서 사회 불평등은 더 이상 (경제적) 재화 지위의 격차로만 이해될 수 없고, 위험 지위의 격차라는 측면에서도 관찰되어야 한다. 예컨대 '개인화'된 현대사회에서 빈곤은 더 이상 계급의 문제가 아니라, 개인화 및 복잡화된 '새로운 사회적 위험'으로 이해될 수 있다. 또한 빈곤 지위는 위험 지위와 높은 상관관계를 보이기도 한다.

이와 같이 위험사회에서 재화 지위와 위험 지위의 불평등이 상호작용을 하며 사회 불평등이 개인화, 초국화, 복잡화되는 현상은 서구에만 제한된 현상이 아니다. 서구에서 복지국가의 형성 및 약화가 이러한 과정을 매개했다면, 한국사회에서는 미약한 계급문화와 강한 가족주의제도가 오히려 그와 같은 과정을 매개했다고 볼 수 있다. 개인화·초국화·복잡화한 사회 불평등의 새로운 형세 속에서, 사회정의는 개인의 기본적 인권과 문화 다양성 인정, 생명과 안전을 위협하는 다각적 위험으로부터의 보호를 의미할 것이다. 그리고 기본적 재화의 평등한 분배문제는 '최소한의 인권' 개념으로 이해될 수 있을 것이다. 또한 문화 다양성과 위험으로부터의 보호를 위해서는 앞서 말했듯이, 개인들의 박진감 있는 현실인식에 기초한 공론장이 살아 있어야 할 것이다. 그를 위해 무엇보다도 공정한 언론의 중요성을 강조하지 않을 수 없다.

글쓴이
－
홍찬숙(사회학자)

서울대학교 영어영문학과, 이화여자대학교 대학원 여성학과, 독일 뮌헨 소재 루드비히 막시밀리안 대학교 사회학과 박사. 현재 서울대학교 여성연구소 연구교수.
저서: 『개인화: 해방과 위험의 양면성』(근간), 『독일 통일과 여성』(공저, 2013년 문화체육관광부 우수학술도서), 『여성주의 고전을 읽는다』(공저)가 있다.
번역: 『세계화 시대의 권력과 대항권력』, 『자기만의 신』, 『장거리 사랑』(공역)이 있다.
논문: 「위험과 성찰성: 벡, 기든스, 루만의 사회이론 비교」, 「루만과 벡의 근대성 이론 비교: 자기대면과 주체의 문제를 중심으로」 등 다수를 발표했다.